물류의 이해

Fundamental of Logistics

여기태 · 한종길 · 우종균 · 신영란 · 정태원 · 박근식
우정욱 · 우수한 · 하영목 · 양창호 · 하창승 · 박진희 공저

박영사

머리말

시대의 변화에 따라 "물류"는 "로지스틱스(Logistics)"로, 또한 "공급연쇄관리(SCM: Supply Chain Management)"로 기능의 진화를 겪는다. 먼저 "물류"라는 개념은 물자와 상품의 공간적 이동을 행하는 수송과 시간적 이동을 행하는 보관이 중심이 되고, 물류를 원활하게 수행하기 위한 유통가공, 포장, 하역, 정보가 포함된 개념이다. "로지스틱스(Logistics)"는 물자의 흐름에 조달, 납품, 구입까지 포함하여 관리 검토를 행하고, 회수 및 폐기까지 포함하여 고객만족서비스를 제공하는 것을 목적으로 한다. 한편 "공급연쇄관리"는 로지스틱스 활동의 효율화를 목적으로 재화의 이동과 관리를 연결하고 있는 기업군의 연쇄를 의미한다. 이는 이상적인 로지스틱스 활동을 위해서는 종래의 동일한 기업 내의 기능통합으로부터 일련의 기업연쇄를 통합한 시스템 형성이 필요한 것에서 유래되었다. 본서에서는 다이내믹한 변화의 특성을 보이는 "물류"의 특징을 잘 기술하고자 다음과 같은 구성체계를 갖추었다.

제 1장에서는 "물류의 이해"를 전체적으로 개관하기 위하여 본서에서 제시된 각 장의 중요 내용을 발췌하여 소개하였다. 인천대학교 여기태 교수께서 집필하셨다.

제 2장에서는 물류의 전체적인 모습을 제시하였다. 물류의 개념(물류, 로지스틱스, SCM), 물류의 영역과 구성, 기업경영과 물류의 역할, 물류에 연계된 학문을 세밀하게 묘사하였으며, 성결대학교 한종길 교수께서 집필하셨다.

제 3장에서는 글로벌 물류의 중심, 항만 및 배후단지 현황을 분석하였다. 항만 개념 및 역할, 항만운영, 미래 항만 분야로 나누어 상세히 다루었다. 동명대학교 우종균 교수께서 집필하셨다.

제 4장에서 7장까지는 물류운송을 분야별로 기술하였다. 먼저 제 4장은 대용량 화물을 취급하는 해상운송을 다루었다. 국제무역과 해상운송, 정기선과 부정기선, 해상 운임지표로 나누어 한국해양대학교 신영란 교수께서 집필하셨다. 제 5장은 항공운송을 분석하였으며, 항공운송 개념과 발전, 항공운송 발달, 구성요소, 항공관련 국제기구 등의 내용을 담았다. 성결대학교 정태원 교수께서 서술하셨다. 제 6장은 도로운송을 담았으며, 운송수단 개요, 공동수배송시스템, 택배수배송시스템 등의 내용을 언급했다. 중앙대학교 박근식 교수께서 기술하셨다. 제 7장은 철도운송을 서술하였으며, 철도운송의 특징 및 현황, 철도운송의 종류 및 절차, 운임체계 및 하역방식 등의 내용으로 구성되었다. 한국교통대학교 우정욱 교수께서 집필하셨다.

제 8장에서는 재고관리와 물류네트워크에 대하여 기술하였으며, 중앙대학교 우수한 교수께서 집필하셨다. 재고개념 및 재고관리 기법, 물류센터의 기능과 관리, 배송시스템과 물류네

트워크 구축 등의 내용을 담았다.

제 9장에서는 물류 정보를 다루었다. 물류 정보 종류 및 특징, 물류 정보 인식기술, 물류 정보 시스템 발전분야로 나누어 상세히 기술하였다. 중앙대학교 하영목 교수께서 집필하셨다.

제 10장에서는 물류비에 대하여 서술하였다. 물류원가 개념과 대상, 기업물류비 산정, 활동기준 원가계산 등의 내용을 정밀하게 묘사하였으며, 인천대학교 양창호 교수께서 집필하셨다.

제 11장에서는 국제물류에 대하여 기술하였으며, 동명대학교 하창승 교수께서 집필하셨다. 국제물류 중요성 및 기능, 복합운송 개념, 루트, 관련서류, 국제소화물운송, 물류보안 등의 내용을 담았다.

마지막으로 제 12장은 물류의 미래에 대하여 기술하였으며, 한국해양대학교 박진희 교수께서 집필하셨다. 물류 환경의 변화, 환경 친화적 물류, ICT 진화, 신기술 응용물류, 보안과 물류 등의 내용이 수록되었다.

이 책은 대학 교양교재로 사용할 만큼 내용이 친절하고 풍부한 물류 기본서적이 부족한 현실을 아쉬워하는 마음에서 집필되었다. 많은 연구자들의 귀중한 연구성과가 인용되어 있었으나 구성 및 체제상 인용한 사실을 상세히 밝히지 못한 점을 널리 양해해 주기 바라며, 아무쪼록 물류 분야에 입문하거나, 체계적인 물류안내서를 접하고자 하는 분들에게 많은 도움이 되기를 바란다.

이 책이 묶여져 나오기까지에는 여러분의 도움이 컸다. 책을 만드는 계기와 지원에는 해양수산부 국제물류전문인력 네트워크사업단의 후원이 심대했다. 이 자리를 빌어 지원에 감사 말씀을 전한다. 출판을 위해 수고가 많으신 박영사의 안종만 회장님께도 감사드린다. 아울러 본서 전체내용을 리뷰해주신 동서대학교 한철환 교수, 전남대학교 박병인 교수께도 감사의 말씀을 드린다. 또한 각 장별 리뷰어로 참여해 주신 부산대학교 김석수 교수, 순천대학교 김현덕 교수, 평택대학교 이동현 교수께도 진심으로 감사드린다. 저서작업 전반에 걸쳐 연락을 맡아 준 중앙대 김택원 연구원에게도 감사말을 전한다.

2016년 11월
대표저자 여기태

차 례

05 빠른 운송이 필요해. 그럼 항공운송으로   / 141

《06》 편리함의 대표주자, 도로운송

(09)　세상 모든 물건의 흐름은 정보와 함께하지!　/ 279

12 궁금하다! 미래의 물류 / 389

01

Fundamental of Logistics

'물류의 이해' 전체적인 구성은?

정01　'물류의 이해' 전체적인 구성은?

　　물류란 생산, 유통, 소비로 이어지는 경제 3부문 중에서 유통의 물리적인 측면을 총칭하는 개념이다. 이러한 관점에서 물류는 다양한 학문적 영역에 걸쳐있다. 거시적인 측면에서 국내유통화물의 수송을 위해서는 교통론이나 운수산업론을 활용한 접근이 가능하고 미시적인 측면에서 물류활동을 효율적으로 행하고 물류비용을 절감하기 위하여 생산관리나 회계학적인 접근이 필요하다. 이와 같이 물류란 단순히 기업에서의 물류활동 효율화만 문제시하는 학문이 아니라 경제정책, 교통, 유통, 마케팅, 경영학, 회계학, 산업공학, 정보관리 등 다양한 분야의 학문이 서로 연계된 종합학문이다.

　　시대의 변화에 따라 "물류"는 "로지스틱스(Logistics)"로, 또한 "공급연쇄관리(SCM: Supply Chain Management)"로 기능의 진화를 겪는다. 먼저 "물류"라는 개념은 물자와 상품의 공간적 이동을 행하는 수송과 시간적 이동을 행하는 보관이 중심이 되고, 물류를 원활하게 수행하기 위한 유통가공, 포장, 하역, 정보가 포함된 개념이다. "로지스틱스(Logistics)"는 물자의 흐름에 조달, 납품, 구입까지 포함하여 관리 검토를 행하고, 회수 및 폐기까지 포함하여 고객만족서비스를 제공하는 것을 목적으로 한다. 한편 "공급연쇄관리"는 로지스틱스 활동의 효율화를 목적으로 재화의 이동과 관리를 연결하고 있는 기업군의 연쇄를 의미한다. 이는 이상적인 로지스틱스 활동을 위해서는 종래의 동일한 기업 내의 기능통합으로부터 일련의 기업연쇄를 통합한 시스템 형성이 필요한 것에서 유래되었다.

　　본서에서는 이러한 다이내믹한 변화의 특성을 보이는 "물류"를 살펴보기 위하여 다음과 같은 체계에 의거하여 저서 내용을 구성하였다.

그림 1-1　"물류의 이해"전체 체계도

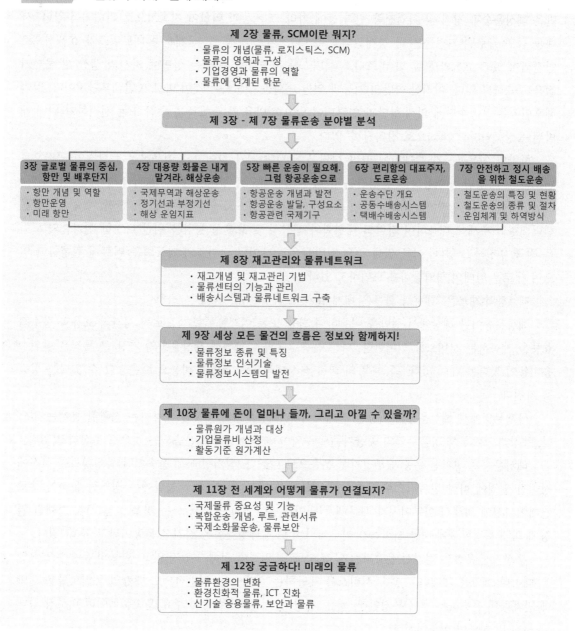

제 2장 물류, SCM이란 뭐지?
- 물류의 개념(물류, 로지스틱스, SCM)
- 물류의 영역과 구성
- 기업경영과 물류의 역할
- 물류에 연계된 학문

제 3장 - 제 7장 물류운송 분야별 분석

3장 글로벌 물류의 중심, 항만 및 배후단지	4장 대용량 화물은 내게 맡겨라. 해상운송	5장 빠른 운송이 필요해. 그럼 항공운송으로	6장 편리함의 대표주자, 도로운송	7장 안전하고 정시 배송을 위한 철도운송
· 항만 개념 및 역할 · 항만운영 · 미래 항만	· 국제무역과 해상운송 · 정기선과 부정기선 · 해상 운임지표	· 항공운송 개념과 발전 · 항공운송 발달, 구성요소 · 항공관련 국제기구	· 운송수단 개요 · 공동수배송시스템 · 택배수배송시스템	· 철도운송의 특징 및 현황 · 철도운송의 종류 및 절차 · 운임체계 및 하역방식

제 8장 재고관리와 물류네트워크
- 재고개념 및 재고관리 기법
- 물류센터의 기능과 관리
- 배송시스템과 물류네트워크 구축

제 9장 세상 모든 물건의 흐름은 정보와 함께하지!
- 물류정보 종류 및 특징
- 물류정보 인식기술
- 물류정보시스템의 발전

제 10장 물류에 돈이 얼마나 들까, 그리고 아낄 수 있을까?
- 물류원가 개념과 대상
- 기업물류비 산정
- 활동기준 원가계산

제 11장 전 세계와 어떻게 물류가 연결되지?
- 국제물류 중요성 및 기능
- 복합운송 개념, 루트, 관련서류
- 국제소화물운송, 물류보안

제 12장 궁금하다! 미래의 물류
- 물류환경의 변화
- 환경친화적 물류, ICT 진화
- 신기술 응용물류, 보안과 물류

　전술한 제 2장의 물류에 대한 전체 개괄적인 이해를 바탕으로 하여, 먼저 제 3장에서는 "글로벌 물류의 중심, 항만 및 배후단지"에 대하여 살펴본다.
　항만은 선박이 정박하거나 피난하기 위한 시설과 서비스를 제공할 뿐만 아니라 해상교통과 육상교통을 연결하는 접속점 또는 화물과 여객의 관문으로서의 기능과 역할을 담당하고 있다. 또한, 항만은 해상운송과 경제 및 기업전략 변화 등에 따라 그 기능과 역할이 지속적으로 확대되어 왔다. 사례를 들면 글로벌 기업들은 각 경제권의 물류·비즈니스 거점 즉, 국제운송 네트워크와 효율적으로 연결되어 있고 고도의 물류 및 비즈니스 서비스를 제공받을 수 있는 항만에 자사의 생산 및 물류거점을 구축하고 있다. 이러한 항만의 기능과 역할 변화를 주도하는 것이 바로 항만배후단지이다. 항만배후단지는 운송수단에 의해 항만과 연결되어 있고 항만을 통해 물품을 수취 또는 선적하기 위해 개발된 육상구역(land space)으로 정의될 수 있다.

항만의 이용욕구가 증대함에 따라 항만은 많은 주체가 참여하고 이용하는 복합적인 공간으로 변모하였다. 항만을 이용하고 운영하는 주체는 일반적으로 항만공사(Port Authority), 항만이용자(Port Users), 항만시설운영자(Port Settlers) 그리고 화주(Shippers) 등으로 구분할 수 있다. 한편, 주요 항만들은 선박대형화 추세에 대응하여 장비의 대형화와 생산성 및 효율성 향상을 위한 다양한 신기술의 도입을 적극 추진하고 있다. 이를 위해 주요 항만들은 컨테이너 터미널의 자동화를 빠르게 진행하고 있으며 새로운 형태의 하역장비를 도입하고 있다.

제 4장의 제목은 "대용량 화물은 내게 맡겨라. 해상운송"이다.

해상운송이란 해상에서 선박을 이용하여 화물 또는 여객을 운송함으로써 시간적 효용과 장소적 효용을 제공하는 서비스를 의미한다. 다른 운송수단과 비교해서 해상운송의 가장 큰 특징은 단위수송비용이 낮다는 데에 있다. 즉, 대량의 화물을 상대적으로 저렴한 비용으로 운송할 수 있다는 장점을 가진다.

국제무역에서 해상운송의 비중은 절대적이다. 해상운송의 비중을 제공하는 정확한 통계는 없으나, 통상적으로 국제 상품무역의 중량기준으로 약 90%가 해상으로 운송되는 것으로 추산하고 있다.

해상운송은 정기선 운송과 부정기선 운송으로 나뉜다. 정기선(liner) 운송이란 특정항로를 사전에 정해진 일정에 따라 반복적으로 운송서비스를 제공하는 방식이다. 오늘날에는 정기선 운송이 주로 컨테이너선에 의해서 이루어지기 때문에 컨테이너 운송과 혼용해서 쓰는 경우가 많으나, 정해진 일정에 의해 특정항로에 대한 서비스가 이루어지는 모든 해상운송은 정기선 운송이라고 할 수 있다.

부정기선 운송은 정기선 운송과는 달리 항로 및 일정이 정해져 있지 않고, 화물의 운송수요가 있을 때마다 계약을 체결하고 운송 서비스를 제공하는 형태이다. 일반적으로 대량의 동일화물을 선박에 만재하여 운송하는 것이 특징인데, 원유, 철광석, 석탄, 곡물 등이 주요 운송품목이며 비포장 상태로 선적 및 하역이 이루어진다.

제 5장에서는 "빠른 운송이 필요해. 그럼 항공운송으로"라는 제목하에 항공운송에 대한 현황을 제시한다.

"항공물류는 항공운송과 관련된 제반 이해관계자들 간의 관계와 현상"이라 할 수 있다. 즉, 화주, 항공사, 포워더, 관세사, 터미널운영업체, 지상조업사, 운송업체, 공항당국, 정부관계기관 등의 상호작용으로 발생하는 모든 현상을 나타낸다. 항공운송이 새로운 경제와 산업에 중요한 이유는 글로벌화, 클로컬화, 디지털화로 인하여 시간효율성이 경쟁력에 중요한 부분을 차지하고 있기 때문이다. SCM(Supply Chain logistics)을 최적화하기 위해 항공운송은 기업 경영전략으로 변화되어 가고 있다.

항공운송은 국제화물 물동량 비중 0.3%를 차지하고 있으며, 가치비중 측면에서는 약 50%를 차지한다. 전 세계 항공화물 수요는 향후 20년간 6.4% 증가율을 보일 것으로 전망하고 있다.

제6장에서는 "편리함의 대표주자, 도로운송"이라는 제목하에 도로운송에 대하여 분석한다.

도로운송은 화물자동차운송이라고도 하며 도로를 이용하여 화물을 운송하는 것을 의미한다. 운송의 형태에 따라 출발지에서 목적지까지 운송하는 형태와 타 운송수단(항공기, 선박, 철도)과 결합하여 운송의 완결성을 높이는 역할을 수행하고 있다. 도로운송은 트럭이 통행가능한 도로가 있으면 언제, 어느 곳에서든지 운송할 수 있다. 그리고 연료수급이 다른 운송수단에 비하여 월등한 우위성을 가지기 때문에 도로운송은 다빈도 소량화물에 대해 기동성 있고 신속한 수송이 가능하다. 도로운송의 운송수단은 화물자동차이며, 화물자동차는 취급화물의 형태에 따라 일반화물 운송차량과 특수화물 운송차량으로 구분할 수 있다.

한편 화물이 일정한 장소에서 차량에 적재되어 최종 목적지에 도착하기까지의 프로세스와 방법을 공로운송의 시스템이라고 말한다. 특히, 공동 수배송이란 하나의 차량에 다양한 화주의 화물을 혼적하여 운송함으로써 운송의 대형화와 순회배송을 가능하게 하는 운송기법이다. 소량다빈도 수배송, JIT 수배송의 필요성 증대, 고객지향적 수배송서비스가 더욱 요구되고 있는 오늘날의 물류현실에서 공동 수배송의 필요성은 더욱 증가하고 있다.

제7장에서는 "안전하고 정시 배송을 위한 철도운송"이라는 제목하에 철도운송에 대하여 분석한다.

철도운송이란 다른 사람의 수요에 응하여 여객 또는 화물을 운송하는 데 필요한 시설과 철도차량을 이용하여 유상으로 이동시키는 행위를 가리킨다. 현재 국내 철도사업은 여객운송사업과 화물운송사업으로 구분되어 있다. 이중 철도화물운송은 출발역과 도착역 간 철도를 이용하여 화물을 운반하는 대운송(간선구간 수송)과 화물역에서 송수화인의 문전까지의 집화, 배송 및 부수된 하역, 보관활동을 수행하는 소운송으로 이루어져 있다. 국내 철도운송의 주요 특징으로는 대량운송성, 정시성, 안전성, 환경친화성, 에너지 및 국토이용 효율성을 들 수 있다.

철도의 운송분담률은 1985년에 23.2%를 차지하여 도로운송의 비중에는 미치지 못하지만 연안운송을 앞지르고 있었다. 1990년대 이후 급격히 감소하여 2013년에는 4.5%에 지나지 않는 것으로 나타났다. 우리나라의 경우 2004년부터 이루어진 철도산업구조개혁으로 새로운 경영개선을 시도하였음에도 불구하고 지속적인 운송량의 감소와 함께 수입의 감소를 동반하고 있다. 이에 우리 정부는 현재의 철도공사체제에서는 철도화물운송부문의 경쟁력 제고에 한계가 있음을 인식하고 정부차원의 철도물류인프라의 투자 확대와 함께 여객과 화물의 분리 등 구조적인 개편을 추진하고 있다.

제 8장에서는 "재고관리와 물류네트워크"라는 제목하에 재고의 개념과 재고관리 기법, 물류센터의 기능과 관리, 배송시스템과 물류네트워크 구축에 대해 논의한다.

재고는 기업이나 조직이 생산이나 판매를 위해 보유하고 있는 재화를 말한다. 재고는 재무적으로는 대차대조표상에서 재고자산이라는 형태로 인식되어진다. 기업의 재무상태에 따라 차이는 있을 수 있으나 재고자산이 총 자산에서 차지하는 비중이 약 20%-60% 수준에 이른다. 재고의 가장 기본적인 기능은 수요와 공급의 불일치를 보충하는 것인데 수요 변동성의 특징에 따라 공급역할을 하는 재고의 기능이 달라진다. 재고 수준을 점검하고 추구하는 고객서비스 수준과 재고비용을 감안하여 주문량과 주문시기를 결정하는 체계를 재고관리시스템이라고 한다.

한편, 물류네트워크의 설계는 기업이 물류활동을 수행하기 위해 어디에 어떤 물류시설을 어떤 용도로 설치하여 어떻게 연계할 것인가의 문제를 다루는 것이다. 네트워크 설계를 함에 있어서 가장 중요한 평가요소는 비용효율성과 고객서비스이다. 네트워크와 관련된 비용을 줄이면서도 고객서비스를 높일 수 있는 네트워크를 설계하는 것이 중요하다.

제 9장에서는 "세상 모든 물건의 흐름은 정보와 함께하지!"라는 제목하에 물류정보에 대하여 분석한다.

수·배송 및 하역·보관 등에서도 정보기술의 활용은 물류 생산성을 높이는 방법으로 활용되고 있다. 정보기술을 이용한 앞으로의 물류는 오프라인과 온라인 물류 프로세스가 결합하여 비용을 절감하고, 신속한 거래를 유지함으로써 고객의 만족도를 높일 수 있다.

물류정보 영역에서도 많은 변화가 이루어졌다. 재고관리정보, 수·배송정보, 판매정보 등을 본사, 공장, 물류거점, 소비자 간에 교환하고 이를 가공·처리하는 것이 가능해졌다. 즉, 정보의 신속한 처리 및 이동, 대용량화, 네트워크화가 가속화되어 기업내, 기업간 혹은 기업과 고객 또는 공급업체 간을 연결하는 물류 정보시스템 구축을 통해 비교우위 획득 및 수익의 증대를 도모하고 있다.

물류정보는 계획정보와 운영정보 영역으로 구분할 수 있다. 계획정보는 전략적 계획, 시설능력계획, 물류계획, 생산계획, 조달계획 등을 지칭한다. 운영정보는 물류활동의 역할에 따라 주문정보, 재고정보, 생산정보, 출하정보, 물류관리 정보 등으로 분류할 수 있다.

이상의 물류정보와 더불어, 사물의 위치식별과 관련하여 필요한 사항을 정확하고 신속하게 확인할 수 있는 기술의 활용이 점차 늘어나고 있다. 특히 운송업과 같은 물류산업의 경우 화물이나 차량의 현재 위치가 어디인지를 식별하고 추적하여 위치를 파악하고 수송경로를 결정하는 일은 매우 중요하다. 이 중 RFID기술은 유통, 물류, 교통, 환경 등 다양한 분야에 적용 가능한 차세대 핵심기술이다. 제조업체들은 RFID의 도입을 통해 화물의 위치추적, 제조 및 공급업체 등에 대한 가시성 확보뿐만 아니라 제품 및 서비스의 품질개선 등의 효과를 기대하고 있다.

제 10장에서는 "물류에 돈이 얼마나 들까, 그리고 아낄 수 있을까?"라는 제목하에 물류회계에 대하여 다룬다.

현대 기업들에게 생산단계에서 원가를 절감하는 것은 한계에 달했기 때문에 추가 원가절감이 가능한 부분을 찾는 것은 중요하다. 이러한 측면에서 물류분야가 제3의 이익원으로 부상하였고, 물류비용을 절감할 수 있는 물류원가 분석은 중요한 의미를 갖는다.

일반적으로 물류비란 원산지로부터 소비자까지 조달, 판매, 재고의 전 과정을 계획, 실행, 통제하는 데 소요되는 비용을 지칭한다. 특히, 물류원가계산제도란 물류비 발생항목(비목)을 상세하게 분해하고 각 비목별로 물류활동에서 발생한 원가가 얼마인가를 계산하는 방법이다.

물류활동에서 발생되는 물류원가(주로 운송원가)를 경영자가 확인하고 물류활동별로 발생된 원가를 적정하게 배분하는 것은 물류활동을 관리하고 통제할 뿐만 아니라, 물류활동에 대한 수익성 분석을 하는 데 매우 중요하다.

한편, 활동을 기준으로 물류원가를 파악하면 고객에게 불필요한 비 부가가치 활동을 파악해내는 일이 가능해진다. 활동기준관리(ABM: activity-based management)란 활동기준 원가계산에 의한 활동(activity) 분석과 그 원가정보를 이용하여 공정개선, 원가관리, 의사결정, 예산수립, 성과평가 등의 경영관리를 행하는 것을 말한다. 활동기준관리는 고객의 부가가치를 향상시킴으로써 수익성을 높이기 위한 활동관리에 초점을 맞춘 경영관리 기법이다. 물류관리의 관점으로부터 보면, 목적은 물류 활동기준 관리(ABM)이며, 물류 활동기준 원가계산은(ABC) 그 수단에 해당한다.

제 11장에서는 "전 세계와 어떻게 물류가 연결되지?"라는 제목하에 국제물류에 대하여 다룬다.

국제물류는 국내물류보다 확대된 영역에서 조달, 생산, 판매활동이 국경을 넘어 이루어진다. 수출입 수속과 통관절차가 필요하고 운송방법이 다양하여 물류관리가 국내물류보다 복잡하다. 운송영역이 넓고 대량화물을 수배송하기 때문에 운송기능의 비중이 높으며 한 번에 운송하는 물동량이 많아 상대적으로 환경제약이 큰 편이다. 국제물류는 단순한 기업의 개별적 운영활동이 아니라 경쟁력을 제고할 수 있는 수출전략, 마케팅전략, 생산전략 등과 같은 기업의 핵심 의사결정으로 인식되고 있다.

한편, 컨테이너의 등장과 함께 일관운송체제가 마련되고 문전수송에 대한 요구가 급증함에 따라 복합운송에 대한 필요성이 증대되었다. 복합운송(Multimodal Transportation)은 한 개의 운송 서류(증권)로 두 개 이상의 상이한 운송수단을 이용하여 목적지까지 화물을 운송하는 형태를 말한다. 복합운송은 단일계약주체에 의해 일괄처리와 연계 운송이 이루어져야 하며 복합운송인 1인이 운송 전 구간에 대해 책임을 진다. 특히, 해륙국제복합운송이란 국제 간의 화물운송을 해상운송과 육상운송을 결합하여 행하는 복합운송으로서 대부분 랜드 브리지(land bridge) 형태로 운송하게 된다.

한편 국제물류 분야에서 물류보안에 대한 조치들이 강화되고 있다. 미국에서 발생한 9.11테러 사건 이후 미국을 비롯한 세계 각국과 국제기구에서 선박과 항만 등 물류보안(supply chain security)을 강화하는 여러 가지 제도를 도입하여 운영하고 있다. 특히 2006년 9월 항만보안법을 제정한 데 이어 2007년 8월 수출 컨테이너 화물의 100% 사전 검색을 의무화하는 법률이 최종 확정되어 그동안 미국을 중심으로 시행되기 시작한 물류보안제도는 양자 및 다자간기구로 확산되면서 글로벌 제도로 정착되고 있다.

제 12장에서는 "궁금하다! 미래의 물류"라는 제목하에 물류의 미래에 대하여 다룬다.

최근 첨단 기술들이 물류 산업에 다양하게 적용되면서 기존의 형태를 벗어나는 새로운 패러다임을 가져오고 있다. 최근 이슈화되고 있는 미래의 물류기술은 친환경 물류, 물류 ICT, 신기술 응용 물류, 전자상거래 물류, 물류자동화 등으로 구분해 볼 수 있다.

먼저 친환경 물류 분야의 미래물류의 방향은 환경 대체에너지 사용이 확산됨에 따라 에코 드라이빙(Eco-Driving)이 활성화되고, 에너지 자립형을 넘어선 에너지 생산형 물류시설이 등장할 것으로 예상된다. 또한 개별 기관 및 기업 차원에서 관리되던 환경부하가 공급망 전체에서 통합·관리되는 Green SCM의 개념으로 확대될 것이다. 친환경 운송은 환경을 보호하면서 운송 분야의 지속가능한 발전을 가능하게 하여 녹색성장에도 기여하는 등 다양한 부가가치를 지니고 있다.

스마트 물류는 IT 기술을 통해 고객에게 정보를 좀 더 정교하게 제공하여 고객과 물류업체 사이의 정보 간격을 좁히는 것으로 전체적인 물류 프로세스상에서 최적의 효율을 만들어 낼 수 있다. 특히 물류에서 빅데이터는 역량 최적화, 잠재적 위험감소, 고객 경험개선, 신규사업 모델창출에 특화될 수 있다. 특히, 화물의 이동 경로와 재고량 증감 추이 등에 대한 실시간 분석을 통해 화주 기업에 대한 정확한 수요 예측이 가능하게 할 것이다.

한편 산업 자동화의 트렌드 중 가장 빠르게 성장하고 있는 부분이 산업설비의 로봇화인 만큼 전 세계 물류 자동화 시장에서 보관 및 하역 기술의 자동화를 통한 시스템 구현이 활발하게 진행되고 있다. 향후에는 피킹, 분류 위주의 보관 및 하역 자동화 기술 외에 자동인식 기술인 RFID의 상용화를 통한 수·배송, 재고 관리, 운영 관리 등 물류시스템 전반에 자동화가 도입되어 인간의 개입없이 화물에 대한 통합적 물류 관리가 실현될 수 있을 것이다.

02

Fundamental of Logistics

물류, SCM이란 뭐지?

1 물류의 개념

1.1 물류의 정의

1) 경제와 물류

'물류'란 말의 정의를 "물자의 흐름"이라고 이해하는 사람들이 많다. 문자적으로 해석하면 그렇지만 물류란 말은 물적유통의 줄임말로 생산, 유통, 소비로 이어지는 경제의 3부문 중에서 유통의 물리적인 측면을 총칭하는 개념이다. 우리가 일상생활을 영위하는데 필요한 물자는 우리에게 어떻게 오게 된 것일까? 생선, 야채, 화장품, 전기제품 등 모두 인터넷으로 주문하거나 가까운 소매점에서 살 수 있는 것이다. 하지만 인터넷 쇼핑몰이 이러한 상품을 제조하거나 재배하는 것이 아니다. 생산지는 멀리 떨어진 장소이거나 외국이기 때문에 생산지에서 우리 가정까지는 일정한 경로를 따라 적절한 수송기관을 사용하여 오게 된 것이다. 매일매일 같은 방식으로 상품은 산지에서 시장으로 지속적으로 흐르고 있는데 이러한 흐름의 경로설정도 물류이다. 이를 위해서는 정부정책, 이용할 도로, 항만이나 공항 등의 인프라스트럭처(사회간접자본), 기업전략, 물류를 지원하는 기계나 수송기관 등도 필요하다. 이것도 물류문제이다. 또 이러한 흐름을 통제하는 정보도 중요하다.

따라서 물류의 정의를 내리기에 앞서 경제학적인 관점에서 물류의 필요성을 이해할 필요가 있다. 경제학에서 경제는 생산과 소비, 즉 공급과 수요로 성립된다고 설명한다. 그러나 경제가 발전하고 규모가 확대되면서 여러 가지 문제들이 발생하고, 그 문제들을 설명하기 위하여 경제학에서는 여러 가지 복잡한 이론을 필요로 하게 되었다. 그래서 생산과 소비를 이어주는 경제개념으로 유통, 교

그림 2-1 　물류의 정의

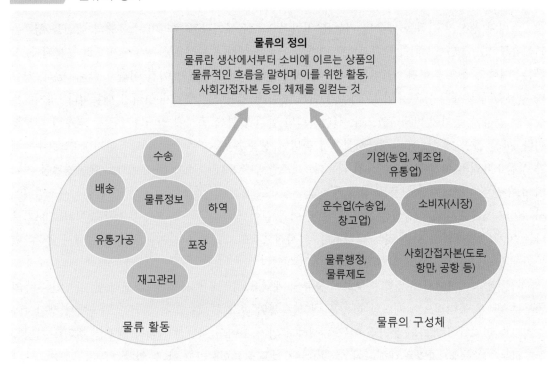

통, 순환, 거래 등의 경제기능이 존재한다고 설명한다. 즉, 경제의 생산과 소비, 공급과 수요 사이에 있는 간격(GAP)을 연결하는 기능이 필요하다고 할 수 있다. 생산과 소비 사이에 존재하는 간격을 메꾸는 것이야말로 물류의 목적이다. 그럼 생산과 소비 사이에 존재하는 간격에 대해 알아보자.

첫째, 생산자와 소비자가 다른 사회적 간격이 존재한다. 강원도의 고랭지배추 생산농가는 도시에 있는 소비자에게 팔기 위하여 이른 봄부터 배추농사를 준비한다. 생산자와 소비자가 동일한 경우 생산자의 창고나 산지 내에서 물자 흐름(MATERIAL FLOW)은 발생하지만 생산자에서 소비자로의 상품 배분(DISTRIBUTION OF GOODS)은 생기지 않는다. 따라서 상품유통이라는 상거래행위가 발생하지 않는다. 두 번째로 생산과 소비의 장소가 다른 장소적 간격이 존재한다. 생산과 소비가 동일한 장소에서 발생한다면 상기와는 반대로 물자의 흐름도 발생하지 않는다. 세 번째로 생산의 시간과 소비의 시간이 다른 시간적 간격이 존재한다. 생산과 소비가 동일한 시점에서 발생하는 서비스업과는 달리 일반적으로 제조업의 경우, 생산된 물품이 소비되기까지는 시차가 존재한다. 이 세 가지 간격에 더하여 생산자와 소비자 사이에는 정보의 간격, 가치의 간격도 있다. 이러한 간격은 정보화, 세계화, 고령화 등으로 인하여 오늘날에는 점점 넓어지고 다양한 문제를 내포한 채로 언제 터질지 모르는 활화산과 같이 변하였다.

2) 물류와 유통

소비와 생산의 간격을 메우는 기능은 일반적으로 유통이라고 불리며 소유권의 이전을 행하는 거래유통(상류(商流)라고 함)과 물리적으로 재화의 이동을 행하는 물적유통(물류(物流))으로 구분된다. 상류는 "재화의 소유권 이전", 물류는 "재화의 생산에서 소비로 물리적 이전"이라고 할 수 있다. 상류와 물류를 구분하는 이유는 이 두 가지가 반드시 함께 일어나는 행위가 아니기 때문이다. 과거에는 상류와 물류가 동시에 발생하였으나, 산업사회의 발전과 함께 동시에 일어나지 않는 경우가 대부분이다. 예를 들면 제조업체의 생산시설에서 출발한 상품수송은 운수업체가 담당하지만 그 운수업체가 상품소유권의 이전에는 관여하지 않는다. 제조업체 → 도매 → 소매 → 소비자의 유통경로를 거치며 소유권은 이전되지만 상품은 직접 제조업체에서 소매점으로 도매단계를 생략하거나 제조업체에서 소비자에게로 바로 이동하는 경우도 있다. 이와 같이 상류와 물류는 완전분리된 것이라고 보기보다는 일체의 관계라고 보는 것이 타당하다. 역사적으로도 실크로드나 지중해 상인 등에서 알 수 있듯이 유통의 중심은 물류로 상업의 시작은 수송이었다.

기능적인 측면에서 유통과 구분하여 물류의 개념을 정리하면 물류란 "경제의 한 기능인 유통의 일부분으로서 물리적으로 재화의 이동을 행하는 행위"라고 할 수 있다. 이러한 측면에서 생산자와 소비자를 연결하여 재화의 물리적 이동을 행하고 양자 사이의 시간적 간격을 메꾸는 행위로 가치를 창조하는 기능을 타 기업을 대행하여 수행하는 기업을 물류회사라고 할 수 있다.

물류와 관련하여 구분할 필요가 있는 용어 중의 하나가 운수이다. 운수란 말은 수송과도 그다지 구분 없이 사용되고 있지만 일반적으로 운수업은 창고업까지 포함한 개념으로 사용되므로 기업이 직접 행하는 수송행위를 운수라고는 하지 않는다. 물류를 구성하는 많은 기능 중에서 수배송이 차지하는 비중은 50~60%라고 할 정도로 크다. 그리고 수송은 대부분 기업내부의 공간보다는 항만, 공항, 철도역, 고속도로 등 공공장소나 공공시설을 사용하여 행하여지므로 소유권을 가진 기업에서 통제할 수 있는 부분이 상대적으로 적다. 또 대부분의 수송 및 수송에 연관된 보관은 전문업자인 운수회사가 행하고, 생산 및 판매업체는 운수업에 수송과 보관을 위탁하고 있다. 이와 같은 이유로 수송은 물류를 구성하는 기능 중에서 특수한 성격을 가지고 있고, 수송업을 주로 행하는 운수업이 물류산업에서는 가장 큰 비중을 차지하고 있다.[1]

1.2 물적유통(Physical Distribution)의 개념

오늘날 우리가 사용하고 있는 물류란 용어는 이른바 미국과 일본에서 도입된 외래어다. 이들 국

---

1 우리나라의 경우, 물류비 삭감이란 운송비의 삭감과 동일한 개념으로 해석되고 있는 것이 현실이다. 물류에 대한 정확한 인식이 부족하므로 물류비를 생각할 경우, 먼저 생각나는 것이 운송비 절감이라는 명목으로 운수업체에 지불할 비용을 줄이고, 수송효율을 올린다는 명목으로 과적, 과속 등의 무리한 차량운행을 강요하는 사태가 발생하고 있다.

가에서도 개별적으로 활동하던 구매, 재고, 하역, 수송, 고객서비스 등의 물류활동이 1960년대에 물적유통(Physical Distribution)이란 명칭으로 통합되고, 1980년대에는 이들 활동이 기업내부의 제조, 유통 등과 연계되어 하나로 통합되는 물류(Logistics)로 변화하고 1990년대에 들어서는 기업내부와 외부의 공급업자, 제3자, 고객을 연결하는 공급사슬관리(Supply Chain Management)로 발전하고 있다.

물류의 기본기능 중 하나라고 할 수 있는 수송, 하역, 보관, 포장 등의 활동은 과거에도 존재한 것으로 결코 새로운 활동이 아니지만 이러한 활동들의 통합적인 개념은 존재하지 않았다.[2] 실제로 미국의 대학에는 TRANSPORTATION AND WAREHOUSING 강좌가 1950년대 이전에 개설되어 있었고, 일본의 대학에서도 1900년대 초반부터 철도론, 육운론, 해운론, 창고론 등의 강의가 개설되었다. 이 시기에는 주로 전국 규모의 경제네트워크 구축과 국제무역에 필요한 개별 수송기능 및 창고의 역할에 대한 연구 및 교육이 우선시되었다고 할 수 있다.

그러나 제2차 세계대전 후 미국사회가 대량생산, 대량소비의 시대로 변화함에 따라 마케팅 개념이 도입되었고 소비재의 전국 유통체계가 확립되었다. 이에 따라 전국에 산재되어 있는 각 공장과 영업소, 점포 등으로 분산되어 있던 물류관련 기능을 집약하고 시스템화할 필요가 생겼다. 이를 통합하는 개념으로 1960년대 등장한 것이 Physical Distribution(이하, 물적유통)이다. 미국마켓팅협회(AMA)는 개별기업의 입장에서 물적유통이란 생산단계에서 소비와 이용에 이르기까지 상품의 이동 및 취급을 관리하는 것을 물류라고 정의하였다. 그리고 1962년 설립된 미국물류관리협회(NCPDM)의 정의에 의하면 물적유통이란 원료이동 및 운송, 보관, 하역, 포장, 그리고 주문처리, 시장예측과 고객서비스를 포함한 개념이다.[3]

일본에서도 1955년 이후 고도성장 및 급격한 도시화의 진전으로 기업은 생산 및 판매량이 급증하고, 국내유동 화물량이 급증하였다. 이에 따라 철도, 항만 등의 물류인프라 시설이 절대적으로 부족하고, 급속하게 발전한 자동차에 의한 화물수송에 대응할 수 있는 체제구축이 요구되었다. 이때 미국으로부터 일본에 도입된 용어가 Physical Distribution을 번역한 물적유통(약어로 물류)이다.[4] 일본의 경우, 물리적인 "물자의 흐름"에 관한 경제활동을 중시하였는데 일본은 물류란 시간 및 공간 일부의 형질 변경을 통한 효용창출을 목적으로 하는 생산된 재화의 수요자에로의 이동과정 및 이와 관련된 운송, 보관, 하역, 포장과 정보가 주 활동이라고 해석되었다.

물류개념이 도입되면서 초기에 의도한 바는 생산부문에 비하여 뒤떨어진 물류부문의 생산성 향상이었다. 그러나 두 차례의 석유위기와 생산과잉에 따른 판매부진의 시대에 접어들어 생산부문과 물류부문의 생산성 차이는 줄어들기보다는 오히려 격차가 벌어지게 되었다. 이러한 격차를 극복하려

---

2 바우워삭스(1986)는 1950년 이전에는 단편적인 물류관리의 시대로 보고 1950년대 후반에 물류개념이 도입되었다고 설명한다.
3 NCPDM(National Council of Physical Distribution Management)의 약자로 미국 물류관리협회(CLM: Council of Logistics Management)의 전신이다.
4 일본에서 Physical Distribution을 물적유통이라고 번역한 학자는 히라하라(平原直)와 마츠키(松木洋三)라고 알려져 있다.

면 물적유통 부문만의 개선이나 물류를 구성하는 각 활동들의 국부적인 합리화만으로는 생산성 향상을 이룰 수 없다는 인식하에 도입된 개념이 후술하는 로지스틱스이다. 그 배경에는 구매, 제조지원, 물적유통의 3부문을 통합한 로지스틱스 시스템을 구축함으로써 시너지 효과를 유발하여 그 생산성을 비약적으로 향상시키고자 하는 것이 있다.

1.3 로지스틱스(Logistics)의 정의

1980년대 접어들어 기업 경영활동의 세계화, 경제성장의 둔화, 경제전반의 규제완화, 환경중시, 시장의 다양화, 경쟁심화, 정보화시대의 도래, 물류관련 기술의 진전, 노동시장의 변화 등을 배경으로 물류는 기능에서 시스템으로 변화하게 되었다. 미국에서는 이와 같은 배경에서 물적유통이 로지스틱스로 변화하게 되었다. 양자 간에는 그 기능과 사상에 약간의 차이가 있다. 원래 물적유통은 경제 내지는 경영의 한 기능 내지는 영역을 말한다. 이 기능 내지 영역에 관하여 기업이 어떠한 사고방식과 전략으로 대처할 것인가 하는 방법을 모색하는 것이 로지스틱스라고 할 수 있다. 즉, 로지스틱스가 방법론의 세계라고 한다면, 물적유통은 기능론의 세계이다.

로지스틱스란 소비자의 경제적 복지증진이 최종목표로 비용대비 효과를 최대로 할 수 있도록 고객의 필요조건을 충족하기 위하여, 물자의 흐름에 조달, 납품, 구입까지 포함하여 관리 검토를 행하고, 회수 및 폐기까지 포함하여 고객만족을 추구하는 고객서비스를 제공하는 것이 물적유통과는 다른 특징이라고 할 수 있다.

그림 2-2 물적유통에서 로지스틱스로의 변환과정(확대와 통합의 과정)

출처: 阿保榮司, 『物流からロジスティクスへ』, 税務經理協會, 1993년.

물류에서 로지스틱스로 변환하는 과정은 [그림 2-2]와 같이 확대와 통합으로 요약할 수 있다. 미국마케팅협회의 물류에 관한 정의에서 알 수 있듯이 물적유통이 대상으로 하는 것은 생산부문에서 생산된 제품으로 대상영역은 생산과 그 제품의 소비자 내지는 이용자 간의 과정이다.[5] 오래 전부터 개별적인 경제활동으로 존재하고 있던 수송, 보관, 하역, 포장, 물류정보와 같은 개별기능이 통합되어 기존의 물적유통시스템이 구성되었다. 그러나 생산이나 구매부문의 협력이 없는 제품물류만의 합리화는 불요불급품의 재고증가와 필요품의 품절을 발생시키므로 기업 전체적으로 볼 때는 합리화의 한계가 있었다. 따라서 경영의 전체적인 최적달성이라는 목적을 위하여 물적유통에 생산부문이 관리하고 있던 재화의 흐름과 수량조절기능(이른바 생산관리), 구매부문의 조달기능을 통합하여 로지스틱스 시스템이 형성되었다.[6]

1.4 물류개념의 확대 – 공급사슬관리로의 확대

실질적인 경제활동은 단일 기업체 내에서 재화의 이동과 취급이 완결되는 경우는 많지 않다. 원재료는 공급자로부터 시작하여 수송업자나 보관업자 등의 물류업자를 거쳐 원재료를 가공하는 가공업자 내지는 완성품 제조업자에게로 보내진다. 완성품의 경우, 도매 및 소매업자를 거쳐 실수요자인 고객에게 배송되어진다. 로지스틱스 활동은 이와 같이 다양한 기업으로 형성된 일련의 기업연쇄를 통하여 행하여진다고 할 수 있다.

이상적인 로지스틱스 활동을 위해서는 종래의 동일한 기업 내의 기능통합으로부터 일련의 기업연쇄를 통합한 시스템 형성이 필요하다. 로지스틱스 활동의 효율화를 목적으로 하여 재화의 이동과 관리를 연결하고 있는 기업군의 연쇄를 공급연쇄(Supply Chain)라고 한다.[7] 엘럼(Ellram, 1991)에 따르면, 「공급사슬관리(Supply Chain Management)란 공급자에서 최종수요자에 이르는 채널을 통하여 재고관리를 위한 정보활용에 관한 통합적인 접근법이다. 그리고 그 목표는 고객서비스의 개선을 전체적 비용을 절감하면서 실현하는 것」이다.[8]

1980년대 후반부터 로지스틱스 관리의 이상형을 실현하는 과제로 공급사슬관리가 중요시되었다. [그림 2-2]와 같이 기존에는 동일 기업 내에서 이루어지던 로지스틱스 시스템의 범위를 뛰어넘어 타 기업의 로지스틱스 시스템과도 연계하여 공급사슬을 관리하려는 것이 공급사슬관리이다. 이러한 영역의 확대와 기능의 통합을 실현하려는 활동은 1990년대 물류합리화의 중요과제가 되고 있다. 즉, 단일기업의 로지스틱스 시스템 간의 효율성을 경쟁하던 시대에서 지금은 그 기업이 소속된 공급사

5 阿保榮司, 『ロジスティクス マネジメント』, 同友館, 1994, p. 3.
6 상게서, p. 44.
7 상게서, p. 5.
8 Ellram, Lisa M., "Supply Chain Management, The Industrial Organization Perspective", International Journal of Physical Distribution & Logistics Management, 21, No. 1, 1991, pp. 13~22.

슬과 타 기업이 속한 공급사슬 간의 경쟁이 기업경쟁력을 결정하는 요인이 되고 있다.

공급사슬관리는 공급사슬 내에 속한 파트너와 제휴하여 기업외부에 존재하는 사업기능의 자원을 통합하고 혁신적인 솔루션 개발, 시장제품과 서비스, 특유의 정보 창조 그리고 고객가치에 흐름을 일치시키는 데 초점을 맞추는 관리를 지속적으로 전개하는 것이다. 이는 기업 내부에 머무르지 않고 기업 외부까지 확장된 동일기업의 개념으로 제조업자, 공급업자, 고객이 모두 소비자가 원하는 공통의 제품과 서비스를 제공하기 위한 운영상에 상승작용을 성취하기 위하여 공유된 자원(사람, 기술 및 성과측정)의 이용을 최적화하는 것으로 오늘날 글로벌 기업경쟁력의 기본 근간이 되고 있다.

2 물류의 구성과 영역

2.1 물류의 영역구분

물류영역의 구분에는 상품의 흐름에 따른 구분, 물류활동에 따른 구분, 공간적인 구분의 세 가지 관점이 있다. 먼저 상품의 흐름에 따른 구분은 다음과 같다. 물류를 객관적으로 개별기업의 입장에서 상품의 제조, 판매, 소비라는 일반적 개념으로 볼 경우 "조달물류", "사내물류(생산물류)", "판매물류(시장물류)", "회수물류(폐기물류)"로 구분할 수 있다. 최근에는 여기에 일반소비자를 대상으로 하는 "소비자물류"를 포함시키기도 한다. 하지만 이러한 분류는 보편적인 것은 아니다. 완제품업자에게는 조달물류지만, 중간재업자에게는 판매물류이기 때문이다. 소비자물류의 경우에도 통판업자에게는 판매물류이고, 회수물류의 경우에도 회수업자에게는 판매물류이기 때문이다.

다음으로 물류활동에 따른 구분에 의하면 기본활동과 지원활동으로 나눌 수 있다. 기본활동에는 물자유통활동과 정보유통활동이 있다. 물자유통활동이란 운수에 관련된 활동으로 ① 수송기초시설 활동(물류인프라시설을 제공하는 활동), ② 수송활동, ③ 보관활동, ④ 하역활동, ⑤ 포장활동, ⑥ 유통가공활동이 있다. 정보유통활동이란 통신에 관련된 활동으로 ① 통신기초시설 활동, ② 전달활동이 있다. 지원활동이란 이와 같은 기본활동을 지원하는 활동을 말한다. 물류활동에 따른 구분방법은 조달물류나 생산배분, 자원탐사, 구매의 영역에 대한 배려가 없는 문제점이 있다.

다음으로 물류는 상품의 흐름이 국내에서 이루어지는지, 외국과의 무역에 의해 이루어지는지에 따라, 국내물류와 국제물류로 구분한다. 국내물류와 국제물류를 구분하는 이유는 물리적인 간격 이외에도 거래방식과 거래조건, 수송구조 등이 전혀 다르기 때문이다. 국제물류란 국가 간의 재화나 물류서비스의 이동 및 유통가공을 말하며, 이국 간 물류, 다국 간 물류, 글로벌 물류의 3단계로 구분된다. 이에 대하여 국내물류의 발전과정은 기업내 물류, 기업간 물류, 산업물류, 국가물류로 구분되며 국가물류는 지역사회 물류와 국가레벨 물류로 구분할 수 있다.

이와 같이 물류의 구성은 굉장히 복잡하다. 다수의 기업이 관여하고 있고, 사회간접자본에 의해서도 많은 영향을 받는다. 국제물류에 대하여는 다음에 다루기로 하고 여기에서는 개별기업의 입장에서 본 물류의 각 부문별 정의에 대하여 살펴보기로 한다.

2.2 사내물류(생산물류)

사내물류는 기업물류 가운데 자사 내에서 이루어지는 부분을 말한다. 이를 생산물류라고 하는 것은 제조업의 경우를 가정하고, 공장에서 생산된 상품을 자사 내의 판매거점인 지사와 영업소에 공급하는 부분을 가리켜서 하는 말이다. 그러나 제조업뿐만이 아니라 유통업에도 이러한 부분이 존재한다. 도매업의 경우, 자사의 집약센터에서 각 중계지나 집배송센터까지의 상품공급이 있고, 소매업의 경우에는 상품센터에서 각 점포로의 공급이 있다. 즉, 자사시설 간의 상품이동에 관한 것을 사내물류라고 정의할 수 있다.

사내물류를 생산물류라고 부르는 것은 제조업의 경우 성격이 특수하기 때문이다. 일반적으로 생산기지는 시장에서 떨어져 멀리 위치하고 있고, 그곳에서 대도시나 타 지역, 세계를 향하여 지역 간 수송 내지는 국제무역운송이 이루어지고 있다. 또 생산물류라고 할 경우 생산기능이 전제되고, 생산은 그 자체가 계획되고, 생산효율이 중시된다. 물류에 맞추어서 생산이 이루어지는 사례는 거의 없기 때문이다. 최근에는 물류비용의 증가를 억제하기 위하여 생산을 물류에 맞추려는 움직임도 있지만, 대부분은 생산에 물류를 합치시키려는 경향이 강하다.

2.3 판매물류(시장물류)

판매물류를 시장물류라고도 하는 이유는 판매물류는 고객에 대하여 행하여지는 상품의 이동이라고 할 수 있고, 이러한 일들이 행하여지는 곳이 시장이기 때문이다. 자사에서 타사로의 이동이기 때문에 거래가 있고 거래조건이 존재한다. 이 거래조건을 물류의 측면에서 말한다면 "납품장소", "납품시간", "납품소요시간(리드타임)", "납품량", "납품단위", "납품형태", "비용부담", "부가서비스", "전표처리" 등과 같은 조건이 있다. 즉, 판매물류란 이러한 고객과의 거래조건의 구체화라고 할 수 있다.

판매물류에서 고객이 요구하는 것은 필요한 상품을 필요한 때에 필요한 양만큼 조달하는 것이고, 이를 가장 잘 나타내고 있는 것이 JIT(Just In Time)라고 할 수 있다. 한편 납품하는 측에서는 물류효율화를 위하여 계획적으로 개별 단위(lot, 낱개)의 간단한 형태로 납품하고자 한다.

판매는 이를 조정하는 것이라고 할 수 있으며 이에 따라 거래조건의 교섭이 존재하게 된다. 그러나 한 기업과 고객과의 교섭으로 물류 조건이 결정되는 것은 아니다. 판매물류의 조건은 시장에서 기업 간 경쟁에 의해 결정된다. 예를 들어 A기업과 B기업이 서로 경쟁기업이라고 가정하자. 이럴 경우 A기업이 발주에서 고객에게 배송하는 데까지 걸리는 리드타임을 24시간 이내로 한다면 B기업 고객과 아무리 밀접한 관계를 가지고 있더라도 리드타임을 36시간으로 설정할 수는 없다. 판매물류는 판매를 실현하기 위하여 행하여지기 때문에 모든 물류시스템 설정 시 가장 핵심이 되는 것은 바로 경쟁기업을 고려한 판매가능성이라고 할 수 있다.

2.4 조달물류

한 기업의 판매물류는 상품을 납품받는 쪽에서 보면 조달물류이다. 제조업체의 공장에서 원재료와 기계, 자재를 조달하기 위한 물류가 조달물류이고, 도소매업이 재판매를 행하기 위하여 상품을 구입하는 일도 조달물류가 될 수 있다. 물류 개념의 도입 초기에는 조달물류는 물류의 개념에 포함되지 않았다. 물적유통(physical distribution)이 자사 상품을 시장에 공급하는 부분을 가리킨 것이라면, 조달부분은 타사 상품을 자사의 생산 또는 판매를 위하여 수급하는 물적 공급(physical supply)으로 물적 조달이었다. 그러나 조달물류도 납품하는 측에서 보면 판매물류이므로 현재는 물류의 한 영역으로 취급된다. 전술한 바와 같이 로지스틱스라는 개념이 그 대상영역을 조달, 생산, 판매물류를 하나의 연결고리로 보고 그 시스템을 과학적으로 관리하는 것을 특징으로 하고 있기 때문에 로지스틱스 개념의 도입에 의해 조달물류가 중요하게 되었다.

최근 물류시스템 중에서 가장 각광을 받고 있는 것 중에 하나가 이 조달물류라고 할 수 있다. 그 중에서도 유명한 것이 일본 도요타 자동차에서 실행중인 JIT시스템이다. 이는 부품재고를 가지지 않고 공장이 부품을 필요로 하는 때에 필요량만큼 조달하는 방식을 말한다.[9]

또 대규모 체인유통업체가 POS 시스템을 이용하여 다빈도 소량발주를 행하고, 이에 따라 납품시키는 것도 조달물류이다. 조달물류는 지금까지 납품업자의 판매물류로 행하여지는 것이 보통이었지만 조달물류가 중시되면서 납품을 받는 측에서 스스로 시스템 개발을 행하는 사례도 늘고 있다.

2.5 회수물류

상품의 생산에서 소비로 향하는 통상의 흐름과 반대의 흐름을 총칭하여 회수물류라고 한다. 그 이유는 사회에서나 기업에서나 이와 같은 반대의 흐름이 많기 때문이다. 반대의 흐름이란 의미에서 통상적인 물류흐름을 전방물류(forward logistics)라고 하는 데 반하여 후방물류(backward logistics)라고도 한다. 쓰레기 회수가 대표적이라고 할 수 있다.

회수물류의 대상에는 반품, 물류의 도구, 포장/원료의 세 가지가 있다. 불량품, 팔고 남은 것 등의 반품처리를 위한 독자적인 물류체계를 구축할 필요가 있고 팔레트나 컨테이너 같은 회수에 활용할 도구가 필요하다. 이러한 회수 가능한 도구에 대하여는 그 기업과는 별도의 회수채널이 존재하기

9　이 방식은 부품공장과의 연계가 중요하다. 1997년 일본에서 일어난 토요타계열 부품공장의 화재, 스페인에서의 노동쟁의로 유럽의 일본자동차 자회사 생산시스템 전체가 마비되는 사태가 발생하여 JIT시스템은 위기관리에 문제가 있다고 지적되고 있다.

도 하지만 자사가 행하는 일이 대부분이고, 포장과 원료가 되는 물품의 회수도 마찬가지이다.

2.6 소비자물류

물류 서비스 가운데서 소비자와 직접 관련이 있는 부분을 타 부분과 구별하여 소비자물류라고 한다. 통상적으로 운수업의 대상은 화물수송으로 산업용이 대부분이고 대상시장은 기업이었다. 물론 이전에도 일반 소비자를 대상으로 하는 우편소포, 철도소화물, 이사화물, 창고업의 가재보관 등이 존재했지만 최근에는 직접 소비자를 대상으로 하는 물류 서비스의 개발이 중시되고 있다. 그 대표적인 사례가 택배라고 할 수 있다.

3 물류시스템

3.1 물류시스템의 구성

물류가 경제나 경영활동의 한 기능이라면, 이 기능을 발휘하기 위한 활동이 필요하게 된다. 물류라는 개념이 인식된 것도 이러한 활동이 존재, 이 활동을 통합, 시스템화하려고 하였기 때문이다. 일반적으로 물류의 구성을 이야기할 때는 다음과 같은 활동을 이야기한다. 수배송, 보관, 하역, 포장, 재고관리, 유통가공의 6가지 활동을 일반적으로 물류활동이라고 한다. 여기에 수발주처리, 정보가공을 포함하기도 한다. 그러나 정보는 이러한 활동들과 동일 레벨에 두기보다는 전체 활동에 관여하는 활동이라고 해석하여야 할 것이다.

기업경영에 있어서 물류는 기업경영의 단계에 따라 물류전략, 물류계획, 물류활동으로 구분된다. 먼저 물류전략은 경영전략 내지는 마케팅전략에 기초하여 결정되고 이 전략을 기초로 하여 물류계획이 수립되고, 이를 수행할 물류체계가 구축된다. 여기에는 물류시설의 설치와 기계화, 물류관리조직 등이 포함되고, 물류관련 시설과 조직을 연결하는 물류네트워크의 결정, 물류조직의 결정, 기업경영의 총괄적인 입장에서 본 물류예산제도 등이 포함된다. 마지막 단계인 물류활동은 직접적인 물류관리활동으로 물류활동의 통제로 물류작업의 관리, 작업계획, 노무관리, 시설관리 등이 포함된다.

3.2 물류활동

물류활동의 구성요소는 물자와 상품의 공간적 이동을 행하는 수송과 시간적 이동을 행하는 보관이 중심이 되고 있지만 그 이외에도 물류를 원활하게 수행하기 위한 유통가공, 포장, 하역, 정보가 있다. 이하 이 6가지 요소에 대해 간략하게 논한다.

1) 수송

물품을 장소적, 공간적으로 이동시키는 것을 말한다. 수송시스템은 터미널이나 야드 등을 포함한 수송결절점인 노드(node), 수송경로인 링크(link), 교통기관인 모드(mode)를 포함한 하드웨어적인 요소와 교통의 컨트롤과 오퍼레이션 등을 포함하는 소프트웨어적인 측면의 각종 요소가 조직적으로 결합되고 통합됨으로써 전체적인 효율성이 발휘된다. 특히, 수송은 장거리의 두 지점 간의 이동을 말하고 유사용어인 배송은 단거리 소량 단말수송을 말한다.

2) 보관

물품을 저장하고 관리하는 것을 의미하고 시간조정과 가격조정에 관한 기능을 수행한다. 수요와 공급의 시간적 간격을 조정함으로써 경제활동의 안정과 촉진을 도모한다. 최근에는 상품가치와 저장을 목적으로 하는 장기보관보다도 판매정책상의 유통목적을 위한 단기보관의 중요성이 강조되고 있다. 보관을 위한 시설인 창고에서는 물품의 입고 및 정보에 기초한 재고관리가 행해지게 된다.

3) 유통가공

보관을 위한 가공 및 동일 기능의 형태 전환을 위한 가공 등 유통단계에서 상품에 가공이 더해지는 것을 의미한다. 여기에는 절단, 상세분류, 천공, 굴절, 조립 등의 경미한 생산활동이 있다. 이 밖에도 단위화(unitization), 가격표 및 상표 부착, 선별, 검품 등 유통의 원활화를 도모하는 보조작업이 있다. 최근에는 상품의 부가가치를 높여 상품 차별화를 목적으로 유통가공의 중요성이 강조되고 있다.

4) 포장

물품의 수송, 보관 등에 있어서 물품의 가치 및 상태를 보호하는 것을 말한다. 기능면에서 품질 유지를 위한 포장을 의미하는 공업포장과 소비자의 손에 넘기기 위하여 행해지는 포장으로 상품가치를 높여, 정보전달을 포함하여 판매촉진의 기능을 목적으로 한 포장을 의미하는 상업포장으로 구분한다.

5) 하역

수송, 보관, 포장의 전후에 부수하는 물품의 취급으로 교통기관과 물류시설에 걸쳐 행해진다. 적입, 적출, 분류, 피킹 등의 작업이다. 하역합리화의 대표적 수단에는 컨테이너화(containerization)와 파렛트화(palletization)가 있다.

| 표 2-1 | 물류기능의 분류와 내용 |

물류기능	분류	내용
수송	수송 집배송	장거리, 선적인 기능, 물류의 트래픽 기능 단거리, 면적인 기능, 물류의 억세스 기능
보관	저장 보관	장시간보관, 저장형보관, 물류의 노드 기능 단시간보관, 유통형보관, 물류의 노드 기능
유통가공	가공작업 생산가공 판촉가공	검품, 분류, 입고, 픽킹, 배분(환치, 환적, 고내작업, 일시대기) 조립, 절단, 치수조절 가격표 및 상표부착, 유니트화
포장	공업포장 상업포장	수송, 보관포장, 외장, 내장, 품질보증이 주체 판매포장, 개장, 마케팅이 주체
하역	적입 반출	물류시설에서 교통기관으로의 작업 교통기관에서 물류시설에로의 작업
정보	물류정보 상업정보	수량관리: 운행/화물추적, 입고/재고/출고관리 품질관리: 온도/습도관리 작업관리: 자동분류, 디지털 피킹 수발주: POS/EOS/VAN/EDI 금융: 은행온라인

6) 정보

물류활동에 대응하여 기업의 물류활동을 원활하게 수행하기 위해 정보를 수집하고 효율적으로 처리하는 작업이 주목받고 있다. 최근에는 컴퓨터와 정보통신기술에 의해 물류시스템의 고도화가 이루어져 수주, 재고관리, 주문품 출하, 상품조달(생산), 수송, 피킹(picking) 등을 포함한 기타 5가지의 요소기능에 관련한 업무흐름의 일괄관리가 실현되고 있다. 정보에는 상품의 수량과 품질, 작업관리에 관한 물류정보와 수발주와 지불에 관한 상류정보가 있다. 대형소매점과 편의점에서는 유통비용 삭감과 판로확대를 위하여 POS가 사용되고 있고, EDI와 결부된 물류정보시스템이 급속하게 보급되고 있다.

이상과 같이 오늘날의 물류활동은 광범위한 정보로 지원되고 있고 정보를 축으로 한 물류시스템화가 실현되고 있다. 따라서 물류시스템의 기능을 작업서브시스템과 정보서브시스템으로 분류하고 전자에는 수송, 하역, 보관, 유통가공, 포장을, 후자에는 수발주, 재고, 출하를 포함하는 분류방법도 있다. 이러한 기능의 유기적인 관련을 고려하여 물류시스템에 관하여 6가지의 개별 물류활동을 통합하고 필요한 자원을 이용하여 물류서비스라는 산출물(output)을 효과적으로 산출하는 체계이다.

3.3 기업경영과 물류의 역할

1) 물류시스템의 목적

물류시스템의 목적은 최소의 비용으로 최대의 물류서비스를 산출하기 위하여 물류서비스를 3S1L의 원칙(Speedy, Safety, Surely, Low)으로 행하는 것이다.[10] 보다 구체적으로 물류시스템의 목적을 논한다면 다음과 같다.

① 고객에게 상품을 적절한 납기에 맞추어 정확하게 배달하는 것,

② 고객의 주문에 대해 상품의 품절을 가능한 한 적게 하는 것,

③ 물류거점을 적절하게 배치하여 배송효율 향상과 상품의 적정재고량을 유지하는 것,

④ 수송, 보관, 하역, 포장, 유통가공 작업을 생력화, 합리화하는 것,

⑤ 수주에서 출하, 배송까지의 정보를 원활하게 하는 것,

⑥ 물류비용의 적절화 및 최소화 등이 있을 수 있다.

여기에서 주의할 점은 개별 물류활동(수송, 보관, 하역, 포장, 유통가공)은 비용과 서비스수준 간에 상충(trade-off)관계가 성립한다는 점이다. 이는 두 가지의 목적이 공통의 자원(예를 들어, 비용)에 대하여 경합하고, 일방의 목적을 보다 많이 달성하려고 하면 다른 목적의 달성이 일부 희생되는 관계가 개별 물류활동들 사이에 성립한다는 의미이다.

예를 들어 재고거점을 줄이고, 재고수량도 줄이면 물류거점에서 재고보충이 빈번해지고 수송횟수도 증가한다. 또한 포장을 간소화하면 포장강도가 약해지고 창고 내에서 적재가능 단수가 낮아져 보관비율이 낮아진다. 또 화물의 하차나 수송 중에 파손우려가 있다. 따라서 하역효율이 낮아지고 파손율이 높아진다. 철도수송을 항공수송으로 변경할 경우, 수송비는 증대하지만 수송속도는 빨라지기 때문에 각지에 있는 물류거점의 재고량이 상당 부분 줄어들어 재고비와 보관비는 대폭 감소할 것이다.

이와 같이 각 물류활동에는 상충관계가 성립하기 때문에 총비용 접근법(total cost approach)에 따른 물류시스템화가 필요해진다. 물류의 각 활동, 예를 들어 수송, 보관, 하역, 유통가공 등에도 각각의 활동을 효율화하는 시스템, 즉 수송시스템, 보관시스템, 하역시스템, 포장시스템, 유통가공시스템 등이 있고 각각의 시스템은 부분최적을 도모하고 있다.

그러나 이들 시스템 간에는 상충관계가 성립하기 때문에 비용을 매개로 하여 비용이 최소가 되는 물류 전체를 시스템화하여 "전체최적"을 도모하게 된다. 즉, 물류시스템은 수송, 보관, 하역, 포장, 유통가공 등의 시스템을 비용이 최소가 될 수 있도록 각각의 활동을 전체적으로 조화, 양립시켜 "전체 최적"에 근접시키는 노력이 필요하다.

---

10 스마이키는 물류시스템의 목적으로 7R의 원칙을 제창하였다. 7R이란 Right Quality(적절한 품질), Right Quantity(적량), Right Time(적시), Right Place(적소), Right Impression(좋은 인상), Right Price(적절한 가격), Right Commodity(적절한 상품)를 말한다.

2) 경쟁우위의 원천이 되는 물류

물류시스템화는 어떻게 진척되는 것일까? 또 경쟁력의 원천으로서 물류는 어떤 역할을 하게 될까? 보다 나은 물류서비스를 낮은 비용으로 창출해 내는 것이 물류시스템이라고 했지만 여기서 말하는 보다 나은 서비스야말로 물류시스템화의 전제조건이라고 할 수 있다. 즉, 물류서비스의 수준 결정의 방법 여하에 따라 물류의 형태가 바뀐다는 것이다. 따라서 기업 입장에서 바람직한 물류서비스 수준을 결정하고 이를 행하기 위한 물류시스템화가 전사적인 합의하에 이루어져야 한다.

이때 기업은 경쟁사와 차별화된 방법으로 더 많은 고객가치를 창출하기 위한 방법을 고려해야만 한다. 이 가치창조 활동 과정을 마이클 포터는 5가지 기본활동과 4가지 보조활동으로 구분하여 제시하였다. 기본활동에는 내·외부의 자원을 사업에 투여하는 내부지향적 물류, 그 자원을 최종제품으로 전환하는 생산과 운영, 최종제품을 시장으로 이동하는 외부지향적 물류, 최종제품을 시장에 출시하는 마케팅과 판매, 이를 지원하는 서비스제공의 4가지가 있다. 이와 같이 기업에서 고객가치를 창조하는 핵심적인 역할을 수행하는 것이 물류이다.

기업들은 각자가 수행하는 가치창조 활동에서 비용과 성과를 확인하고 향상시키기 위하여 기준점(Benchmark)을 설정하고 경쟁사와 비교한다. 즉, 물류시스템화를 이루기 위해서는 먼저 물류서비스 수준의 결정이 중요과제가 됨은 말할 나위가 없다. 그렇다면 물류서비스와 물류비용의 관계에 대하여 살펴보자. 물류비용에 관해서는 물류의 각 부문, 각 기능 간에 상충관계가 있을 뿐만 아니라 물류비용과 물류서비스 간에도 상충관계가 성립한다. 즉, 물류서비스 수준을 향상시키면 물류비용도 상승하므로 비용과 서비스의 사이에는 "수확체감의 법칙"이 작용한다.

P. 코틀러는 "물류의 목적은 물류에 얼마만큼의 인풋(비용)을 투하하여 얼마만큼의 아웃풋(물류서비스)을 얻을 수 있는가라고 하는 시스템 효율의 개념을 도입하고서야 바른 정의가 가능하다."고 지적하고 있다. 최고경영자가 물류비용의 증대에 대하여 비용절감에 대한 요구가 있다고 할지라도 이는 물류서비스와 연관하여 고려하는 것이 절대조건이다.

일반적으로 비용과 물류서비스의 관계는 다음 4가지를 고려할 수 있다.

첫째, 물류서비스 일정-비용 절감의 관계이다. 물류서비스 수준을 일정하게 유지한 채로 물류비용 절감을 도모하는 것이다. 이는 일정한 서비스를 가능한 한 낮은 비용으로 달성하는 효율추구의 사고이다. 둘째, 물류서비스를 향상하기 위하여 물류비용이 상승하여도 어쩔 수 없다는 서비스 상승, 비용상승의 관계이다. 셋째, 적극적으로 물류비용을 고려하는 방법으로 물류비용 일정, 서비스 수준 향상의 관계이다. 이는 물류비용을 유효하게 활용하여 최적의 성과를 달성하는 성과추구의 사고이다. 넷째, 보다 낮은 물류비로 보다 높은 물류서비스를 실현하려는 물류비용 절감, 물류서비스 향상의 관계이다. 이는 판매증가와 이익증가를 동시에 도모하는 전략적 발상이라고 할 수 있다.

이상의 4가지 가운데 무엇을 선택할 것인가는 기업의 의사결정이라고 할 수 있다. 즉, 상품전략,

지역판매전략과의 연관성, 유통전략과의 연관성, 경쟁기업과의 연관성, 물류비용과의 연관성, 물류
시스템 전체를 둘러싼 환경과의 관련성을 고려하여 물류시스템의 최적방안이 채용된다.

4 물류학을 공부하기 위하여

4.1 물류에 대한 접근 방법 – 거시물류와 미시물류

물류를 공부하기 위해서는 물류를 분석할 시점을 명확히 할 필요가 있다. 이때 전체적인 관점에
서 볼 것인가? 전체를 구성하고 있는 개별주체의 관점에서 볼 것인가에 따라 거시물류와 미시물류로
나눌 수 있다. 거시(Macro)물류와 미시(Micro)물류, 국가물류와 기업물류와의 연관관계를 나타낸 것이
[표 2-2]이다. 거시물류가 국가나 지역적인 범위에서 전체적으로 어떻게 물류가 이루어지고 있는가
를 말한다. 우리나라의 유통구조는 어떻게 이루어져 있고 그 안에서 물류경로는 어떻게 구성되며, 어
떤 수송기관에 의하여 수송되는가와 같은 문제를 말한다. 한편 미시물류는 유통활동의 주체인 기업,
유통업, 운수업, 소비자가 각각 어떻게 물류활동을 수행하는가 또는 개별 상품이 어떻게 소비자에게

표 2-2 거시물류, 반거시물류 및 미시물류의 관계

	구조	정책	단위
거시물류	수송구조 유통구조 사회간접자본 – 도로 – 항만 – 공항 – 유통단지	물류정책 – 운수정책 – 상업정책 – R&D 정책	국가단위 지자체 단위
반거시물류	상품별 유통경로 – 농산품 유통경로 – 공산품 유통경로	산업정책 소비자행정	상품별단위 산업별단위
미시물류	유통시스템 – 유통센터 – 수배송시스템 – 보관하역시스템 – 정보시스템 – 거래조건 – 상품단위	물류관리 – 물류관리조직 – 물류비용관리 – 물류효율관리 – 물류서비스관리	개별 기업 개별 소비자

출처: 中田信哉, 『物流のしくみ』, 日本実業出版社, 1998, p. 19.

도달하는가와 같은 문제를 말한다. 하지만 유통경로나 상품별 물류문제는 거시와 미시의 양쪽에 걸쳐 있어 구분하기 어렵기 때문에 반거시(Semi-Macro)물류라고도 한다. 즉, 거시물류는 국가나 지역차원에서 전체물류를 보는 사회경제적인 접근, 미시물류는 기업경영의 관점에서 물류를 보는 기업경영적인 접근, 반거시물류는 상품이나 산업의 관점에서 보는 산업측면의 물류를 말한다.

거시적인 측면에서 물류환경(logistics milieu)을 분석하면 수요, 시장, 정책, 기술의 4가지 요인으로 구분할 수 있다. 수요요인이란 물류서비스의 수요자인 기업과 개인을, 시장요인이란 물류서비스 제공자인 물류기업을 말한다. 기술요인이란 물류관련 기술을, 정책요인이란 물류관련 국내·외정책을 말한다. 이들 네 요인은 상호연관성을 가지고, 한 요인의 변화는 다른 요인의 변화를 불러일으킨다. 예를 들어 물류관련 정보기기의 발달은 물류서비스 제공기업의 신규서비스 제공을 가능케 하여 이러한 서비스를 제공받는 수요기업의 공장입지나 고객서비스에 변화를 가져온다. 그리고 이러한 신규서비스의 제공은 기존의 법규로는 커버할 수 없는 영역의 신업태의 출현을 가능케 하거나 기존 법규가 공정경쟁을 저해하는 결과를 가져오기도 한다. 규제완화와 국내시장의 개방 등은 지금까지와는 다른 이질적인 경쟁기업의 출현을 가져오며 이러한 기업에 대항하기 위한 신규서비스의 제공은 수요기업과 공급기업 간의 전략적 제휴나 물류업무의 아웃소싱을 야기하는 한편으로 새로운 물류기술

 **그림 2-3** 거시 물류환경요인과 변화

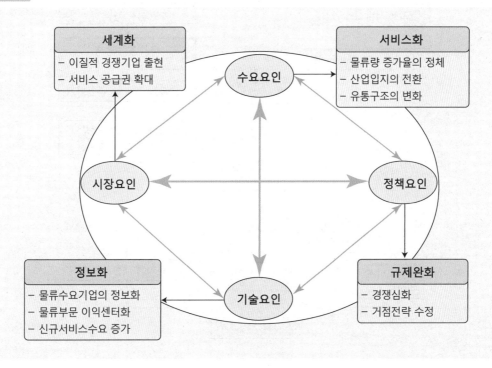

의 개발을 요구하는 요인이 되기도 한다. 물류혁신을 요구하는 물류환경의 변화를 물류환경요인별로 정리하고 그 인과관계를 나타낸 것이 [그림 2-3]이다.

[그림 2-3]이 물류환경요인의 변화를 거시적 측면에서 다룬 것이라면 [그림 2-4]는 미시적인 기업경영의 측면에서 로지스틱스나 공급사슬관리가 기업의 중요한 경영과제로 떠오르게 된 배경과 그 상관관계를 나타낸 것이다. 1980년대 후반부터 전 세계적으로 지금까지 만들면 팔리던 대량생산-대량판매 시대와는 다른 고객가치 극대화라는 새로운 마케팅 패러다임이 출현하였다. 각 기업 간에 격심한 판매경쟁과 함께 고객서비스 향상에 주력하였고 그 일환으로 물류서비스가 경쟁수단화되었다. 한편으로는 신규수요를 발굴할 필요성이 커짐에 따라 소집단의 소비자를 대상으로 하는 시장분할

그림 2-4 미시 물류환경의 변화

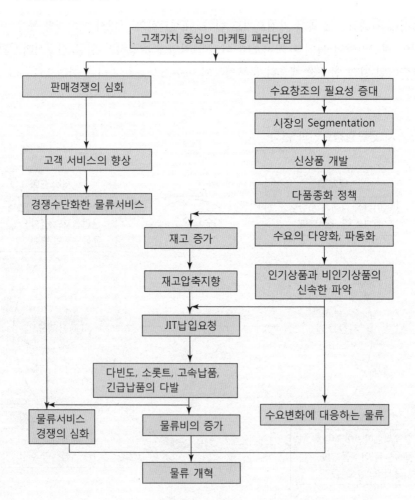

(market segmentation)이 촉진되고 분할된 시장에서의 수요에 합치하는 신상품 개발과 다품종화 정책이 실시되었다. 이때 재고가 증가하는 것을 방지하려면 고속, 다빈도, 소롯트 납품을 채택하게 되었고 물류비는 증가하게 되었다. 그리고 수요의 파동화와 소비자의 다양한 요구로 인기상품과 비인기상품을 신속하게 파악하여 수요변화에 재빠르게 대응할 필요가 생겼다. 이러한 물류서비스 경쟁의 심화, 물류비의 증가, 다양한 수요변화에 대응하기 위하여 물류혁신이 개별기업의 중점 경영과제가 된 배경이라고 할 수 있다.

4.2 물류를 이해하는 학문적 도구들

물류에 무엇을 기대하는가에 따라 물류를 이해하는 데 사용되는 학문적 도구들은 다양하다. 예를 들어 거시적인 측면에서 국내유통화물의 수송을 위해서는 교통론이나 운수산업론을 활용한 접근이 가능하고 미시적인 측면에서 물류활동을 효율적으로 행하고 물류비용을 절감하기 위하여 생산관리나 회계학적인 접근이 가능하다. 미시적인 관점의 물류현장 애로요인 해소를 위하여 산업공학에서는 조직관리, 생산관리, 노동관리, 작업관리와 같은 관리론적인 방법론을 사용한다.

행정적인 측면에서는 물류문제를 경제정책의 한 분야로 보고 산업정책, 유통정책 차원에서 중소기업정책이나 기술개발정책과 같이 다룬다. 나아가 항공이나 해운과 같은 국제물류를 다루기 위하여 무역정책과 결합하기도 한다.

사회가 발전함에 따라 물류문제는 이러한 경제, 경영적인 접근뿐만 아니라 환경문제나 도시문제로 다룰 필요가 생겼다. 예를 들어 친환경 운송수단이 개발을 통한 녹색물류의 실현, 교통정체가 심한 도심부의 화물운송차량 운행제한 등을 해결하기 위해서는 환경공학적인 방법이 필요하다.

표 2-3 물류학에 대한 접근

관련 분야	방법론	관련 분야	방법론
도시와 물류	문화학, 사회심리학	기술개발과 물류	관련기술
교통체계와 물류	교통학	국방과 물류	군수학
생활과 물류	소비경제학	유통구조와 물류	유통학
기업전략과 물류	마케팅	기업경영과 물류	경영학(조직론)
국제물류	무역학, 어학	역사와 물류	역사학, 민속학
경제(산업)정책과 물류	경제정책론	정보화와 물류	IT기술
물류활동 관리	산업공학(생산관리)	물류비용관리	회계학
물류기기	기계공학	수송방법	운송론

또 오늘날 각광을 받고 있는 실크로드나 북극항로 등을 이해하려면 역사적인 관점에서 물류를 이해할 필요가 있고 세대별로 소비성향이 크게 다른 오늘날의 현상을 반영하여 "젊은 세대의 행동과 물류와의 관계", "지역문화와 물류와의 관계", "자연보호나 국제구호와 물류와의 관계" 등과 같은 문제를 이해하려면 역사학, 문화인류학, 사회심리학, 생태학, 생물학적인 관점도 필요하다.

이와 같이 물류란 단순히 기업에서의 물류활동 효율화만 문제시하는 학문이 아니라 [표 2-3]과 같이 경제정책, 교통, 유통, 마케팅, 경영학, 회계학, 산업공학, 정보관리 등 다양한 분야의 학문이 서로 연계된 종합학문이다.

03

Fundamental of Logistics

글로벌 물류(SCM)의 중심, 항만 및 배후단지

1 항만이란?

2 항만은 어떤 일을 할까?

3 항만은 누가 이용하고 누가 운영할까?

4 미래 항만은 어떻게 변할까?

03 글로벌 물류(SCM)의 중심, 항만 및 배후단지

1 항만이란?

1.1 개요

1) 항만의 개념

항만(Ports)[1]이란 선박이 정박하거나 피난하기 위한 목적으로 안전하게 출입할 수 있는 시설 또는 장소를 의미[2]한다. 기능적으로, 항만은 화물과 여객을 선박을 통해 해상에서 육상으로 또는 육상에서 해상으로 이송하거나 이를 다른 선박으로 환적[3]하는 역할을 담당한다. 이러한 측면에서 항만은 해상교통과 육상교통이라는 수송수단(Mode)을 연결하는 결절점(Node) 또는 접속점(Interface 또는 Link)인 동시에 화물과 여객의 출입구인 관문(Gateway)으로 정의[4]할 수 있다.

또한, 항만은 수출입 화물과 여객을 항만과 해당 국가 또는 경제권의 배후지역으로 운송, 보관, 유통하기 위한 운송터미널(Transport Terminal)이며 화물과 기업 그리고 글로벌 공급사슬 네트워크(Global Supply Chain Networks)를 대상으로 다양한 공공 및 부가가치 물류서비스를 제공하는 물류 및 비즈니스 센터(Logistics and Business Center)이다. 뿐만 아니라, 항만은 해양을 배경으로 관광 및 휴식공간은 물론 다양한 교류(컨벤션, 세미나, 전시회 등) 기능이 집중된 관광 및 교류의 공간(Waterfront Place)이다.

---

1 항만(ports)이란 단어는 라틴어인 *portus*에서 유래되었으며 이는 '바다의 입구' 또는 '육상의 관문'이라는 의미를 가지고 있음 (Wikipedia).
2 두산백과사전.
3 환적(換積)이란 동일한 세관의 관할구역에서 입국 또는 입항하는 운송수단에서 출국 또는 출항하는 운송수단으로 물품을 옮겨 싣는 것을 의미함(관세법 제2조 14항).
4 Jean *et al.*, *The Geography of Transport System*, New York: Routledge, 2013.

이렇게 항만은 최초에 선박이 정박하거나 피난하기 위한 시설에 불과했으나 점차 그 기능과 역할이 확대되면서 화물과 사람은 물론, 물류, 제조, 금융, 법률, 관광 등 다양한 비즈니스가 집중되어 있는 글로벌 물류 및 비즈니스의 중심지로 성장하였다. 이러한 측면에서 우리나라 항만법[5]은 항만을 '선박의 출입, 사람의 승선·하선, 화물의 하역·보관 및 처리, 해양친수활동 등을 위한 시설과 화물의 조립, 가공, 포장, 제조 등 부가가치 창출을 위한 시설이 갖추어진 곳'이라고 정의[6]하고 있다.

2) 항만의 발전

초기 항만은 지리적으로 선박의 출입과 정박이 용이한 지역, 즉 하천, 하구, 해안 및 운하 및 호수 지역 등을 배경으로 발달하였다. 또한, 항만은 사람과 물자의 집산이 용이하고 육상과의 연계수송이 편리한 지역을 중심으로 성장하였다. 이에 따라 항만은 대량수송이 용이한 선박을 활용하여 생산지와 소비지를 연결하고 사람의 이동을 촉진하면서 다양한 상업 및 생산 기능을 발달시키는 역할을

| 그림 3-1 | 중세 유럽의 해상교역로와 주요 항만도시(14세기) |

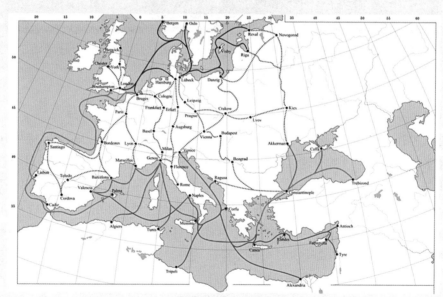

중세 말 해상 교역로
붉은색: 제노바의 교역로/ 푸른색: 베네치아 교역로/ 검은색: 북유럽 교역로/
분홍색: 중세 말 새롭게 개척된 대서양 및 흑해 해상교역로

출처: 홍영진, 지중해 세계의 라이벌들, 웹진 民硏, 통권 21호, 2013. 1.

---

5 법률 제13186호.
6 항만법 제2조.

그림 3-2	중세 항만도시의 모습(17세기 초, 베네치아)

출처: http://epoznan.pl/blogi-blog-19-6079

담당하였다.

그 결과 항만은 사람(human), 물자(goods) 그리고 돈(money or wealth)이 집중되고 분배되는 경제, 산업 및 금융 활동의 중심지로 발전하게 되었다. 이러한 항만의 발전은 정치 및 군사적 기능과의 결합을 통해 도시와 국가의 형성은 물론, 중상주의의 발생 및 해상무역의 발달을 촉진했던 중요한 원인 중 하나로 평가되고 있다. 이에 따라 중세 유럽에서는 제노바, 베네치아, 바르셀로나 등과 같은 강력한 해양 도시국가들이 나타났으며 항해기술의 발전 및 범선의 건조, 운영을 통해 지중해를 중심으로 하는 해상무역의 발전을 주도하였다. 이는 신항로 개척, 신대륙 발견 및 대형범선을 활용한 동서무역 등으로 대표되는 대항해 시대(Age of Exploration)로 이어지면서 해상운송과 항만을 획기적으로 발전시킨 계기를 제공하였다.

산업혁명 이후, 국제무역이 크게 확대되면서 항만과 해상운송의 중요성이 더욱 강조되기 시작하였다. 대량생산체계의 도입으로 시작된 산업혁명은 해상운송 수요를 혁신적으로 증가시키면서 선대와 항만의 규모를 확대시켰을 뿐만 아니라 기능적 측면에서도 해상운송, 육상운송, 화물 및 여객 등에 대한 법률, 관리 및 운영 체계, 보험 등 다양한 법·제도와 관련 비즈니스가 정립되고 활성화되는 계기를 제공하였다.

그림 3-3 ┃ 산업혁명 이후 런던항의 모습(19세기 초)

출처: Portcities(http://www.portcities.org.uk)

　특히, 동 시대에 발명된 동력 강선과 증기기관차는 해상운송은 물론 항만의 발전에도 크게 기여하였다. 19세기 초부터 개발되기 시작한 동력 강선은 선박의 대형화를 촉진하면서 단위 운송비용 절감, 항해 안정성 개선 및 대량운송체계의 확산 등 다양한 경제적 효과를 창출했을 뿐만 아니라 항만의 대형화 및 기능의 다각화를 유도하였다. 또한, 증기기관차의 발명과 함께 시작된 철도망의 개발[7]은 유럽 및 미주 전역으로 빠르게 확산되면서 항만을 중심으로 해상운송과 육상운송을 연계하는 국제복합운송체계(Intranational Multimodal Transportation)[8] 도입의 기반을 제공하였다.

　20세기에 들어서면서 항만은 물류의 혁신이라고 명명되는 컨테이너화(Containerization)를 통해 비약적으로 발전하였다.[9] 컨테이너화란 화물을 일정 규격의 컨테이너 박스에 적재한 후, 컨테이너를 단

7　항만과 철도를 연계한 최초의 철도망은 19세기 초, 석탄을 탄광에서 항만으로 운송하기 위해 개발된 영국의 스톡턴-달링턴 철도이며 이후 영국과 미국 전역으로 급속하게 확산되었음(네이버 지식백과사전).
8　국제복합운송은 2개 이상의 서로 다른 운송수단을 사용하여 일관운송이 2국 이상에 걸쳐서 이루어지는 운송을 의미함(네이버 지식백과사전).
9　컨테이너는 1928년, 영국에서 최초로 제작된 이후, 세계 제2차 대전 중 미군이 군수물자 수송을 위해 도입하면서 확산되기 시작하였음. 최초의 컨테이너선은 1956년, 미국의 McLean's Enterprise사가 도입한 'SS Ideal X'호이며 동 선박은 최초로 뉴욕항에서 보스톤항까지 58개의 컨테이너를 운송하였음. 이후, 컨테이너선은 선박건조 및 관련 기술의 발전에 힘입어 지속적인 대형화 추세가 지속되었으며 2015년에는 21,100 TEU급 대형선이 등장하였음. 또한, 2020년에는 최대 24,000 TEU급 선박이 등장할 것으로 예상되고 있음

| 그림 3-4 | 컨테이너화 이전의 선적 및 하역 형태(20세기 초) |

출처: Port of New Orleans & Asaf Ashar.

위로 운송하는 방식을 의미한다. 컨테이너화 이전의 항만에서는 하역 노동자들이 인력으로 화물을 선적, 하역함에 따라 선박의 정박시간이 길었으며 다양한 사고(화물의 도난, 파손 및 인적 사고 등)가 빈번하게 발생하였다.

컨테이너화를 통해 항만은 하역장비를 활용한 보다 신속하고 안전하며 경제적인 항만 하역시스템[10]을 도입하게 되었을 뿐만 아니라 운송, 보관, 하역 등 전 물류과정을 컨테이너 단위로 통합하여 운영하는 국제복합일관수송시스템(Unit Load System)[11]의 연계점(link) 또는 허브(Hub) 역할을 수행하게 되었다. 또한, 컨테이너화는 운송 및 하역 시스템의 표준화를 통해 항만의 하부시설(Infrastructure)[12]과 상부시설(Superstructure)[13]은 물론, 운송(선박, 차량, 트럭 등), 물류(보관, 포장, 관리 등) 및 관련 분야의 기술

(Alphaliner, 2015. 10).

10 ① 경제성: 표준 장비를 활용하여 단위당 비용이 저렴하며, 컨테이너 자체가 별개의 독립된 창고 역할을 하므로 포장비, 창고료, 보험료 등을 절감할 수 있고, ② 신속성: 규격화된 컨테이너의 사용으로 하역시간과 정박기간이 단축되며, ③ 안전성: 모든 화물이 견고하고 완전히 밀폐된 기구로 운반되므로 파손과 도난의 위험이 적음(네이버 지식백과).

11 화물을 표준단위를 기준으로 통합하여 출발지에서 도착지까지 화물의 재포장, 분류 등의 작업 없이 표준화된 방법으로 수송, 보관하는 시스템(두산백과사전).

12 항만의 기반이 되는 시설(터미널 및 선석의 시설 및 구조 등)을 의미함.

13 항만 운영을 위한 장비, 운영시스템, 건물 등의 시설을 의미함.

| 그림 3-5 | 컨테이너 터미널의 모습(부산 신항) |

출처: 부산항만공사.

| 표 3-1 | 컨테이너 표준 규격 및 적재중량 |

구 분		20피트	40피트	40피트 하이큐빅	45피트
내장규격	길이(m)	5.898	12.031	12.031	13.555
	폭(m)	2.348	2.348	2.348	2.348
	높이(m)	2.376	2.376	2.695	2.695
	최대용적(CBM)	33.2	67.11	76.11	85.77
무게(톤)	자체중량	2.26	3.74	3.94	4.88
	적재가능 화물중량	21.74	26.74	26.54	25.6
	총중량	24.0	30.48	30.48	30.48

출처: 한국무역협회, 컨테이너 운송실무 핸드북, 2005.

을 혁신적으로 발전시키는 계기를 제공하였다.

컨테이너화는 화물을 세계 곳곳으로 쉽고 편리하게 운송할 수 있도록 함으로써 도시와 항구를 재편했을 뿐만 아니라 물류비용을 혁신적으로 절감시켜 국제교역을 급증시키고 선진국과 후진국의

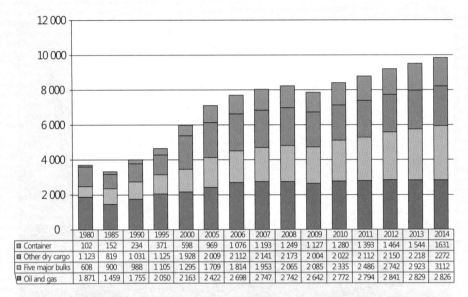

그림 3-6	세계 해상운송 물동량 추이(1980-2014)													(단위: 백만톤)

	1980	1985	1990	1995	2000	2005	2006	2007	2008	2009	2010	2011	2012	2013	2014
■ Container	102	152	234	371	598	969	1 076	1 193	1 249	1 127	1 280	1 393	1 464	1 544	1631
□ Other dry cargo	1 123	819	1 031	1 125	1 928	2 009	2 112	2 141	2 173	2 004	2 022	2 112	2 150	2 218	2272
□ Five major bulks	608	900	988	1 105	1 295	1 709	1 814	1 953	2 065	2 085	2 335	2 486	2 742	2 923	3112
■ Oil and gas	1 871	1 459	1 755	2 050	2 163	2 422	2 698	2 747	2 742	2 642	2 772	2 794	2 841	2 829	2 826

출처: UNCTAD, Review of Maritime Transport, 2015.

생산지형을 변화시킨 것으로 평가[14]되고 있다. 또한, 컨테이너화는 기업의 경영전략을 글로벌 차원으로 확대시키면서 국제물류(International Logistics)와 공급사슬(Supply Chain Management)의 발전 및 확산을 주도했으며 글로벌 산업지도를 변화시키면서 세계 경제의 글로벌화를 촉진한 것으로 평가[15]되고 있다.

오늘날, 항만은 시설, 장비, 운영체계, IT 등 다양한 신기술과 글로벌 공급사슬 네트워크를 지원하기 위한 운송, 물류, 산업 및 관련 비즈니스 기능이 집중된 고부가가치 물류·비즈니스 거점으로 발전하였다. 이에 따라 항만은 전 세계에서 생산된 상품과 정보를 전 세계의 소비자(수요자)에게 공급하는 글로벌 경제, 무역 및 산업의 혈류(Blood Flow) 및 비즈니스센터(Business Center)로 평가[16]되고 있다.

현재 세계 무역량의 약 95%가 해상운송을 통해 운송되고 있으며 항만은 이러한 화물을 집화하여 각 국가 및 경제권으로 공급하는 기능을 수행하고 있다. 세계 해상운송 화물은 98억 4,200만톤 규모(2014년 기준)이며 세계항만의 화물처리량은 약 160억톤 규모인 것으로 추산[17]되고 있다. 한편, 세계 해상운송 화물의 화물별 비중은 일반화물이 23%, 벌크화물이 32%, 유류화물이 29% 그리고 컨테이

14 Marc Levinson, 2006, The Box: How the Shipping Container Made the World Smaller and the World Economy Bigger, Princeton University Press; 1st edition, 2006.

15 UNCTAD, Review of Maritime Transport, UNCTAD, 2012.

16 OECD, The Competitiveness of Global Port-Cities, OECD, 2014.

17 UNCTAD, Review of Maritime Transport, UNCTAD, 2015.

| 그림 3-7 | 세계 컨테이너 물동량 추이(1996-2015) |

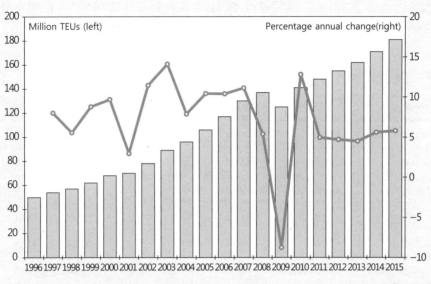

출처: UNCTAD, *Review of Maritime Transport*, 2015.

| 표 3-2 | 세계 경제권별 항만의 컨테이너 처리실적 추이(2000-2014) | | | | (단위: 천 TEU) |

구 분	2000	2010	2011	2012	2013	2014
북 미	32,206	49,086	50,467	52,306	53,484	55,408
유 럽	55,301	101,912	109,589	112,163	114,999	118,920
아시아	104,537	286,645	313,526	330,811	345,644	366,751
중동, 동남아시아	14,742	47,463	50,157	52,691	54,021	57,460
남 미	16,700	36,642	39,966	41,745	42,082	43,705
아프리카	6,790	18,713	20,922	21,546	23,148	24,089
오세아니아	5,159	9,692	10,349	10,640	10,644	10,983
세 계	235,435	550,153	594,976	621,902	644,022	677,316

출처: Drewry, *Container Forecaster & Annual Review* 2014/15, 2014.

너화물이 17%의 수준을 기록하고 있다. 이 중 컨테이너 화물은 그 비중은 작으나 화물의 가치는 총 해상운송 화물의 약 70% 수준인 것으로 분석[18]되고 있다.

---

18 UNCTAD, *Review of Maritime Transport*, UNCTAD, 2012.

세계 컨테이너 화물의 운송량은 지속적인 증가추세를 기록하면서 2015년에는 1억 8,000만 TEU를 기록하였으며 2018년까지 4.5-5% 수준의 증가율을 유지할 것으로 예상[19]된다. 세계 항만의 컨테이너 처리실적 역시 높은 증가율을 기록하면서 2014년에 6억 7,731만 TEU를 기록하였다. 지역별로

표 3-3	세계 20대 항만 현황(총 물동량 기준)							(단위: 백만톤)
	항만명	국가	2000	2005	2010	2011	2012	2013
1	Shanghai	China	204.4	443.2	534.4	590.4	644.8	697.0
2	Singapore	Singapore	325.6	423.2	503.3	531.2	538.0	560.9
3	Tianjin	China	95.7	245.1	401.3	459.9	476.9	477.3
4	Guangzhou	China	111.3	241.7	409.5	431.0	450.1	472.8
5	Qingdao	China	86.4	184.3	350.1	372.0	407.3	450.1
6	Rotterdam	Netherlands	320.0	370.2	429.9	434.6	441.5	440.5
7	Ningbo	China	115.5	272.4	311.1	348.9	364.6	399.3
8	Port Hedland	Australia	72.9	110.6	199.0	246.7	288.4	372.3
9	Dalian	China	90.8	176.8	208.3	211.1	303.0	320.8
10	Busan	Korea	113.1	217.2	250.4	281.5	298.7	313.3
11	Hong Kong	China	174.6	230.1	267.8	277.4	269.3	276.1
12	Qinhuangdao	China	97.4	167.5	276.3	250.0	233.2	253.3
13	South Louisiana	US	222.6	220.4	223.3	248.8	253.0	241.6
14	Houston	US	169.3	191.7	254.6	261.7	246.9	236.5
15	Nagoya	Japan	157.4	187.1	185.7	186.3	202.6	208.2
16	Shenzhen	China	57.0	153.9	204.9	205.5	196.5	201.5
17	Port Kelang	Malaysia	65.3	109.7	168.6	193.7	195.9	198.9
18	Antwerp	Belgium	130.5	160.1	178.2	187.2	184.1	190.8
19	Dampier	Australia	—	—	165.0	171.8	180.4	177.5
20	Xiamen	China	—	60.2	127.3	140.9	155.1	171.9

출처: 해운항만물류정보센터(SPIDC).

19 Drewry, *Container Forecaster & Annual Review 2014/15*, 2014.

는 아시아가 54.1%로 가장 많은 컨테이너를 처리하였으며 북미와 유럽이 각각 8.2%, 17.6%의 높은 비중을 보이고 있다.

세계 최대 항만(항만 총 물동량 기준: 2013년)은 중국의 상하이항으로 2013년에 약 6억 9,700만톤을 처리하였으며 이어 싱가포르항(5억 6,000만톤), 티엔진항(4억 7,730만톤), 광저우항(4억 7,280만톤), 칭다오

표 3-4　세계 20대 컨테이너항 현황(컨테이너 물동량 기준)　　　　　(단위: 만 TEU)

순위 ('14)	순위 ('13)	항만	2014년		2013년	
			물동량	증가율	물동량	증가율
1	1	Shanghai	3,530	5.0	3,362	3.3
2	2	Singapore	3,390	5.1	3,224	3.1
3	3	Shenzhen	2,400	3.1	2,328	1.5
4	4	Hong Kong	2,230	−0.2	2,235	−3.3
5	6	Ningbo-Zhoushan	1,940	11.8	1,735	7.3
6	5	Busan	1,870	5.6	1,769	3.8
7	7	Qingdao	1,660	7.0	1,552	7
8	8	Guangzhou	1,640	7.1	1,531	3.7
9	9	Dubai	1,520	11.4	1,364	2.7
10	10	Tianjin	1,410	8.4	1,301	5.7
11	11	Rotterdam	1,230	5.9	1,162	−2.1
12	13	Port Klang	1,090	5.3	1,035	3.5
13	14	Kaohsiung	1,060	6.6	994	1.6
14	12	Dalian	1,010	−7.0	1,086	21.8
15	15	Hamburg	970	4.3	930	4.6
16	16	Antwerp	900	4.9	858	−0.7
17	17	Xiamen	860	7.4	801	11.3
18	19	Tanjung Pelepas	860	12.7	763	−1.2
19	18	Los Angeles	830	5.5	787	−2.6
20	20	Long Beach	680	1.0	673	11.3

출처: 해운항만물류정보센터(SPIDC).

항(4억 5,010만톤) 등이 상위권을 형성하고 있다. 유럽의 최대 관문항인 로테르담항(4억 4,050만톤)은 6위, 우리나라 부산항(3억 1,330만톤)은 10위를 기록하였다.

대륙별로 살펴보면, 세계 20대 항만 중 아시아 항만이 15개(75%)로 가장 유럽과 북미 항만이 각각 2개(10%씩) 그리고 오세아니아 항만이 1개(5%)이다. 국가별로는, 중국의 10개 항만이 세계 20대 항만에 포함되어 있으며 호주와 미국의 항만이 각각 2개, 그리고 싱가포르, 네덜란드, 한국 등의 항만이 각각 1개씩 포함되어 있다.

한편, 컨테이너 물동량(2014년) 기준으로 세계 최대 항만은 중국의 상하이항으로 3,530만 TEU를 처리하였으며 이어 싱가포르항(3,390만 TEU), 센젠항(2,400만 TEU), 홍콩항(2,230만 TEU), 닝보·저우산항(1,940만 TEU) 등이 상위권을 형성하고 있다. 부산항은 2013년에 1,769만 TEU를 처리하며 5위를 차지하였으나 2014년에는 1,870만 TEU를 처리하면서 6위로 하락하였다. 한편, 유럽의 최대 관문항인 로테르담항(1,239만 TEU)은 11위, 미국의 관문항인 로스앤젤레스 및 롱비치항은 각각 830만 TEU와 680만 TEU를 처리하여 19위와 20위를 기록하였다.

◆ 우리나라 주요 항만의 화물처리실적 추이

우리나라 항만은 2015년에 14억 6230만톤을 처리(유류 포함)하였으며 이 중 부산항이 3억 5,960만톤을 처리(총 처리물동량 대비 24.6%)하였으며 이어 광양항, 울산항, 인천항, 평택·당진항 등이 많은 물동량을 처리하였다. 이들 상위 5대 항만이 처리한 화물은 우리나라 항만의 총 처리물동량 대비 75% 수준이다. 한편, 우리나라 항만은 2015년에 2,567만 TEU의 컨테이너를 처리했으며 이 중 부산항이 총 처리실적의 75.8%인 1,946만 TEU를 처리하였다. 또한, 인천항(237만 TEU, 9.3%), 광양항(232만 TEU, 9.1%) 등이 많은 컨테이너를 처리하였다.

◆ 우리나라 주요 항만의 화물 처리실적 추이(유류포함)

(단위: 백만톤, %)

구분	합계	부산	인천	평택당진	광양	포항	울산	기타
2007	1,093.5	243.6	138.1	48.1	198.2	61.9	168.7	235.0
2008	1,139.1	241.7	141.8	50.7	203.2	67.7	170.3	263.7
2009	1,076.5	226.2	132.4	51.3	182.7	58.7	169.4	255.8
2010	1,204.1	262.1	149.8	76.7	206.7	63.1	171.7	274.1
2011	1,311.2	294.3	147.7	95.6	219.9	66.9	193.8	293.0

2012	1,338.6	312.0	143.9	100.7	237.3	62.8	197.0	284.8
2013	1,358.9	324.9	146.1	109.3	239.5	61.6	191.0	286.5
2014	1,415.9	346.6	150.1	117.0	253.3	65.2	191.7	292.0
2015	1,462.3	359.6	157.5	112.2	271.5	61.5	190.8	309.0
전국비중	100.0	24.6	10.8	7.7	18.6	4.2	13.1	21.1

출처: 해운항만물류정보센터(SPIDC).

◆ 우리나라 주요 항만의 컨테이너 처리실적 추이

(단위: 만 TEU, %)

구분	합계	부산	인천	평택당진	광양	울산	기타
2007	1,754.4	1,326.1	166.4	31.9	173.7	38.0	18.2
2008	1,792.7	1,345.3	170.3	35.6	182.2	40.1	19.2
2009	1,634.1	1,198.0	157.8	37.8	183.0	31.9	25.6
2010	1,936.9	1,419.4	190.3	44.7	208.8	33.6	40.2
2011	2,161.1	1,618.5	199.8	53.0	208.5	32.7	48.6
2012	2,255.0	1,704.6	198.2	51.7	215.4	37.3	47.8
2013	2,346.9	1,768.6	216.1	51.9	228.5	38.6	43.3
2014	2,479.8	1,868.3	233.5	54.6	233.8	39.2	50.3
2015	2,567.7	1,946.7	237.7	56.6	232.5	38.5	55.6
전국비중	100.0	75.8	9.3	2.2	9.1	1.5	2.2

출처: 해운항만물류정보센터(SPIDC).

1.2 항만의 종류

항만은 위치, 지형, 발생과정 등 지리적 특성, 항만의 기능과 역할, 환적화물 처리비율, 관리 및 운영체계, 법률적 관점 등 다양한 기준을 근거로 분류되고 있다. 그러나 현실적으로 항만은 각 분류기준에 중복적으로 분류될 수 있다. 주요 기준별 항만의 종류는 다음과 같다.

1) 생성요인 관점

생성요인 관점에서 항만은 천연항(Natural Ports), 인공항(Artificial Ports) 그리고 해빙항(Ice-free Ports)으로 구분할 수 있다. 천연항은 지리적으로 자연적으로 선박이 안전하게 출입하여 정박하거나 피난할 수 있는 수심, 공간 등 지리적 여건이 갖추어져 있는 지역에서 생성된 항만을 의미한다. 일반적으로 천연항만은 오랜 역사를 가지고 있으며 해당 지역의 교통, 물류, 무역 및 경제의 중심지 역할을 수행해 왔다. 이러한 항만으로는 뉴욕항과 샌프란시스코항(미국), 그랜드항(말타), 시드니항(호주) 등이 있다.

인공항은 지리적, 사회·경제적 측면에서 최적의 위치에 인공적으로 항만을 개발하여 운영하고 있는 항만으로 정의된다. 인류 최초의 인공항은 기원전 2,600년경에 고대 이집트가 홍해의 와디알자프 (Wadi al-Jarf) 지역에 개발한 항만인 것으로 알려져 있다.[20] 현대에는 많은 항만들이 인공적으로 개발되어 운영되고 있으며 이러한 항만으로는 로테르담 마스브락테항(네덜란드), 로스엔젤레스, 롱비치 및 휴스턴항(미국), 제벨알리항(아랍 에미리트) 그리고 부산항과 광양항(대한민국) 등이 있다.

해빙항은 해안지역의 빙하가 녹으면서 항만으로 개발·운영되고 있는 항만을 의미한다. 해빙항은 주로 북극과 남극 인근 지역에 위치하고 있으며 최근 지구온난화 현상에 따라 점차 증가하는 추세를 보이고 있다. 특히, 북극지역의 해빙항들은 북극항로 및 천연자원 개발 사업이 추진되면서 그 중요성이 부각되고 있다. 이러한 항만으로는 머만스크, 피첸가, 보스토치니 및 나호드카항(러시아), 하머페스트 및 바르도항(노르웨이) 그리고 프린스 루퍼트항(캐나다) 등이 있다.

2) 지형적 관점

항만은 지형적 관점에서 항만의 위치에 따라 해안지역에 위치하고 있는 해양항(Seaports)과 내륙지역에 위치하고 있는 항만인 내륙항(Mainland Ports)[21]으로 구분할 수 있다. 해양항은 주로 연안항 (Coastal Ports)을 의미하며 내륙항은 하구항(Estuary Ports), 하천항(River Ports), 호항(Lake Ports) 등을 의미한다.

연안항은 내륙 항만에 비해 해양으로의 접근성과 개발 및 확장이 용이하다는 장점이 있는데 이러한 항만으로는 로스앤젤레스 및 롱비치항(미국), 휴스턴항(미국), 로테르담항(네덜란드), 부산항(대한민국) 등이 있다. 내륙항인 하구항은 하천과 바다가 만나는 하구지역에 위치하고 있는 항만으로 샤로테항, 오클랜드항 및 보스톤항(미국), 앤트워프항(벨기에) 그리고 우리나라의 군산항과 신의주항 등이 있다.

하천항은 하천을 배경으로 형성·운영되고 있는 항만으로 대부분 오랜 역사를 가지고 있는 항만

---

20 Wikipedia.
21 하구항, 하천항, 호항 등.

| 그림 3-8 | 항만의 발달지역 |

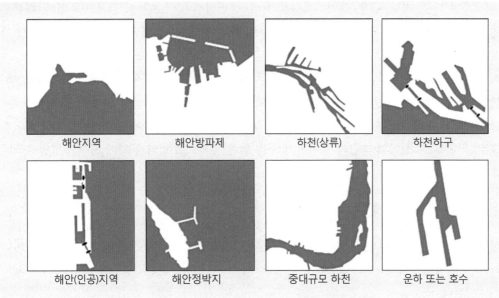

| 해안지역 | 해안방파제 | 하천(상류) | 하천하구 |
| 해안(인공)지역 | 해안정박지 | 중대규모 하천 | 운하 또는 호수 |

출처: Jean et al., *The Geography of Transport System*, New York: Routledge, 2013.

도시의 특성을 가지고 있으며 교통, 물류 및 경제의 중심거점 역할을 수행하고 있다. 이러한 항만으로는 런던항(영국), 함부르크항(독일), 밴쿠버항(캐나다), 포트인디안항(미국) 그리고 상하이항(중국) 등이 있다. 호항은 호수를 배경으로 개발·운영되는 항만으로 위스콘신항, 뉴햄프셔항, 미네소타항, 플로리다항(미국) 등 호수를 중심으로 많은 내륙산업단지가 형성되어 있는 미국에 위치하고 있다.

3) 기능과 역할의 관점

항만은 항만의 기능과 역할의 관점에서 공업항(Industrial Ports), 상업항(Commercial Ports), 어항(Fishery Ports), 군항(Naval Ports), 피난항(Refuge Ports) 그리고 검역항(Quarantine Ports) 등으로 구분된다.

공업항은 대규모의 공업 및 산업단지 등을 배경으로 원자재, 중간재 및 제품의 수출입을 목적으로 개발, 운영되는 항만으로 정의된다. 공업항은 주로 벌크화물(bulk cargo), 즉 곡류, 광석 등과 같이 포장하지 않고 입자나 분말상태 그대로 선창에 선적하는 건화물(dry bulk cargo) 또는 석유, 화학제품, 동식물의 기름 등을 액체 또는 반액체 상태로 용기에 넣지 않은 채 선박의 탱크에 선적하는 액체화물(wet bulk cargo 또는 liquid cargo) 등을 처리하고 있다. 이러한 항만으로는 토론토항(캐나다), 바르셀로나항(스페인), 웨일즈항(영국) 그리고 우리나라의 울산항, 포항항 등이 있다.

상업항은 일반적으로 수출입화물과 여객을 취급하는 항만으로 무역, 물류 및 관련 비즈니스 기능이 활성화되어 있는 항만을 의미한다. 상업항은 주로 컨테이너 화물, 일반화물(general cargo) 및 여객을 처리하며 화물, 정보, 금융, 부가가치물류 서비스, 컨벤션 등의 기능이 집적되어 있다. 대부분의 중대형 항만이 상업항으로 정의되며 이들 항만들은 해당 지역 및 경제권의 물류 및 비즈니스 거점 역할을 수행하고 있다.

어항은 어선의 출입 및 정박을 위해 운영되는 항만으로 주로 어획물의 양륙, 가공, 유통 및 물류 기능이 집중되어 있다. 군항은 군사적 목적으로 운영되는 항만으로 군함 및 함대가 정박할 수 있는 시설과 통신, 수리, 보급, 의료 등 다양한 군사 및 특수시설이 완비되어 있다. 한편, 피난항과 검역항은 각각 악천후 시 선박의 피난과 전염병 방지를 위한 목적으로 검역을 위해 지정한 항만을 의미[22]한다.

4) 환적화물 처리비율의 관점

항만은 총 항만의 처리 물동량 대비 환적화물의 비율을 기준으로 관문항(Gateway) 또는 피더항(Feeder Port), 지역 관문항(Regional Gateway), 허브항(Hub Port) 그리고 순환적항(Pure Transshipment Hub) 등으로 구분[23]된다.

관문항 또는 피더항은 총 항만의 처리 물동량 대비 환적화물의 비중이 10% 이하인 항만으로 주로 환적화물보다는 수출입 화물을 처리하며 이에 대한 물류서비스를 제공하는 역할을 담당한다. 관문항은 중대형 항만이지만 환적화물의 처리 비중이 낮은 뉴욕항, 로스엔젤레스 및 롱비치항(미국), 펠릭스토우항(영국) 등이 이에 포함된다.

피더항은 주로 중소형 항만으로 해운선사가 운영하고 있는 글로벌 해상운송 네트워크에 포함되어 있지 않으나 동일 경제권 내의 지역 관문항 또는 허브항과의 해상운송 네트워크를 갖추고 있는 항만을 의미한다. 따라서 피더항은 관문항 또는 허브항으로 화물을 운송하고 이들 항만에 연계되어 있는 글로벌 해상운송 네트워크를 활용하여 국제운송을 시행하는 역할을 담당하고 있다. 이러한 항만으로는 피라에우스항과 테살로니카항(그리스) 등 지중해 연안 항만들과 호치민항(베트남), 방콕항(태국), 셔먼항(중국), 인천항(대한민국) 등의 아시아 항만들이 있다.

지역 관문항은 환적화물의 비중이 25% 수준인 항만으로 주로 수출입 화물을 처리하지만 해당 지역 또는 경제권에서 환적항만으로써의 역할도 담당하고 있는 항만이다. 지역 관문항은 엔트워프항(벨기에), 함부르그항(독일), 로테르담항(네덜란드), 대련항과 천진항(중국) 등 유럽의 대형 항만과 북중국 항만들이 포함된다. 이들 대부분 항만들은 항만의 경쟁력 강화를 위해 환적화물 처리 비중을 개선하여 허브항으로 성장하기 위한 적극적인 전략을 추진하고 있다.

---

22 공길영, *선박항해용어사전*, 한국해양대학교.
23 Jean *et al.*, *The Geography of Transport System*, New York: Routledge, 2013.

| 그림 3-9 | 환적화물 비중에 의한 항만의 분류 |

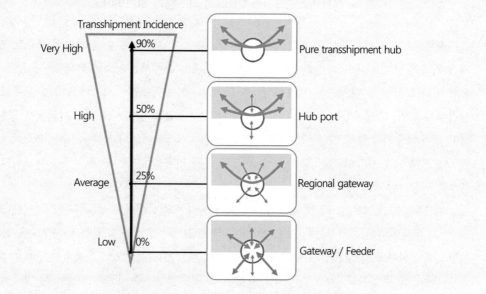

출처: Jean et al., *The Geography of Transport System*, New York: Routledge, 2013.

　　허브항은 환적화물의 비중이 50% 수준인 항만으로 해당 국가 및 경제권에서 발생되는 수출입 물동량과 환적화물을 균형 있게 처리하면서 다양한 부가가치 물류활동을 수행하는 대형 항만이다. 또한, 해상운송 측면에서는 해운선사가 운영하는 글로벌 해상운송 네트워크의 지역 거점항만으로써의 역할을 수행하고 있는 항만을 의미한다. 허브항으로는 홍콩항(홍콩), 두바이항(아랍 에미리트), 부산항(대한민국) 등이 있다.

　　순환적항은 환적화물의 비중이 총 항만의 처리 물동량의 90% 이상인 항만으로 해운선사의 글로벌 해상운송 네트워크에서 각 경제권의 화물을 집중하고 분배(환적)하는 역할을 담당한다. 따라서 순환적항은 해운선사의 관점에서 글로벌 해상운송 네트워크를 효과적으로 구성, 운영하기 위한 매우 중요한 항만이라 할 수 있다. 대부분의 순환적항은 지리적으로 각 경제권의 입구 또는 중심에 위치하고 있으며 높은 수준의 항만 생산성과 운영시스템을 갖추고 있으며 다양한 부가가치 물류서비스 및 비즈니스 기능이 발달되어 있다. 주요 순환적항으로는 싱가포르항(싱가포르), 탄중펠레파스항(말레이시아), 콜롬보항(스리랑카) 등이 있다.

◆ 허브엔스포크(Hub & Spoke) 시스템과 허브항(Hub)

허브엔스포크 시스템은 산재되어 있는 자원(사람, 화물, 데이터 등)을 근거리의 허브로 집중시켜 원거리의 허브로 대량 이송한 후, 근거리의 수요처에 분배하는 방식으로 운송 및 물류, 정보통신 및 과학실험 등 다양한 분야에서 활용되고 있다. 허브엔스포크 시스템은 초기에 주로 항공산업에서 도입, 운영되었는데, 이는 소도시의 승객을 소규모 항공기로 대도시의 허브공항으로 모아 대형 항공기를 통해 다른 허브공항으로 운송하는 시스템이었다. 이는 기존의 Point to Point 방식에 비해 이송 횟수의 감소 및 대량 이송 등을 통해 비용을 절감하고 항공운송 네트워크의 효율성을 향상시킨 것으로 평가된다.

해상운송에서 허브엔스포크 시스템은 주로 컨테이너 정기선사의 글로벌 네트워크에 적용되고 있다. 컨테이너 정기선사들은 각 경제권의 피더항만에서 발생된 화물을 피더운송을 통해 허브항으로 집화하고 각 경제권의 허브항을 연계하여 전 세계 경제권으로 운송하는 글로벌 해상운송 네트워크를 운영하고 있다. 따라서 허브항은 글로벌 해상운송 네트워크에서 각 경제권의 허브 역할을 담당하고 있는 대형 항만으로 생산성과 효율성이 높은 항만인 동시에 다양한 물류 및 비즈니스 기능이 집중되어 있는 고부가가치 항만이다.

◆ Point to Point 운송방식

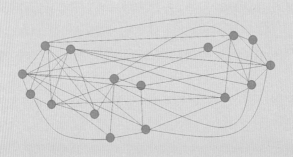

◆ Hub & Spoke 운송방식

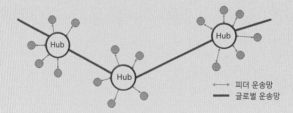

→ 피더 운송망
— 글로벌 운송망

5) 관리 및 운영의 관점

(1) 개항과 불개항

주요 국가들은 법률과 국가 간의 조약(條約)에 근거하여 외국적 선박의 출입을 허용하는 항만과 허용하지 않는 항만을 구분하고 있다. 이에 따라 항만은 외국국적 선박의 출입가능 여부에 따라 개항(Open Port)과 불개항(Closed Port)으로 구분된다. 우리나라는 대통령령에 의해 개항이 지정[24]되며 개항질서법[25]을 통해 개항을 명시하고 있다. 개항질서법은 개항을 대한민국 또는 외국 국적의 선박이 상시 출입할 수 있는 항만으로 정의[26]하고 있으며 관세법[27]은 외국무역선은 개항에 한정하여 운항할 수 있다고 규정[28]하고 있다. 이에 따라 개항으로 지정되지 않은 항만은 불개항으로 정의될 수 있다.

(2) 무역항과 연안항

우리나라 항만법[29]은 항만을 무역항과 연안항으로 구분하여 정의[30]하고 있다. 무역항은 개항으로 국내외 육·해상운송망의 거점으로서 광역권의 배후화물을 처리하거나 주요 기간산업 지원 등으로 국가의 이해에 중대한 관계를 가지는 항만으로 정의된다. 또한, 연안항은 불개항으로 지역별 육·해상 운송망의 거점으로서 지역산업에 필요한 화물처리를 주목적으로 하는 항만으로 정의[31]된다.

표 3-5 우리나라의 무역항과 연안항 현황

구 분		대상 항만
무역항	국가관리 무역항(14개)	경인항, 인천항, 평택·당진항, 대산항, 장항항, 군산항, 목포항, 여수항, 광양항, 마산항, 부산항, 울산항, 포항항, 동해·묵호항
	지방관리 무역항(17개)	서울항, 태안항, 보령항, 완도항, 하동항, 삼천포항, 통영항, 장승포항, 옥포항, 고현항, 진해항, 호산항, 삼척항, 옥계항, 속초항, 제주항, 서귀포항
연안항	국가관리 연안항(11개)	용기포항, 연평도항, 상왕등도항, 흑산도항, 가거항리항, 거문도항, 국도항, 후포항, 울릉항, 추자항, 화순항
	지방관리 연안항(18개)	대천항, 비인항, 송공항, 홍도항, 진도항, 땅끝항, 화흥포항, 신마항, 녹동신항, 나로도항, 중화항, 부산남항, 구룡포항, 강구항, 주문진항, 애월항, 한림항, 성산포항

출처: 항만법.

24 관세법 제134조 제1항.
25 법률 제9734호, 2009. 5. 27, 일부개정.
26 개항질서법 제2조 제1항.
27 법률 제10424호, 2010. 12. 30. 일부개정.
28 관세법 제134조 제1항.
29 법률 제11594호, 2012. 12. 18., 일부개정.
30 항만법 제3조.
31 항만법 제3조 제2항.

우리나라의 무역항은 총 31개 항만이며 이 중 부산항, 인천항 등 14개 항만은 국가관리 무역항으로 그리고 서울항, 태안항 등 17개 항만은 지방관리 무역항으로 지정되어 있다. 또한, 연안항은 총 29개 항만이며 이 중 용기포항, 연평도항 등 11개 항만은 국가관리 연안항 그리고 대천항, 비인항 등 18개 항만은 지방관리 연안항으로 지정되어 있다.

(3) 어항

어촌·어항법[32]은 어항을 천연 또는 인공의 어항시설을 갖춘 수산업 근거지로 정의하고 있으며 어항을 국가어항, 지방어항, 어촌정주어항 및 마을공동어항으로 구분하고 있다. 동 법은 국가어항[33]을 이용 범위가 전국적인 어항 또는 섬, 외딴 곳에 있어 어장의 개발 및 어선의 대피에 필요한 어항, 그리고 지방어항[34]을 이용 범위가 지역적이고 연안어업에 대한 지원의 근거지가 되는 어항으로 정의하고 있다.

또한, 어촌정주어항과 마을공동어항은 각각 어촌의 생활 근거지가 되는 소규모 어항 그리고 어촌정주어항에 속하지 아니한 소규모 어항으로서 어업인들이 공동으로 이용하는 항포구로 정의하고 있다. 국가어항과 지방어항은 각각 110개 그리고 285개 항이 지정되어 관리·운영되고 있다.

1.3 항만의 시설

1) 시설의 분류

항만은 선박이 정박하거나 피난하기 위한 장소인 동시에 해상교통과 육상교통을 연결하는 접속점 또는 운송터미널이고 다양한 공공 및 물류지원서비스를 제공하는 물류 및 비즈니스 센터의 역할을 담당하고 있다. 그러므로 항만은 다양한 시설과 기능 그리고 비즈니스가 집합되어 있는 매우 복합적인 시설이다. 이에 따라 항만의 시설은 관점에 따라 다양하게 분류되고 있는데 그 중 가장 일반적인 것은 '화물의 흐름(Cargo Flow)'과 '항만의 기능(Function of a Port)'의 관점에서 항만시설을 구분하는 것이다.

(1) 화물의 흐름(Cargo Flow) 관점

항만의 시설은 '화물의 흐름' 관점에서 선박입출항 시설, 터미널 시설 그리고 내륙운송 및 배

---

32 법률 제8976호, 시행 2008. 3. 21.
33 국가어항의 지정·개발권자는 해양수산부장관이며 다음 5개 기준항목 중 3개 항목 이상 충족하는 항·포구를 지방어항으로 지정할 수 있음. 지정요건: ① 현지어선 척수 70척 이상 ② 현지어선 총톤수가 동해안은 450톤 이상, 서해안은 280톤 이상, 남해안은 360톤 이상 ③ 외래어선 이용이 연간 100척 이상 ④ 어선어업 위판고가 연간 200톤 이상 ⑤ 해운법에 의한 여객선과 유선 및 도선사업법에 의한 유·도선의 총 운항 횟수가 일일 4왕복 이상인 항·포구.
34 지방어항의 지정·개발권자는 시·도지사이며 다음 3개 기준항목 중 2개 항목 이상 충족하는 항·포구를 지방어항으로 지정할 수 있음. 지정요건: ① 현지어선 척수 30척 이상 ② 현지어선 총톤수가 동해안은 90톤 이상, 서해안은 70톤 이상, 남해안은 80톤 이상 ③ 여객선 및 유·도선 운항은 해운법에 의한 여객선과 유선 및 도선사업법에 의한 유·도선의 총 운항 횟수가 일일 2 왕복 이상인 항·포구.

그림 3-10　우리나라의 국가어항 위치도

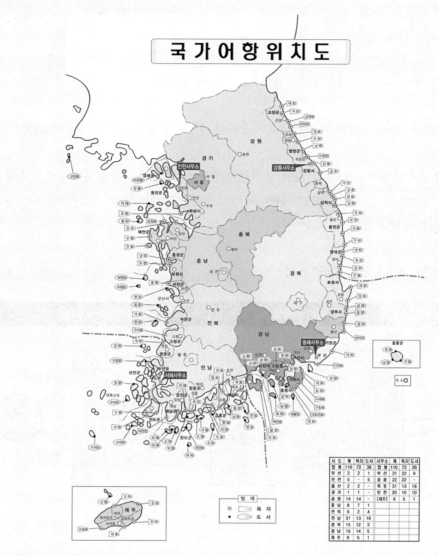

출처: 한국어촌어항협회.

후시설로 구분할 수 있다. 이는 화물이 선박을 통해 항만에 입항한 시기부터 배후지역으로 운송 (Inbound Logistics)되거나 배후지역에서부터 이동하여 선박에 선적되어 출항(Outbound Logistics)되는 프로세스를 기준으로 항만을 구분한 것으로 가장 일반적인 분류방법이다.

가) 선박입출항 시설

선박입출항 시설은 선박이 안전하게 항만으로 출입 및 정박하기 위한 시설[35]로 항만은 다음과 같은 시설을 갖추고 있다.

① 정박지 및 수로: 선박이 안전하게 입출항 할 수 있는 수로와 정박할 수 있는 장소(정박지)

② 수상지원 시설: 선박이 안전하고 효율적으로 접안하기 위해 필요한 수상 지원시설(예인선, 부선, 소화선 등)

③ 정박시설(선석): 여객, 화물 및 선박에서 사용하는 다양한 물품 등을 하역 또는 선적하기 위한 시설

④ 입항, 출입국 및 통관시설: 선박, 사람 및 화물이 항만에 입항하고 국경을 통과하기 위해 필요한 기능과 시설로 이 중 가장 중요한 세관(Customs), 출입국 관리(Immigration), 검역(Quarantine) 등 3가지 시설을 CIQ 시설이라고 한다.

그림 3-11 '화물의 흐름' 관점의 항만 시설

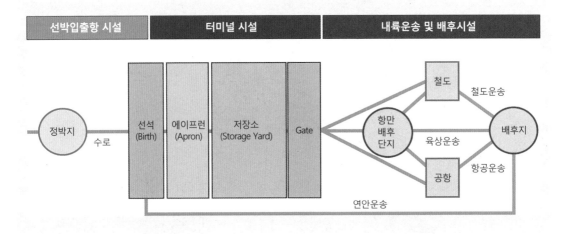

나) 터미널 시설

터미널 시설은 화물을 하역 또는 선적하고 이를 배후지역으로 운송, 유통하기 위해 화물을 보관, 분류하고 운송하는 시설이다. 터미널 시설은 크게 선석, 에이프런, 저장장소 그리고 게이트 등으로 분류한다.

① 선석: 선박이 안전하게 입출항 할 수 있는 수로와 정박할 수 있는 장소로 선박입출항 시설인

---

35 Harold M. Mayor, *The Physical Harbour: New Demand on a Scarce Resource, Urban Ports and Harbour Management*, Taylor & Francis, New York, 1988, p. 78.

동시에 터미널 시설로 분류된다.

② 에이프런: 에이프런은 선적 또는 하역작업을 하기 위한 장소로 다양한 선적 및 하역장비가 구비되어 있다.

③ 저장장소: 저장장소는 선적하기 위한 또는 하역된 화물을 보관하고 배후지역으로 운송하기 위해 분류작업을 실시하는 장소이다. 컨테이너 터미널에서는 선적할 또는 하역된 컨테이너를 정리, 분류하는 컨테이너 조차장(Marshalling Yard), 컨테이너를 배후지역으로 운송하기 위해 단기적으로 보관하는 장소인 컨테이너 장치장(Container Yard), 컨테이너에 적재된 소량화물을 분류하기 위한 시설인 컨테이너 조작장(Container Freight Station) 등이 있다.

④ 게이트: 게이트는 화물을 터미널에서 외부로 반출하는 장소로 화물의 통관, 검사 및 관련 절차, 화물(중량, 포장 등) 및 관련 서류의 이상 유무를 확인한다.

그림 3-12   컨테이너 터미널의 구조

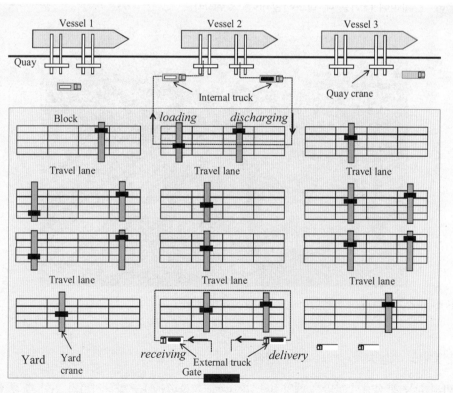

출처: Y.H. Jeong *et. al.*, 2012, A Simulation Study on a Workload-based Operation Planning Method in Container Terminals, *Industrial Engineering & Management Systems*, Vol 11, No 1, pp. 103-113.

다) 내륙운송 및 배후시설

내륙운송 및 배후시설은 터미널에서 반출된 화물을 항만배후단지 또는 배후지역으로 운송하거나 다양한 물류 및 비즈니스 서비스를 제공하기 위한 시설이다. 배후지역으로의 운송은 주로 육상운송, 철도운송, 연안운송 그리고 항공운송을 통해 이루어지고 있다. 따라서 내륙운송 시설은 철도역, 공항 또는 물류센터 등으로 구성되어 있으며 일부 터미널에서는 터미널 내부에 철도시설을 구비하고 터미널 내에서 직접 철도운송을 실시하고 있다.

항만배후단지는 제조, 가공, 물류 및 각종 비즈니스 기업들이 집중되어 있는 지역으로 환적 또는 선적할 화물과 하역된 화물을 대상으로 보관, 조립, 가공, 포장, 제조 등 다양한 부가가치 물류서비스와 무역, 거래, 보험, 금융, 법률 등 다양한 비즈니스 서비스를 제공한다. 항만배후단지는 항만이 화물의 선적, 하역, 보관, 운송 등 기본적 기능은 물론, 다양한 관련 서비스와 비즈니스를 창출하여 항만의 경제성을 향상시키고 경쟁력을 강화해 부가가치를 향상시키는 역할을 하고 있다.

그림 3-13 컨테이너 터미널 내 철도시설(HHLA, 함부르크)

출처: HHLA Container Terminal(https://hhla.de/en/photos-films.html).

(2) '항만의 기능(Function of a Port)' 관점

항만의 기능 관점에서 항만은 해양접근성(Maritime Accessibility)을 향상시키기 위한 해양 접근시설, 해양연계성(Maritime Interface)을 개선하기 위한 선박 연계시설, 화물의 선적 및 하역을 위한 항만시설(Infrastructure and Superstructure) 그리고 내륙 연계성(Land Accessibility)의 향상을 위한 내륙 연계시설 등으

그림 3-14 '항만의 기능' 관점의 항만 시설

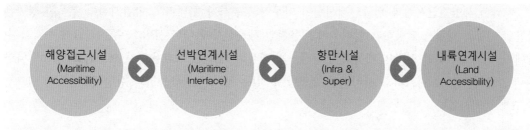

출처: Jean et al., *The Geography of Transport System*, New York: Routledge, 2013.을 기준으로 재작성.

로 구분된다.

가) 해양접근시설

해양접근시설은 항만의 해양접근성(Maritime Accessibility) 향상을 위한 시설이다. 해양접근성은 선박이 안전하게 입출항 할 수 있는 자연조건이나 인공적으로 개선한 조건 등을 의미하며 항만은 지속적인 개발과 관리를 통해 해양접근성 향상을 위한 물리적 능력을 향상시키고 있다. 해양접근성과 관련된 것으로는 항만의 지리적 위치, 정박지의 위치, 수로의 깊이와 넓이, 조수간만의 차이, 안벽 수심 등이 있으며 해양 접근시설은 수로, 정박지 그리고 안벽수심 등이 있다. 최근에는 선박이 대형화됨에 따라 해양접근성의 중요성이 크게 증가했으며 특히, 안벽수심은 대형선박의 입항 여부를 결정하는 핵심요인으로 부각되고 있다.

나) 선박연계시설

선박연계시설은 선박접안을 위한 물리적 시설인 선석(berth)을 의미하며 세부적으로 선박연계성에 영향을 미치는 중요 요인은 선석의 길이(또는 선석 수) 또는 선종별 화물별 선석의 길이(또는 선석 수) 등이다. 항만은 매우 우수한 항만접근시설을 갖추고 있다고 해도 선박연계시설이 부족하면 항만의 기능이 약화되거나 경쟁력을 상실하게 된다. 특히, 허브항의 경우, 많은 컨테이너 서비스가 연결됨에 따라 대형선박이 접안할 수 있는 충분한 선석이 요구된다. 이에 따라 많은 항만들은 선박연계성을 개선하기 위해 대규모의 투자를 통해 선석을 확장하는 한편, 장래 선석 확장을 위한 중장기 개발계획을 수립, 추진하고 있다.

다) 항만시설

항만시설은 터미널의 선석, 에이프런, 저장장소(컨테이너 조차장, 컨테이너 장치장, 컨테이너 조작장), 게이트 등의 하부시설(Infrastructure)과 크레인 등 각종 장비, 운영시스템, 물류창고, 항만배후단지 등의 상부시설(Superstructure)을 의미한다. 항만시설은 항만의 운영능력(Operational Capacity)은 물론, 생산성

(Productivity)과 효율성(Efficiency)을 결정하는 중요한 요인이다.

따라서 해양접근시설과 선박연계시설이 아무리 충분하다 하더라도 항만시설이 부족한 항만은 항만의 기능과 역할을 담당하기 어려우며 이용자인 해운선사에 대한 서비스 수준도 크게 하락할 수밖에 없다. 또한, 최근 선박의 대형화에 따라 선박시설의 대형화, 고효율화가 요구되고 있으며 다양한 부가가치물류 및 비즈니스 서비스를 제공할 수 있는 충분한 물류창고와 항만배후단지의 필요성이 크게 증가하였다.

라) 내륙연계시설

내륙연계시설은 항만과 배후지역을 연계하는 운송시설로 주로 육상운송, 철도운송, 연안운송 그리고 항공운송 등을 위한 시설을 의미한다. 항만의 내륙연계성(Land Accessibility)은 내륙운송을 통한 소비지와의 연계성, 산업단지와의 연계성 그리고 항만배후단지와의 연계성 등으로 구분되며 항만의 경쟁력을 결정하는 중요 요소 중 하나이다. 특히, 내륙연계성은 지역 관문항과 허브항에서 그 중요성이 더욱 크다. 이에 따라 세계 주요 항만들은 내륙연계 수송체계를 개선하고 관련 운송시설을 확충하는데 많은 투자를 하고 있다.

2) 법률적 정의

항만시설은 그 기능과 역할이 다양하기 때문에 세계 각 국가들은 항만의 시설을 조금씩 다르게 정의하고 있다. 우리나라 항만법은 항만의 시설을 기본시설, 기능시설, 지원시설, 항만친수시설, 항만배후단지 그리고 항만 밖의 시설로 해양수산부장관이 지정한 시설로 구분[36]하고 있다.

(1) 기본시설

기본시설은 항만 본연의 기능을 유지, 운영하기 위한 시설로 그 종류는 다음과 같다.
① 항로, 정박지, 선유장, 선회장 등 수역시설
② 방파제, 방사제, 파제제, 방조제, 도류제, 갑문, 호안 등 외곽시설
③ 도로, 교량, 철도, 궤도, 운하 등 임항교통시설
④ 안벽, 물양장, 잔교, 부잔교, 돌핀, 선착장, 램프 등 계류시설

(2) 기능시설

기능시설은 항만의 기본시설을 운영하기 위해 필요한 시설로 그 종류는 다음과 같다.
① 선박의 입항 및 출항을 위한 항로표지, 신호, 조명, 항무통신에 관련된 시설 등 항행 보조시설
② 고정식 및 이동식 하역장비, 화물 이송시설, 배관시설 등 하역시설

---

36 항만법 제2조 제5항.

③ 대합실, 여객승강용시설, 소하물 취급소 등 여객이용시설

④ 창고, 야적장, 컨테이너 장치장 및 컨테이너 조작장, 사일로, 저유시설, 가스저장시설, 화물터미널 등 화물의 유통시설과 판매시설

⑤ 선박을 위한 연료공급시설과 급수시설, 선박보급시설

⑥ 항만의 관제(管制), 정보통신, 홍보, 보안에 관련된 시설

⑦ 항만시설용 부지

⑧ 어촌·어항법 제2조 제5호 '나' 목에서 규정하고 있는 기능시설[37]

⑨ 어촌·어항법 제2조 제5호 '다' 목에서 규정하고 있는 어항편익시설[38]

⑩ 방음벽, 방진망, 수림대 등 공해방지시설

(3) 지원시설

지원시설은 항만의 기능을 지원하고 다양한 부가가치를 창출하기 위해 지정된 시설로 그 종류는 다음과 같다.

① 보관창고, 집배송장, 복합화물터미널, 정비고 등 배후유통시설

② 선박기자재, 선용품 등을 보관·판매·전시 등을 하기 위한 시설

③ 화물의 조립·가공·포장·제조 등을 위한 시설

④ 공공서비스의 제공, 시설관리 등을 위한 항만 관련 업무용 시설

⑤ 항만시설을 사용하는 자, 여객 등 항만을 이용하는 자 및 항만에서 일하는 자를 위한 휴게소, 숙박시설, 진료소, 위락시설, 연수장, 주차장, 차량통관장 등 후생복지시설과 편의제공시설

⑥ 항만 관련 산업의 기술개발이나 벤처산업 지원 등을 위한 연구시설

⑦ 신·재생에너지 관련 시설, 자원순환시설 및 기후변화 대응 방재시설 등 저탄소 항만의 건설을 위한 시설

⑧ 그 밖에 항만기능을 지원하기 위한 시설로서 해양수산부령으로 정하는 것

---

37 ① 철도·도로·다리·주차장·헬리포트 등 수송시설 ② 항로 표지, 신호·조명 시설 등 항행보조시설 ③ 어선 건조장·수리장, 어구 건조장, 어구 제작장·수리장, 선양시설, 야적장, 기자재 창고 등 어선·어구 보전시설 ④ 급수·급빙·급유 시설, 전기수용설비·선수품보급장 등 보급시설 ⑤ 수산물시장·수산물위판장·수산물직매장·수산물집하장 및 활어 일시 보관시설 등 수산물의 유통·판매·보관 시설과 이러한 시설에 바닷물을 끌어오거나 내보내기 위한 시설 ⑥ 하역기계, 제빙·냉동·냉장 시설, 수산물 가공공장 등 수산물 처리·가공 시설 ⑦ 육상 무선전신·전화시설, 어업 기상신호시설 등 어업용 통신시설 ⑧ 어항관리시설·해양관측시설, 관계 법령에 따른 선박출입항 신고기관 등 해양수산 관련 공공시설 ⑨ 환경오염방지를 위한 오수·폐수 처리시설, 도수시설, 폐유·폐선 처리시설 등 어항정화시설 ⑩ 종묘생산시설, 종묘 배양장 등 수산자원 육성시설.

38 ① 진료시설·복지회관·체육시설 등 복지시설 ② 전시관·도서관·학습관·공연장 등 문화시설 ③ 광장·조경시설 등 어항의 환경정비를 위한 시설 ④ 유람선·낚시어선·모터보트·요트·윈드서핑 등의 수용을 위한 레저용 기반시설 ⑤ 지역특산품 판매장, 생선횟집 등 관광객 이용시설 ⑥ 숙박시설·목욕시설·오락시설 등 휴게시설 ⑦ 그 밖에 대통령령으로 정하는 주민편익시설.

(4) 항만친수시설

항만친수시설은 해양과 관련된 문화·교육시설, 레저시설 및 해양공원 등의 시설을 의미하며 그 종류는 다음과 같다.

① 낚시터, 유람선, 낚시어선, 모터보트, 요트, 윈드서핑용 선박 등을 수용할 수 있는 해양레저 용 시설

② 해양박물관, 어촌민속관, 해양유적지, 공연장, 학습장, 갯벌체험장 등 해양 문화·교육 시설

③ 해양 전망대, 산책로, 해안 녹지, 조경시설 등 해양공원시설

④ 인공해변·인공습지 등 준설토를 재활용하여 조성한 인공시설

(5) 항만배후단지

항만배후단지는 항만구역에 지원시설 및 항만친수시설을 집단적으로 설치하고 이들 시설의 기능 제고를 위하여 일반업무 시설, 판매시설, 주거시설 등 대통령령으로 정하는 시설을 설치함으로써 항만의 부가가치와 항만 관련 산업의 활성화를 도모하며, 항만을 이용하는 사람의 편익을 꾀하기 위하여 지정·개발하는 일단의 토지로 정의[39]된다.

2 항만은 어떤 일을 할까?

2.1 항만의 기능과 역할

항만은 선박이 정박하거나 피난하기 위한 시설과 서비스를 제공할 뿐만 아니라 해상교통과 육상교통을 연결하는 접속점 또는 화물과 여객의 출입구인 관문으로써의 기능과 역할을 담당하고 있다. 또한, 항만은 해상운송과 항만의 지속적인 성장, 경제 및 기업의 전략 변화 등에 따라 그 기능과 역할이 지속적으로 확대되어 왔다. 항만의 기능과 역할은 일반적으로 터미널 기능, 경제적 기능 그리

그림 3-15 항만의 기능과 역할: 사회·경제적 관점

---

39 항만법 제5조 제7항.

고 사회적 기능으로 분류[40]할 수 있다.

1) 터미널 기능

항만은 해상교통과 육상교통의 접속지(interface) 또는 관문(gate)으로 국제교통망과 해당 국가 또는 경제권의 국내 또는 권내 내륙교통망을 연결하는 기능과 역할을 담당한다. 이에 따라 항만은 선박의 안전한 입출항과 접안을 지원하는 시설과 서비스를 제공하는 한편, 사람(승객)과 화물을 배후지역으로 연계, 수송하는 기능을 수행하는데 이러한 기능을 통합하여 터미널 기능이라고 정의할 수 있다.

국제운송망의 관점에서, 항만은 수출입 화물과 피더항에서 발생된 환적화물을 집화하고 글로벌 해상네트워크를 활용하여 글로벌 시장으로 수송하는 역할을 담당한다. 또한, 내륙교통망 관점에서, 항만은 수출입화물과 사람(승객)을 다양한 내륙운송체계를 활용하여 배후지역으로 수송하는 물적 유통(Physical Distribution)의 중심지로서의 기능을 담당한다. 이에 따라 항만은 해양 접근시설, 선박 연계시설 및 내륙 연계시설의 지속적인 관리, 운영 및 개발을 통해 해양 접근성, 해양 연계성 및 내륙 연

그림 3-16 항만의 터미널 기능

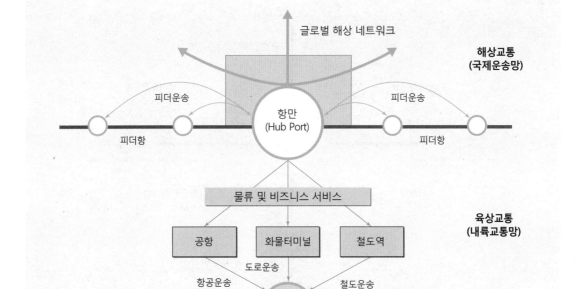

40 문성혁, *현대항만관리론*, 다솜출판사, 2003.

계성을 개선하여 터미널으로써의 항만의 기능을 강화하고 있다.

2) 경제적 기능

항만은 사람, 화물, 교통, 정보 및 각종 비즈니스가 집중되는 지역으로 항만, 물류 및 비즈니스, 교통, 산업, 국가 및 지역경제 등과 밀접한 상관관계를 형성하면서 각 분야의 성장을 촉진하고 다양한 부가가치를 창출하는 등 다양한 경제적 기능을 수행한다. 또한, 항만은 이를 통해 막대한 경제적 효과를 발생시키는데 이는 항만이용에 따른 경제적 효과, 물류·비즈니스 활성화에 따른 경제적 효과 그리고 사회·경제적 효과 등으로 구분할 수 있다.

(1) 항만 이용에 따른 경제적 효과

항만 이용에 따른 효과는 해운, 항만 및 지원서비스 제공에 따라 발생되는 수익으로 항만사용료, 터미널이용료 등이 있다. 항만사용료는 선박, 화물 및 사람(승객)이 항만 시설과 서비스를 이용하는 대가로 항만에 지급하는 비용으로 항만의 수익에 해당된다. 항만사용료는 무역항 등의 항만시설 사

그림 3-17 항만의 경제적 기능

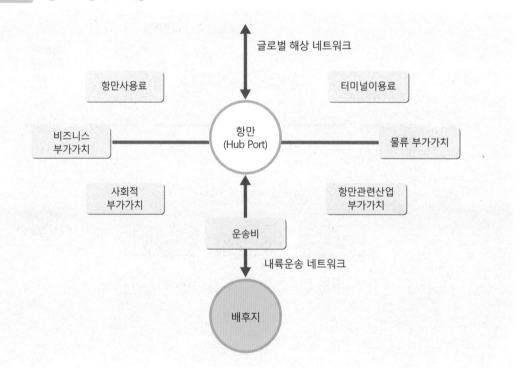

용 및 사용료에 관한 규정[41]에 의해 부과되며 선박료, 화물료, 여객터미널 이용료 및 항만시설 전용 사용료로 구분되어 있다.

한편, 터미널 이용료(하역요금)는 터미널에서 제공하는 선적, 하역, 보관, 이송 등 다양한 서비스에 대한 대가로 터미널의 수익으로 정의된다. 터미널 이용료는 정해진 하역요율(Tariff)에 의해 부과되며 그 세부 내용은 전 세계 항만이 유사하다.[42] 우리나라는 터미널 이용료 부과체계를 부두운영회사(TOC)[43]와 컨테이너 전용 터미널로 구분하여 시행하고 있다. 부두운영회사의 터미널 이용료는 해양수산부가 항만운송사업법[44]에 의해 기획재정부장관과 협의하여 인가하는 항만하역요금표에 의해 부과[45]되고 있다. 또한, 컨테이너 전용 터미널의 터미널 이용료는 각 터미널 운영회사가 자사의 경영전

표 3-6 항만사용료의 종류 및 징수 대상 시설

사용료의 종류		징수 대상 시설
선박료	선박입출항료	수역시설중 항로·선회장, 외곽시설, 항행보조시설
	접안료	외곽시설 중 선박의 계류가 가능한 시설, 계류시설
	정박료	수역시설 중 정박지·선류장
	계선료	항만관리청이 지정한 계선장
화물료	화물 입출항료	수역시설, 임항교통 시설, 화물 보관처리 시설 중 화물장치장
	화물 체화료	화물보관·처리시설
여객터미널 이용료	국제여객터미널 이용료	여객이용시설 중 대합실, 여객승강용 시설 주차장시설
	연안여객터미널 이용료	
항만시설 전용 사용료	창고 및 야적장 사용료	화물보관·처리시설
	건물·부지 등의 사용료	항만건물, 항만부지
	특수창고 사용료	화물보관·처리시설
	에이프런 사용료	화물처리시설
	수역점용료	수역시설

출처: 무역항 등의 항만시설 사용 및 사용료에 관한 규정.

---

41 해양수산부고시 제2014-152호, 개정 2014. 12. 24.
42 각 항만의 특성과 운영체계에 따라 상이한 국가와 항만이 있으나 부과기준은 대부분 유사함.
43 부두운영회사(Terminal Operation Company)는 국가가 부두의 효율적인 투자와 운영을 위해 국가 소유의 부두(선석, 에이프런, 야적장, 창고, 하역시설 등)를 민간 기업에게 임대하고 전용사용권을 부여한 회사를 의미함.
44 법률 제12546호.
45 항만하역요금표.

| 표 3-7 | 터미널 이용료(하역요금)의 세부 내용 |

구분		하역요금	
부두운영회사	일반하역요금	기본요금, 할증요금, 기타요금	
	특수하역요금	기본요금	• 양곡터미널 하역화물 • 카페리 자동화물 • 자동차 전용선 하역 • 특수기계화 하역화물 • 석탄부두 하역요금 • RO-RO선 전용부두 하역요금 • 석회석 전용부두 하역요금
		할증요금, 기타요금	
	연안하역요금	기본요금, 할증요금, 기타요금	
컨테이너 전용터미널	• 하역 및 선적료(Discharge & Load) • 기타 선박 운영료(Other Ship Operations) • 야드 운송료(Yard Moves) • 냉동컨테이너 서비스료(Reefer Services) • 적재료(Storage) • 기타 야드 운영료(Other Yard Operations) • 기타요금		

출처: 항만하역요금표 및 부산신항 'A' 터미널 운영사의 요율표(예시).

략에 따라 자율적으로 결정하고 해양수산부에 신고한 요율을 기준으로 부과하고 있다.[46]

(2) 물류 · 비즈니스 활성화에 따른 경제적 효과

항만은 사람, 화물, 정보 및 각종 비즈니스가 집중되는 지역으로 해운, 항만 및 물류관련 산업을 발생, 성장시키는 한편, 다양한 관련 산업에 영향을 미치면서 막대한 부가가치를 창출하고 있다. 항만에서 그리고 항만과 관련하여 발생되는 부가가치 창출 효과는 해운산업, 항만산업, 물류 및 비즈니스 산업 그리고 관련 산업 등에서 발생된다.

해운산업은 해상여객운송사업, 해상화물운송사업, 해운중개업, 해운대리점업 등으로 구분되고 항만산업은 항만하역사업, 검수사업, 감정사업, 물품공급업 등으로 구분되는데 이들 산업은 선박 및 해상운송과 항만에서 요구되는 다양한 서비스를 제공하면서 다양한 부가가치를 창출하고 있다.

물류 · 비즈니스 산업은 항만을 통해 반출입되는 사람(승객)과 화물을 배후지역과 연계하는 서비

---

46 해양수산부는 항만운송사업법의 개정을 통해 컨테이너 전용 터미널의 하역요금을 3년(2015. 7. 1.-2018. 6. 30.)간 한시적으로 인가제로 전환하여 운영하고 있음.

표 3-8 주요 해운·항만, 관련 비즈니스 및 산업 현황

구분	내용	구분	내용
해운 산업	• 해상여객운송사업 • 해상화물운송사업 • 해운중개업 • 해운대리점업 • 선박대여업 • 선박관리업 • 국제물류주선업 • 물류서비스업	항만 산업	• 항만하역사업 • 검수사업 • 감정사업 • 검량사업 • 항만용역업 • 물품공급업 • 선박급유업 • 선박수리업 • 예선업 및 도선업
물류 비즈니스 산업	• 철도 및 항공운송업 • 여객 및 화물 운송업 • 각종 창고업 • 위험물보관업 • 기타 운송관련 서비스업 • 금융 및 보험업 • 변호사업, 법무사업, 세무사업 • 보건업 • 숙박 및 음식점업 • 정보서비스업 • 기타 국제 및 외국기관 • 각종 행정	관련 산업	• 기계, 조선업 등 각종 제조업 • 각종 도매·소매업 • 각종 건설업 • 전문과학 및 기술 서비스업 • 공학 및 기술 연구 개발업 • 경제학 연구 개발업

출처: 항만운송사업법, 통계청, *제9차 한국표준산업분류*, 통계청, 2014를 기준으로 작성.

스(운송, 보관, 유통 등)를 제공하는 것은 물론, 화물에 대한 다양한 부가가치 물류서비스를 제공하면서 기업의 글로벌 공급사슬을 지원하는 역할을 담당한다. 또한, 항만에서 발생되는 다양한 비즈니스(각종 계약 및 거래, 투자 및 금융, 분쟁, 행정, 정보 등)를 지원하는 기능과 역할을 담당하고 있다.

　또한, 항만배후단지 또는 자유무역지역에 입주한 글로벌 기업은 항만의 시설과 물류·비즈니스 서비스 기능을 활용하여 다양한 경제적 효과를 창출한다. 글로벌 차원에서 공습사슬 네트워크를 운영하고 있는 글로벌 기업은 특정 항만을 공급사슬 거점으로 지정하고 다양한 비즈니스 활동을 전개하고 있다. 이러한 비즈니스 활동은 각 기업의 경영전략에 의해 매우 다양하게 이루어지고 있으나 크게 글로벌 유통센터 기능과 글로벌 조립센터 기능으로 구분할 수 있다.

　글로벌 유통센터 기능은 글로벌 기업이 해당 경제권의 제품을 선정된 허브 항만의 공급사슬 거점으로 집중시키고 필요한 부가가치 물류서비스(포장, 라벨링, 간단한 조립 등)를 실시한 후 동 경제권 또는 타 경제권으로 배송하는 것을 의미한다. 이러한 기능을 활용하는 기업으로는 미국의 대형 유통업

| 그림 3-18 | 항만배후단지에서의 글로벌 물류기업의 부가가치 물류활동 |

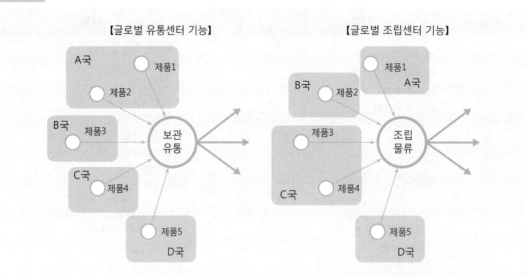

체인 월마트(Wal-Mart), 타겟(Target) 등이 있다. 또한, 글로벌 조립센터 기능은 글로벌 기업이 글로벌 차원에서 부품을 조달하여 이를 제조, 가공, 조립 등 다양한 생산 및 제조 기능을 통해 완제품 또는 반 제품화하여 동 경제권 또는 타 경제권으로 배송하는 것을 의미한다. 이러한 기능은 전 세계적으로 보편화되어 있으며 거의 모든 글로벌 기업이 이러한 글로벌 공급사슬 네트워크를 활용하고 있다. 이러한 글로벌 기업의 비즈니스 활동은 항만과 해당 국가에게 막대한 경제적 효과를 제공한다. 애플사의 iPod의 경우, 애플사의 글로벌 공급사슬을 활용하여 전 세계적으로 부품을 공급받아 전량 중국에서 생산하는데 이에 따른 중국과 중국 항만에서 발생되는 부가가치 규모가 중국 전체 부가가치 규모의 약 10%를 차지하고 있다.[47]

한편, 항만 관련 산업은 선박, 항만, 화물 등과 관련된 산업으로 선박 및 항만의 장비 등과 관련된 기계, 조선업 등 각종 제조업, 물류 및 유통과 관련된 각종 도·소매업, 항만 및 배후교통망의 건설, 유지, 보수 등과 관련된 각종 건설업 그리고 다양한 연구 개발업 등이 이에 포함된다. 이러한 산업들은 항만과 직·간접적인 관계를 가지고 항만의 기능과 역할을 강화하는 역할을 담당하면서 막대한 부가가치를 창출하고 있다.

(3) 사회·경제적 효과

항만은 해당 국가 및 지역의 국가 기간시설로 경제성장과 사회발전의 견인차 역할을 담당하고

47 Deborah K.E. & Patrick L., *Global Value Chains in a changing world*, Fung Global Institute(FGI), Nanyang Technological University (NTU), and World Trade Organization(WTO), 2013.

있다. 항만과 항만 관련 산업(물류 및 비즈니스 산업)들의 활성화는 해당 국가의 무역, 상거래, 공업, 금융 등 산업기반을 강화하고 국가물류체계의 효율성을 강화하여 기업이 보다 효과적으로 비즈니스 활동과 수출입을 수행할 수 있는 환경을 제공한다. 또한, 이는 관련 산업 간 융합, 네트워크 구축 등을 통해 각종 산업이 성장하고 재투자되며 국민의 일자리를 창출하는 선순환 구조(Virtuous Circle) 및 긍정적인 경제 및 산업 생태계의 조성을 주도한다.

　　지역 경제 측면에서는 항만을 중심으로 각종 산업과 비즈니스 기능이 집중됨에 따라 지역산업을 활성화시키고 경제활동인구를 증가시켜 지역경제 및 인구의 성장을 촉진한다. 뿐만 아니라, 항만은 해양을 배경으로 하는 해양 문화 및 교육시설, 레저시설, 해양공원 등 다양한 항만친수시설과 관광, 컨벤션 등 다양한 문화의 공간 및 기회를 제공하면서 지역 도시의 풍성한 발전을 유도한다.

◆ 부산항의 부가가치 창출 규모

　　항만의 경제적 효과 및 부가가치 창출 규모는 전 세계적으로 다양한 관점에서 많은 연구가 진행되어 왔다. 최근 연구[48]에 의하면, 부산항에서 발생되는 부가가치의 규모는 약 7조 7,700억원 규모인 것으로 분석되었다. 세부적으로 해운 및 지원서비스 분야는 1조 187억원(17.7%), 항만 및 지원서비스 분야는 3조 4,774억원(60.3%) 그리고 항만 관련 산업은 1조 2,730억원(22.1%)의 부가가치를 창출한 것으로 나타났다. 또한, 아시아 허브항만인 부산항을 통해 발생된 국가물류체계 개선 및 관련 산업의 성장 등을 고려할 때, 부산항의 경제적인 효과는 이보다 크게 상회할 것으로 평가된다.

　　그러나 이러한 부산항의 부가가치 창출 규모는 상대적으로 아시아의 허브항인 싱가포르항(16조 5,093억원), 유럽의 관문항인 로테르담항(14조 3,133억원) 그리고 세계 최대항만인 상하이항(16조 7,570억원)에 비해 낮은 수준인 것으로 나타났다. 이러한 결과는 부산항이 선진 또는 경쟁항만에 비해 효과적으로 부가가치를 창출하고 있지 못함을 의미한다. 특히, 부산항은 부가가치 창출이 항만 및 지원서비스 분야에서 주로 발생(60.3%)되고 있어 상대적으로 부족한 해운 및 지원서비스와 항만 관련 산업 분야, 즉 물류·비즈니스 분야의 개선과 혁신을 통해 부가가치를 창출해야할 것으로 평가되고 있다. 이를 위해 정부는 자유무역지역 제도 도입, 항만클러스터산업 육성 등 다양한 정책을 추진, 실행하고 있다.

---

48 한국해양수산개발원, 항만과 산업, 2015. 11.

◆ 세계 주요 항만의 부가가치액 비교

구분		부산항	싱가포르항	로테르담항	상하이항
해운 및 지원서비스	부가가치액(백만원)	1,018,668	7,804,059	3,168,675	5,863,509
	(항만 내 비중(%))	17.7	47.3	22.1	35.0
	톤당 부가가치액(원)	3,888	15,515	7,318	8,979
항만 및 지원서비스	부가가치액(백만원)	3,477,368	3,149,249	2,472,557	5,578,155
	(항만 내 비중(%))	60.3	19.1	17.3	33.3
	톤당 부가가치액(원)	13,272	6,261	5,710	8,542
항만 관련 산업	부가가치액(백만원)	1,272,963	5,555,960	8,672,023	5,315,148
	(항만 내 비중(%))	22.1	33.7	60.6	31.7
	톤당 부가가치액(원)	4,859	32,822	33,056	25,661
합계(백만원)		5,769,077	16,509,334	14,313,294	16,756,880

출처: 한국해양수산개발원, 항만과 산업, 2015. 11.

2.2 항만배후단지의 기능과 역할

1) 항만배후단지의 개념

세계 경제는 글로벌화와 교통, 통신 및 IT 산업 등의 급속한 발전에 따라 단일시장화 되었으며 세계 최고의 경쟁력을 확보한 기업만이 생존할 수 있는 무한경쟁시대로 진입하였다. 이에 따라 글로벌 기업들은 초국가적인 글로벌경영 전략을 추진하고 있으며 비용과 자원을 최적화하고 시장과 고객 Needs 변화에 적극 대응하기 위해 글로벌 차원에서 조달, 생산, 유통, 판매를 실시하는 공급사슬 네트워크(Supply Chain Networks)를 구축, 운영하고 있다.

이를 위해 글로벌 기업들은 각 경제권의 물류·비즈니스 거점, 즉 국제운송 네트워크와 효율적으로 연결되어 있고, 고도의 물류 및 비즈니스 서비스를 제공받을 수 있는 항만과 공항에 자사의 생산 및 물류거점을 구축하고 있다. 이러한 글로벌 기업의 경영전략 변화는 항만의 기능을 빠르게 변화시키고 있다. 즉, 항만은 단순한 국제운송의 접속점 또는 관문의 역할에서 벗어나 글로벌 공급사슬 네트워크의 핵심 연결고리로서 경제 및 물류 부가가치를 창출하는 글로벌 물류·비즈니스센터의 기능과 역할을 수행하고 있다.

이러한 항만의 기능과 역할 변화를 주도하는 것이 바로 항만배후단지이다. 항만배후단지는 운송수단에 의해 항만과 연결되어 있고 항만을 통해 물품을 수취 또는 선적하기 위해 개발된 육상구역

(land space)으로 정의[49]될 수 있다. 또한, 항만배후단지는 ① 항만을 경유하는 수출입 및 환적 화물의 수요창출과 관련 있는 영역으로 내륙세력과 해외 세력권이 포괄되는 지역 ② 항만활동을 지원하기 위해 자본, 기술, 노동의 제공을 통해 생산과 소비가 이루어지는 영역 ③ 항만활동의 집중과 분산이 이루어지는 사회적, 경제적 영역으로 국제운송 및 물류활동의 장 등으로 정의[50]되기도 한다.

또한, 로테르담 항만공사는 항만배후단지를 항만과 내륙을 연결하는 지역으로 기업의 공급사슬관리(SCM: Supply Chain Management)를 지원하는 공간이며 물류, 제조는 물론, 금융, 법률, R&D 등 관련 비즈니스 산업이 집중되어 있는 항만 중심의 경제지역이라고 정의[51]하였다. 우리나라 항만법은 항만배후단지를 항만의 부가가치와 항만 관련 산업의 활성화를 도모하기 위한 지역으로 정의[52]하고 있다.

이러한 정의를 종합하면, 항만배후단지는 항만 배후지역에 위치하고 있으며 글로벌 기업과 물류 및 비즈니스 기업이 집중되어 있는 지역으로 제조, 물류, 행정, 비즈니스 등 다양한 기능이 집적되어 있는 '물류 및 비즈니스의 장'으로 정의할 수 있다. 또한, 해당 국가의 관점에서는 외국인투자 유치와 물류, 비즈니스 및 관련 산업의 활성화를 통해 다각적인 경제적 효과를 창출하는 경제성장의 엔진 역할이라 평가할 수 있다.

2) 항만배후단지의 기능과 역할

항만배후단지의 기능은 기본 기능과 보조 기능으로 구분할 수 있다. 항만배후단지의 기본기능은 항만의 물류 및 비즈니스 체계를 지원하고 고도화하는 역할을 담당하며 ① 물류 기능 ② 물류촉진 기능 ③ 보완생산 기능 ④ 제품조정 기능 ⑤ 거래 기능 ⑥ 거래촉진 기능 그리고 ⑦ 정보전달 기능 등으로 구분된다.

① 물류 기능: 화물처리 및 이동에 관련된 기능으로 하역, 장치, 야적, 보관, 환적, 저장, 분배, 분류, 혼재 등이 포함된다.

② 물류촉진 기능: 물류 기능의 활성화를 위한 지원 기능으로 화물의 수·배송, 화물알선 및 운송주선, 재고관리 등이 있다.

③ 보완생산 기능: 화물(상품)의 성능과 기능 그리고 안전성 등을 향상시켜 부가가치를 창출하는 기능으로 가공, 조립, 제조, 조작, 혼합, 파기, 멸각 등으로 정의된다.

④ 제품조정 기능: 상품의 가치를 향상시키는 기능으로 개장, 샘플링, 품질조사 및 조정, 등급부여, 상품부착 및 표시, 점검, 보수 및 수선, 세정, 해체, 디자인, 포장 등의 기능이 포함된다.

⑤ 거래 기능: 상품의 수요자와 공급자를 연결시키는 기능으로 중계무역(재수출), 수출입, 판매

49　Yehuda Hayuth, *Intermodality: Concept and Practice*, Lloyd's of London Press Ltd., 1987, pp. 84~86(The Hinterland Concept)

50　Kidami Yhosiro 외, *港灣産業辭典*, 成山堂書店, 1993, pp. 456~457.

51　Port of Rotterdam.

52　항만법 제2조 제7항.

표 3-9 항만배후단지의 기능

구 분	기능유형	세부기능
기본 기능	물류 기능	• 하역, 장치, 야적, 보관, 환적, 저장, 분배, 분류, 혼재
	물류촉진 기능	• 물류업, 수·배송업, 주선업, 재고관리
	생산 기능	• 가공, 조립, 제조, 조작, 혼합, 파기, 멸각
	제품조정 기능	• 개장, 샘플링, 품질조사 및 조정, 등급부여, 상표부착 및 표시, 점검, 보수, 수선, 세정, 해체, 디자인, (재)포장
	비즈니스 기능	• 중계무역(재수출), 수출·입 무역, 판매(도소매 및 기타 거래), 경매, 주문처리 등 • 금융업, 보험업, 통관업, 세무업, 회계업, 중개업, 해운대리점업, 선박대여업 및 선박관리업 등
	거래촉진 기능	• 전시, 상담실, 거래결제 시스템
	정보전달 기능	• EDI 물류 및 상류 정보시스템, 다양한 IT 기술 및 관련 시스템, 정보자료센터
보조 기능	공공서비스 및 공공지원 기능	• 공공서비스: CIQ, 공동 관리운영건물, 회의실, 주차장 • 업무지원: 연구개발, 컨설팅, 보험, 법률, 금융서비스
	교류 기능	• 국제회의장, 국제컨벤션센터 등
	위락 기능	• 식당, 위락·오락·휴양시설, 공원·녹지 등
	교육, 훈련 기능	• 교육 및 훈련업, 연수원, 숙박시설 등

(도·소매 및 기타 거래), 경매, 주문처리 등으로 정의된다.

⑥ 거래촉진 기능: 거래 기능의 활성화를 위해 지원역할을 수행하는 것으로 박람회 또는 컨벤션, 견본전시, 거래상담 등의 기능이 포함된다.

⑦ 정보전달 기능: 위의 기능들을 신속하고 정확하게 수행할 수 있도록 지원하는 기능으로 다양한 IT 기술 및 관련 시스템 등으로 정의된다.

한편, 항만배후단지의 보조 기능은 항만배후단지의 기본 기능을 보조 또는 지원하는 기능으로 ① 업무지원 및 공공서비스 기능 ② 교류 기능 ③ 위락 기능 ④ 교육 및 훈련 기능 등으로 구분된다.

① 업무지원 및 공공서비스 기능: 항만 및 항만배후단지에서 발생되는 행정과 이와 관련된 업무를 지원하는 기능으로 CIQ, 관련시설(관리·운영 건물, 회의실, 주차장 등) 및 업무지원 서비스(연구개발, 컨설팅, 보험, 법률, 금융 등) 등의 기능이 포함된다.

② 교류 기능: 항만, 물류 및 관련 산업과 기업 및 관련 주체 간의 교류를 촉진하는 기능으로 국

제회의장, 국제컨벤션센터 및 관련 지원서비스 등이 포함된다.

③ 위락시설 및 교육·훈련 시설: 해양친수시설, 휴양시설 등의 위락시설, 그리고 교육 및 훈련을 위한 교육센터, 연수원 및 숙박시설 등이 포함된다.

3) 자유무역지역의 기능과 역할

(1) 자유무역지역의 개념

항만배후단지는 국제 경제 및 물류관리체계의 변화에 따라 글로벌 기업과 국제 물류기업의 비즈니스 활동무대로 활용되고 있다. 이는 항만과 항만배후단지가 글로벌 해상운송 네트워크 및 각 경제권의 소비지와 직접 연결되어 있어 글로벌 기업이 공급사슬 네트워크를 구축하는 데 가장 적합한 조건을 갖추고 있기 때문이다. 이에 따라 글로벌 기업들은 자사의 경영전략에 따라 각 경제권의 항만, 공항 등을 지역 물류거점으로 선정하고 경영자원을 집중하는 전략을 활용하고 있다.

이러한 현상은 투자 대상지로 선정된 항만을 보유하고 있는 국가에게 막대한 경제적 이익을 제공한다. 즉, 항만에게는 수출입 및 환적 물동량 증가, 물류 네트워크 확대 등의 효과가 나타나며 해당 국가에게는 외국인투자 유치를 통한 고용증가, 관련 산업 및 지역경제 활성화 등의 긍정적 효과를 제공한다. 이에 따라 주요 국가들은 자국의 항만, 항만배후단지에 글로벌 기업을 유치하기 위해 항만배후단지를 개발하는 한편, 법제도 및 관리·운영체계의 개선을 통해 자유롭고 편리한 경영환경을 제공하고 있다. 이러한 대표적인 정책이 자유무역지역(Free Trade Zone)[53] 제도이다.

자유무역지역은 현재 전 세계적으로 약 1,200개 지역에서 도입·운영되고 있다. 미국 자유무역지역법(Foreign Trade Zones Act[54·55])은 자유무역지역을 '항만, 공항 등의 국제물류 기능을 강화할 뿐만 아니라 관련 산업과의 연계성을 확대하여 지역경제를 활성화하기 위해 도입한 제도'로 '외국물품에 대한 관세가 내국으로 반입될 때까지 유보되는 제한된 구역'으로 정의하고 있다. 또한, 미국 관세법은 자유무역지역을 '관세영역 밖에 위치하는 지역으로 간소한 절차로 제조, 가공, 조립, 분배, 세정, 해체, 전시, 장치, 판매, 재포장, 파기, 수출 및 물품의 관세영역 반입이 가능한 지역'으로 정의하고 있다.

한편, 싱가포르는 자유무역지역을 '관세법의 적용을 받지 않는 지역으로 관세(Customs Duty) 및 부가가치세(GST: Goods and Service Tax)가 면제 또는 감면되는 지역'으로 정의[56]하고 있다. 우리나라는

---

53 자유무역지역은 각 국별로 국가별·지역별 특성 및 설치목적에 따라 Free Port, Free Zone, Free Port & Zone, Industrial Free Zone, International Zone, Trade Development Zone 등 다양한 명칭이 사용되고 있음. 현재 국제적으로 자유무역지역(Free Trade Zone) 또는 외국무역지역(Foreign Trade Zone)이라는 용어를 관련 유사지역을 대표하는 공통명칭으로 사용하고 있음.

54 19 U.S.C. 81a~81u.

55 미국의 자유무역지역은 주무법인 'Foreign Trade Zone Act of 1934'와 미국 관세법에 의해 규정되어 있으며 명칭은 Foreign Trade Zones임.

56 Maritime and Port Authority of Singapore.

표 3-10 자유무역지역 제도의 특징

주요 특성	주요 내용
설치지역	주로 항만, 공항 및 관련 배후단지
관세 및 통관	관세면제, 신고절차만으로 통관절차 생략
조세	부가가치세, 법인세, 소득세 등 관련 조세 감면
설치시설	하역시설, 저장시설, 운송시설, 가공·조립시설, 지원시설 등

주: 각 국 자유무역지역 관련법에 의거하여 재작성.

그림 3-19 자유무역지역의 개념도

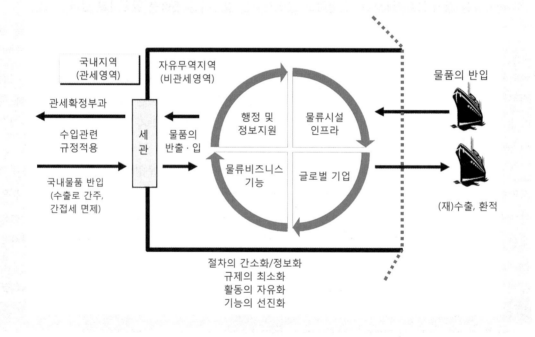

자유무역지역을 '관세법, 대외무역법 등 관계 법률에 대한 특례와 지원을 통하여 자유로운 제조·물류·유통 및 무역활동 등을 보장하기 위한 지역'으로 정의[57]하고 있다. 또한, 제도 도입의 목적을 자유로운 제조·물류·유통 및 무역활동 등을 보장하여 외국인투자의 유치, 무역의 진흥, 국제물류의 원활화 및 지역개발 등을 촉진하여 국민경제의 발전에 이바지하는 것으로 밝히고 있다.

---

57 자유무역지역의 지정 및 운영에 관한 법률(법률 제12301호) 제2조.

이를 종합하면, 자유무역지역은 항만과 항만배후단지 등 특정지역을 해당 국가 세관 관할권의 외곽지역으로 지정하여 자국 통관이 이루어지기 전까지 관세나 조세로부터 자유로운 물류 및 비즈니스 활동이 이루어질 수 있도록 허용한 특수한 지역으로 정의[58]된다.

(2) 자유무역지역의 종류

자유무역지역은 도입국의 사회·경제적 여건과 제도 도입의 목적에 따라 그 기능과 역할에 차이가 있다. 즉, 자유무역제도는 그 도입목적이 항만, 공항 및 배후단지의 활성화를 위해 기능의 고도화 및 법제도의 개선을 통해 글로벌 기업이 자유로운 경영활동을 수행할 수 있는 환경을 제공하는 것이나, 국가마다 그 도입목적에 따라 일부 기능을 제한하거나 또는 일부 기능을 확대·개편하기도 한다.

중국의 자유무역지역과 보세구는 물류기능은 물론 제조, 가공, 조립 등 다양한 생산 및 제조 기능과 금융, 투자 등 다양한 비즈니스 기능을 허용하고 있다. 그러나 싱가포르의 자유무역지역은 생산, 제조 및 물품의 성질을 변화시키는 가공·조립은 허용되지 않는다. 또한, 미국의 자유무역지역은 항만, 공항 및 연계 배후단지를 중심으로 하는 일반목적지역(General Purpose Zone)과 배후지역의 산업단지를 중심으로 하는 배후산업지역(Sub Zone)으로 구분하고 상호 연계하여 운영하고 있다. 이 중 일반목적지역에서는 물류기능을 특화하고 배후산업지역에는 생산, 제조, 가공·조립 등의 기능들을 허용함으로써 물류와 산업기능의 연계·발전을 촉진하고 있다.

표 3-11 미국 자유무역지역의 구성

구 분	일반목적지역(General Purpose Zone)	배후산업지역(Sub Zones)
정의	항만, 공항지역에 위치한 지역으로 수출입 및 관련 활동을 수행	GPZ과 연계·운영되는 지역으로 제조, 가공, 조립 활동을 수행
위치	항만, 공항지역의 10km 이내에 위치	GPZ과 30km 이내 위치
관리권자	Port Authority	Port Authority
입주자	선사, 터미널 운영사 등 물류기업	각종 제조, 가공, 조립업체

일반적으로 자유무역지역은 도입 목적과 기능에 따라 물류중심형 자유무역지역, 산업중심형 자유무역지역 그리고 물류와 산업기능 모두를 포괄하는 복합형 자유무역지역으로 구분할 수 있다. 물류중심형 자유무역지역은 항만, 공항 및 배후단지의 물류 및 비즈니스 기능을 강화하기 위해 도입된 것이며 이를 운영하는 국가는 싱가포르, 독일, 말레이시아, 대만 등이다.

---

[58] An area that is considered outside the customs jurisdiction of a country where cargo can be placed in a duty and tax free environment until ready to enter the country: Jean *et al.*, *The Geography of Transport System*, New York: Routledge, 2013.

산업중심형 자유무역지역은 글로벌 기업의 생산기지를 유치하여 자국 경제의 성장을 촉진하기 위한 지역으로 주로 멕시코, 브라질 등 주로 남미지역의 개발도상국들이 운영하고 있다. 한편, 복합형 자유무역지역은 항만, 공항 및 배후단지를 중심으로 물류 및 비즈니스 기능에 집중하고 배후권역의 산업단지를 중심으로 생산, 제조기능을 연계하여 복합적인 물류·제조 거점으로 운영하는 지역이다. 복합 자유무역지역을 운영하는 국가는 중국, 미국, 아랍에미리트(UAE) 등이 있다.

표 3-12 자유무역지역의 구분

구 분	도입 목적	해당국
물류중심형 FTZ	항만, 배후단지의 물류기능 강화	싱가포르, 말레이시아 등
산업중심형 FTZ	제조업체 유치를 통한 산업육성	멕시코, 브라질 등
복합형 FTZ	물류 및 제조 기능 활성화	미국, 중국, 아랍에미리트 등

(3) 우리나라의 자유무역지역 제도

우리나라는 자유무역지역, 경제자유구역, 외국인투자지역, 국제자유도시 등 다양한 종류의 자유무역지역을 운영하고 있다. 각 자유무역지역은 지정 목적은 유사하나 법적 근거와 지정 및 운영권자 등 운영체계는 조금씩 차이가 있으며 항만, 물류 등과 직접적인 관계를 가지고 있는 지역은 자유무역지역과 경제자유구역이다.

가) 자유무역지역

자유무역지역은 '자유무역지역의 지정 및 운영에 관한 법률'에 의거 지정, 운영되는 지역으로 '관세법, 대외무역법 등 관계 법률에 대한 특례와 지원을 통하여 자유로운 제조·물류·유통 및 무역 활동 등을 보장하기 위한 지역'으로 정의[59]된다. 자유무역지역은 산업단지형 자유무역지역과 공항·항만·물류형 자유무역지역으로 분리·운영되고 있다.

산업단지형 자유무역지역은 외국인투자 유치, 무역진흥 및 지역균형발전을 목표로 설립, 운영되는 지역이며 관리권자는 산업통상자원부장관이다. 산업단지형 자유무역지역은 현재 마산, 익산, 군산 등 8개 지역에서 운영되고 있다. 한편, 공항·항만·물류형 자유무역지역은 공항, 항만, 유통단지 등 물류시설을 중심으로 지정, 운영되며 관리권자는 항만형 자유무역지역은 해양수산부장관, 공항형 자유무역지역은 국토교통부장관이다. 공항·항만·물류형 자유무역지역은 부산항, 인천국제공항 등 6개 지역이 지정, 운영되고 있다.

자유무역지역은 조세감면, 관세부과 유보 및 임대료 감면 등 다양한 혜택을 부여함으로써 글로

---

59 자유무역지역의 지정 및 운영에 관한 법률(법률 제12301호) 제2조.

표 3-13   산업단지형 자유무역지역 현황

구분	마산	익산	군산	대불	동해	율촌	울산	김제
소재지	경남 마산시	전북 익산시	전북 군산시	전남 영암군	강원 동해시	전남 순천시	울산 울주군	전북 김제시
지정일	70. 1. 1	73. 10. 8	00. 10. 6	02. 11. 21	05. 12. 12	05. 12. 12	08. 12. 8	09. 1. 6
총면적 (천m²)	953	309	1,256	1,157	248	343	1,297	991
관리기관	마산 관리원	군산 관리원	군산 관리원	대불 관리원	조성 중	조성 중	조성 중	조성 중
관리권자	산업통상 자원부장관							

출처: 산업통상자원부.

표 3-14   공항 · 항만 · 물류형 자유무역지역 현황

구분	부산항	광양항	인천항	포항항	평택당진항	인천국제공항
지정일	02. 1. 1	02. 1. 1	03. 1. 1	08. 12. 8	09. 3. 30	05. 4. 6
면적(천m²)	9,452	8,879	2,405	709	1,429	3,014
관리기관	지방해양 수산청	지방해양 수산청	지방해양 수산청	지방해양 수산청	지방해양 수산청	서울지방 항공청
	부산항만공사	여수광양항만 공사	인천항만공사			인천국제공항 공사
관리권자	해양수산부장관					국토교통부 장관

출처: 해양수산부 및 국토교통부.

벌 기업의 투자를 유치하고 글로벌 공급사슬 네트워크를 지원하는 한편, 항만과 공항의 물동량 증가를 주도하는 등 다양한 경제적 효과를 창출하고 있다. 부산 신항 자유무역지역(북측)의 경우, 현재 30개의 물류기업과 2개의 지원업체(컨테이너데포, 화 휴게소)가 운영되고 있으며 향후, 신항 남측과 웅동지역에 개발되고 있는 항만배후단지(388만m²)를 자유무역지역으로 추가 지정하여 운영할 계획이다.

표 3-15   우리나라의 자유무역지역 제도 현황 1

구분	자유무역지역		경제자유구역
	산업단지형	공항, 항만, 물류형	
법적근거	자유무역지역의 지정 및 운영에 관한 법률		경제자유구역의 지정 및 운영에 관한 법률
지정목적	외국인투자유치, 무역진흥, 지역균형발전	외국인투자유치, 국제물류기지 육성	외국인투자유치, 국가경쟁력 강화, 지역균형발전
지정위치	항만, 공항의 주변 지역, 산업단지	항만, 공항, 유통단지, 화물터미널 등	국제공항·항만 주변지역
지역특성	비관세지역		특별행정구역수준(자치단체조합)
사업주체	중앙정부		중앙정부
관리권자	산업통상자원부장관 (산단형)	해양수산부장관(항만형) 국토교통부장관(공항형)	경제자유구역청
지정지역	마산, 익산, 군산, 대불, 동해, 율촌, 울산, 김제(8개)	항만형: 부산, 광양, 인천, 평택당진, 포항항(5개)	인천, 부산·진해, 광양만권, 황해, 군산·새만금, 대구·경북(6개)
		공항형: 인천공항(1개)	
입주자격	외투기업·내국기업	외투기업	외투기업
	제조업 수출주목적 내국기업	물류업, 무역업 등	제조업, 물류업, 의료기관, 교육기관, 외국방송, 금융 기관 등
조세감면 요건	제조업: 1천만$ 이상 물류업: 5백만$ 이상		제조업: 1천만$ 이상 관광업: 1천만$ 이상 물류업: 5백만$ 이상
조세감면	법인세, 소득세: 5년 (3년 100%, 2년 50%) 지방세: 8~15년	최고 15년 100%	법인세, 소득세: 5년 (3년 100%, 2년 50%) 지방세: 8~15년
관세부과	관세유보(수입물품, 자본재)		자본재 3년간 면제
임대료	부지가액 10/1,000수준 1. 부산 감천부지: 연간 약 5,950원/평당 2. 부산신항 배후부지: 연간 약 1,586원/평당 3. 광양항 배후부지: 연간 약 1,190원/평당		분양(부지가액 10/1,000수준)
임대료 감면	고도기술: 100%(1백만$ 이상) 일반제조: 100%(1천만$ 이상)		감면율 미결정 (관리청이 결정)

출처: 해운항만물류정보센터(SPIDC).

표 3-16 │ 우리나라의 자유무역지역 제도 현황 2

구분	외국인투자지역		국제자유도시
	단지형	개별형	
법적근거	외국인투자촉진법		제주특별자치도설치 및 국제자유도시 조성을 위한 특별법
지정목적	외국인투자유치		특별자치도설치 및 국제자유도시 조성 및 발전
지정위치	산업단지內	제한없음	제주특별자치도
지역특성	임대단지운영 원칙	개별사업장 단위 지정	
사업주체	시도지사		제주특별자치도와 제주국제자유도시 개발센터
지정권자	시·도지사 (외국인투자위원회 심의)		
관리권자	시·도지사		
지정지역	천안, 오창, 인주, 구미, 평동, 대불, 진사, 금의, 당동, 지사 (12개)	개별 사업장(29개)	제주도
입주자격	외투기업 제조업, 물류업 등 (외투지분 30% 이상)	외투기업 제조업: 3천만$ 이상 관광업: 2천만$ 이상 물류업: 1천만$ 이상 연구개발: 2백만$ 이상	외투기업·내국기업 관광업, 문화산업, 교육, 의료, 첨단기술산업
조세감면 요건	제조업: 1천만$ 이상, 물류업: 5백만$ 이상		
조세감면	법인세, 소득세: 5년 (3년 100%, 2년 50%) * 법인세율: 1억 이하 13%, 1억 초과 25% 지방세: 8~15년	법인세, 소득세: 7년 (5년 100%, 2년 50%) * 법인세율: 1억 이하 13%, 1억 초과 25% 지방세: 8~15년	법인세, 소득세: 5년 (3년 100%, 2년 50%) 취득세, 등록세: 면제 재산세: 10년간 100% 면제
관세부과	자본재 3년간 면제		자본재 3년간 면제
임대료	부지가액 10/1,000수준	부지가액 10/1,000 이상	
임대료 감면	고도기술: 100% (1백만$ 이상) 일반제조: 75% (5백만$ 이상)	100% 감면	50년 이내 임대료 75% 범위 내 감면

출처: 해운항만물류정보센터(SPIDC).

나) 경제자유구역

경제자유구역(Free Economic Zone)은 외국인 투자기업의 경영환경과 외국인의 생활여건을 개선하기 위하여 조성된 지역으로 정의[60]된다. 세부적으로 경제자유구역은 세제지원, 자유로운 경제활동, 질 높은 행정서비스, 편리한 생활환경 등을 보장하여 지정지역을 국제기업도시로 성장시키기 위한 제도이다. 경제자유구역은 시·도지사의 요청에 의해 산업통상자원부장관이 지정하며 각 지역의 경제자유구역청이 관리하고 있다.

경제자유구역의 입주 대상은 제조업, 물류업, 의료기관, 교육기관, 외국방송, 금융기관 등으로 자유무역지역보다 그 범위가 넓다. 또한, 조세 및 임대료 감면, 자본재에 대한 관세면제(3년) 등의 혜택을 부여하고 있다. 현재 경제자유구역은 인천, 부산·진해, 광양만권, 황해, 군산·새만금, 대구·경북 등 6개 지역에서 운영되고 있으며 항만과 공항 및 자유무역지역 등과 연계하여 운영되고 있다.

인천경제자유구역의 경우, 인천광역시 연수구(송도지구), 중구(영종지구), 서구(청라국제도시)를 포괄하여 약 133㎢ 규모로 지정·운영되고 있으며 송도지구는 비즈니스 IT, BT 중심, 영종지구는 인천국

그림 3-20 인천경제자유구역 현황

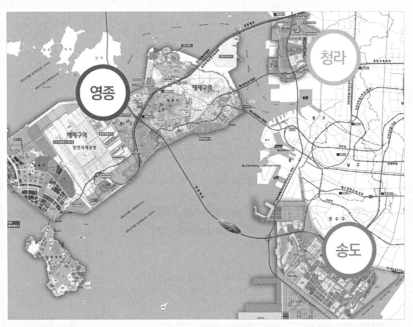

출처: 인천경제자유구역청.

---

60 경제자유구역의 지정 및 운영에 관한 특별법(법률 제13837호).

제공항을 중심으로 하는 물류 및 관광 중심 그리고 청라지구는 비즈니스, 금융 및 첨단산업 중심으로 운영되고 있다. 인천경제자유구역은 60여 개의 외국인투자 협약체결을 통해 약 51억 달러 규모의 외자를 유치했으며 29개의 외국인투자기업이 입주하고 있다.

3 항만은 누가 이용하고 누가 운영할까?

3.1 항만의 주체

항만은 해상교통과 육상교통의 접속점인 동시에 수출입 화물과 여객을 해당 국가 또는 경제권의 배후지역으로 연계(운송, 보관, 유통 등)하기 위한 운송터미널(Transport Terminal)이며 기업의 글로벌 공급사슬을 대상으로 다양한 공공 및 부가가치 물류서비스를 제공하는 물류 및 비즈니스 센터(Logistics & Business Center)의 역할을 담당하고 있다. 따라서 항만은 다양한 비즈니스 관계를 가지고 있는 많은 주체가 참여하고 이용하는 복합적인 공간이다. 항만을 이용하고 운영하는 주체는 일반적으로 항만공사(Port Authority), 항만이용자(Port Users), 항만시설운영자(Port Settlers) 그리고 화주(Shippers) 등으로 구분할 수 있다.

3.2 항만 주체의 역할

1) 항만이용자

(1) 항만이용자의 역할

항만이용자는 항만의 시설과 서비스를 이용하는 주체로 주로 해상운송과 내륙운송을 위한 운송인과 선박을 이용하여 항만에서 입·출항하는 승객 등을 의미한다. 그러나 일반적으로 항만이용자는 가장 높은 비중을 차지하고 있으며 중요한 역할을 담당하는 해운선사를 의미한다. 해운선사는 각 항만의 시설과 서비스를 활용하여 자사의 해상운송 네트워크를 통해 각 항만의 화물을 운송하는 역할을 담당하는데 이에 따라 항만의 관점에서 해운선사는 수요자인 동시에 공급자로서의 역할을 담당한다.

항만이용자인 해운선사는 항만의 시설과 서비스를 이용하는 수요자로서 항만시설과 관련 서비스를 제공받으며 그 대가로 항만관리주체인 항만공사(Port Authority)에게 항만시설 사용료를 그리고 항만시설운영자인 터미널 운영회사(Terminal Operators)에게 터미널 이용료를 각각 지불한다. 또한, 해운선사는 해상운송서비스를 제공하는 서비스 공급자로서 각 항만의 화주와 계약 또는 비즈니스 관계를 형성하는 한편, 화주에게 화물운송서비스를 제공하고 해상운송 운임을 지급받는다.

따라서 항만이용자인 해운선사는 항만의 시설과 서비스를 이용하여 해상운송서비스를 제공하는

그림 3-21   항만의 이용 및 운영 주체

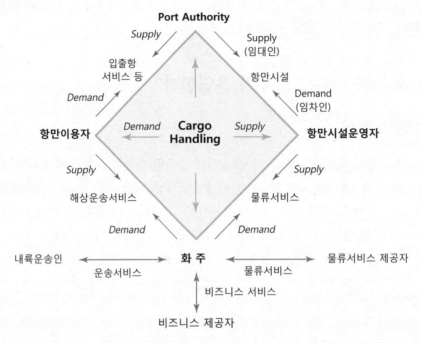

출처: Jong-Kyun, Woo, The impacts of changes of competitive structure in port industry, 2009 *Erasmus Shipping and Port Conference, Rotterdam, The Netherlands*, 2009. 9.

수요자와 공급자의 역할을 모두 담당하면서 항만이 그 기능과 역할(터미널 기능, 경제적 기능 및 사회적 기능)을 수행할 수 있도록 지원하는 항만의 필수적인 주체 중 하나이다.

(2) 항만이용자와 항만의 경쟁력

항만이용자인 해운선사는 항만의 기능과 역할을 수행하고 유지·강화하기 위한 필수적인 주체인 동시에 항만의 경쟁력을 결정하는 중요한 요인 중 하나이다. 특히, 글로벌 컨테이너 해상운송 네트워크의 관점에서 항만에 기항하는 정기선사 및 해상운송 서비스의 수와 다양성은 항만의 경쟁력을 결정하는 중요한 요인이다. 이는 정기선사들이 허브엔스포크(Hub & Spoke) 네트워크 개념을 바탕으로 각 경제권에서 자사의 경영전략에 부합하는 허브항만을 선정하고 이들 허브항만을 중심으로 글로벌 해상운송 네트워크를 운영하고 있기 때문이다.

이에 따라 허브항으로 선정된 항만은 글로벌 해상운송화물과 해상운송 네트워크가 집중되어 지역 거점항만으로 성장할 수 있는 경쟁력을 갖출 수 있는 여건을 확보하게 된다. 뿐만 아니라, 글로벌 기업들은 각 지역의 허브항만을 중심으로 글로벌 공급사슬 네트워크를 구축하기 때문에 이러한 네트워크를 중심으로 다양한 물류 및 비즈니스 기능이 발전하게 된다. 이에 대응하여 각 항만들은 정기선사의 유치를 통해 허브항만으로 성장하고 항만의 경쟁력을 강화하기 위해 항만의 시설을 개발·확충하고 입·출항 제도 및 물류체계 개선, 인센티브 제공 등 다양한 정책과 전략을 적극적으로 추진하고 있다.

그렇다면 정기선사는 어떤 기준으로 허브항을 선정할까? 또한, 어떤 항만이 허브항으로 선정될 수 있는 높은 경쟁력을 보유하고 있을까? 이에 대해 UNCTAD[61]는 항만의 서비스 수준, 운송시간, 장비의 가용성, 항만 및 내륙운송비용 등이 항만선택의 주요 요인이라고 정의하였다. 또한, Willingale[62]은 정기선사의 항만선택 요인을 항해거리, 지역 내 시장규모, 배후지 근접성, 항만접근성, 항만시설, 항만요율 등이라고 정의하였다. 즉, 이들 연구는 항만의 지리적 위치(접근성), 항만의 시설 및 비용 등이 정기선사가 항만을 선택하는 중요한 요인인 것으로 평가한 것이다.

그러나 최근에는 항만의 기능 및 역할이 확대됨에 따라 보다 다양한 관점에서 정기선사의 항만선택 요인이 고려되고 있다. 여기태[63]는 정기선사의 항만선택 요인을 서비스 여건, 배후지 여건, 가용성 정도, 편의성 정도, 물류관련 비용, 지역적 중심성, 지역적 연계성 등으로 구분하였다. 또한, 문성

표 3-17 정기선사의 항만선택 요인

구 분	주요 평가 요인
서비스 여건	이용자의 요구에 대한 즉각적인 서비스 24시간 서비스, 즉시 접안/하역 서비스
배후지 여건	항만운영인력의 전문성과 숙련도, 총 컨테이너물동량 교역규모 항만배후지역의 자유무역지대의 규모 및 활용수준
가용성 정도	선석가용성, 항만체선
편의성 정도	수심, 항만정보시스템의 수준 및 활용도, 항만노동의 안정성
물류 관련비용	내륙수송운임, 선박/화물 입출항관련 비용, 무료장치기간
지역적 중심성	항만접근성, 기간항로상의 위치 여부
지역적 연계성	주요화물 발생지까지의 거리 및 접근성, 효율적인 배후연계수송 네트워크

출처: Yeo, G-T. et al., 2012, Modelling port choice in an uncertain environment, *Paper presented at International Association of Maritime Economists(IAME) Conference,* Taipei, Taiwan, 5-8 September 2012.

---

61 UNCTAD, 1992, *Port Marketing and The Challenge of the Third Generation Port,* United Nations Conference on Trade and Development, 1992.
62 Willingale M., 1981, The port routing behaviour of short sea ship operator: Theory and practices, *Maritime Policy and Management,* Vol. 8, Issue 2, pp. 109-120.
63 Yeo, G-T. *et al.,* 2012, Modelling port choice in an uncertain environment, *Paper presented at International Association of Maritime Economists(IAME) Conference,* Taipei, Taiwan, 5-8 September 2012.

그림 3-22   정기선사의 항만선택 목적 및 요인

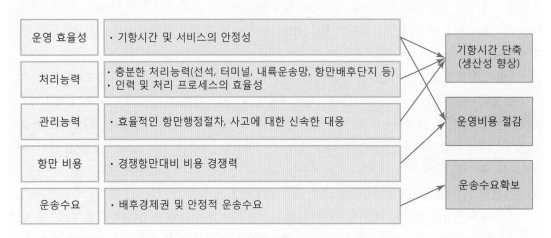

출처: D.S.H. Moon, & J.K. Woo, 2014, The impact of port operations on efficient ship operation from both economic and environmental perspectives. *Maritime Policy & Management, 41(5)*, pp. 444-461.

혁, 우종균은 정기선사의 관점에서 항만선택의 원인을 기항시간 단축, 운영비용 절감 및 운송수요 확보 등으로 정의하고 그 세부 요인으로 운영효율성, 처리능력, 관리능력, 항만비용 및 운송수요 등을 제시[64]하였다.

2) 항만시설운영자

(1) 항만시설 운영자의 역할

항만시설운영자는 항만의 시설을 운영하면서 선박, 사람(승객)과 화물에 대한 선적·하역 서비스와 관련 물류 및 행정 서비스를 제공하는 주체이다. 항만시설운영자는 항만이용자와 화주가 요구하는 시설과 서비스를 직접 제공하기 때문에 항만의 경쟁력을 결정하는 가장 중요한 항만의 주체 중 하나이다. 항만시설운영자는 터미널 운영회사(Terminal Operators)와 보관창고, 집배송장, 복합화물터미널, 정비고 등 배후유통시설과 화물의 조립·가공·포장·제조 등을 위한 물류시설 등 항만과 항만배후단지의 각종 시설을 운영하는 운영자 등으로 구분할 수 있다.

항만시설운영자는 항만관리주체인 항만공사(Port Authority)로부터 토지 또는 시설을 임대받아 항만 시설을 운영하며 이에 대한 대가(임대료 등)를 항만공사에게 지불한다. 또한, 항만시설운영자는 선사, 화주(또는 화주를 대리하는 물류서비스 제공자: 포워더, 수출입 중개인 등) 등 항만이용자와 계약관계를 체결

---

64   D.S.H. Moon, & J.K. Woo, 2014, The impact of port operations on efficient ship operation from both economic and environmental perspectives, *Maritime Policy & Management, 41(5)*, pp. 444-461.

하고 화물을 선적·하역하거나 관련 물류 및 행정 서비스를 제공한다. 따라서 항만시설운영자는 항만관리주체인 항만공사의 관점에서 항만시설의 수요자(임차인)인 동시에 항만이용자의 관점에서는 시설과 서비스를 제공하는 공급자이다.

(2) 항만시설운영자와 항만의 경쟁력

항만시설운영자는 항만이용자에게 시설 및 관련 물류 및 행정 서비스를 제공하는 주체이다. 따라서 항만시설운영자는 항만의 경쟁력을 결정하는 중요한 요인이다. 특히, 터미널 운영회사(Terminal Operators)의 경우, 선박의 접·이안, 화물의 선적·하역, 화물의 보관 및 유통 그리고 내륙운송과의 연계 등 항만 물류프로세스의 가장 중요한 분야를 담당하는 주체로 해당 항만의 능력과 경쟁력을 결정하는 가장 중요한 요인이다.

컨테이너 터미널의 경우, 선박의 대형화, 선사의 기항시간 단축 요구 등에 따라 터미널의 시설능력과 생산성 및 효율성이 매우 중요하다. 선박의 대형화는 터미널의 시설(안벽수심, 크레인의 크기 및 야드의 면적 및 장비 등)의 대형화와 보다 높은 생산성과 효율성을 요구한다. 예를 들어, 터미널의 안벽수심의 경우, 5,000-9,000 TEU급 컨테이너 선박은 접안을 위해 39-43m 수준의 안벽수심이 요구되었으나 15,000 TEU급 이상의 대형 선박은 16.5m 수준의 안벽수심을 요구한다. 최근, 주요 대형 정기선사들이 주요 글로벌 해상운송 네트워크에 15,000 TEU 이상의 대형선박을 주로 투입하고 있는 점을 고려할 때, 이에 적합한 안벽수심을 갖추지 못한 항만은 허브항만에서 제외될 수밖에 없다.

또한, 정기선사의 관점에서 컨테이너 터미널의 생산성과 효율성은 당해 항만의 경쟁력을 판단하는 중요한 기준일 뿐만 아니라 기항 항만을 선택하는 중요한 요인이다. 컨테이너 선박의 대형화에

그림 3-23 컨테이너 선박의 크기와 안벽수심과의 관계

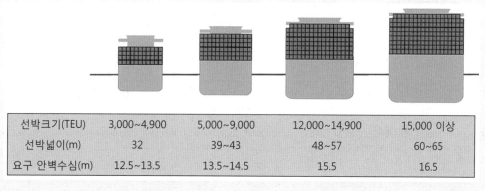

선박크기(TEU)	3,000~4,900	5,000~9,000	12,000~14,900	15,000 이상
선박넓이(m)	32	39~43	48~57	60~65
요구 안벽수심(m)	12.5~13.5	13.5~14.5	15.5	16.5

출처: J.K. Woo, The impacts of changes of competitive structure in port industry, *2009 Erasmus Shipping and Port Conference, Rotterdam, The Netherlands*, 2009. 9.

따라 선박의 길이와 넓이가 증가하고 각 항만에서 하역되는 화물의 규모(call size in ports)가 크게 증가함에 따라 정기선사들은 보다 크고 시간당 선적·하역 컨테이너의 개수를 증가시킬 수 있는 고성능의 컨테이너 크레인을 요구하고 있다. 이는 정기선사들이 생산성과 효율성이 높은 항만을 선택하여 기항시간을 단축시킴으로써 자사 서비스의 효율성을 향상시키고 선박 운영비용을 절감하는 경영전략을 추진하고 있기 때문이다.

최근 연구에 의하면 선박의 기항시간과 선사의 연간 선박운영비용은 뚜렷한 양의 상관관계를 가지고 있다. 따라서 정기선사는 생산성과 효율성이 높은 항만을 선택하여 선박의 기항시간을 단축시킬수록 운영비용을 절감시킬 수 있다.[65] 이에 따라 정기선사들은 컨테이너 터미널 운영회사에게 투자확대를 통한 생산성과 효율성의 향상을 지속적으로 요구하고 있으며 자사가 요구하는 수준을 갖춘 컨테이너 터미널을 중심으로 글로벌 해상운송 네트워크를 지속적으로 개편하고 있다.

이러한 추세에 대응하여 각 항만과 컨테이너 터미널 운영업체는 터미널의 생산성과 효율성을 향상시키고 선박의 기항시간을 단축하기 위해 다양한 전략을 추진하고 있다. 하드웨어 측면에서는 지속적인 투자를 통해 항만시설과 장비를 확충하고 내륙운송체계를 개선하고 있다. 또한, 소프트웨어 측면에서는 항만인력에 대한 지속적인 교육과 훈련을 통해 전문성을 향상시키는 한편, 항만의 입

그림 3-24 컨테이너 선박의 기항시간과 연간 운송비용과의 관계

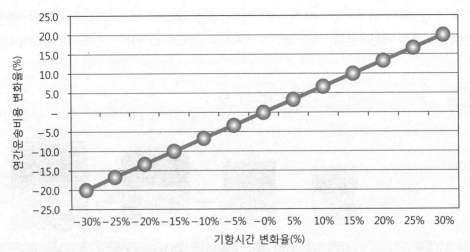

출처: D.S.H. Moon, & J.K. Woo, 2014, The impact of port operations on efficient ship operation from both economic and environmental perspectives. *Maritime Policy & Management, 41(5),* pp. 444-461.

---

65 D.S.H. Moon, & J.K. Woo, 2014, The impact of port operations on efficient ship operation from both economic and environmental perspectives. *Maritime Policy & Management, 41(5),* pp. 444-461.

| 그림 3-25 | 항만의 선박 기항시간 단축 요인과 증가 요인 |

출항, 물류 및 통관 관련 행정시스템의 개선을 통해 보다 신속하고 편리한 비즈니스 환경을 제공하고 있다. 뿐만 아니라 각종 사고, 자연재해, 파업 등에 따른 항만의 기능저하 또는 기능의 마비 등을 방지하기 위해 항만의 안전, 보안 및 관련 제도를 개선하고 있다.

(3) 글로벌 터미널 운영업체

항만시설운영자인 터미널 운영회사는 항만의 민영화, 항만의 성장, 항만 기능과 역할의 확대 등에 따라 다양한 형태로 발전해왔다. 특히 주목할 것은 글로벌 터미널 운영업체의 등장과 급속한 성장이다. 글로벌 터미널 운영업체(GTO: Global Terminal Operator)는 2개 지역 이상에서 터미널 운영에 참여하고 있는 터미널 운영회사로 정의[66]된다. 글로벌 터미널 운영업체는 운영주체의 특성에 따라 글로벌 터미널 전문 운영업체(GSTO)와 해운선사 기반의 터미널 운영업체인 글로벌 선사 운영업체(GCTO), 혼합형 터미널 운영업체(GHTO)로 구분할 수 있다.

전문 터미널 운영업체(GSTO)는 해상운송과 터미널운영을 함께 수행하는 글로벌 선사 운영업체(GCTO)나 혼합형 터미널 운영업체(GHTO)와 달리 터미널 운영사업에 특화 및 전문화되어 있는 업체이다. 전문 터미널 운영업체(GSTO)는 터미널 운영에 대한 전문적인 노하우를 바탕으로 정기선사들이 요구하는 높은 수준의 생산성과 효율성을 제공하고 있으며 막대한 자본을 배경으로 세계 주요 허브항만은 물론, 남미, 아프리카 등 향후 성장가능성이 높은 항만에 투자하고 터미널을 운영함으로써 정기선사에 대한 막강한 교섭력(Bargaining power)을 가지고 있다. 이러한 업체로는 싱가포르 항만공사(PSA), 허치슨 포트 홀딩스(HPH), 두바이 포트 월드(DP WORLD) 등이 있다.

한편, 해운선사 기반 터미널 운영업체는 터미널 운영과 물류서비스 제공을 위한 별도의 기업설

그림 3-26 글로벌 터미널 운영회사(GTO)의 종류

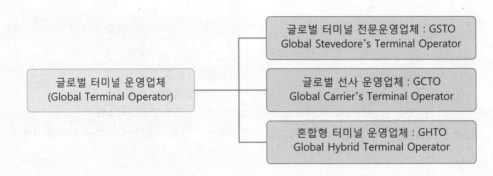

출처: Drewry, Global Container Terminal Operators, Annual Report 2014, *Drewry Maritime Research, London EC2A ABS*, 2014.

립 여부에 따라 글로벌 선사 운영업체(GCTO)와 혼합형 터미널 운영업체(GHTO)로 구분될 수 있다. 글로벌 선사 운영업체(GCTO)는 각 경제권의 터미널을 안정적으로 확보함으로써 자사 글로벌 해상운송 네트워크의 경쟁력을 강화하고 통합 운영비용을 절감하기 위한 목적으로 운영된다. 주요 글로벌 선사 운영업체(GCTO)로는 한진해운, Evergreen, K Line, OOCL, MOL, Yang Ming 등이 있다.

혼합형 터미널 운영업체(GHTO)는 해운선사가 별도의 기업으로 설립·운영하는 터미널 운영업체로 터미널 기능을 포함한 복합적인 물류 비즈니스 서비스를 제공하기 위해 운영된다. 이러한 터미널 운영업체로는 COSCO, NYK Line, APM Terminals, CMA CGM, China Shipping Terminal Development 등이 있다. 최근에는 주요 정기선사들이 기업의 글로벌 공급사슬 네트워크를 지원하기 위해 터미널을 포함한 물류분야에 대한 투자를 증가시키면서 많은 글로벌 선사 운영업체(GCTO)가 혼합형 터미널 운영업체(GHTO)로 전환되고 있다.

글로벌 터미널 운영업체는 전 세계 항만에서 처리되는 컨테이너 화물의 약 50%를 처리하고 있으며 그 비중은 점차 증가할 것으로 예상된다. 2014년을 기준으로 세계 최대의 글로벌 터미널 운영업체는 싱가포르 항만공사(PSA)로 전 세계적으로 약 5,300만 TEU의 컨테이너 화물을 처리하였다. 또한, 허치슨 포트 홀딩스(HPH), APM 터미널, 두바이 포트월드(DP World), 차이나 머천트 홀딩스 인터내셔널(CMHI) 등이 상위를 차지하고 있다. 이들 상위 5개 글로벌 터미널 운영업체의 컨테이너 화물 처리량은 10대 글로벌 터미널 운영업체의 컨테이너 처리량 대비 약 77%이며 전 세계 컨테이너 처리량의 약 37%에 해당된다.

| 표 3-18 | 세계 10대 글로벌 터미널 운영업체 현황 |

순위	터미널 운영사	물동량 (만TEU)	시장 점유율(%)	지역별 물동량 처리 비중(%)				
				북미	유럽	동북아	동남아	기타
1	싱가포르항만공사 (PSA)	5,290	21.5	–	20.2	12	64.2	3.6
2	허치슨 포트홀딩스 (HPH)	4,500	18.3	–	23.3	47	10.7	19.0
3	APM 터미널	3,500	14.2	12.8	28.9	18.1	8.6	31.6
4	두바이포트월드 (DP월드)	3,280	13.3	1.7	7	14.2	6.2	70.9
5	차이나머천트홀딩스 인터내셔널(CMHI)	2,310	9.4	–	–	97.6		2.4
6	코스코(COSCO)	1,860	7.5	4.4	18	71.5	2.8	3.3
7	터미널 인베스트먼트 리미티드(TIL)	1,540	6.3	16.7	48.9	7.5	16.3	10.6
8	차이나쉬핑 터미널 개발(CSTD)	850	3.4	7.4		92.6	–	–
9	한진해운(Han Jin)	770	3.1	10.6	20.8	66.8	1.8	–
10	에버그린(Evergreen)	740	3.0	19.5	0.8	61.7	3.8	14.2

출처: Drewry, Global Container Terminal Operators, Annual Report 2014, *Drewry Maritime Research, London EC2A ABS*, 2014.

3) 항만관리자

항만은 각 국가별로 다양한 주체에 의해 관리된다. 항만의 관리체계는 관리주체에 따라 국가가 운영하는 국유제, 지방자치단체가 운영하는 지방자치제, 공영 자치기관이 운영하는 공영자치제 그리고 민간이 운영하는 사유제 등으로 구분할 수 있다. 그러나 오늘날 주요 국가의 대형 항만들은 공영 자치기관 또는 민간에 의해 관리·운영되고 있는데 이러한 항만관리·운영자를 항만관리자(PA: Port Authority)라고 한다.

항만관리자는 국가(중앙정부)로부터 특별법 또는 계약에 의해 항만관리에 관한 업무를 위임받아 항만을 관리·운영하는데 이는 전문성 확보를 통해 항만을 보다 효율적으로 운영하여 항만의 경쟁력

그림 3-27 두바이 포트월드(DP World)의 글로벌 터미널 운영현황

출처: Drewry, Global Container Terminal Operators, Annual Report 2014, *Drewry Maritime Research, London EC2A ABS*, 2014.

을 향상시키기 위함이다. 우리나라 항만공사법[67]은 항만관리자인 항만공사의 설립 목적을 항만시설의 개발 및 관리·운영에 관한 업무의 전문성과 효율성을 향상시킴으로써 항만을 경쟁력 있는 해운물류의 중심기지로 육성하여 국민경제의 발전에 이바지하는 것이라 정의[68]하고 있다.

항만관리자(PA)의 역할은 각 국가와 항만마다 상이하다. 그러나 일반적으로 항만관리자의 역할은 크게 항만시설관리, 항만운영관리, 행정관리 및 물류·비즈니스 관리 등으로 구분할 수 있다. 항만시설관리는 항만시설의 개발, 개축, 유지·보수 및 준설 등에 관한 공사의 시행과 항만의 경비, 보안, 화물관리, 여객터미널 등 항만의 관리·운영에 관한 사업 등으로 구분[69]된다. 항만운영관리는 항만시설운영자에게 항만시설을 임대·관리하는 것으로 해당 항만시설에 대한 투자, 운영체계 개선 등을 촉진하여 항만의 경쟁력을 강화할 수 있도록 유도하는 것을 포함한다. 또한, 항만관리자는 보다 경쟁력 있는 항만시설운영자(글로벌 터미널 운영업체, 글로벌 물류업체, 글로벌 기업(항만배후단지) 등)를 유치하여 항만의 생산성과 효율성을 개선하고 기능과 역할을 확대하는 역할을 담당한다.

67　법률 제13056호.
68　항만공사법 제1조.
69　항만공사법 제8조.

표 3-19 항만관리체계의 형태

구분	국유제	지방자치제	공영자치제	사유제
체제	국가(중앙정부)	지방자치단체	독립위원회(이사회)	민간회사
특징	국가가 직접 소유·관리 및 운영	시 또는 지자체의 산하 조직 또는 신임한 특별 기구가 관리 운영	특별법에 의해 설립된 독립적 자치기관에 의해 항만을 관리 운영	영리추구 최우선 민간의 직접소유
장점	국가주도의 종합적 항만계획	지역의 특성을 고려한 원활한 항만계획 가능	인사권·재정권의 독립 대고객 지향적 서비스 독립채산 제도식 운영	이용자 지향적인 항만의 관리운영
단점	고객 지향적 서비스의 부족	지방자체단체의 간섭, 투자재원 부족 및 전문 인력확보의 곤란	국가전체의 종합적 항만 계획에 차질 우려	항만요율의 인상우려 공공이익보다는 개인기업 우선의 정책 추진 우려
사례	인도, 민영화 이전의 싱가포르 등	서구 및 일본지역의 항만	뉴욕·뉴저지향, 런던항 등	홍콩, 펠릭스토우 영국 ABP 산하의 22개 항만

출처: 문성혁, 현대항만관리론, 다솜출판사, 2005.

그림 3-28 항만관리자(Port Authority)의 역할

 항만시설관리
 항만운영관리
 행정관리
 물류비즈니스관리

행정관리는 항만의 건설과 항만의 관리·운영 등에 관한 업무와 항만사용료 부과 등 항만시설의 사용 및 관련 행정절차 등에 관한 업무를 관리하는 역할을 의미한다. 또한, 물류·비즈니스 관리는 항만의 물류 및 비즈니스 관련 기능을 개선, 강화하기 위해 항만시설운영자를 지원하고 화주 및 항만이용자를 대상으로 홍보 및 마케팅을 실시하는 기능이다. 또한, 항만의 경쟁력 향상을 위한 조사·연구, 기술개발 및 인력양성 등의 기능도 물류·비즈니스 관리의 범위에 포함된다.

4) 화주

(1) 화주의 역할

화주는 항만을 이용하여 자신의 화물을 수출, 수입하는 주체(exporter 또는 importer)이다. 또한, 화주는 운송계약의 당사자(consignee 또는 consignor)로서 플레이트 포워더(freight forwarder), 무선박운송인(NVOCC: non-vessel operating common carrier), 선사 등과 운송계약을 체결하고 운송에 관한 업무 및 관련 서비스를 제공받는 수요자이다. 동시에 항만시설운영자인 터미널 운영회사와 내륙운송인, 물류 및 비즈니스 서비스 제공자의 서비스를 제공받는 수요자이다. 뿐만 아니라 항만배후단지 또는 자유무역지역에 입주하고 있는 기업은 화주이지만 항만시설을 임대하여 비즈니스 활동을 수행하는 항만시설 운영자이기도 하다.

(2) 화주와 항만경쟁력

화주는 항만을 이용하여 자신의 화물을 수출, 수입하고 운송계약을 체결하는 주체이며 항만의 각 주체가 처리하는 화물 즉, 운송수요를 제공하는 주체이다. 항만의 경쟁력은 항만선택(port choice) 요인을 통해 살펴본 바와 같이 다양한 관점에서 평가될 수 있으나 그 중 안정적인 운송수요는 항만의 경쟁력을 판단하는 중요한 요소이다. 이는 해운선사들이 안정적인 운송수요가 발생되는 항만을 중심으로 허브항을 선정하고 해상운송 서비스를 공급하기 때문이다. 이에 따라 항만은 화주와 화물 즉, 운송수요를 안정적으로 유치하는 것이 매우 중요하다.

항만의 운송수요는 수출입 화물과 환적화물로 구분된다. 수출입 화물은 해당 국가와 항만배후지역에서 발생되는 수출입 화물을 의미한다. 한국의 경우, 한국에서 발생되는 수출입 화물에 한정되지만 유럽의 경우, 각 허브항만 또는 관문항(gateway)이 유럽 경제권의 수출입화물을 처리하고 있다. 이

그림 3-29 　항만 배후지역의 종류

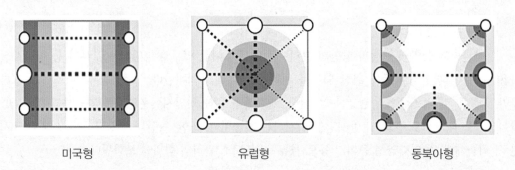

미국형　　　　　　　유럽형　　　　　　　동북아형

출처: Lee, S.W. *et al*. 2008, A tale of Asia's world ports: the spatial evolution in global hub port cities, *Geoforum*, Vol. 39, pp. 373-385.

러한 측면에서 화주는 해당 국가는 물론 항만배후지역에 분포하고 있으며 항만은 화주의 수출입 화물을 유치하기 위해 보다 편리하고 경제적인 물류서비스를 제공할 수 있는 물류 및 비즈니스 환경 조성에 박차를 가하고 있다.

한편, 환적화물은 특정 항만에서 발생된 운송화물을 다른 항만에서 다른 선박으로 옮겨 운송하는 화물을 의미한다. 항만의 관점에서 환적화물의 유치는 운송수요를 증가시키고 글로벌 해상운송네트워크와의 연계성을 확장하여 항만의 경쟁력을 강화한다. 정기선사의 관점에서 환적화물의 주요 발생 원인은 다음과 같다.

① Hub & Spoke 전략: 원양항로 서비스 + 피더서비스
- 정기선사의 허브엔스포크(Hub & Spoke) 전략에 따라 허브항으로 화물을 이동시키고 자사의 글로벌 해상운송 네트워크를 활용하여 운송하는 경우

② 동일항로 내 기항지 차이: 원양항로 서비스 + 원양항로 서비스
- 정기선사가 해당 화물을 선적한 선박의 기항지가 목적지와 상이할 때 동일 항로 내 해당 목적지에 기항하는 다른 자사의 서비스를 활용하여 운송하는 경우

③ 상이한 항로의 기항지 운송: 원양항로 서비스 + 원양항로 서비스
- 특정 항로 서비스에 투입된 선박이 선적한 화물이 다른 항로의 기항지로 운송되어야 할 경우

그림 3-30 환적발생의 형태

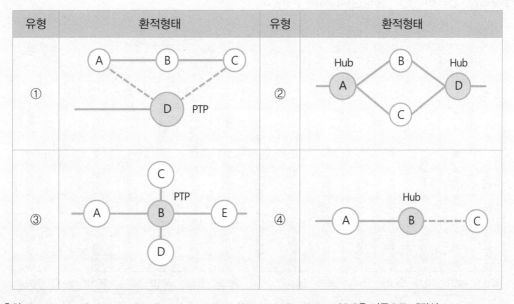

출처: Jean *et al.*, *The Geography of Transport System*, New York: Routledge, 2013을 기준으로 재작성.

④ 서비스 내 기항지 미포함: 원양항로 서비스 + 피더서비스
• 정기선사의 서비스의 기항지에 포함되어 있지 않은 다른 항만으로 화물을 운송하는 경우

4 미래 항만은 어떻게 변할까?

4.1 항만을 둘러싼 주요 이슈

1) 선박의 대형화와 항만

(1) 선박대형화 트렌드

1980년대 이후, 선박의 대형화가 빠르게 진행되고 있다. 특히, 컨테이너선의 경우, 1972년 최초의 3,000 TEU급 선박이 출현한 이후, 1988년에는 4,300 TEU급 선박(Post Panamax) 그리고 1996년에는 6,000 TEU급 선박이 연이어 출항하면서 선박대형화가 가시화되었다. 이후, 중국과 신흥국의 성장에 따른 해상운송 수요의 급증에 따라 2003년에 8,000 TEU급 선박이 출현한 이후, 지속적인 대형화 추세가 이어졌으며 2015년에는 18,000 TEU급 선박이 투입되었다. 현재 최대 선박은 프랑스의 선사인 CMA CGM이 발주하여 건조 중인 20,600 TEU급 선박이지만 2020년에는 25,000 TEU급 초대형 선박이 건조될 것으로 예상되고 있다.

그림 3-31 컨테이너선의 평균선형(아시아-유럽항로)

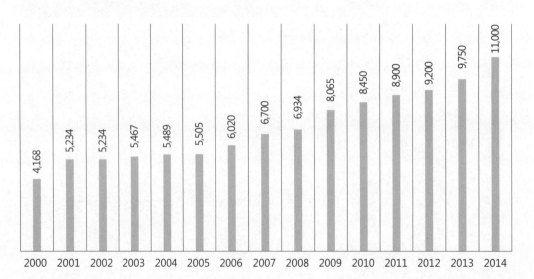

출처: Alphliner.

그림 3-32 머스크라인의 Triple-E 선박(18,000 TEU급)

출처: Maersk Line.

이러한 선박의 대형화 추세에 따라 컨테이너선의 평균선형도 빠르게 대형화되고 있다. 아시아-유럽 항로의 경우, 2000년 컨테이너선의 평균선형이 4,168 TEU였으나 2009년에는 8,000 TEU를 초과하였고 2014년에는 11,000 TEU 수준으로 증가하였다. 또한, 2016년에는 13,000 TEU 수준까지 증가할 것으로 예상된다.

이러한 급속한 선박의 대형화 추세는 선박의 대형화가 선박의 규모의 경제(Ship's Economics of Scale)를 통해 단위당 수송비용을 절감하고 선박이 배출하는 온실가스(Greenhouse Gas Emissions)를 획기적으로 축소할 수 있기 때문이다. 세계 최초로 18,000 TEU급 선박을 출항시킨 머스크라인은 동 선박을 'Triple-E'라고 명명했는데 이는 동 선박이 효율적(Efficiency)이고 경제적(Economy of Scale)이며 친환경적(Environment)이라는 의미이다.

그림 3-33 Triple-E 선박의 효율성(운항속도와 CO_2 발생량과의 관계)

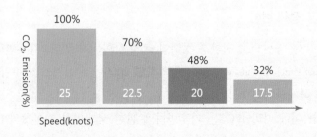

출처: Maersk Line.

머스크라인에 의하면 Triple-E 선박은 운항속도 감축(slow steaming)에 적합한 선박설계 및 친환경 기술을 탑재한 선박으로 운항속도를 표준 설계운항속도인 25노트에서 17.5노트로 낮추었을 때, 이산화탄소(CO_2)를 최대 68%까지 감축할 수 있으며 이에 따른 유류비 절감 등을 통해 선박 운항비를 약 15-20% 절감할 수 있다. 또한, 선박대형화에 따른 단위당 운송비 절감을 고려하면 총 선박 운항비를 최대 30%까지 절감할 수 있다.

(2) 항만의 대응

컨테이너 선박의 대형화에 따라 선박의 길이와 넓이가 증가하고 각 항만에서 하역되는 화물의 규모(call size in ports)가 크게 증가함에 따라 항만은 대형 선박에 적합한 항만시설(안벽 규모 및 길이, 안벽 수심 등), 하역장비(컨테이너 크레인 등) 그리고 충분한 보관시설(Marshalling Yard, Container Yard, Container Freight Station 등)과 내륙운송 연계시스템이 필요하게 되었다. 또한, 정기선사들의 기항시간 단축 요구에 따라 생산성과 효율성을 향상시켜야 할 필요성이 증가하게 되었다.

이에 따라 주요 항만들은 선박대형화 추세에 대응하여 장비의 대형화와 생산성 및 효율성 향상을 위한 다양한 신기술의 도입을 적극 추진하고 있다. 이를 위해 주요 항만들은 컨테이너 터미널의 자동화를 빠르게 진행하고 있으며 새로운 형태의 하역장비를 도입하고 있다. 특히, 하역장비 측면에서 주요 항만들은 20피트 컨테이너 두 개를 동시에 하역하는 트윈리프트 스프레더(Twin-lift Spreader) 또는 40피트 컨테이너 두 개를 동시에 하역하는 탠덤리프트 스프레더(Tandem-lift Spreader)의 도입을 서두르고 있다.

그럼에도 불구하고 주요 항만들은 선박의 대형화 추세가 급속도로 진행됨에 따라 이에 대한 대응전략을 수립하는 데 많은 어려움을 겪고 있다. 그러나 향후, 주요 정기선사의 초대형선을 처리할 수 있는 시설과 생산성을 갖춘 항만만이 향후 글로벌 해상운송 네트워크에서 허브항만으로써의 경쟁력을 확보할 것으로 예상된다. 이러한 측면에서 선박의 대형화와 항만의 대응은 항만산업의 중요한 이슈가 되고 있다.

2) 친환경 정책과 항만

(1) 글로벌 친환경 정책 현황

최근, 국제기구(UN)를 중심으로 친환경 정책이 크게 강화되고 있다. 기후변화에 관한 정부 간 패널(IPCC: Intergovernmental Panel on Climate Change)에 의하면 2005년 온실가스의 총량은 1970년 대비 61% 증가했으며 적극적인 국제사회의 대응이 없을 경우, 향후 온실가스의 증가율은 지난 30년보다 더욱 커질 것으로 예상된다. 이에 따라 IPCC는 기후변화에 관한 국제연합 기본협약(UNFCCC)과 교토 의정서 등을 통해 친환경 정책의 목표를 온실가스의 발생원과 그 종류를 명확히 하고 발생원에 따른 체계적이고 효과적인 온실가스 감축으로 정의하고 있으며 이에 대한 각 국가의 적극적인 대응을 요구

| 그림 3-34 | 온실가스의 증가추이 및 구성 비율(1970-2005) |

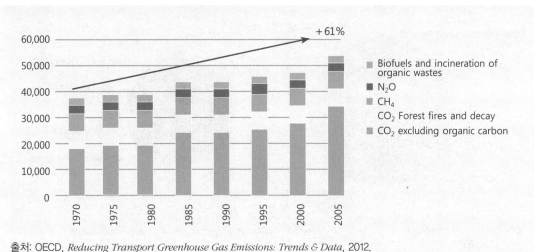

출처: OECD, *Reducing Transport Greenhouse Gas Emissions: Trends & Data*, 2012.

하고 있다.

IPCC는 온실가스를 이산화탄소(CO_2), 메탄(CH_4), 아산화질소(N_2O), 수소불화탄소(HFCS), 과불화탄소(PFCS), 육불화황(SF6) 등 여섯 가지의 가스라고 정의하고 있다. 이 중 이산화탄소(CO_2)가 총 온실가스의 76%, 그리고 메탄(CH_4)과 아산화질소(N_2O)가 각각 16%와 6%의 비중을 차지하면서 지구온난화의 중요한 원인으로 지적되고 있다.

국제해사기구(IMO: International Maritime Organization)에 의하면, 국제 운송 및 물류 부문은 이산화탄소(CO_2) 발생 총량의 26.2%를 발생시키는 두 번째로 중요한 발생원이다. 이산화탄소(CO_2)를 가장 많이 발생시키는 운송모드는 육상운송으로 이산화탄소(CO_2) 발생 총량의 16.9%를 발생시키고 있다. 또한, 역내 운송(어업, 근해 및 연안 해운 포함)은 2%, 항공운송은 1.5%, 국제해상운송은 2.7% 그리고 기타운송(해운, 항공, 철도 이외의 운송)이 3.1% 수준을 보이고 있다.[70]

항만은 기항 선박은 물론, 항만 내의 다양한 운송 및 하역장비, 항만과 내륙을 연계하는 교통 및 물류망(도로, 철도 및 연안운송 등) 등을 통해 막대한 공해와 오염물질을 발생시킨다. 항만에서 발생되는 각종 공해와 오염물질은 i) 수질오염, ii) 폐기물, iii) 소음 그리고 iv) 대기오염 및 온실가스 등으로 구분할 수 있다. 수질오염 및 폐기물은 선박의 빌지 워터(bilge water), 밸러스트 워터(ballast water), 폐유, 하수, 기타 쓰레기의 해상 투기와 연료유, 윤활유, 기타 유성 액체의 누출에 의해 발생된다. 항만에서 발생되는 소음은 선박, 항만의 장비 및 관련 시설, 내륙운송모드 등에서 발생된다. 한편, 항만에서 발생되는 주요 대기오염 물질은 디젤미립자 물질(DPM: Diesel Particulate Matter), 질소산화물(NOX), 유황산

70 IMO, *Second IMO GHG Study 2009*, The International Maritime Organization 4 Albert Embankment, London SE1 7SR., 2009.

그림 3-35   이산화탄소(CO_2) 발생원 현황

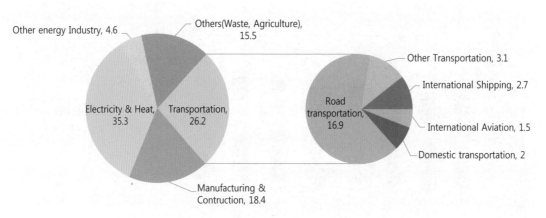

출처: IMO, *Second IMO GHG Study 2009*. The International Maritime Organization 4 Albert Embankment, London SE1 7SR., 2009.

화물(SOX) 등이며 이들 오염물질은 항해선박, 중장비 차량, 하역장비, 항만선박 및 철도 기관차 등 다섯 가지 분야에서 주로 발생된다.

이러한 항만에서 발생되는 각종 공해와 오염물질은 직간접적으로 인간의 삶과 건강에 중대한 영향을 미치고 있다. 미국 환경보호청(EPA: Environmental Protection Agency)에 의하면, 대형 항만 인근 도시의 거주자들은 항만에서 발생되는 각종 공해와 오염물질에 매우 큰 영향을 받고 있다. 미국 LA 산 페드로만 지역의 경우, 환경오염으로 인해 지역 거주자들의 암발생률이 다른 지역보다 높게 나타나고 있으며 이로 인해 매년 120명의 사망자가 발생하고 있는 것으로 조사[71]되었다. 이에 따라 국제사회와 각국 정부는 항만에서 발생되는 각종 온실가스, 공해 및 오염물질을 감축하기 위한 적극적인 조치가 필요하다는 데 의견을 함께 하고 있다.

국제연합(UN)은 항만의 환경정책을 각 당사국 정부가 독립적으로 수립, 시행하도록 권고하고 있다. 이는 국제해운 및 국제항공 부문은 내륙운송 및 물류와는 달리 국가의 경계를 넘어서서 국제적 차원에서 운송을 담당하기 때문에 각 국가가 독립적으로 온실가스의 배출량을 제한하거나 감축을 위한 정책을 추진하는 데 한계가 있기 때문이다. 이에 교토의정서는 국제해운 부문은 국제해사기구(IMO) 그리고 국제항공 부문은 국제민간항공기구(ICAO)가 선박과 항공기에서 발생하는 온실가스 배출량을 제한 및 감축하도록 명시하고 있다.

이에 대해 세계 항만협회(IAPH: International Association of Ports and Harbors)는 2008년 7월, 세계 55개 항만 당국과 함께 채택한 '세계 항만기후선언'을 통해 2050년까지 항만에서 배출되는 이산화탄소

---

71   Port of Los Angeles, *Zero Emissions Road-map Technical Report, Technical Report ADP#050520-525*, Port of Los Angeles, 2011.

(CO_2) 배출량의 50%를 감축한다는 목표를 발표[72]하였다. 그러나 세계 항만기후선언은 온실가스 감축을 위한 가이드라인을 제공하였을 뿐, 선언의 이행을 위한 구체적인 조치와 제재방안이 마련되지 못하였다. 이에 따라 각 당사국 정부는 교토의정서에 의해 합의된 국가별 허용배출량과 감축목표량을 기준으로 당사국의 경제 및 산업구조를 고려하여 자국 항만의 환경정책을 독립적으로 수립, 추진하고 있다.

(2) 항만의 대응

가) 친환경 항만정책의 방향

국가별 친환경 항만정책은 자국의 지리 및 지형의 특성, 항만 및 교통체계의 특성, 경제, 산업구조 등 다양한 요인을 고려하여 수립, 이행된다. 그럼에도 불구하고 대부분 당사국들은 교토의정서와 세계 항만기후선언을 기반으로 유사한 친환경 항만정책을 수립하고 있는데 그 주요 공통 내용은 다음과 같다.

첫째, 각국의 친환경 항만정책은 일정 기준에 의거하여 항만에서 발생되는 공해 및 오염물질의 총량을 감축하는 것을 목표로 하고 있다. 즉, 당사국들은 기후변화에 관한 국제연합 기본협약(UNFCCC)과 교토의정서에 의해 합의된 자국의 오염물질 감축 의무량을 기준으로 항만을 포함한 각 산업에 대한 일정 감축목표를 설정하고 이를 감축하는 것을 기본 정책의 방향으로 삼고 있다. 그러나 유럽연합, 미국, 캐나다 등 일부 국가들은 교토의정서를 통해 합의된 자국의 감축 의무량보다 높은 수준의 감축을 목표로 삼고 보다 강도 높은 정책을 추진하고 있다.

둘째, 대부분의 당사국들은 항만에서 발생되는 온실가스, 오염물질 등을 감축하기 위해 정책 분야를 설정하고 각 분야별로 목표와 이행방안(조치)을 마련하고 있다. 항만 발생 오염물질 절감을 위한 정책대상 및 조치는 ⅰ) 항만에 기항하는 선박에 대한 조치, ⅱ) 항만 내 하역 및 운송장비에 관한 조치, ⅲ) 항만과 내륙을 연계하는 운송, 즉 중장비 차량, 기관차, 피더선 등에 관한 조치 등으로 구분하고 있다.

셋째, 친환경 항만정책은 해당 국가 항만의 현 상황을 고려하여 추진되고 있다. 즉, 해당 국가 항만들의 규모와 특성 등을 고려하여 동일한 목표를 설정하는 것이 아니라 각 항만의 실정에 적합한 실현가능 목표를 설정하고 이를 달성할 수 있는 다양한 조치를 취하도록 강제함으로써 단계적인 개선을 유도하고 있다.

넷째, 친환경 항만정책은 항만을 이용하는 모든 주체가 공동으로 이행해야 할 공통의 목표라는 개념하에 수립, 추진되고 있다. 항만은 항만관리자(Port Authority), 항만이용자(Users), 항만시설운영자(Settlers), 화주(Shippers) 등 다양한 주체가 상호 관계를 유지하면서 운영되고 있다. 따라서 친환경 항만

---

72 친환경 항만정책은 세계 항만협회 산하 세계 항만기후계획(WPCI)이 담당하고 있으며 C40 도시 기후 리더십 그룹(C40 CCLG)과의 협력을 통해 진행되고 있음.

정책은 항만 관련 주체들이 공동으로 참여해야 할 책임과 의무가 있다. 이러한 정책 이념은 친환경 항만정책을 통해 발생되는 비용과 관련 조치의 이행 등에 관한 사항을 모든 항만 관련 주체들이 공동으로 부담해야 한다는 의미가 포함되어 있다.

나) 사례분석: 미국 LA/LB항

미국의 주요 항만들은 환경보호청(Environmental Protection Agency)과 연계하여 친환경 항만정책을 독립적으로 수립, 추진하고 있다. 미국 항만 중 친환경 항만정책을 성공적으로 추진하고 있는 대표적인 항만은 미국 캘리포니아 주, 산 페드로(San Pedro)만 안에 이웃하고 있는 로스앤젤레스 항(Port of Los Angeles)과 롱비치 항만(Port of Long Beach)항이다. 이 두 항만은 2006년 '산 페드로만 항만의 청정대기 행동계획(CAAP: San Pedro Bay Ports Clean Air Action Plan)'을 수립하고 적극적인 친환경 항만정책을 추진하고 있다.

이 두 항만은 청정대기 행동계획(CAAP)을 통해 항만의 각종 공해와 오염물질의 배출대상을 선박, 중장비 차량, 하역장비, 항만선박 및 철도 기관차 등 다섯 개 분야로 구분하고 각 분야별 공해 및 오염물질 배출량 저감 목표를 설정[73]하였다. 이를 위해 로스앤젤레스와 롱비치항은 항만 관련 주체의 자발적 참여를 유도하고 성공적인 감축 또는 이를 이행하는 주체에 대해 각종 인센티브를 제공하는 한편, 감축 목표를 달성하지 못하는 주체에 대해서는 강력한 통제를 가하는 강력한 정책을 추진하고 있다. 로스앤젤레스와 롱비치항의 온실가스 및 오염물질 감축을 위한 규정은 다음과 같다.

① 선박에 대한 규정

로스앤젤레스와 롱비치항에 입항하는 선박은 i) 항만 내 20마일 해역에서 선박운항속도를 12노트로 감속 운항해야 하며 ii) 육상 전기 공급장치(AMP: Alternative Maritime Power)[74]를 활용해야 하며 iii) 연안에서 24마일 이내로 들어오는 화물선, 유람선 등 모든 선박은 보조기관에서 사용하는 선박 연료유를 1.5%의 저유황유(low sulfur fuel)나 휘발유로 대체하여 사용해야 한다. 또한, iv) 입항선박이 선박에너지 효율 관리 계획서(SEEMP)를 구비해야 하며 구비된 선박에 대해서는 입항료 할인 등 일정 인센티브를 제공한다.

② 중장비 차량 및 장비에 대한 규정

항만에서 활용되거나 출입하는 디젤 중장비 및 차량은 청정트럭 프로그램(CTP: Clean Truck Program)을 통해 엄격히 관리되고 있으며 특히, 디젤미립자 물질의 배출기준을 엄격하게 규정하고 있다. 또한, 노후 차량의 교체를 위해 청정트럭 프로그램 펀드(Clean Truck Program Funding)를 조성하여 대출이나 특별융자를 통한 자금을 직접 지원하고 있다. 그 세부 내용은 i) 트럭구입 시 트럭 소유자가 7

---

[73] 매 5년간 디젤 미립자 물질(DPM)은 예상배출량 대비 47%, 질소산화물(NOx)과 황산화물(SOx)은 각각 46%와 52%를 감축하는 것을 목표로 함.

[74] 선박이 정박하는 동안 보조기관을 가동하여 전기를 발생시키는 과정에서 대기오염 물질 방출을 방지하기 위해 육상으로부터 전력을 공급하는 방식. 'Cold-Ironing'이라 명칭하기도 함.

그림 3-36 육상 전기 공급 장치(Alternative Maritime Power)

출처: Port of Los Angeles.

년간 매월 분할 지불할 수 있도록 제도화하고 7년 이후 소유자에게 트럭 구입에 대한 선택권을 부여했으며 ii) 7년 이후, 소유자가 트럭을 구입할 경우 남은 금액의 최대 50%를 항만관리주체(Port of LA & LB)가 지불하는 것 등이다.

③ 항만하역장비에 대한 규정

항만하역장비는 i) 가장 청정한 NO_x 대체연료를 사용해야 하며 ii) 장비 도입 시에는 친환경 엔진이 부착된 장비 또는 검증된 DPM 제어장치가 설치된 장비를 도입해야 하고 iii) 모든 야드 트랙터는 환경보호청의 환경기준(EPA 2007, Tire Ⅳ)을 충족해야 한다.

④ 기타 선박에 대한 규정

항만의 모든 선박(도선, 예선 등)은 i) 환경보호청의 환경기준(Tire Ⅱ)을 충족해야 하며 ii) 미국 자동차검사기관(CARB)으로부터 검증된 NO_x 및 DPM 기술이 적용된 엔진으로 교체하거나 동 기술이 적용될 수 있도록 개조해야 한다.

⑤ 철도 및 기관차에 대한 규정

항만연계 철도 및 기관차는 i) 15-Minutes Idling Limit Device[75]가 장착된 환경보호청의 환경기준(Tire Ⅱ)에 적합한 엔진으로 교체해야 하며 ii) 대기오염 저감장치(DOCs or DFPs)를 부착하거나 유황연료 혹은 그와 동등한 대안 디젤연료를 사용해야 한다. 또한, iii) 신규 도입 기관차는 환경보호청의 환경기준(Tire Ⅲ)을 충족하는 엔진을 장착해야 한다.

로스앤젤레스와 롱비치항은 이러한 청정대기 행동계획(CAAP)을 통해 항만의 각종 공해와 오염

---

[75] 공회전 시간을 강제적으로 15분 이내로 제어하는 장치.

그림 3-37   LA/LB항 청정대기 행동계획(CAAP)의 성과

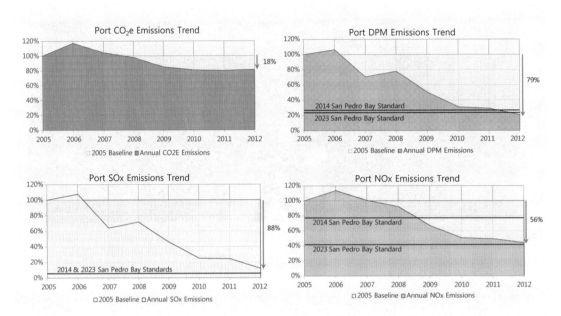

출처: Port of Los Angeles, 2014, *2013 Air Emissions Inventory Highlights*, Port of Los Angeles.

물질을 크게 감소시킨 것으로 평가되고 있다. 로스앤젤레스항의 경우, 이산화탄소(CO_2)의 양은 2005년 대비 18%, 디젤미립자 물질은 79%, 질소산화물(NO_x)은 56% 그리고 황산화물(SO_x)은 88% 감소한 것으로 분석[76]되었다. 또한, 롱비치항 역시 유사한 수준의 공해 및 오염물질의 감소효과가 나타난 것으로 분석되었다. 이러한 결과에 따라 로스앤젤레스와 롱비치항은 세계 항만협회가 평가하는 우수한 친환경 항만으로 선정되기도 하였다.

　　다) 사례분석: 유럽, 로테르담 및 함부르크항

　　유럽연합(EU)의 친환경 항만정책은 유럽연합의 환경정책 목표의 가이드라인인 '20-20-20'에 의거하여 추진되고 있다. 즉, 각 회원국 정부는 유럽연합 환경정책 목표의 이행을 위해 친환경 항만정책을 수립하고 세부 정책과 이행계획은 독립적으로 또는 회원국들과 부분적으로 연계하여 추진하고 있다. 이와 동시에 유럽연합은 역내 각 항만의 효율적인 친환경 항만정책의 이행을 위해 유럽 항만협회(ESPO: European Sea Ports Organization)가 주도하여 친환경 항만정책의 가이드를 제공하고 각 항만주체 간의 협력을 촉진하도록 유도하고 있다.

76　Port of Los Angeles, *2012 Air Emissions Inventory Highlights*, 2013.

유럽 항만협회(ESPO)는 유럽연합과 공동으로 'ECOPORTS' 프로젝트를 수립하고 이를 기준으로 유럽의 각 항만들이 친환경 항만정책을 개선하고 단계적으로 이행하기 위한 가이드라인을 제공하고 각 항만주체들의 상호 협력을 위한 지원시스템을 제공하고 있다. 유럽 항만협회(ESPO)의 가이드라인은 각 항만주체의 친환경 정책 수준을 스스로 평가할 수 있도록 한 자체진단방식(SDM: Self Diagnosis Method)과 항만의 친환경 관리체계 구축을 위한 세부 관리방식을 정의한 항만 환경 검토시스템(PERS: Port Environmental Review System) 등이 있다. 이러한 시스템은 친환경 항만정책의 목표와 이행계획이 상이한 유럽연합 역내 항만당국들이 친환경 항만정책에 대한 공동의 목표를 설정하고 이 목표의 달성을 위한 체계적인 이행체계를 수립하는 데 중요한 역할을 하고 있다.

유럽의 허브항만인 로테르담항은 유럽 항만 중 가장 강도 높은 친환경 항만정책을 추진하고 있다. 로테르담항은 국제해사기구(IMO)의 국제규범을 고려하여 독자적으로 그린선박 인증제도(Green Award)를 마련하고 인증 선박에 대해 녹색 인증서를 부여하고 있으며 인증 선박이 입항할 경우, 항만 이용료의 3~7%를 감면하고 있다. 또한, 그린선박 인증제도(Green Award)는 독일, 네덜란드, 리투아니아, 스페인, 포르투갈 등 주요 유럽 국가는 물론, 남아프리카공화국, 안틸레스 국가 등이 도입, 운영함에 따라 동 제도는 유럽경제권을 중심으로 점차 확대되고 있다.

로테르담항은 항만 부문에서 Carbon Footprint 제도의 도입을 통해 각 부문별 온실가스 발생량을 분석하고 이의 추이를 관찰하며 적정한 감축제도를 통해 단계별로 온실가스 발생량을 저감시키는 정책을 추진하고 있다. 또한, 중량 트럭의 교체, 리스 등에 대한 인센티브를 제공하고 항만 시설 및 장비의 개선(전기 공급 및 저유황유의 사용 등)을 촉진하는 한편, 네덜란드 및 유럽의 지형을 활용한 로테르담항을 중심으로 하는 대량운송체계의 확대를 추진하고 있다. 로테르담항은 라인 및 루르강 지역(Rhine & Ruhr area)과 대서양이 만나는 지점에 위치하고 있어 라인 및 루르강을 중심으로 하는 내륙바지 네트워크와 발틱 3국, 영국, 아일랜드 등을 대상으로 하는 피더운송(Short Sea Shipping) 네트워크의 확대를 적극 추진하고 있다. 이를 통해 로테르담항은 유럽의 어느 항만보다 다양한 연계 운송 및 물류 네트워크를 확보하는 동시에 친환경적이며 비용 경쟁적인 서비스 네트워크를 확보해 나가고 있다.

유럽 제2의 항만인 함부르크항도 적극적인 친환경 항만정책을 추진하고 있다. 함부르크 항만당국(Hamburg Port Authority)은 ECOPORTS 프로젝트에 주도적으로 참여하고 있으며 이를 기준으로 독자적인 친환경 가이드라인(Hamburg Port Authority Environmental Guidelines)을 제정·배포하고 있다. 이 가이드라인의 목표는 환경의 보호 및 환경자원의 효과적인 활용을 통해 항만의 지속적인 개발과 성장을 촉진하는 것이다.

함부르크항의 친환경 정책은 선박부문과 항만부문으로 구분되어 있다. 선박부문에서는 독일연방환경청(BMU)과 공동으로 입항선박의 친환경 기준을 마련하고 이를 바탕으로 'Blue Angel' 인증 제도를 도입하였다. 그리고 Blue Angel 인증을 받은 선박에 대해서는 선박검사, 입항 등에 대한 인센티브를 부여하고 있다. 또한, 항만부문에서는 i) 기항선박의 저유황유(low sulfur fuel) 사용 의무화, ii) 기항선박의 육상 전기 공급장치(AMP) 사용 확대, iii) 하역장비의 현대화(고에너지 효율 및 전기 동력 활용) 촉진 iv) 항만 에너지원으로 풍력발전 활용 확대 v) 중장비 및 트럭의 교체 지원 프로그램 활성화 등의 프로그램을 운영하고 있다.

3) 보안정책과 항만

(1) 글로벌 보안정책 현황

글로벌화는 상품, 서비스, 생산요소, 금융 및 관련 주체의 자유로운 이동을 주도하면서 글로벌 차원의 자유로운 물류·비즈니스 활동을 촉진하였다. 이에 따라 글로벌 기업들은 전 세계를 대상으로 조달-생산-판매-마케팅 등의 경영활동을 수행하면서 국제 경제 및 물류산업을 변화시키고 세계 경제의 성장을 주도하였다. 그 결과, 지구촌은 글로벌 차원의 공급사슬 네트워크가 거미줄처럼 연결되어 있는 단일 시장으로 변모하였으며 이는 무역, 소득 및 후생을 증가시키는 역할을 담당하였다.

그러나 9.11 이후, 공급사슬 네트워크를 중심으로 하는 자유로운 글로벌 물류활동이 인간의 생명은 물론 경제적·정치적 위험을 증가시키는 핵심 요인이 될 수 있다는 인식(Logistics Risk Factors)이 확산되었다. 미국 세관국경보호국(CBP)은 글로벌 공급사슬이 효과적으로 관리되지 않을 경우, 물류 분야에서 발생되는 위험[77]이 크게 증가할 것으로 예상되며 이는 미국은 물론, 글로벌 차원에서 국가 및 시민의 안전에 큰 위협이 될 것이라고 주장하였다. 또한, 세계세관기구(WCO)는 물류보안 체계의 강화, 즉 컨테이너 내장화물에 대한 검사비율의 증가 또는 통관주체(화주 및 물류기업)의 사전검사에 의한 안전통관 체계가 확립되지 않을 경우, 사회, 경제에 미치는 위험이 크게 증가할 가능성이 있다고 주장하였다.

이러한 상황에서 미국은 '테러와의 전쟁'을 선포하고 테러의 원천적 방지 및 세계평화와 안녕이라는 새로운 목표의 국제질서 구축을 시도하였다. 이를 위해 미국은 22개 정부 부처에 분산되어 있던 국경통제와 보안업무를 일원화하고 체계적인 정책추진을 위해 국토안보부(DHS: Department of Homeland Security)를 설립하였다. 또한, 테러 공격에 관한 위협요소를 분석·대응하고, 화학 및 생물무기, 핵 및 방사능 무기 등 대량 살상무기에 대한 체계적인 대응방안과 국가재난 등의 비상사태에 대한 통합적 대응조치를 마련하였다. 이와 동시에 미국은 컨테이너 보안협정(CSI), 항만보안법(Safe Port Act), 대테러 민간 파트너십 제도(C-TPAT) 등 관련 법률과 제도를 단계별로 도입하면서 물류 보안 관련 규제를 강화하고 있다. 이를 통해 미국은 수출입 화물을 활용한 테러에 대한 원천적 대응을 위해 미국으로 반입되는 화물은 물론, 동 화물의 전 공급사슬 네트워크에 대한 통합적 안전관리 조치를

---

77 수송 및 물류분야의 위험은 i) 운송수단(항공기, 선박)의 납치 및 불법 활용 ii) 테러로 인한 물류거점(공항, 항만 등)의 마비 iii) 화물의 손상, 절도, 탈취 및 교체, iv) 마약, 재래무기 및 대량 살상무기(생화학 무기, 핵무기, 방사능성 무기 등) 등의 운송 등으로 구분할 수 있음.

마련하였다.

또한, 유럽연합은 미국의 법·제도 개선과 발맞추어 유럽으로 수입되는 화물의 보안 및 안정성과 무역흐름의 원활화 및 효율성 증대를 위해 EU 세관 보안프로그램(CSF: Customs Security Programme)을 개정(Security Amendment)하였다. 이와 동시에 종합인증 우수업체(AEO: Authorized Economic Operators) 제도를 도입하여 민–관 협력 체계를 통해 수출입 화물의 공급사슬 네트워크 전 구간을 포괄하는 통합적 관점에서의 물류보안 체계를 마련하였다. 뿐만 아니라 유럽연합은 미국 및 국제기구에서 주도하고 있는 다양한 물류보안 및 컨테이너 보안 관련 법률 강화 추세에 발맞추어 체계적으로 제도를 보완하고 있다.

이러한 미국과 유럽의 정책 변화는 국제사회에 중대한 영향을 미쳐 국제기구를 중심으로 무역, 통관, 해운, 항만 및 물류 분야의 물류보안에 대한 정책변화의 계기를 마련하였다. 국제해사기구(IMO)는 국제인명 안전협약(SOLAS)과 국제선박 및 항만시설 보안규칙(ISPS Code)을 채택하고 선박 및 항만을 중심으로 하는 국제 물류보안 규정을 마련하였으며 국제세관기구(WCO)는 국제 무역 및 화물 이동의 보안기준을 강화하기 위한 무역 안전 및 표준화에 관한 협약(WCO Safe Framework)[78]을 채택하였다. 또한, 국제노동기구(ILO)는 선원의 보안기준 강화를 위해 선원의 신분증명서 협약(Seafarers' Identity Document Convention)의 개정을 통해 생체인증(Biometrics)을 통한 신원증명서 발행 정책을 도입하였으며 국제표준화기구(ISO)는 글로벌 공급사슬 네트워크의 보안관리 시스템을 위한 표준인 ISO/PAS 28000을 채택, 발표하였다.

항만은 국제무역 화물의 약 95%를 운송하고 있는 해상운송이 각 국가로 연계되는 관문으로 글로벌 보안정책에서 가장 중요한 정책적 대상 중 하나이다. 이에 따라 글로벌 보안정책의 강화는 항만의 기능과 역할은 물론, 항만의 보안에 관한 의무를 확대하고 있다. 국제해사기구(IMO)는 국제선박 및 항만시설 보안규칙(ISPS Code)을 통해 국제항해선박과 국제항만시설의 보안조치를 명시하고 항만과 당해 국가의 지속적인 이행을 촉구하고 있다. 국제항해선박에 대해서는 ⅰ) 회사, 선박 보안책임자의 임명 ⅱ) 선원에 대한 보안교육, 훈련실시 ⅲ) 선박보안 경보장치 설치 ⅳ) 선박보안계획 작성 및 실시 등을 의무화하였으며, 국제항만시설에 대해서는 항만당국의 의무를 ⅰ) 항만시설 보안 책임자의 임명 ⅱ) 항만종사자 보안교육 훈련 실시 ⅲ) 울타리, CCTV, 조명 등 설치 ⅳ) 항만시설 보안계획 작성 및 실시 등으로 규정하였다.

한편, 미국의 컨테이너 보안협정(CSI: Container Security Initiative)은 외국항만에서 미국 관세청 검사관과 해당 국가의 관련 기관이 미국으로 수출되는 컨테이너 화물을 대상으로 본선 선적 전에 화물의 위험성 여부를 방사능 탐지기나 화물 투시기(X-ray) 등의 기계적 장비로 검사하여 위험화물로 판단되는 경우, 미국 항만으로의 입항을 금지하는 등의 적절한 조치를 취하는 것을 목적으로 하고 있다. 이

[78] 국제해사기구(IMO)는 해상인명안전협약(SOLAS)의 제11장을 11-1장(기존 해상안전 강화를 위한 특별조치)과 제11-2장(해상보안 강화를 위한 특별조치)으로 분리, 확대하고 이 중 제11-2장을 기준으로 국제선박 및 항만시설 보안규칙(IPSP Code)을 발효하였음.

| 표 3-20 | 국제선박 및 항만시설 보안규칙(ISPS Code)의 주요 내용 | |

구 분	국제항해선박	국제항만시설

적용 대상	• 국제항해에 종사하는 선박
	  −고속여객선을 포함한 여객선
	  −총톤수 500톤 이상의 화물선
	  −이동식 해상구조물
		• 국제항해선박이 이용하는 항만시설

의무 보안조치	• 회사, 선박 보안책임자의 임명 • 선원에 대한 보안교육, 훈련실시 • 선박보안 경보장치 설치 • 선박보안계획 작성 및 실시	• 항만시설 보안책임자의 임명 • 항만종사자 보안교육 훈련 실시 • 울타리, CCTV, 조명 등 설치 • 항만시설보안계획 작성 및 실시
정부의 의무	• 정부가 보안등급을 3단계로 설정 • 선박보안계획 승인 • 보안증서 교부	• 정부가 보안등급을 3단계로 설정 • 항만시설보안계획 승인

에 따라 각 국가 및 항만은 미국 세관국경보호국(CBP)과 컨테이너 보안협정을 체결하고 화물을 선적 전에 검사해야 한다.

미국의 대테러 민간파트너십 제도(C-TPAT: Customs-Trade Partnership Against Terrorism)는 미국 세관 및 국경보호국(CBP)이 주도하는 민-관 협력의 자발적 공급사슬 보안 프로그램이다. C-TPAT는 미국 행 화물의 발생가능 위험을 최소화하기 위해 제조업자와 물류서비스 제공자의 공급사슬 네트워크에 대한 대테러 보안수준을 개선하는 것을 목표로 삼고 있으며 그 기준은 화물의 보안, 시설 및 인력의 보안 및 운송 프로세스의 보안으로 구분되며 운송 프로세스 보안은 공급사슬 전 분야의 컨테이너 추적관리(Tracing)가 포함되어 있다.

한편, 미국 항만보안법(SAFE Port Act)은 항만 및 물류에서 발생될 수 있는 위험에 대한 다층적 방어(layered defense)를 목표로 하며 이는 자동검사화물 선별제도(Automated Targeting System), 컨테이너 보안제도(Container Security Initiative) 그리고 공급사슬 네트워크 보안 촉진제도(Supply Chain Security) 등을 포함하고 있다. 특히, 동 법률은 공급사슬 전 프로세스에서 발생할 수 있는 위험의 사전 통제를 위해 각 프로세스 및 주체[79]별 최소 보안기준(minimum standards)을 규정하고 있으며 컨테이너 용기와 이에 대한 물리적 보안기준으로 컨테이너 보안(container security)과 물리적 보안 및 접근 통제(physical security and access control)에 관한 사항을 규정하였다.

또한, 미국 항만보안법과 그린레인 해상화물 보안법(GMSA)은 미국 수출입 화물의 약 95%를 담

---

79 공급사슬 네트워크의 주체인 기업(직원 포함)과 공급사슬과 연계되는 관계자를 대상으로 비즈니스 파트너에 대한 요구사항(business partner requirements), 관련자에 대한 보안(personnel security) 그리고 보안교육 및 위협에 대한 인식(security training and threat awareness)에 관한 보안기준 등이 포함되어 있음.

표 3-21　미국 항만보안법(SAFE Port Act)의 공급사슬 보안기준

구 분	보안기준
SCM 주체 관련 기준	• 비즈니스 파트너에 대한 요구사항(business partner requirements) • 관련자에 대한 보안(personnel security) • 보안교육 및 위협에 대한 인식(security training and threat awareness)
컨테이너 박스 관련 기준	• 컨테이너 박스에 대한 보안(container security) • 물리적 보안 및 접근 통제(physical security and access control)
프로세스 관련 기준	• 절차에 관한 보안(procedural security) • 정보기술 보안(information technology security)

출처: SAFE Port Act.

당하는 컨테이너 화물에 대한 엄격한 보안을 위해 공급사슬 네트워크에서 발생되는 정보 및 컨테이너 박스의 보안 및 위치추적에 관한 정보를 저장하고 제공하는 컨테이너 보안장치(Container Security Device)의 장착을 의무화할 예정이다. 이러한 전 세계적인 물류 및 항만보안정책의 강화는 항만에서 수출입되는 화물의 전 공급사슬 네트워크에 관한 안전 및 보안관련 기준을 준수하고 관련 정보를 통제, 관리해야 하는 등 다양한 의무를 강화시키고 있다.

(2) 항만의 대응

전 세계적인 물류 및 항만보안정책의 강화는 항만의 기능과 역할을 확대하고 의무를 강화시켰을 뿐만 아니라 항만의 경쟁력에도 직접적인 영향을 미치고 있다. 이는 미국과 유럽연합 그리고 국

표 3-22　세계 주요 국가의 C-TPAT 상호인정 프로그램 체결 현황

구 분	협정주체	협정명칭
뉴질랜드	New Zealand Customs Service	Secure Export Scheme Program(SES)
캐나다	Canada Border Services Agency	Partners in Protection Program(PIP)
요르단	Jordan Customs Department	Golden List Program(GLP)
일본	Japan Customs and Tariff Bureau	Authorized Economic Operator Program(AEO)
유럽	European Union	Authorized Economic Operator Program(AEO)
대만	General of Customs	Authorized Economic Operator Program(AEO)
한국	Korean Customs Service	Authorized Economic Operator Program(AEO)

출처: 미국 세관 및 국경보호국(U.S. CBP: Customs and Border Protection).

그림 3-38 미래 항만의 모습

제기구(UN)가 주도하는 물류 및 항만보안정책의 방향이 국제 물류 및 항만보안정책에 관련된 협정 또는 국제협약에 가입되어 있으며 이에 적합한 보안기준을 마련하고 시행하는 항만만이 선박의 입출항 및 화물의 수출입 기능을 수행할 수 있도록 하는 것이기 때문이다.

이에 따라 세계 주요 항만들은 물류 및 항만보안에 관한 협정 또는 국제협약에 가입하고 항만의 물류 및 항만보안 기준을 향상시키기 위해 적극적인 정책을 추진하고 있다. 국제해사기구(IMO)의 국제선박 및 항만시설 보안규칙(ISPS Code), 국제세관기구(WCO)의 무역 안전 및 표준화에 관한 협약(WCO Safe Framework) 등 국제기구가 추진하는 물류 및 항만보안 관련 국제협약은 이미 각 국제기구를 통해 체결되었으며 각 국가들은 이를 기준으로 자국의 법·제도를 개선하고 있다.

컨테이너 보안협정(CSI)은 북미, 유럽, 아시아, 아프리카 및 중남미 등 58개 항만이 이미 협정을 체결(2014년 4월 기준)하였으며 이를 통해 미국 컨테이너 화물의 86%가 이들 협정 체결 항만에서 사전에 검사되고 있다. 대테러 민간파트너십 제도(C-TPAT)는 유럽, 캐나다, 뉴질랜드, 싱가포르, 일본, 한국 등 15개 국가가 미국 세관과 C-TPAT 상호인정 프로그램에 관한 협약을 체결하고 있으며 이외의 많은 국가들이 동 프로그램의 체결을 추진하고 있다.

4.2 미래 항만의 모습

미래 항만은 글로벌 물류체계의 변화 및 급속한 정보 및 기술의 발전에 힘입어 보다 높은 생산성과 효율성을 보유한 인공지능 항만으로 발전할 것으로 예상된다. 또한, 기능과 역할 측면에서는 친환경적이고 안전적인 항만인 동시에 항만이용자 중심의 비즈니스 기능이 더욱 강화되며 보다 쾌적하고 편리한 엔터테인먼트 항만으로 성장할 것으로 예상된다.

1) 고효율·인공지능 항만

미래 항만은 높은 생산성과 효율성을 갖춘 인공지능 항만으로 변화할 것으로 예상된다. 이러한 변화는 지속적인 선박의 대형화 추세에 의해 견인될 것으로 보인다. 이는 최근 여러 학자들의 20,000

TEU급 이상 초대형 선박에 대한 경제성 부족 주장이 제기되고 있음에도 불구하고 이미 25,000 TEU 급 초대형 선박의 개발이 착수되었으며 이에 대응한 항만시설 및 운영체계에 대한 신기술이 신속하게 개발되는 등 선박의 대형화를 위한 기술개발이 빠르게 진행되고 있기 때문이다.

최근 발표된 주요 항만시설 및 운영체계에 대한 신기술을 살펴보면, 우선 항만시설 분야에서는 혼합식 양현터미널(Hybrid both side Terminal), 부유식 터미널(Floating Terminal) 등이 개발되고 있다. 이들

그림 3-39 혼합식 양현터미널(Hybrid both side Terminal)

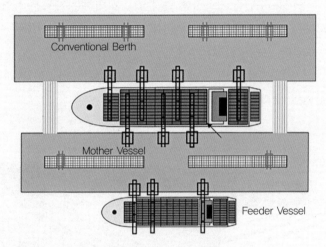

출처: Petrois A. Loannou, 2008, *Intelligent Freight Transportation*, CRC Press.

그림 3-40 부유식 터미널(Hybrid both side Terminal)

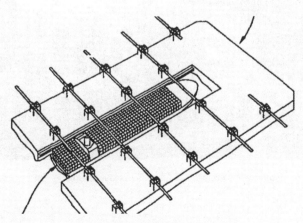

출처: 한순흥 외, 부유식 환적전용 컨테이너터미널, 발명번호(WO2010098537 A2).

터미널들은 초대형선의 접안능력을 향상시키고 터미널의 생산성과 효율성을 향상시키기 위한 것으로 이 중 부유식 터미널은 이미 부유식 LNG 충전소의 개발이 상용화되어 있어 향후 빠르게 발전할 가능성이 높은 것으로 평가된다.

컨테이너 터미널의 시설 및 운영체계 분야도 신개념의 기술이 빠르게 발전하고 있다. 이미 전 세계적으로 확산되어 있는 자동화 터미널의 기술이 빠르게 개선되면서 생산성과 효율성이 크게 향상되고 있으며 최근에는 인공지능을 활용한 거대한 로봇 개념의 터미널 운영체계의 개발이 크게 진전되고 있다. Fastship Atlantic사는 기존의 컨테이너 크레인을 이용한 하역방식이 아닌 선박의 옆면 또는 뒷면을 개방하여 자동이동 수단을 활용하여 선적 또는 하역하는 새로운 하역방식을 개발[80]했으며 Krupp사와 Sea-Land사는 기존 터미널 보관시설(MY, CY, CFS 등)을 고층의 자동화 구조물로 개발·운영하는 개념을 개발[81]하였다.

그림 3-41 Fastship Atlantic사와 Krupp사의 신개념 기술

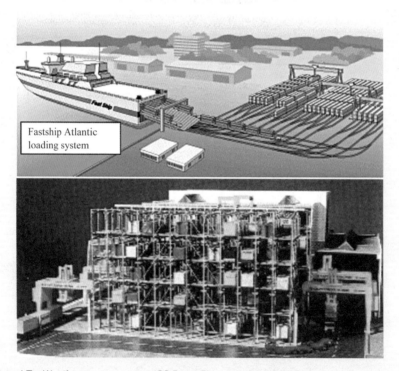

Fastship Atlantic loading system

출처: Niko W. and Tor W., *Shipping Innovation*, IOS Press BV under the imprint Delft University Press, 2009.

---

80 Richrad H., *Moving People, Good and Information in the 21ˢᵗ Century*, Routledge, London and New York, 2004.

81 Niko W. and Tor W., *Shipping Innovation*, IOS Press BV under the imprint Delft University Press, 2009.

그림 3-42 Visaplan사의 Cargo Cap 시스템

출처: Visaplan.

Visaplan사는 컨테이너 터미널과 배후 권역과의 효율적인 연계 및 수송을 위한 지하 파이프를 이용한 캡슐 운송시스템(Cargo Cap System)의 개념을 발표하고 상용화를 위해 박차를 가하고 있다. 동 시스템은 캡슐당 2-4개의 팔레트 단위를 지하 파이프를 통해 항만에서 소비지로 빠르게 운송하는 것으로 항만과 도시의 교통, 환경 및 안전 문제를 해결할 수 있는 대안으로 평가되고 있다. 이외에도

그림 3-43 Cargotec Corporation의 미래 항만

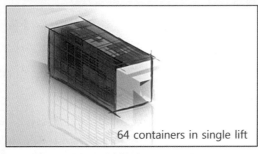 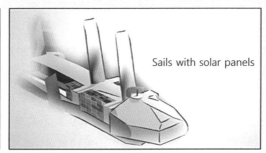

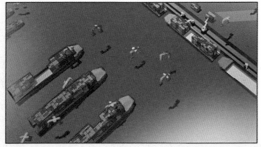 

출처: Cargotec Corporation.

CTT사가 개발하고 있는 화물전용 철도시스템인 콤비로드(Combi-Road), 화물전용 철도 및 모노레일(Sky Train) 등이 향후 항만의 변화를 주도할 것으로 예상된다.

Cargotec Corporation은 미래 항만을 인공지능이 운영하는 초대형 물류거점으로 예상하였다. 동사는 향후 선박의 대형화 및 기술의 발전에 따라 컨테이너 화물은 64개 컨테이너가 한 묶음의 운송단위가 될 것으로 예상하였다. 뿐만 아니라, 컨테이너 터미널은 인공지능을 통해 움직이는 드론이 컨테이너를 선적, 하역함으로써 보다 신속하고 안전한 하역시스템이 도입될 것으로 보았다. 또한, 항만은 인공지능에 의해 보관, 운송, 가공·조립 등 부가가치 물류서비스 등이 관리·운영되는 초대형 물류거점으로 변모할 것으로 예상하였다. 이러한 미래 항만의 모습은 현재의 고도의 컨테이너 터미널 기능과 역할이 급격한 기술의 발전에 의해 컨테이너 박스의 도입 이후, 불과 60여 년 만에 이루어진 것이라는 점을 고려할 때, 불가능한 것은 아닌 것으로 보인다.

2) 고객중심 공동체 항만

미래 항만이 인공지능에 의한 초대형 물류거점으로 발전한다면 비즈니스 측면에서 미래 항만의 모습은 어떻게 변모할까? 우선, 글로벌 해상운송 네트워크는 지속적인 선박의 대형화 및 초대형 항만의 출현 등에 따라 현재의 허브엔스포크(Hub & Spoke) 체계에서 메가 허브엔스포크(Mega Hub & Spoke) 체계로 변모할 가능성이 높은 것으로 예상된다. 메가 허브엔스포크 시스템은 정기선사가 각 경제권에서 1-2개의 메가 허브항(Mega Hub)을 선정하고 극 초대형선을 활용하여 메가 허브항을 중심으로 글로벌 해상운송 네트워크를 구축하는 것으로 정의[82]된다.

이는 극 초대형선을 도입하고 있는 정기선사의 관점에서 극 초대형선의 목표 적재량을 충족하고 운송비를 절감할 수 있을 뿐만 아니라 극 초대형선이 요구하는 고도의 생산성을 갖춘 항만에 기항하여 서비스의 효율성을 향상시키고 기항시간을 단축할 수 있기 때문이다. 이미 세계 최대 선사인 머스크 라인은 아시아-유럽 항로에 'Daily Maersk' 시스템을 도입하고 7개 항만을 허브항(Main Hub Port)으로 선정하고 이들 항만을 중심으로 자사의 초대형선을 집중 투입하는 한편, 이들 항만을 중심으로 대형 피더선으로 구성된 피더 네트워크를 구축, 운영하고 있다. 이러한 대형 정기선사의 전략 변화는 메가 허브엔스포크 시스템의 도입을 촉진할 것으로 예상된다.

한편, 비즈니스 측면에서, 항만은 고객 중심의 공동체 항만으로 변모할 것으로 예상[83]된다. 항만은 선박의 입출항 및 화물의 선적 및 하역이 주 기능이었던 1세대 항만으로부터 시작하여 물류기능과 글로벌 기업의 공급사슬 네트워크를 지원하는 기능이 강화된 2세대 및 3세대 항만으로 발전하였다. 또한, 항만은 온라인 거래 및 비즈니스와 관련 정보교류의 기능이 강화된 제4세대 항만인 E-Port

82 우종균, 세계 컨테이너 터미널 시장의 지각변동과 그 대응방안, KMI 현안분석 시리즈 2005-10, 한국해양수산개발원, 2005.
83 이종필 외, 글로벌 해양시대를 선도하는 항만지역 선진화 방안 연구, 한국해양수산개발원 2014.

로 발전하면서 글로벌 차원의 무역, 물류 및 비즈니스 네트워크를 갖춘 물류 및 비즈니스 거점으로
써의 기능과 역할이 강조되고 있다. 이러한 변화는 글로벌 기업의 공급사슬 네트워크를 보다 체계적
으로 지원할 뿐만 아니라 항만을 e-Marketplace의 중심으로 변모시키는 역할을 하고 있다.

향후, 항만은 물리적 네트워크인 글로벌 공급사슬 네트워크와 웹(World Wide Web)을 기반으로 하
는 정보 네트워크 그리고 이 두 가지 네트워크와 연계되는 비즈니스 네트워크가 집중되는 제5세대
항만으로 성장할 것으로 예상된다. 5세대 항만은 항만이용자(Users)와 화주(Shippers) 중심의 운영체계
로 전환되면서 보다 비즈니스 기능이 강화될 것으로 보인다. 따라서 미래 항만은 항만배후단지 또는
자유무역지역의 기능과 역할이 더욱 강조될 것으로 예상된다.

그림 3-44 Hub & Spoke System과 Mega Hub & Spoke System

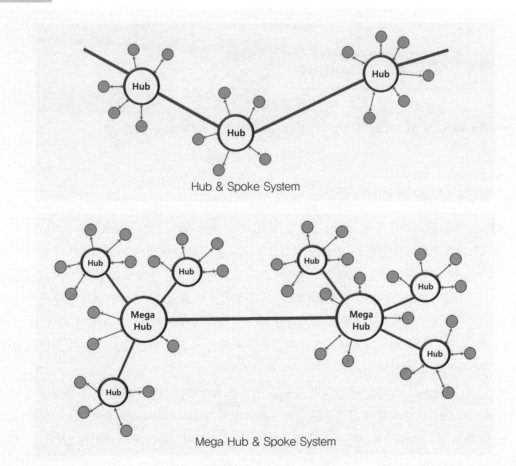

Hub & Spoke System

Mega Hub & Spoke System

출처: 우종균, *세계 컨테이너 터미널 시장의 지각변동과 그 대응방안*, KMI 현안분석 시리즈 2005-10, 한국해양수산개발원,
2005.

그림 3-45 항만의 발전 단계

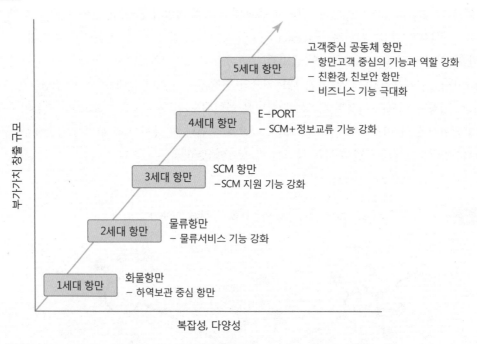

출처: 이종필 외, 글로벌 해양시대를 선도하는 항만지역 선진화 방안 연구, 한국해양수산개발원, 2014.

3) 친환경 · 친보안 엔터테인먼트 항만

　향후, 항만은 지속적인 국제사회의 친환경 및 친보안 정책 강화에 따라 매우 친환경적이며 강력한 보안시스템이 갖추어진 친환경 · 친보안 항만으로 변모할 것으로 예상된다. 환경정책 측면에서 국제기구(UN)는 항만에 대한 친환경 기준을 지속적으로 강화할 것으로 예상하고 있으며 '세계 항만기후선언'도 국가별 차등에 의한 강제적 협약으로 전환될 것으로 보인다. 이러한 정책적 변화는 단기적으로는 항만과 항만이용자의 비용을 증가시킬 것으로 보이나 중장기적으로 친환경 항만클러스터(Port Cluster)의 활성화 및 항만과 항만도시의 환경개선에 따른 사회적 비용 감소를 통해 항만의 부가가치를 개선할 것으로 예상된다.

　보안정책 측면에서, 항만은 기업의 공급사슬 전체를 총괄하는 보안주체로써 그 안전성이 크게 개선될 것으로 예상되며 화물에 대해서는 컨테이너 보안장치(Container Security Device) 등 다양한 정보화 기술을 통해 물리적 검사보다는 기업과 화물의 인증 및 정보시스템을 통해 보안을 강화하는 정보보안센터(e-Security Hub)의 역할을 수행할 것으로 보인다.

　이러한 친환경 및 친보안 시스템을 기반으로 항만은 친수, 관광, 컨벤션, 교류 등의 기능이 집중된 엔터테인먼트 항만으로 성장할 것으로 예상된다. 또한, 항만은 도시 및 배후권역과 연계성이 강화되면서 항만도시 그리고 해양도시로서의 기능이 더욱 강화될 것으로 예상된다. 이에 따라 물리적으로는 항만과 도시의 구분이 심화되나 관련 물류·비즈니스 및 정보교류 기능은 항만과 도시를 더욱 밀접하게 연결하게 될 것으로 보인다.

04

Fundamental of Logistics

대용량 화물은 내게 맡겨라. 해상운송

04 대용량 화물은 내게 맡겨라. 해상운송

1 해상운송의 개요

　　해상운송이란 해상에서 선박을 이용하여 화물 또는 여객을 운송함으로써 시간적 효용과 장소적 효용을 제공하는 서비스를 의미한다. 상업적인 목적의 해상운송 서비스의 기원은 명확하지 않으나, 상공업의 발전에 따른 상품운송의 파생수요(Derived Demands)가 발생한 초기부터 해상운송은 중요한 역할을 해왔다. 대표적인 예로 해상보험의 기원으로 알려진 선박모험대차(Bottomry)에 관한 기록이 기원전 2300년경에 제정된 함무라비 법전에 남아있는 것에서 알 수 있듯이 상업적인 목적의 해상운송이 그 당시에도 존재한 것으로 추정할 수 있다.

　　다른 운송수단과 비교해서 해상운송의 가장 큰 특징은 단위수송비용이 낮다는 데에 있다. 즉, 대량의 화물을 상대적으로 저렴한 비용으로 운송할 수 있다는 것이다. 운송에 필요한 동력을 자연(주로 풍력) 또는 동물에 의존하던 시기에는 해상운송이 사실상 유일한 대량운송 수단이었다. 증기기관 발명 이후, 철도, 자동차, 항공기 등 다른 운송수단의 출현에도 불구하고 해상운송은 여전히 대량화물의 장거리 운송에 있어서 가장 중요한 운송수단이다. 아담 스미스(Adam Smith)는 '국부론(*The Wealth of Nations*)'에서 경제발전 요인을 설명하면서 해상운송의 중요성을 역설하였다. 요약하자면, 분업에 따른 생산성 향상은 시장(수요)의 크기에 제한을 받을 수밖에 없으나, 해상운송을 통하여 새로운 시장에 대한 접근 또는 확대가 가능하기 때문에 분업의 효과를 극대화 할 수 있다는 것이다.

　　따라서 본 4장에서는 인류의 가장 오래된 물류형태인 해상운송에 대해서 기술하고자 한다. 우선, 국제무역과 해상운송과의 연관성에 대해서 살펴본 뒤, 운송수단인 선박에 대해서 알아본다. 그리고 해상운송의 주요 형태인 정기선 및 부정기선 운송, 해상운송 운임지표에 대해 알아보고자 한다.

◆ 생각보다 익숙한 모험대차(冒險貸借, Bottomry)

　　모험대차란 현금을 보유한 금융가가 고수익을 목적으로 교역과 항해를 동시에 수행하는 모험상인에게 투자하는 일종의 금융기법이다. 범선을 항해 수단으로 이용하던 시절에는 해상교역의 실패확률이 높으므로 위험을 분산하기 위한 방법이 필요했는데, 모험대차는 모험상인이 항해에 필요한 자금을 빌린 후 선박이 무사히 귀항하면 원금과 함께 고리의 이자(약 30%)를 상환하고, 귀항에 실패하면 (물품 및 선박의 파손 등) 상환을 면제받는 방식이었다. 이러한 투자기법이 상인들의 상호부조 형태로 형성하면서 초기의 해상보험으로 발전했다는 것이 유력한 학설 중 하나이다.

　　한 가지 재미있는 사실은 우리가 잘 알고 있는 문학작품에서도 모험대차의 거래방식을 엿볼 수 있다. 셰익스피어의 주요 희극 중 하나인 '베니스의 상인'에서 주인공 안토니오와 고리대금업자 샤일록의 거래도 안토니오의 선박을 담보로 하는 일종의 모험대차 거래이다.

2 국제무역과 해상운송

2.1 품목별 해상운송 수요

　　해상운송의 수요는 교역에 따른 파생수요(Derived Demand)이다. 개인의 욕구를 충족시키기 위해 소비되는 재화를 소비재라고 하는데, 소비재의 생산에 사용되는 재화를 생산재라고 한다. 소비재에 대한 수요의 결과로 파생되는 간접적인 수요, 즉 생산재에 대한 수요를 파생수요라 한다. 해상운송은 주로 국가 간의 국제무역에 따른 상품의 이동 필요성에 따라 운송수요가 파생되어 발생한다. 따라서 국제무역을 이해하는 것이 해상운송을 이해하는 지름길이다.

　　무역규모 및 구조의 변화는 해상운송에 대한 수요의 변동을 의미한다. 우선, 해상운송의 수요를 구성하는 무역상품의 구성을 살펴보면, 에너지 및 광물자원 등 1차 생산물이 가장 큰 비중을 차지하고 있다.

　　무역상품의 구성변화는 해당 상품을 운송할 선박의 종류에 큰 영향을 미친다. 해상운송 수요는 상품 이외에도 경제 및 지정학적 요인에 의한 무역구조 변화에도 영향을 받는다. 일례로 1956년 수에즈 운하의 폐쇄는 수송거리 증가로 인하여 원유수송 수요의 급증을 야기하였으며, 장거리 운송의 효율성 제고를 위한 유조선의 대형화에도 원인이 되었다. 따라서 무역상품의 중량만으로는 복합적인 요소에 의해서 결정되는 해상운송의 수요를 파악하는 데 한계가 있다. 이러한 필요에 의해 개발되어 널리 통용되는 지표로 톤-마일(ton-mile)이 있다. 즉, 운송되는 화물의 중량과 운송거리를 곱한 수치이다. [표 4-1]과 [표 4-2]를 비교해서 보면 알 수 있듯이 해상운송 수요는 중량기준과 톤-마일 기준으로 비중이 최소 0.2%에서 최대 4.1%까지 차이를 보인다.

표 4-1 품목별 해상운송을 통한 교역 추이(선적기준, 백만 톤)

품목	구분	1995	2000	2005	2006	2007	2008	2009	2010	2011	2012	2013	2014
석유 및 가스	중량	2,050	2,163	2,422	2,698	2,747	2,742	2,642	2,772	2,794	2,841	2,844	2,826
	비중	44.1%	36.1%	35.4%	35.0%	34.2%	33.3%	33.6%	33.0%	31.8%	30.9%	29.8%	28.7%
주요 건화물	중량	1,105	1,295	1,709	1,814	1,953	2,065	2,085	2,335	2,486	2,742	2,920	3,112
	비중	23.8%	21.6%	25.0%	23.6%	24.3%	25.1%	26.5%	27.8%	28.3%	29.8%	30.6%	31.6%
기타 건화물	중량	1,125	1,928	2,009	2,112	2,141	2,173	2,004	2,022	2,112	2,169	2,260	2,272
	비중	24.2%	32.2%	29.4%	27.4%	26.6%	26.4%	25.5%	24.0%	24.0%	23.6%	23.7%	23.1%
컨테 이너	중량	371	598	696	1,076	1,193	1,249	1,127	1,280	1,393	1,445	1,524	1,631
	비중	8.0%	10.0%	10.2%	14.0%	14.8%	15.2%	14.3%	15.2%	15.9%	15.7%	16.0%	16.6%
합계		4,651	5,984	6,836	7,700	8,034	8,229	7,858	8,409	8,785	9,197	9,548	9,841

주: 주요 건화물은 철광석, 석탄, 곡물, 보크사이트, 인광석을 포함.
출처: Review of Maritime Transport 2015, 국제연합무역개발협의회(UNCTAD).

표 4-2 품목별 해상운송을 통한 교역 추이(선적기준, 십억 톤-마일)

품목	구분	2004	2005	2006	2007	2008	2009	2010	2011	2012	2013	2014
석유 및 가스	톤-마일	11,737	12,116	12,558	12,648	12,892	12,344	13,208	13,625	14,125	14,034	14,250
	비중	32.8%	32.5%	31.9%	31.0%	30.7%	30.8%	29.8%	29.2%	28.9%	27.9%	27.1%
주요 건화물	톤-마일	8,527	9,107	9,745	10,503	11,028	11,400	12,824	13,596	14,691	15,312	16,294
	비중	23.8%	24.4%	24.7%	25.8%	26.3%	28.4%	28.9%	29.2%	30.1%	30.4%	31.0%
기타 건화물	톤-마일	10,729	10,782	11,330	11,186	11,272	10,325	11,504	11,927	12,375	12,952	13,514
	비중	30.0%	28.9%	28.8%	27.4%	26.9%	25.7%	25.9%	25.6%	25.3%	25.7%	25.7%
컨테 이너	톤-마일	4,785	5,269	5,757	6,422	6,734	6,030	6,833	7,469	7,673	8,076	8,514
	비중	13.4%	14.1%	14.6%	15.8%	16.1%	15.0%	15.4%	16.0%	15.7%	16.0%	16.2%
합계		35,778	37,274	39,390	40,759	41,926	40,099	44,369	46,617	48,864	50,374	52,572

출처: Review of Maritime Transport 2014, 국제연합무역개발협의회(UNCTAD).

2.2 해상운송의 비중

전술한 바와 같이, 해상운송은 대량의 화물을 저렴한 비용으로 수송할 수 있다는 장점이 있다. 따라서 국제무역에서 해상운송의 비중은 절대적이다. 유럽과 같이 경제권역 내 철도 및 도로 인프라가 발달되어 있는 지역을 제외하고는 대부분의 국제무역은 해상 또는 항공운송으로 이루어진다. 국제무역에 있어서 해상운송의 비중을 제공하는 정확한 통계는 없으나, 통상적으로 국제 상품무역의 중량기준으로 약 90%가 해상으로 운송되는 것으로 추산하고 있다.[1] 특히, 대한민국과 같이 남북분단으로 인하여 철도 및 도로를 이용하기 어려운 특수한 상황일수록 국제무역에서 해상운송의 의존도는 높을 수밖에 없다. [표 4-3]에서 알 수 있듯이 우리나라 국제무역의 대부분은 해상운송을 통해서 이루어진다.

그러나 해상운송은 기타 운송수단에 비해서 운송시간(lead time 또는 transit time)이 길며, 해상의 악천후로 인하여 상품의 변질 또는 손실의 위험이 높다. 따라서 유행에 민감하거나 신속한 공급이 필요한 고부가가치 상품(주로 무선통신기기, 반도체)은 운송시간이 상대적으로 짧은 항공운송을 주로 이용한다. 물론 경우에 따라서 고부가가치 상품도 해상운송으로 운송되는 경우도 있다. 반면, 해상으로 운송되는 상품은 상대적으로 부가가치가 낮은 상품이 대부분이다. 따라서 금액기준 해상운송의 비중은 중량기준 비중보다 상당히 낮아진다.

표 4-3 대한민국 국제무역 및 해상운송 추이(중량기준. 천 톤)

구분		2006	2007	2008	2009	2010	2011	2012	2013	2014	2015
전체	수출	117,913	129,939	133,891	143,371	147,115	162,573	183,563	188,542	191,389	195,023
	수입	398,752	416,406	436,475	457,592	437,887	496,490	527,426	533,326	555,675	565,869
해상운송	수출	116,598	129,049	132,945	142,117	145,766	160,522	181,684	186,736	189,810	193,392
	비중	98.9%	99.3%	99.3%	99.1%	99.1%	98.7%	99.0%	99.0%	99.2%	99.2%
	수입	398,752	416,406	436,477	457,592	437,887	496,490	527,426	533,326	532,611	544,260
	비중	92.3%	93.9%	96.5%	96.4%	95.5%	95.6%	95.8%	95.8%	95.8%	96.2%

출처: 한국무역협회, 한국무역통계.

---

1 International Chamber of Shipping.

3 선박의 이해

해상운송은 선박을 운송수단으로 이용한다. 선박의 정의는 법적 또는 경제적 측면에 따라 다르나, 여객이나 화물의 운송을 수행하는 부양성(浮揚性), 적재성(積載性) 및 자항능력(自航能力)을 갖춘 운반수단이라고 요약할 수 있다.

◆ 배는 남자? 여자?

현대 영어는 명사의 성(Gender)이라는 개념이 많이 약해졌으나 선박의 첫 출항을 처녀출항(Maiden Voyage)이라고 하는 데서 알 수 있듯이 성을 구분하는 언어에서는 선박을 여자로 인식한다. 이러한 관념이 형성된 이유에 관해서는 여러 설이 있으나 가장 널리 알려진 설은 다음과 같다.

"아주 오래 전부터 선박이 인류의 삶과 함께 해왔고 당시의 불완전한 선박이나 미비한 안전설비로 바다를 항해함은 매우 어렵고 힘들었을 뿐만 아니라 위험을 동반하는 일이었다. 때문에 승선은 당연히 남자들의 몫이었고 여자들은 제외되었다. 힘들고 거친 바다 생활에서 작은 위안을 얻고 안전한 항해를 바라는 승선자들의 소박한 바람이 선박에 부드럽고 온화한 여성성을 따왔고 특징으로 굳어졌다고 보는 것이 보편적이다."

(출처: 나승진, 한국선급 웹진 2010년 11월호 기고문)

3.1 선박의 종류

1) 사용목적에 따른 분류

선박의 종류를 구분하는 가장 큰 기준은 사용목적이다. 일반적으로 사용목적은 운송대상을 의

표 4-4 상선의 일반적인 분류

화물선		여객선
건화물선	탱커선	
① 벌크전용선 ② 겸용선 ③ 자동차운반선 ④ 일반화물선 ⑤ 목재운반선 ⑥ 컨테이너선	① 유조선 ② 화학제품운반선 ③ 액체가스운반선	① 페리선 ② 크루즈선

미한다. 예를 들어, 자동차운반선은 자동차를 운송하는 선박이라고 볼 수 있다. 일반적으로 통용되는 선박의 종류를 상선(merchant vessel, 商船)에 한정해서 기술하면 [표 4-4]와 같이 분류할 수 있다.

2) 규모에 따른 분류

벌크전용선, 유조선, 컨테이너선의 경우에는 선박의 크기에 따라서도 다음과 같이 분류할 수 있다.

표 4-5   선종별 크기에 따른 분류

선종	기준	명칭	구분
벌크전용선	재화중량톤수(dwt)	케이프사이즈(Capesize)	100,000톤 이상
		파나막스(Panamax)	60,000-99,999톤
		핸디막스(Handymax)	40,000-59,999톤
		핸디사이즈(Handysize)	10,000-39,000톤
유조선	재화중량톤수(dwt)	초대형 원유운반선(Very Large Crude Carrier(VLCC))	200,000톤 이상
		수에즈막스(Suezmax)	120,000-200,000톤
		아프라막스(Aframax)	80,000-119,999톤
		판막스(Panmax)	60,000-79,999톤
컨테이너선	선폭(m)	포스트 파나막스(Post-Panamax)	32.3m 초과
		파나막스(Panamax)	32.3m 이하

주: 상기 분류는 Clarkson Research Services에서 제공하는 기준임. 명칭별 크기는 지역 및 기관에 따라 상이할 수 있으나 오차범위는 크지 않음.

3.2 선박의 톤수

선박의 톤수는 각 국의 해운력 및 수송능력을 측정하는 지표이며 세금, 항비 및 기타 해상운송 관련 서비스의 과세 또는 수수료의 산출기준이 된다. 톤수는 측정목적에 따라 산출기준이 상이하며 크게 용적톤수와 중량톤수로 구분할 수 있다.

1) 용적톤수

용적톤수는 선박의 용적(또는 부피)을 측정하는 톤수로 40입방피트를 1톤으로 계산한다.

(1) 총톤수(gross tonnage)

선박 내부의 총용적으로 상갑판하의 용적과 상갑판상의 밀폐된 용적을 합한 것이다. 단, 선박의 안전과 위생에 필요한 공간(기관실, 조타실, 취사실 등)은 제외한다. 또한 관세, 등록세, 계선료, 도선료 등의 산출의 기준이 된다.

(2) 순톤수(net tonnage)

선박의 총용적 중 여객 및 화물의 운송에만 사용되는 용적을 표시하는 것으로 항비, 톤세, 운하통과, 항만시설사용료 산출의 기준이 된다.

2) 중량톤수

중량톤수는 국제관습상 2,240파운드(lbs)를 1톤으로 계산한다.

(1) 만재배수톤수(full load displacement tonnage)

화물을 적재한 상태의 선박이 만재흘수선까지 침하했을 때의 용적(배수량)을 중량으로 환산한 것으로 주로 군함의 크기를 측정할 때 사용된다.

(2) 경화배수톤수(light load displacement tonnage)

감항성을 갖춘 상태에서 흘수에 대한 배수량을 중량으로 환산한 것이다.

(3) 재화중량톤수(deadweight tonnage)

선박에 최대로 적재할 수 있는 화물의 중량으로 만재배수톤수와 경화배수톤수의 차이로 계산한다. 선박의 운송능력을 측정할 때 널리 사용되며 선박의 매매가격, 용선료 등의 산출 기준이 된다.

3.3 세계 상선대 현황

1) 선종별 현황

2015년 현재 세계 상선대는 약 17억4천만 톤(재화중량톤, deadweight tonnage)에 달하는 것으로 조사되었다. 상선대의 구성은 사용목적, 즉 운송대상 무역상품 구성에 큰 영향을 받는 관계로 전술한 품목별 해상운송 수요와 마찬가지로 상선대의 구성도 유조선, 건화물선이 가장 큰 비중을 차지하고 있다.

2) 국가별 상선 보유 현황

국제법상 선박은 영토의 확장된 개념으로 간주한다. 즉, 모든 선박은 국적을 보유하고 있는데,

표 4-6	세계 상선대 구성 추이(단위: 백만 톤)										
	2005	2006	2007	2008	2009	2010	2011	2012	2013	2014	2015
Oil Tanker	336	354	383	408	418	450	475	470	473	482	489
Bulk Carrier	321	346	368	391	418	457	532	623	687	728	760
General Cargo	92	96	101	105	109	108	109	81	78	78	77
Container	98	111	128	145	162	169	184	197	207	216	228
Liquefied Gas Carrier	23	24	27	30	36	41	43	44	44	46	50
Chemical	8	9	9	8	8	7	6	23	41	41	42
Offshore Supply	1	1	1	21	23	25	33	71	68	70	74
Others	12	12	20	4	12	13	7	23	23	22	23
Total	896	960	1,042	1,118	1,192	1,276	1,396	1,537	1,626	1,689	1,749

주: Offshore Supply의 2005~2007 수치는 기타 탱커(miscellaneous tankers)로 현재의 구분과는 상이함.
출처: Review of Maritime Transport 각 호, 국제연합무역개발협의회(UNCTAD).

선미(선박의 뒷부분) 부분은 선적국가의 국기를 게양하고 선적항을 표기하고 있다. 2015년 1월 현재 대한민국은 8천만톤의 선박을 보유하며 세계 선복량의 4.6%를 차지하고 있다. 선복량 기준으로 세계 1위는 그리스(2억7천9백만톤, 16.1%)이며, 그 다음으로 일본(2억3천만톤, 13.3%), 중국(1억5천7백만톤, 9.1%), 독일(1억2천2백만톤, 7%)순으로 선복량을 차지하고 있다.

[표 4-7]에서 한 가지 특기할 사항은 국가별 선박 보유 현황이 실질지배 선대기준(beneficial owner location)이라는 것이다. 쉽게 말하자면, 명목상 다른 국가의 국적을 가지고 있는 선박이라고 할지라도 실제적으로는 해당 국가에서 상업적인 이용을 하는 것인데, 이러한 현상이 벌어지는 것은 선박의 국적과 관련해서 편의치적(flags of convenience)이라는 제도 때문이다. 편의치적이란 선박의 실질적인 소유주(또는 소유회사)와 다른 국적으로 선박을 등록하는 것으로 편의치적 대상 국가들은 주로 라이베리아, 파나마, 사이프러스 등 대부분 선박 소유자에 대한 통제가 약한 국가들이다.

선주가 편의치적을 이용하는 가장 큰 목적은 비용절감이다. 편의치적제도는 국가별로 상이하긴 하나, 대부분 선원고용에 있어서 국적에 대한 제한이 없다. 따라서 저임금의 외국선원을 고용함으로써 선원비 부담을 줄일 수 있다. 또한 법인세, 등록세 등 조세부담이 매우 낮다.

편의치적과 유사한 제도로는 역외등록(offshore register) 또는 국제선박등록(international registries)이 있는데, 선박의 소유주가 속한 국가가 정한 특정 구역(자치령)에 선박을 등록하고 선박은 해당 국가의 국적을 가지지만, 외국인 선원의 고용이 허용되며 조세부담도 낮다. 단, 선박 및 항해와 관련한 국제조약에 따라 해당 국가와 동일하게 적용된다. 영국, 덴마크, 프랑스, 노르웨이 등이 이런 제도를 운영하고 있으며, 우리나라는 '국제선박등록법'을 통해 시행하고 있다.

표 4-7 국가별 선복량 보유 현황(실질지배 선대기준, 2015년 1월 현재)

	Deadweight Tonnage(1,000)			% of World Total	No. of Ships
	Total	National Flag	Foreign Flag		
Greece	279,429	70,425	209,004	16.1	4,017
Japan	230,675	19,497	211,177	13.3	3,986
China	157,557	73,810	83,746	9.1	4,966
Germany	122,035	12,543	109,492	7.0	3,532
Singapore	84,022	48,983	35,038	4.8	2,356
Republic of Korea	80,181	16,032	64,148	4.6	1,618
Hong Kong, China	75,321	56,122	19,198	4.3	1,258
United States	60,263	8,731	51,531	3.5	1,972
United Kingdom	48,381	12,477	35,904	2.8	1,227
Norway	46,370	17,066	29,303	2.7	1,857
Taiwan Province of China	45,514	4,681	40,833	2.7	869
Bermuda	42,222	289	41,932	2.4	322
Denmark	36,179	15,286	20,893	2.1	930
Turkey	27,687	8,321	19,366	1.6	1,530
Italy	23,929	–	23,929	1.4	260
India	22,002	15,961	6,040	1.3	803
Brazil	21,815	14,546	7,268	1.3	844
Belgium	20,459	3,150	17,308	1.2	391
Russia	20,089	7,302	12,787	1.1	243
Iran	18,324	5,920	12,403	1.1	1,739

출처: Review of Maritime Transport 2015, 국제연합무역개발협의회(UNCTAD).

> ◆ 누가 책임져야 하나요? 'Sea Empress'호 기름유출 사고를 통해 보는
> 선박의 복잡한 소유구조
>
> 1996년 2월 15일 영국 웨일즈 근해에서 15만톤급 유조선 "Sea Empress"호가 좌초되어 7만 2천톤 가량의 원유가 유출되는 사고가 발생하였다. 사고책임에 대한 판결이 5백만 파운드의 벌금을 부과하는 것으로 내려졌는데, 사고 발생 후 3년이 경과한 후였다. 해상사고에 대한 판결은 상당한 시간이 소요되는데, 그 이유 중 하나는 선박의 복잡한 소유구조 때문이다.
>
> "Sea Empress"호의 경우에는 소유회사의 국적은 라이베리아였다. 회사의 소유주는 선박왕 존 프레드릭센(John Fredriksen)으로 노르웨이 태생의 사이프러스 국적소유자이며 영국에 거주하고 있다. 선원 27명은 전원 러시아 국적이며 사고 당시 영국 국적의 도선사가 탑승 중이었다. 또한 선박은 미국의 정유회사 Texaco가 용선한 상태였으며, 상업적인 선박관리는 사이프러스 국적의 회사가, 기술적 관리는 영국 국적의 회사가 담당하고 있었다.

4 정기선 운송

4.1 정기선 운송의 개념 및 특징

정기선(liner) 운송이란 특정항로를 사전에 정해진 일정에 따라 반복적으로 운송서비스를 제공하는 방식이다. 오늘날에는 정기선 운송이 주로 컨테이너선에 의해서 이루어지기 때문에 컨테이너 운송과 혼용해서 쓰는 경우가 많으나, 정해진 일정에 의해 특정항로에 대한 서비스가 이루어지는 모든 해상운송은 정기선 운송이라고 할 수 있다. 부정기선과 비교하여 정기선 운송은 다음과 같은 특징을 가지고 있다.

표 4-8 정기선과 부정기선 운송의 비교

	정기선	부정기선
운송형태	규칙성/반복성	불규칙성
운송화물	이종(異種)/고가	동종(同種)/저가
운송계약	개품운송계약	용선계약
운임	사전 공시된 동일운임	시장의 수급에 따라 결정

정기선 운송업자는 다양한 화물을 취급하며 다수의 기항지에서 서비스를 제공해야 하므로 대형화된 조직의 형태를 취한다. 따라서 부정기선 운송업자에 비해서 간접경비(overhead costs)의 비중이 높다. 또한 반복적인 운송서비스를 제공하기 위해서는 다수의 선박이 필요하므로 초기 자본투입이 높은 자본집약적인 업종이다.

4.2 정기선 운송과 공동행위

정기선 운송에서는 2개 이상의 운송업자가 과당경쟁을 방지하고 적정한 운임수준을 유지하기 위하여 운임, 배선, 적취량 등에 관한 협약 또는 계약을 체결하는 공동행위가 가능하다. 이런 공동행위는 전통적 방식인 해운동맹(shipping conference)부터 선복공유(slot charter), 공동운항(joint service 또는 joint venture), 얼라이언스(alliance) 등 다양한 형태로 유지되고 있다.

해운동맹은 일종의 카르텔로서 공정한 경쟁을 제한할 수 있다는 위험이 있으나, 해운산업의 특수성과 안정적인 해상운송 서비스를 제공하는 차원에서 국제적으로도 용인되어 왔다. 그러나 개별 운송서비스사업자의 독자운임결정권과 우대운송계약을 가능하게 한 미국의 신해운법(Shipping Act 1984)이 발효되면서 해운동맹의 기능이 크게 약화되었다. 유럽연합(EU)에서도 해운산업의 경쟁법 적용 면제규정(유럽연합 경쟁이사회 규정 4056/86)을 폐지함으로써 2008년부터 사실상 해운동맹을 금지하였다. 이에 따라 해운선사들은 운임에 관한 협력형태인 해운동맹에서 운항에 관한 협력형태인 공동운항, 얼라이언스로 선회하게 되었다.

4.3 정기선 운임

정기선 운임은 크게 기본운임과 할증료 및 부대비용으로 구성된다.

1) 기본운임

기본운임은 산정기준에 따라서 다음과 같이 분류한다.
① 종가운임(ad valorem freight): 고가의 화물일 경우 화물가액의 일정률을 부과
② 품목별운임(commodity rate): 화물의 품목별로 상이한 운임을 부과
③ 무차별운임(freight all kinds): 화물의 가격이나 품목에 관계없이 동일하게 적용하는 운임
④ 중량기준 운임(weight basis): 화물의 중량을 기준으로 부과
⑤ 용적기준 운임(measurement basis): 화물의 용적(부피)을 기준으로 부과

2) 할증료 및 부대운임

① 유류할증료(BAF: bunker adjustment factor): 선박의 연료인 벙커유의 가격변동에 따른 추가적인

비용을 보전하기 위해 부과

② 통화할증료(CAF: currency adjustment factor): 운임표시 통화(달러화)의 가치하락으로 인한 손실을 보전하기 위해 부과

③ 성수기할증료(peak season surcharge): 수출입화물이 집중되는 특정기간에 부과

④ 체선할증료(port congestion charge): 항만 사정으로 선박의 체선에 대한 손실을 보전하기 위해 부과

⑤ 터미널화물처리비(terminal handling charge): 컨테이너 터미널 내에서 선박에 선적 또는 양하에 이르기까지 화물의 이동에 따른 처리비용

⑥ 컨테이너화물 조작료(container freight station charge): 컨테이너 한 박스 분량이 안 되는 소량화물의 혼적 또는 분류작업에 소용되는 비용을 부과

4.4 주요 정기선사 현황

2015년 5월을 기준으로 덴마크의 Maersk Line은 606척의 컨테이너선을 보유(선복량 297만 TEU)하며 세계 컨테이너선 선복의 15.3%를 차지하고 있다. 뒤를 이어 MSC(스위스), CMA CGM(프랑스), Hapag-Lloyd(독일) 등이 따르고 있다. 우리나라의 한진해운과 현대상선은 각각 104척(63만 TEU, 8위), 56척(37만 TEU, 18위)을 보유하고 있다.

표 4-9　세계 정기선사 선복보유 현황(2015년 5월 기준)

Rank	Operator	Total		Owned		Chartered		% of World Fleet
		TEU	Ships	TEU	Ships	TEU	Ships	
1	Maersk	2,970,326	606	1,666,294	255	1,304,032	351	15.3%
2	MSC	2,543,201	491	1,094,191	193	1,449,010	298	13.1%
3	CMA CGM	1,734,012	464	562,076	83	1,171,936	381	8.9%
4	Hapag-Lloyd	970,918	185	516,699	73	454,219	112	5.0%
5	Evergreen	953,114	202	534,211	106	418,903	96	4.9%
6	COSCO	851,919	165	462,852	84	389,067	81	4.4%
7	CSCL	710,857	139	484,208	68	226,649	71	3.7%
8	Hanjin	633,495	104	278,102	38	355,393	66	3.3%
9	MOL	615,087	114	189,030	29	426,057	85	3.2%

10	Hamburg Sud	587,939	127	262,672	42	325,267	85	3.0%
11	OOCL	571,913	106	340,131	48	231,782	58	2.9%
12	APL	558,139	92	386,003	50	172,136	42	2.9%
13	NYK	476,991	99	281,658	48	195,333	51	2.5%
14	Yang Ming	474,844	96	185,231	40	289,613	56	2.4%
15	UASC	407,550	52	261,943	30	145,607	22	2.1%
16	K Line	394,374	75	108,152	17	286,222	58	2.0%
17	PIL	368,159	155	293,056	120	75,103	35	1.9%
18	HMM	365,968	56	153,658	20	212,310	36	1.9%
19	Zim	321,247	74	55,057	13	266,190	61	1.7%
20	Wan Hai	229,793	96	170,837	71	58,956	25	1.2%

출처: Alphaliner Top 100.

공급측면에서 정기선 해운시장에서 가장 주목해야 할 점은 공급의 과점화가 계속 진행되고 있다는 것이다. 이는 공동운항 및 얼라이언스 구축 외에도 인수합병을 통해서도 이루어지고 있다. 현재 상위 5대 선사들이 전체 선복량의 약 47%를 차지하여 공급의 과점화가 진행됨을 알 수 있다.

표 4-10　정기선 해운 선복집중현상 추이

| | 2000 | | 2006 | | 2015 | |
	선복(TEU)	비중	선복(TEU)	비중	선복(TEU)	비중
상위 5개사	1,687,666	32.8%	4,271,626	47.0%	10,808,677	48.2%
상위 10개사	2,538,199	49.3%	6,016,950	66.2%	14,574,094	65.0%
상위 25개사	3,843,612	74.6%	8,419,593	92.6%	20,074,343	89.5%
전체	5,150,000		9,094,487		22,424,042	

출처: Alphaliner Top 100 각 호.

4.5 주요항로별 컨테이너 물동량

1970년대 이래로 컨테이너를 이용한 운송 표준화는 안정성 및 작업의 효율성을 가져왔다. 이로 인해 오늘날 고가의 화물(완제품 및 부품 등) 운송에 주로 이용되고 있다. 특히, 컨테이너 운송은 세계

GDP의 약 80%를 차지하는 3대 경제권(아시아, 유럽, 북미)의 생산과 소비를 연결하는 역할을 하고 있다. 이렇게 3대 경제권을 연결하는 기간항로를 각각 Asia-Europe(아시아-유럽 항로), Transpacific(아시아-북미), Transatlantic(북미-유럽)이라고 통칭한다.

기간항로의 기종점별 물동량을 분석해보면 세계경제의 현황을 파악할 수 있는 흥미로운 부분이 있는데, 바로 동-서 물동량 불균형이다. 아시아(특히 중국 및 개발도상국)는 세계의 생산기지로서 수출 물동량이 많은 데 비해, 주요 소비시장인 북미 및 유럽에서 아시아로 향하는 수출 물동량이 상대적으로 적은 편이다. 동-서 물동량의 불균형으로 인한 공컨테이너 회수 문제는 재배치 비용으로 인한 컨테이너 정기선 운송의 원가상승을 일으키는 주요 원인인 것으로 알려져 있다.

표 4-11 | **주요 기간항로 컨테이너 화물 동-서 물동량 추이** (단위: 만 TEUs)

연도	Transpacific		Asia-Europe		Transatlantic	
	아시아 ⇨ 북미	북미 ⇨ 아시아	아시아 ⇨ 유럽	유럽 ⇨ 아시아	유럽 ⇨ 북미	북미 ⇨ 유럽
2009	10.6	6.1	11.5	5.5	2.8	2.5
2010	12.3	6.5	13.3	5.7	3.2	2.7
2011	12.4	6.6	14.1	6.2	3.4	2.8
2012	13.1	6.9	13.7	6.3	3.6	2.7
2013	13.8	7.4	14.1	6.4	3.8	2.8
2014	14.7	7.5	15.4	7.0	3.9	2.7

출처: Review of Maritime Transport 2015, 국제연합무역개발협의회(UNCTAD).

5 부정기선 운송

5.1 부정기선 운송의 개념 및 특징

부정기선 운송은 정기선 운송과는 달리 항로 및 일정이 정해져 있지 않고, 화물의 운송수요가 있을 때마다 계약을 체결하고 운송 서비스를 제공하는 형태이다. 일반적으로 대량의 동일화물을 선박에 만재하여 운송하는 것이 특징인데, 원유, 철광석, 석탄, 곡물 등이 주요 운송품목이며 비포장 상태로 선적 및 하역이 이루어진다.

공급의 과점현상이 뚜렷한 정기선과는 달리 부정기선 시장은 거의 완전경쟁시장에 가까운 것으로 보고 있다. 즉, 단일 또는 소수의 공급자가 시장가격 형성에 큰 영향을 미치지 못한다. 또한, 단위

운송비용이 저렴하며 수요의 가격탄력성이 매우 낮은 것이 부정기선 운송시장의 큰 특징이다.

5.2 용선계약의 종류

부정기선 운송은 주로 용선계약에 의해 이루어지며, 계약의 조건 등에 따라 용선계약은 다양한 형식을 가진다. 용선계약은 크게 항해용선, 정기용선, 나용선 세 가지로 나눌 수 있는데, 각각의 특징을 비교하면 다음과 같다.

표 4-12 용선계약의 특징 비교

구분		항해용선	정기용선	나용선
선장의 고용		선주가 선장 임명/지휘/감독	좌동	용선자가 임명/지휘/감독
운송책임		선주가 운송책임	좌동	용선자가 운송책임
운임기준		화물의 수량 또는 선복	용선기간	용선기간
비용분담	선주	선원비, 항비, 연료비, 유지보수, 보험료, 상각	선원비, 유지보수, 보험료, 상각	보험료, 상각
	용선자	없음	연료, 항비	선원비, 항비, 연료비, 유지보수

1) 항해용선

항해용선계약은 선복의 일부 또는 전부를 이용하여 용선자가 원하는 목적지까지 화물을 운송할 것을 약정하는 일종의 화물운송계약이다. 용선자는 선주에게 운임을 지불하며, 선주는 선박의 운항 및 항해에 따른 일체의 비용을 분담한다. 운임은 주로 화물의 양에 따라 부과한다.

2) 정기용선

정기용선계약은 용선자가 일정 기간 동안 선박을 임차하여 사용할 목적으로 체결하는 계약형태이다. 선주는 설비를 갖추고 선원을 승선시킨 상태에서 계약기간 동안 용선자에게 선박을 임대하며, 용선자는 계약기간 동안의 항해 비용을 부담한다.

3) 나용선

나용선계약은 일종의 선박임대차계약으로 선주는 선박 자체를 일정 기간 동안 대여하고 용선자가 항해, 유지관리, 수익 등에 관한 권한과 책임을 갖는 형태이다. 나용선 계약은 통상 10년 이상의 장기간에 걸쳐 체결되며, 선주에게는 해운시황 변동의 리스크를 피하고 안정적인 수입을 얻을 수 있다는 장점이 있으며, 용선자에게는 선박구매에 따른 초기자본 투입 없이 선박을 지배하여 운항할 수 있다는 장점이 있다.

5.3 용선계약의 체결과정 및 주요 계약조건

1) 용선계약의 체결과정

용선계약은 통상 다음과 같은 절차를 통해서 이루어진다.

① 조회 및 문의: 용선자가 원하는 운송조건(화물의 종류, 수량, 선적지, 운임 등)을 고려하여 선주에게 조회

② 확정청약: 용선자의 조회와 조건이 부합하는 선주는 계약조건 등을 제시하여 용선자에게 계약체결을 요청

③ 반대청약: 선주의 확정청약에 용선자가 일부 내용을 변경하거나 추가로 제의하여 새로운 청약을 제시

④ 선복확약: 상호 용선계약 조건에 합의하여 승낙하면 용선계약은 성립하며, 이에 대한 증빙으로 선복확약서를 작성

⑤ 용선계약서 작성: 선복확약서의 조건에 의거, 정식 용선계약을 체결

2) 주요 용선계약 조건

용선계약에는 운송하는 화물의 종류 및 용선조건에 따라 다양한 용선계약서가 작성된다. 따라서 용선계약 조건에 대하여 일률적으로 적용하기는 어려우나 대체로 다음과 같은 조건들이 계약서상에 명시된다.

(1) 항해용선계약의 주요조건

① 하역비 부담조건: 선적과 양하 시 발생하는 비용을 선주와 용선자 간에 분담하는 조건을 명시하는 것으로 다음과 같은 종류가 있다.
  • Berth Term: 선주가 선적과 양하 비용 모두 부담
  • Free In and Out: 용선자가 선적과 양하 비용 모두 부담
  • Free In: 선적은 용선자 부담, 양하는 선주 부담
  • Free Out: 선적은 선주 부담, 양하는 용선자 부담

② 정박기간: 선적과 양하에 필요한 정박기간을 정하는 조건. 화물의 종류, 항만 여건, 작업관습에 따라 결정되며, 자주 사용되는 조건으로는 관습적 조속 하역(Customary Quick Dispatch), 연속 정박기간(Running Laydays), 호천작업일(Weather Working Days) 등이 있다.

③ 정박기간의 산정: 정박기간은 용선된 선박이 도착항에서 하역준비를 완료하고 선장이 하역
준비완료통지를 하면 개시된다. 통상 오전에 통지가 접수되면 당일 오후 1시, 오후에 접수되
면 익일 오전 6시부터 기산한다.

④ 체선료/조출료: 용선계약에 허용된 정박기간을 초과할 경우 용선자는 선주에게 체선료를 지
불하며, 반대로 허용된 정박기간보다 빠르게 하역이 끝나면 선주는 용선자에게 조출료를 지
불한다. 통상 조출료는 체선료의 1/2 수준이다.

(2) 정기용선계약의 주요 조건

① 항행구역: 선주는 용선기간 동안 선박의 항행구역을 제한할 수 있다. 용선자가 항행제한 구
역을 벗어나 항행을 원할 경우 선주의 동의를 구해야 하며 추가적인 비용(보험료 등)에 대한
부담은 주로 용선자가 가진다.

② 인도 및 반선조건: 용선계약 개시시점에 선주가 선박을 인도할 지역 또는 항구, 용선계약 종
료 시점에 용선자가 반선할 지역 또는 항구를 명시한다.

③ 연료: 인도 및 반선 시 선박에 적재된 연료 잔량에 대한 조건이다.

④ 용선료 지급시기: 통상 1개월 단위로 선불 지급하는 조건이다.

⑤ 용선료 지급중지: 선주측의 과실(선체의 고장) 등으로 인해 용선자의 시간 손실이 발생할 경우
해당 시간만큼 용선료의 공제를 명시한다.

6 해상운송 운임지표

주가지수, GDP 성장률, 산업생산성 등 각종 지표를 통해서 경제현황을 파악하듯이 해상운송에
도 운임지표를 통해서 운송시장의 현황을 파악할 수 있다. 특히, 저가의 화물을 취급하는 화주의 경
우에는 원가에서 운송비의 비중이 높기 때문에 운임동향에 민감할 수밖에 없다. 선주나 용선자의 입
장에서도 운임은 수익성에 큰 영향을 미치기 때문에 운임동향을 파악하는 것은 중요한 업무이다.

그러나 해상운송시장의 경제현황을 포괄적으로 설명할 수 있는 운임지표를 이용하는 데에는 상
당한 어려움이 있다. 우선, 운송시장은 화물, 운송거리, 현지 관습 등이 상이하기 때문에 표준화가 어
렵다. 그리고 해상운송업은 전통적으로 정보공개를 최소한으로 유지하려는 경향이 있어 공개된 정보
(특히, 운임)의 대표성이나 신뢰성이 부족하다.[2] 그럼에도 불구하고 운임지표를 통해서 운송시장의 현
황을 파악하려는 노력은 계속되고 있고, 이 부분에서는 널리 이용되고 있는 운임지표에 대해서 살펴
보고자 한다.

---

2 세계적으로 해운회사는 약 3만 여개로 추산되나 기업공개를 통하여 주식시장에 상장된 법인 수는 약 200여 개인 것으로 알려져 있다.
Drobetz et al. (2013)은 1992~2010년 동안 상장된 해운회사의 자본구조를 분석하면서 115개 법인을 대상으로 연구하였다.

6.1 발틱운임지수

18세기 중엽에 설립된 발틱해운거래소(Baltic Exchange)는 해상운송업계에서 가장 공신력 있는 거래소로 선주, 용선자 및 해운중개업자들로부터 정보를 취합하여 부정기선 운송시장의 운임지표를 발표하고 있다.

1) Baltic Dry Index

건화물 해운시장(Dry bulk)의 대표적인 운임지수로 23개 항로의 선형별 정기용선료를 종합하여 지수화시킨 것으로 1985년 1월 4일 기준 1,000포인트로 산정한다.

2) Baltic Capesize Index

Baltic Dry Index를 구성하는 하위 항목으로 케이프사이즈 선형의 항로별 용선료를 가중평균한 지수이다. 1999년 3월부터 발표하고 있으며, 항해빈도 및 물동량을 고려한 지수의 구성은 다음과 같다.

표 4-13 Baltic Capesize Index의 구성

항로명	선박제원(톤)	항행구역	가중치
C2	160,000	Tubarao – Rotterdam	10%
C3	160,000	Dubarao – Qingdao	15%
C4	150,000	Richard Bay – Rotterdam	5%
C5	160,000	West Australia – Qingdao	15%
C7	150,000	Bolivar – Rotterdam	5%
C8	172,000	Gibralta/Hamburg 인도 및 반선(정기용선)	10%
C9	172,000	ARA* 인도 및 China/Japan 반선(정기용선)	5%
C10	172,000	China/Japan 인도 및 반선(정기용선)	20%
C11	172,000	China/Japan 인도 및 ARA 반선(정기용선)	15%

주: * Amsterdam-Rotterdam-Antwerp
출처: 발틱해운거래소.

3) Baltic Panamax Index

Baltic Dry Index를 구성하는 하위 항목으로 파나막스 선형의 항로별 용선료를 가중평균한 지수

이다. 1998년 발표 시작 당시에는 항해용선항로와 정기용선항로를 포함하였으나, 현재는 정기용선 항로만 구성되어 있다.

표 4-14   Baltic Panamax Index의 구성

항로명	선박제원(톤)	항행구역	가중치
P1A	74,000	Transatlantic, Skaw/Gibralta 인도 및 반선(정기용선)	25%
P2A	74,000	Skaw/Gibralta 인도 및 Taiwan/Japan 반선(정기용선)	25%
P3A	74,000	Transpacific, Japan/South Korea 인도 및 반선(정기용선)	25%
P4	74,000	Japan/South Korea 인도 및 Skaw/Gibralta 반선(정기용선)	25%

출처: 발틱해운거래소.

4) Baltic Dirty Tanker Index

주요 원유운송 항로의 운임을 동일한 가중치로 산술평균한 지수이며 다음과 같이 구성되어 있다.

표 4-15   Baltic Dirty Tanker Index의 구성

항로명	선박제원(톤)	항행구역
TD1	280,000	Middle East – US Gulf
TD2	260,000	Middle East – Singapore
TD3	260,000	Middle East – Japan
TD4	260,000	West Africa – US Gulf
TD5	130,000	West Africa – US Atlantic Coast
TD6	135,000	Black Sea/Mediterranean
TD7	80,000	North Sea – Continent
TD8	80,000	Kuwait – Singapore
TD9	70,000	Caribbean – US Gulf
TD10	50,000	Caribbean – US Atlantic Coast
TD12	55,000	ARA – US Gulf

TD14	80,000	Southeast Asia – Australia
TD15	260,000	West Africa – China
TD16	30,000	Black Sea – Mediterranean
TD17	100,000	Baltic – UK/Continent
TD18	30,000	Baltic – UK/Continent
TD19	80,000	cross Mediterranean

출처: 발틱해운거래소.

5) Baltic Clean Tanker Index

주요 석유화학제품 및 화학물질 운송항로의 운임을 동일한 가중치로 산술평균한 지수이며 다음과 같이 구성되어 있다.

표 4-16 Baltic Clean Tanker Index의 구성

항로명	선박제원(톤)	항행구역
TC1	75,000	Middle East – Japan
TC2_37	37,000	Continent – US Atlantic Coast
TC3_38	38,000	Caribbean – US Atlantic Coast
TC5	55,000	Middle East – Japan
TC6	30,000	Algeria – European Mediterranean
TC8	65,000	Arabian Gulf – UK/Continent
TC9	22,000	Baltic – UK/Continent

출처: 발틱해운거래소.

6.2 Howe Robinson Container Index

영국의 해운중개업체 Howe Robinson이 발표하는 컨테이너선 용선료지수로 1997년 1월 15일 기준 1,000포인트로 산정한다. 컨테이너선 용선시장에서 주로 거래되는 14개 선형(510 TEU에서 4,300 TEU)별 지수 및 종합지수가 발표된다.

6.3 China Containerized Freight Index

상하이해운거래소가 발표하는 중국발 수출 컨테이너 운임지수로 1998년 1월 1일 기준 1,000포인트로 산정한다(발표는 1998년 4월 13일 시작). 중국 주요 항만에 기항하는 컨테이너 정기선사 중 시장점유율이 높은 19개 선사로부터 14개 주요항로별 운임을 수집하여 발표된다.

6.4 Korea Maritime Index

한국해양수산개발원이 발표하는 건화물선 운임지수로 기존의 발틱운임지수에서 태평양 및 극동지역 항로를 반영하여 개발하였다. 전체 30개 항로의 선형별 운임을 가중 평균하여 1995년 1월 기준 1,000포인트로 산정한다.

05

Fundamental of Logistics

빠른 운송이 필요해. 그럼 항공운송으로

05 빠른 운송이 필요해. 그럼 항공운송으로

1 항공운송의 개념과 발전

1.1 항공산업(Aviation industry)이란?

　일반적으로 항공산업은 항공기의 개발 및 생산활동과 관련된 항공기(제조)산업(Aircraft Manu-facturing industry)과 항공기를 이용한 운송활동과 관련된 항공운송산업(Air Transport industry), 그리고 우주항공과 관련된 항공우주산업(Aerospace industry)으로 구분할 수 있다.

　세부적으로는 항공제조산업에는 민용항공기, 군용항공기로 나누어지고 항공운송산업에는 정기 항공운송(Scheduled air transport), 부정기 항공운송(Non-scheduled air transport), 전세항공(Charter), 일반항공 (General aviation)으로 구분되며 항공우주산업은 우주선, 위성체, 미사일 등으로 구분된다.

1.2 항공운송산업이란?

　항공기를 이용하여 인적·물적 대상을 공간적으로 이동시키는 운송활동으로 구성되는 서비스 산업이다. 거래되는 상품이 유형재가 아닌 무형의 서비스이며 공공성(Publicity)이 강하다.

1) 항공운송이란?

　항공기(수단)를 이용하여 여객·화물(대상)을 운송(방법)하는 경제활동(서비스)이다. 항공운송의 주체는 크게 세 부류로 서비스를 생산하여 판매하는 운송업자(Carrier)를 뜻하는 공급자(Supplier)와 서비스 상품을 구매하는 이용자(User), 시장기능을 보호하고 지원 등을 하는 정부(Controller)로 구분된다.

그림 5-1 항공산업의 구분

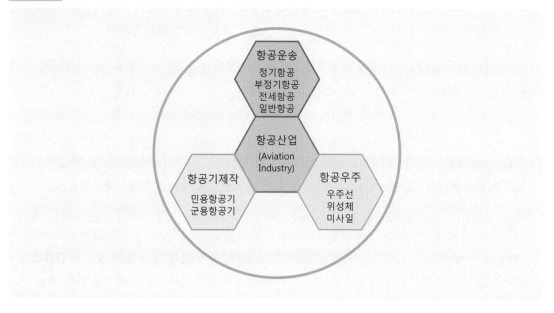

2) 항공운송의 종류

항공운송의 종류로 운송형태, 운송대상, 운송지역이 있다. 운송형태는 정기항공, 부정기항공, 전세항공으로 구분할 수 있고 운송대상은 여객, 화물이며 운송지역은 국내항공과 국제항공, 지역항공이 있다.

3) 항공운송사업

항공운송사업은 타인의 수요에 응하여 항공기를 사용하여 유상(有償)으로 여객 또는 화물을 운송하는 사업을 말한다. 항공운송사업은 크게 세 가지로 구분된다. 정기 운송업, 부정기 운송업과 사진촬영, 약재살포, 보도 및 취재, 지도 제작 등의 항공기 사용사업 그리고 정비, 급유, 상하역, 지상조업 등의 항공기 취급업과 항공기 운송대리점업, 수출입 등에 관한 서류와 견본품 등 사업서류 송달업과 도심공항터미널업의 기타 항공기 이용사업이 있다.

4) 일반항공

일반항공으로는 사업용 항공(Biz aviation), 개인용 항공(Private flying), 교육용 항공(Instructional flying), 상업 및 산업용 항공(Commercial & industrial aviation)이 있다.

1.3 항공운송산업의 특성

1) 운송력 및 정기성

운송력은 항공수요를 고려하여 항공기를 일정횟수 운항하는 것이며, 정기성은 최적의 운항 스케줄을 편성하는 것이다.

2) 생산과 판매의 동시성

생산된 운송상품은 객실의 좌석(Seats) 또는 화물의 탑재공간(Loading space)과 같다. 일반 제조업과는 달리 제품을 저장할 수 없는 즉시재(卽時財)이며 서비스 산업의 대표적 특성이다.

3) 낮은 생산탄력성

생산과 판매가 동시에 이루어지기 때문에 시장 대응성의 한계에 부딪히게 되고 생산탄력성이 낮아지게 된다. 또한 투입되는 항공기 및 운항횟수가 미리 정해져 있다. 다만, 계절별 요인 등을 고려할 수 있다.

4) 타 운송수단과 차별성

타 운송수단에 비해 고속성이 높고 쾌적성, 안전성이 높은 반면에 경제성은 낮다.

표 5-1 항공과 고속철도의 차이

수 단	고속성	정시성	쾌적성	안전성	경제성
항공	높음	높음	높음	높음	낮음
고속철도	낮음	높음	높음	높음	높음

5) 기반투자에 용이

타 교통수단보다 초기 투자비용이 상대적으로 적다. 정부, 공항당국으로 상대적으로 투자가 큰 시설 제공자 측면(Facility provider aspect)과 항공기 도입 등 기초 투자가 큰 서비스 제공자 측면(Service provider aspect)으로 볼 수 있다.

6) 국가 간 항공협정 필요

항공운송협정(Air Transport Agreement) 체결 후 운항을 개시한다.

7) 정부의 규제

항공운송산업의 보호와 육성을 위한 정책을 진행하며 더 나은 항공운송사업을 위한 최소한의 규제가 요구된다.

1.4 항공운송서비스란?

항공운송서비스란 항공기의 안전하고 신속한 운항을 통해 여객과 화물을 정해진 목적지까지 이동시키는 일련의 행위이다.

1) 항공서비스 특성

항공서비스 특성은 곧 무형의 서비스라고 볼 수 있다. 세분화하여 분류하면 효용에 대한 구체적인 설명이 불가하여 서비스 제공에 대한 주관성을 보이는 무형성(Intangibility), 좌석의 예약과 판매를 통한 생산, 소비를 동시에 일으키는 생산과 소비의 동시성(Inseparability), 재고가 존재하지 않는 소멸성(Perishability), 상품에 대한 표준화는 일반 상품에 비해 어려워 소비자 주관이 강하게 나타나는 이질성(Heterogeneity), 정보시스템의 혁명(IT Revolution), 인터넷 발권(Internet Ticketing) 등 비통상적인 유통채널(Distribution Channel)로 구분할 수 있다.

2) 항공서비스 구성요건

항공서비스 구성요건 역시 무형의 서비스로 볼 수 있으며 안전성, 쾌적성, 신속성, 공항접근 용이성, 노선 선택의 편리성 등의 내재적 편익과 승무원의 친절과 기내의 품격, 기내 서비스 수준 등의 보조적 편익, 항공기와 공항, 항행안전시설, 보안시설 등의 서비스 시설과 예약실, 정비, 지상조업장비 등의 서비스 지원시설, 기내의 오락프로그램, 의약품 등 기내 안 오락(In-flight entertainment: Casino)의 서비스 물품으로 구성된다.

2 항공운송의 발달

2.1 항공기 발전에 따른 구분

1) 몽상(夢想)시대

인간은 먼 옛날부터 하늘을 날기를 희망해 왔는데, 이러한 희망을 증명해 주는 고대의 전설이 전해지고 있다. 이 중에서 가장 잘 알려진 것이 고대 그리스의 신화에 나오는 전설로서, 데달루스

그림 5-2   레오나르도 다빈치 날개 달린 기계에 대한 예언도

(Daedalus)와 그의 아들 이카루스(Icarus)가 밀랍(wax)과 새의 깃털로 만든 날개를 달고, 크레타(Creta)섬에서 탈출하고자 하였다가 실패한 전설이다. 그 후 1783년까지의 시대에는 주로 인공의 날개를 사람의 팔과 다리로 움직여 하늘을 날겠다는 생각이 지배적이었다.

그러나 중세, 곧 로마 제국이 멸망한 서기 476년부터 15세기 말까지 1천 년간의 꿈에서 깨어난 선각자 중의 한 사람으로 레오나르도 다빈치가 있다. 다빈치는 많은 새를 해부한 결과, 다음과 같은 결론을 내렸다. 그의 결론은 "새는 수학적 법칙에 따라 작동하는 기계이며, 그의 모든 운동을 인간능력으로 구체화시킬 수 있다."는 것이었으며, 1505년에 발표한 이 논문은 후세에 글라이더나 동력항공기에 관심을 가진 사람들에게 큰 자극을 주었다.

2) 기구와 비행선의 발명

세계 최초로 기구를 띄운 사람은 프랑스의 제지업자였던 몽골피에(1740~1799) 형제로, 그들은 불을 때면 연기가 상승하는 데 착안하여 종이와 천을 붙인 직경 10m의 기구를 제작하여 1783년 6월 5일 프랑스의 리용(Lyons)에서 많은 구경꾼들 앞에서 시험을 하였는데, 밀짚과 양털을 태워 가열된 연기를 기구 안으로 채워 넣어 약 1,800m 높이까지 상승시켰다. 이것은 인간이 만든 물건으로 지상을 떠나 상승한 최초의 기록이다. 같은 해 11월에 몽골피에 형제는 기구에 2명의 남자를 태우고 '브로뉴' 삼림에서 이륙하여 파리 상공을 높이 약 900m, 거리 9km, 비행시간 약 20분의 기록을 세웠다.

그러다가 1852년에 프랑스의 앙리 지파알(Henri Giffard)에 의해 이러한 조종비행에 관한 해결방안이 제시되었는데, 그는 여송연(Cigar) 모양의 길쭉한 기구를 만들어서 3마력의 출력을 내는 증기기관에 프로펠러를 달아 방향조종을 시도하였다.

지파알의 기구는 시간당 10km 정도의 속도밖에 비행하지 못하였으나, 강한 바람이 불지 않는 한 비교적 정확한 조종비행을 할 수 있었다. 지파알의 기구는 동력기구(dirigible) 즉, 비행선의 시초라고 할 수 있다. 뒤이어 판금골조로써 선체를 연식(軟式)으로 만들고 그 안에 가스를 넣는 형의 비행선

그림 5-3	몽골피에의 기구 띄우기

이 출현하게 되었는데, 이것이 바로 독일의 페르디난트 폰 제펠린(Ferdinand von. Zeppelin)이 만든 비행선이다.

3) 비행원리의 발견

영국의 과학자 조지 케이레이(George Cayley; 1773~1857)가 새처럼 날개 치는 방식이 아닌 기계적 방식에 의한 비행의 가능성을 시사한 논문을 발표하였는데, 그는 1804년 그의 이론을 실험하기 위하여 154평방 피트의 날개면적을 가진 모형글라이더를 만들었다. 이 비행을 성공적으로 마치고, 그는 실험에서 발견한 사실들을 기록으로 남겼다. 여러 관점에서 볼 때 케이레이경(Sir George Cayley)의 글라이더는 최초로 제작되어 비행을 한 진정한 의미의 항공기라고 할 수 있으며, 그가 발표한 일련의 보고서는 후일 라이트 형제를 포함한 비행기 설계자들에게 많은 영향을 주었다. 이러한 '케이레이'의 선각자적인 탁견은 양력이론뿐만 아니라 종횡(세로, 가로) 안정성을 조사, 연구한 것으로써, 비행기가 날기 백 년 전에 양력의 발생을 이론화시킨 '케이레이'는 틀림없는 '비행기의 아버지'로 존경할 만하다.

4) 항공역학의 해명과 동력 비행시대

케이레이의 양력이론을 계승하고, 릴리엔탈 및 다른 항공이론가들의 이론을 종합한 결과 귀착된 결론은 동력(engine)의 장착이었다. 동력비행에 성공한 라이트 형제(Wilbur Wright; 1867~1912, Orbille Wright; 1871~1948) 이전의 사람들은 너무나 이론가였거나 반대로 너무나 현상에만 고집하는 지나친 실천가였다.

그림 5-4 라이트 형제의 첫 번째 비행

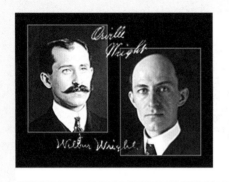
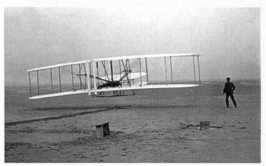

The First Flight • December 17, 1903 • 10:35 am • Kitty Hawk, NC

그림 5-5 라이트 형제의 비행기 제작과정

20세기에 들어서면서 동력비행의 개발에 필요한 것은 이론을 존중하면서 실제 시험으로 입증할 수 있는 능력을 구비한 항공선각자들의 출현이 요구되었다. 글라이더의 선구자인 케이레이가 1804년에 만든 모형 글라이더들은 과학적인 이론에 부합되는 것으로써, 이것을 실물로 만들어 이에 맞는 경량인 엔진을 붙이면 성공적으로 비행하는 것은 확실히 가능할 것으로 보였다.

이것을 실제로 실행에 옮긴 사람이 미국 오하이오주의 자전거 제조업자였던 라이트 형제로, 1903년에 이들에 의해서 인류 최초의 유인 동력비행이 실현되었다.

5) 제1차 세계대전과 항공기의 발달

제1차 세계대전이 발발하기 이전까지 비행기는 하나의 스릴 있는 진기한 스포츠 용구로 생각되고 있었으며, 무기로서의 사용가치가 충분히 검토되기 전인 1914년에 제1차 세계대전이 발발했다. 그러나 제1차 세계대전을 계기로 항공기의 필요성이 증대됨으로써 급격한 성능 향상을 보이게 되었다.

제1차 세계대전의 항공기 발달사적 의의는 다음과 같다. 첫째, 항공기의 성능이 전반적으로 향상되었으며, 둘째, 전투기, 폭격기, 정찰기 등 용도에 따라 항공기 형태가 확실하게 분류되었으며, 셋째, 항공기의 본격적인 발달로 무기로서의 비행선은 무가치하게 되었고, 넷째, 대전 중 항공기의 급격한 소모 및 용도 다양화로 인해 그 생산방법이 공업화되어 대량 생산할 수 있게 되었다.

6) 비행시대의 전개

제1차 세계대전이 종결된 다음 해인 1919년부터 1933년까지의 14년간의 대장정, 즉, 장거리 비행기록 수립시대로 전개되었다. 장거리비행 경쟁의 첫 테이프를 끊은 나라는 제1차 세계대전 때 그다지 활약이 많지 않았던 이탈리아로서, 1920년 2월 14일 '로마'를 출발하여 중동, 인도, 중국 그리고 한국의 서울 여의도를 거쳐 5월 11일에 일본 동경에 도착하였다. 2대의 SVA기에 페리린과 별 파니니, 마쉐로와 마렛트의 2개조로 편성하여 비행시간 109시간, 평균시속 160km로 장거리 비행에 성공하였다.

비행중 최고속도 기록은 시속 240km로서, 당시로서는 상당한 고속비행이었다. 이 대장정은 또한 당시 항속거리가 짧은 항공기를 이용하여 한국을 항로상에 징검다리로 이용한 첫 역사적 사건으로 우리나라 항공역사에도 큰 의의가 있다. 그 다음의 대장정은 미국의 전직 우편비행 조종사였던 찰스 린드버그(Charles A. Lindberg)에 의한 역사적인 세계 최초의 무착륙 대서양 횡단비행으로, 그의 용감한 비행은 세계 항공사에 길이 기억될 훌륭한 업적으로 평가받고 있다.

7) 상업 항공과 현대 항공기술의 발전

찰스 린드버그에 의한 대서양 횡단비행의 대성공은 각계에 자극을 주었으며, 각 국에서는 비행기로 승객이나 화물을 운반하는 항공수송업을 본격적으로 육성하는 데 주력하게 되었다.

이에 따라 1930년에 들어가면서 항공기의 개발방향도 자연 이전의 기록 비행용 또는 경기용 특수 항공기 개발에서 실용기의 개발과 성능향상으로 전환되었는데, 1930년대의 항공기 개발은 다방면에서 급속한 기술적 진보를 보이게 되었다. 그 주요특징으로서 기체는 전천후성을 갖춘 금속화 방향으로 진전되어 경금속 알루미늄이 사용되었다.

이 당시 대표적인 우수한 상업용 항공기는 미국의 Douglas DC-3항공기를 들 수 있다. 이 항공기는 비행한 후 1939년 제2차 세계대전이 시작될 때까지 세계 수송기의 베스트셀러가 되었으며, 그 당시 전 세계 항공로의 거의 90%를 석권하였다.

8) 제2차 세계대전과 항공기의 발달

미국 외의 여러 나라에서도 제2차 세계대전을 계기로 많은 수의 우수한 항공기를 개발, 생산하여 전쟁에 투입하였다. 제2차 세계대전 당시의 주요 폭격기로는 독일의 '하인켈 He-111'과 '융커스 Ju-88', 영국의 '아브로-랭카스터'와 '힌드레 페이지-헤리팍스', 미국의 'B-17'과 'B-29' 등을 들 수 있다.

한편, 제2차 세계대전 중 항공기의 발달사와 관련한 또 다른 중요한 결실로 제트기의 출현을 들 수 있다. 당시 분사추진 항공기는 전쟁에 사용하기에는 충분한 준비를 갖추지 못한 상태였으나, 제2차 세계대전 말기에 소수이기는 하나 실전에 사용되기에 이르렀다.

9) 제트 엔진의 등장과 실용화

제트 엔진의 발명은 영국, 독일, 이탈리아, 미국 등 각자의 주장이 있으나, 이 중 영국의 주장이 가장 유력한 설이다. 이는 영국의 프랭크 휫틀이 케임브리지 대학 재학 중에 고안하고, 1930년에 정식으로 특허를 내면서 이루어졌다. 제트 엔진이란 공기를 흡입한 후 동체 내의 연소장치에서 연료를 혼합하여 연소하게 하여, 고온고압의 가스를 발생하여 뒤로 분사시켜 그 반작용이 되는 힘으로 추진되는 반사 추진장치의 일종이다. 이러한 제트시대로의 변화는 비단 군용전투기에서뿐만 아니라 상용 민간항공기에도 넓게 파급되었다. 즉, 제2차 세계대전 중에 급속하게 발전되었던 폭격기나 군용 수송기의 설계 및 제작기술은 전쟁이 끝나자 장거리 수송기에 응용되었으며, 성능도 향상되었고, 최대 속도는 제2차 세계대전 중의 전투기와 비슷하며, 항속거리는 대서양 무착륙 횡단이 이루어질 정도로 발달되었다.

본격적인 제트 수송기 시대는 보잉사의 독자적 계획에서 시작되었으며, 제트 수송기는 100명 이상의 승객을 탑승하고 무착륙으로 대서양을 횡단하여 태평양을 한 번 착륙하고 횡단할 수 있는 성능을 구비하도록 요구되었다. 이러한 요구를 충족시킬 수 있는 기종으로 보잉 707이 등장하여 1954년 7월에 처음 각 노선에 배치되었고, 이어서 보잉 727이 출현하였다.

원거리용으로는 미국의 보잉 707, 더글라스 DC-8 개량연장형, 러시아의 TU-104와 IL-62, 중거리용으로는 보잉 727, 프랑스 슈도, 아비아시옹사의 카라벨 등이 있다. 음속 이하의 제트 수송기 영역에서 가장 중요한 한 단계는 터보팬 항공기의 개발로 500명을 한 번에 수송할 수 있는 대형기의 필요성에 많은 전문가들은 회의심을 가지게 되었으나, 록히드사의 L-500(C-5)와 더글라스사의 DC-10 그리고 보잉 747등 거대기 실용시대로 발전되었다. 또한, 1970년대에 벌써 초음속 제트여객기(SST: Super Sonic Transsporter)인 영·불 합작의 콩코드(Concorde), 러시아의 TU-144 등이 출현하여 음속의 2배로 비행을 하기에 이르렀다.

10) 현대의 항공기

일찍이 네덜란드의 알버트 · 프레스만은 "항공기의 혜택으로 인류는 하나의 공동체로 뭉쳐지며, 대기와 바다를 통하여 여러 나라의 국민이 하나로 통일하게 될 것이다."라고 예언하였다.

그의 예언은 이제 서서히 현실로 다가오고 있다. 인류 최초의 동력비행이 라이트 형제에 의해 실현된 후, 불과 수십 년 안에 항공기술은 다이내믹한 발전을 거듭해 지구는 눈에 보이지 않는 거미줄 같은 항공망으로 뒤덮이게 되었으며, 축적된 첨단 항공우주 과학기술은 인간을 달 표면에 안착시키기까지 했다.

이러한 항공 분야의 눈부신 발전은 비행기원 100주년을 내다보는 2000년대를 맞이하면서 더욱 성숙되어, 항공기는 더 이상 발전할 여지가 없을 정도로 고도로 정밀화되었다. 최근의 걸프전에서 대활약을 했던 '보이지 않는 항공기' F-117 스텔스(Stealth)기를 비롯하여 수년간의 연구개발 끝에 채택된 미국의 F-22 차세대 제공전투기 및 B-2 폭격기 등을 보고 있으면, 불과 100여 년 전만 하더라도 인류의 '꿈'에 불과했던 하늘로의 비상이 너무도 빨리 현실로 이루어져 인간의 무한한 능력에 새삼 경탄하지 않을 수 없게 된다.

현대의 항공기는 성능상의 발전뿐만 아니라 그 용도도 다양화됨으로써, 항공기 종류에 있어서 현재 세계적으로 운용되고 있는 군용기만으로도 수백 종에 이르고 있다.

이제 인류는 지구공간의 범위를 넘어서 우주공간의 정복으로 그 방향을 선회하였는바, 속도 3~6MPH의 도보시대에서 속도 30~46MPH의 기마시대, 그리고 아음속 항공기 시대를 거쳐 초음속의 항공기 시대로 오기까지의 과정을 비추어 보면, 우주의 정복도 머지않은 장래에 확실히 이루어질 것이다.

2.2 항공 발달사에 따른 구분

1) 태동기(1911~1918)

1911년 9월 마지막 주 미국 뉴욕의 롱아일랜드(Long Island)에서 미네올라(Mineola)까지 처음 우편물 수송을 시작하였으며, 그 후 1918년 미국 워싱턴(Washington)에서 뉴욕(New York)까지 정기노선이 개설되었고 이어 1921년 아주 초보적인 수준의 전국적인 네트워크가 구축되었다.

2) 개척기(1918~1938)

미국에서는 1938년 민간항공법(Civil Aeronautics Act)을 제정하였으며 민간항공위원회(Civil Aeronautics Board)를 설립하여 민간 항공서비스를 효율적으로 규제하였다. 또한 1920년 뉴욕에서 샌프란시스코 간 대륙횡단 정기노선을 개설하고 우편물을 배달하였다.

유럽 네덜란드 헤이그(Netherlands Hague)에서는 1919년 국제항공수송협회(International Air Transport Association) IATA 전신 국제항공교통협회(International Air Traffic Association)를 설립하여 민간항공의 질서를 위해 파리조약 체결의 계기를 마련하고 영공 주권주의 기반을 다질 수 있게 되었으며 정기항공사가 등장하였다. 1920년에는 콜롬비아, 호주, 뉴질랜드가 여객운송을 시작하였으며 1922년에는 아르헨티나, 일본, 캐나다, 폴란드로 확대되었다.

1920년 이후 민간항공사가 처음 등장하기 시작하였으며 NW(노스트웨스트항공, 1927)를 시작으로 TWA(트랜스월드항공, 1930), AA(어메리칸항공, 1934), UA(유나이티드항공, 1934) 등이 차례로 설립되었고 운항을 시작하였다.

항공업계가 본격적으로 시장에서 경쟁의 양상을 보임에 따라 이를 적절히 통제하기 위해 CAB(Civil Aeronautics Board)를 설치하고 그 역할을 부여하였다.

3) 정착기(1938~1958)

이 시기에 가장 먼저 나타난 현상은 외국공항에 대한 착륙 허가권 협상이 정부 주도로 시행되어 시장규제가 확립되었으며 제2차 세계대전 말, 국제항공에 대한 공통의 규제에 공감하여 1944년 12월 Chicago회의를 통하여 국제민간항공기구(ICAO) 설립에 잠정적으로 협의하였다. 1945년 국제항공운송협회(IATA)가 쿠바의 Havana에서 조직되었으며 1946년 영·미 간 버뮤다 회의를 통해 항공운항에 대한 권리에 합의하였다(Freedom of the Air. 3, 4, 5 자유).

또한 양국 간 항공협정의 기본 모델인 Bermuda Agreement이 체결되었으며 이러한 양국가 간 협정시 논의되었던 노선권(route rights) > 운송권(traffic rights) > 운항권에 대한(operational rights) 의미가 명확히 규정되었다. 노선권(路線權)은 항공운송서비스가 제공되는 노선 및 허가된 지점을 뜻한다. 운송권(運送權)은 항공기를 이용하여 허가된 노선의 전부 또는 일부에 운송할 수 있는 권리를 뜻하며 운항권(運航權)은 항공사의 지정, 운항항공기의 유형, 대체 항공기 투입 및 항공편 등을 뜻한다. 이 시기에 항공의 자유(Freedom of the Air)에 대해 1자유에서 9자유까지 규정되었으며 그 세부내용은 다음과 같다.

① 제1의 자유: 영공통과(overflying), 즉 자국의 항공기가 상대국의 영역을 무착륙으로 횡단비행을 할 수 있는 자유를 말한다.
  * 대한항공(KE)이 일본, 러시아 영공을 통과하여 미주까지 승객을 수송.
② 제2의 자유: 자국의 항공기가 운송 외의 목적, 즉 교대, 급유, 정비 등 기술착륙만을 위해 상대국의 영역에 착륙한 후 제3국으로 계속 비행할 수 있는 기술적 착륙권(Technical Landing)을 말한다.
  * 뉴질랜드(NZ)가 나리타/오클랜드(NRT/AKL)구간을 운항하며, 간사이(KIX)에 기착하여 기름

그림 5-6 통과권과 운송권

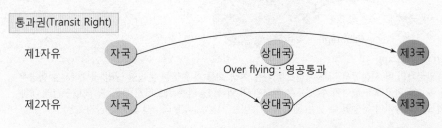

통과권(Transit Right)

제1자유   자국 ────── 상대국 ────── 제3국
Over flying : 영공통과

제2자유   자국 ──── 상대국 ──── 제3국

Technical Landing : 급유, 정비, 승무원 교체 (단, 여객의 탑승/하기 불가)

운송권(Traffic Right)

제3자유   자국 ──── 상대국   C국

Set down : 자국에서 적재한 여객, 화물, 및 우편물을 상대국 영역에서 하기할 권리(자국→상대국)

제4자유   자국 ──── 상대국   C국

Bring back : 자국으로 오는 여객, 화물 및 우편물을 상대국에서 탑재할 수 있는 권리(상대국→자국)

제5자유   자국 ──── 상대국 ──── 제3국

Beyond right(以遠權) : (자국→상대국→제3국)
제3국으로 가는 여객, 화물, 우편물을 상대국의 영역에서 탑재하고 내릴 수 있는 권리
(단, 항공기는 자국에서 출발 또는 도착필요)

제6자유   제3국 ──── 자국 ──── 상대국

(제3국→자국→상대국) 제3국에서 상대국으로 가는 여객, 화물, 우편물을 자사의 항공편으로 자국의 공항으
로 수송해서 자사의 다른 항공편을 이용하여 상대국으로 운반할 수 있는 권리

제7자유   상대국 ──── 제3국

(상대국←제3국)
자국의 영토밖에서 항공사가 운항할 수 있는 권리로서 제3국에서 상대국으로 들어가고 나오는 여객, 화물,
우편물을 상대국에서 내리거나 탑재하고 비행할 수 있는 권리(항공기가 자국에서 출발하거나 도착하지 않
고 3국과 상대국 간에 운항)

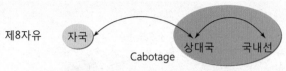

제8자유

Cabotage

상대국가의 지점 간
동일국가의 한 지점에서 다른 지점으로 가는 여객, 화물, 우편물을 운반할 권리, 국내에서는 항공운
송에 외국항공기가 참여할 수 있도록 한다면 이 외국항공기는 카보티지 특권, 즉, 국내구간에 대하
여 외국항공기가 운송할 수 있는 권리를 확보하는 것을 의미(우리나라 항공법 금지조항)

제9자유

Stand alone cabotage(독립 카보타지)

허용국가의 자국내 영역 내에서만 상대국의 항공사로 하여금 운송할 수 있는 권리를 부여하는 것을
독립 카보타지(stand alone cabotage), 상대국의 국내지점 간만 운송하는 특별한 경우

을 넣고 다시 오클랜드(AKL)로 가는 것, 이 때 나리타/간사이, 간사이/오클랜드(NRT/KIX, KIX/
AKL)구간만은 운송권이 없고 나리타/오클랜드(NRT/AKL)구간을 탑승하여야지만 운송권이 부
여되는 경우.

③ 제3의 자유(Set Down): 자국에서 탑재한 여객, 우편, 화물을 상대국의 영역에서 착륙
(Disembarkation), 수송할 수 있는 자유, 즉 취항 허가의 형태를 의미한다. 착륙 외에 상대국에
서 운송을 목적으로 승객이나 화물을 실을 수는 없다.

  *아시아나(OZ)의 인천/나리타(ICN/NRT) 유상(Revenue)운항.

④ 제4의 자유(Bring back): 상대국으로부터 자국의 영역으로 향하는 여객, 우편, 화물을 상대국의
영역에서 탑재, 수송할 수 있는 자유.

  * 아시아나(OZ)의 나리타/인천(NRT/ICN) 유상 운항.

⑤ 제5의 자유(Between two foreign points): 자국의 항공기가 상대국과 제3국 간에 여객, 우편, 화물
을 수송할 수 있는 자유, 즉 이원권을 말한다.

  * 대한항공(KE)의 나리타/로스엔젤레스(NRT/LAX)의 운송은 제5의 자유로 인해 나리타/로스엔
젤레스(NRT/LAX) 구간만도 KE로 운항이 가능.

⑥ 제6의 자유: 상대국으로부터 승객, 화물을 제3국으로 비행하는 도중에 자국 영토에 착륙, 연
결하여 운송할 수 있는 자유.

  * 대한항공(KE)이 후쿠오카/로스엔젤레스(FUK/LAX) 구간을 운송함에 있어 후쿠오카/인천(FUK/

ICN)으로 수송 후 인천/로스엔젤레스(ICN/LAX) 구간 이용 가능한 것.

⑦ 제7의 자유: 제6의 자유에서 항공기가 자국을 기착하지 않은 채 자국을 영공을 통과하고 비행만을 하면서 제2, 3국을 운송하는 경우를 말한다.

⑧ 제8의 자유: 연안 운송금지(Cabotage)에 해당하는 것으로 국내에서 항공 운송에 외국항공사가 참여할 수 있도록 한다면 같은 외국항공사는 제8의 자유를 허용 받는 것이 된다. 그러나 이러한 경우는 거의 없다.

⑨ 제9의 자유: 허용국가의 자국 내 영역내에서만 상대국의 항공사에게 운송할 수 있는 권리를 부여하는 것을 독립 카보티지라고 하며 9자유에 해당한다.

4) 도약기(1958~1978)

(1) 제트(Jet) 시대의 개막

1952년 첫 Jet 항공기가 출현하였으며 1958년 10월 PanAm항공 B707을 도입하여 북대서양 노선에 취항하였다. 1976년 Concorde가 정기 노선을 시작하였으나 높은 운항원가와 소음으로 인하여 2003년 취항을 마감하였다.

(2) 환경주의(Environmentalism)

항공이 발달하면서 그에 따른 폐기물과 공해문제가 발생하였으며 1970년 미 환경보호국(EPA: Environmental Protection Agency)을 설립하였다.

(3) 석유파동(Oil Strike)

1974년 석유파동, 경기침체, 공급과잉, 임금상승이 발생하였다.

5) 경쟁기(1978~현재)

(1) 규제완화법 제정

Deregulation Act 제정으로 세계 항공질서가 변동되고 항공자유화(Open-sky Policies)로 확대 발전되었다. 뿐만 아니라 시장진입(Market Entry)에 대한 규제를 완화하였으며 자유경쟁시대에 돌입하여 군소 항공사가 난립하였으나 채산성 악화로 인하여 퇴출당하였다.

(2) 무한경쟁에 돌입

항공사가 Alliance, Code-sharing, seats-sharing 등을 본격화하였으며 HUB-and-Spoke Network를 구축하여 비용, 서비스와의 경쟁에 돌입하게 되었다.

(3) 항공사들의 도산

새로운 항공질서에 순응하지 못한 항공사들이 퇴출되고 2001년 9.11 테러 이후 Swissair, Sabena, Ansett Australia 등이 파산하였다. 또한 미국의 주요 항공사들도 경영난에 시달리게 되었다.

(4) 보안과 안전(Security & Safety) 강조

공항에서의 서비스 질이 저하되지만, 항공여객의 안전을 위하여 보안이 강화되기 시작하였다.

2.3 우리나라 항공발달사

국내 최초의 동력비행으로는 1913년 용산에서 일본군 해군장교 '니라하라'가 처녀비행의 시초이며 공항개발은 1929년에 여의도 비행장을 개발하였으며 동경에서 여의도로, 여의도에서 대련(만주)으로의 노선을 개척하였다. 또한 1929년에는 울산에, 1935년에는 대구에 비행장을 건설하였다. 우리나라 항공발달사를 요약하면 [표 5-2]와 같다.

표 5-2 우리나라 항공발달사

연도	특징	설명
1913	비행기가 최초로 등장	일본 해군 기술장교 '니라하라'가 용산에 위치한 조선군 연병장에서 '니라하라 4호'비행기로 공개비행 행사를 가짐.
1922	최초의 비행사 안창남	안창남이 뉴포크 15형 단발쌍엽 1인승 비행기 '금강호'로 여의도 간이 비행장을 이륙하여 남산을 돌아 창덕궁 상공을 거쳐 서울로 입주함.
1925	한국 최초의 여류비행사 탄생	권기옥이 중국 운남 여학교 제1기생으로 졸업. 비행사 자격을 획득함.
1926	최초로 민간항공 등장	이기옥 비행사가 서울에 경성 항공사업사를 설립함.
1948	해방후 최초의 민간항공사 설립	신용욱이 대한국민항공사(KNA: Korea National Airlines)를 설립, 국내선 면허를 취득함.
1953	국제노선 취항	처음으로 동남아 국제노선을 취항함.
1960	국제선 정기노선 취항 목표	한진상사가 한국항공(Air Korea)을 설립하여, 국제선 정기노선 취항을 목표로 콘베어 2410항공기를 1대 도입함.
1962	국영항공사로서 대한항공 공사 설립	• 누적 적자와 재정난으로 1969년 한진그룹에 인수됨. • 1969년 명칭이 KAL에서 대한항공으로 변경됨.
1988	제2민항 출발(복수 민항시대 개막)	금호그룹이 서울항공으로 출발하여 아시아나 항공으로 개명됨.
2001	인천국제공항 개항	─

3 항공운송의 구성요소

3.1 전체 구성요소

항공운송 구성요소로는 일반적으로 기본요소와 지원체계로 구분되어지며 기본요소는 항공기, 항공로, 항공종사자, 공항시설로 나누어진다. 또한 지원체계는 국가/공공기관과 항공사로 나누어지며 국가·공공기관은 공역관리, 항공교통업무, 출입국관리 등을 지원하고 항공사는 운항관리/통제, 항공기 정비, 객실관리, 지상조업 등을 담당한다.

항공기에 관한 ICAO 분류방식을 살펴보면 크게 경항공기와 중항공기로 분류하며 경항공기와 중항공기는 무동력과 동력 추진장치로 구분된다. 경항공기 무동력으로는 자유기구나 계류기구, 동력으로는 비행선 등이 해당한다. 또한 중항공기 무동력으로는 활공기나 연 등이 해당하며, 동력으로는 고정익, 회전익, 복합기로 나뉜다.

그림 5-7 항공운송의 구성요소

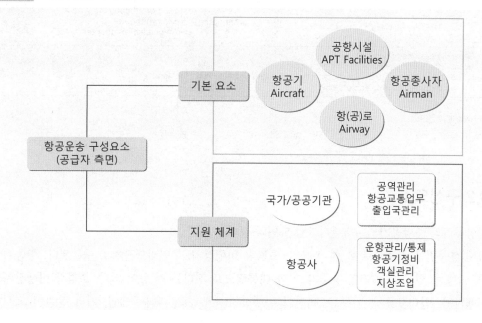

그림 5-8 ICAO 분류방식

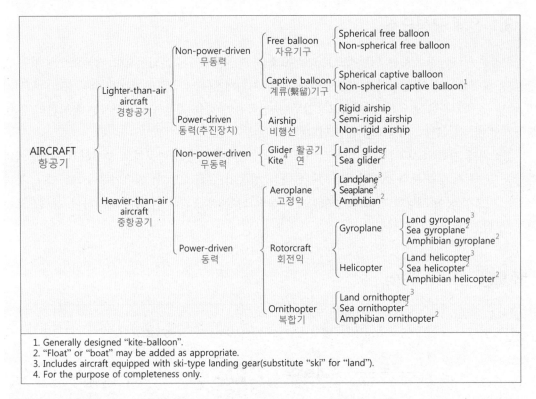

1. Generally designed "kite-balloon".
2. "Float" or "boat" may be added as appropriate.
3. Includes aircraft equipped with ski-type landing gear(substitute "ski" for "land").
4. For the purpose of completeness only.

출처: www.ICAO.int

3.2 구성요소

경항공기와 중항공기의 구분은 [그림 5-9]와 같다.

국내 항공법을 기준으로 할 때 항공기, 초경량 비행장치, 무인비행장치로 구분된다. 항공기에는 비행기, 비행선, 항공기, 회전익 항공기, 기타 대통령으로 정하는 것 등이 있다. 초경량 비행장치로는 동력비행장치, 인력활공기, 기구류, 회전익 비행장치(자이로 등), 페레플레인, 기타 장관이 고시하는 것 등이 있다. 무인비행장치로는 무인동력비행장치, 무인비행선 등이 해당한다.

그림 5-9 경항공기와 중항공기 구분

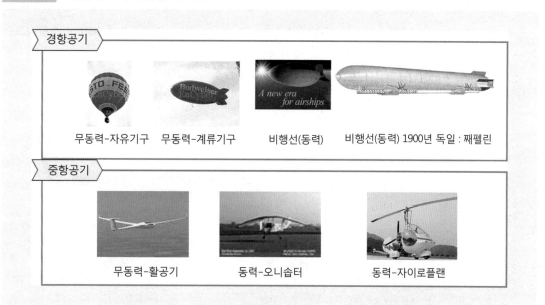

그림 5-10 국내기준(항공법)

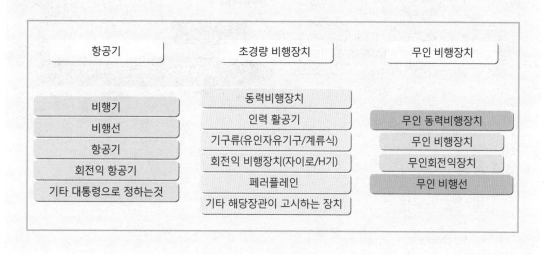

3.3 항공기

항공기(B747-400)는 구성은 길이가 70m, 폭 64m, 높이 19m이며 자체중량이 181kg, 순항속도는 평균 939km/h, 탑승인원은 총 416명이며 항속거리는 13,566km이다.

그림 5-11 항공기 구성(B747-400)

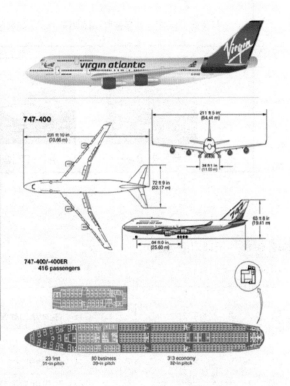

길이	70.67m
폭	64.44m
높이	19.41m
자체 중량	181,346kg (399,800lbs)
최대이륙중량	396,900kg (875,000lb)
순항 속도	939km/h (507kt)
탑승 인원	총 : 416 1st : 23 Business : 80 Economy : 313
항속 거리	13,566km (7,325nm)
제작(개발)	Boeing

3.4 공항

1) 공항시설의 구분

(1) Airside System

항공기가 이동하는 지역의 시설(활주로, 계류장, 유도로, 격납고 등)

(2) Landside System

일반업무지역의 시설(여객T, 화물T, 주차장 등)

그림 5-12 공항시설

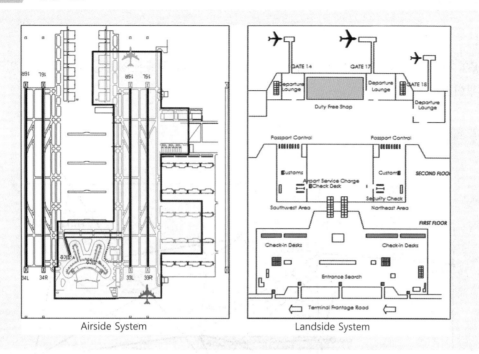

Airside System   Landside System

그림 5-13 공항시설

출처: www.cyberairport.kr

3.5 공역

1) 공역

공역이란 항공기의 활동을 위한 공간으로서 필요에 따라 항행에 적합한 통제를 통해 안전조치가 이루어진다.

그림 5-14　공역

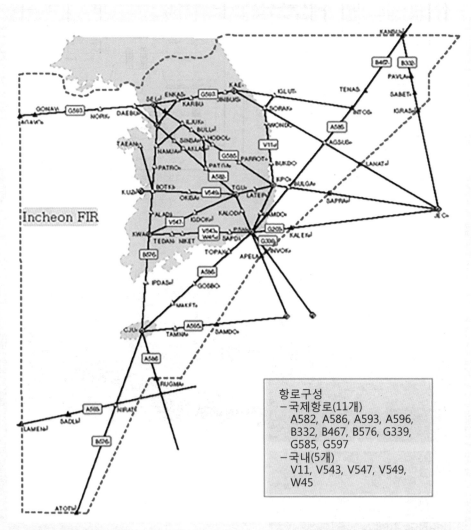

항로구성
- 국제항로(11개)
  A582, A586, A593, A596,
  B332, B467, B576, G339,
  G585, G597
- 국내(5개)
  V11, V543, V547, V549,
  W45

출처: http://acc.molit.go.kr/intro.do

그림 5-15   우리나라 공역 및 인근 국가 간 구역

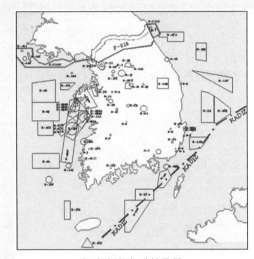
우리나라의 제한공역

비행정보구역(FIR: Flight Information Region)

출처: http://acc.molit.go.kr/intro.do

2) 공역체계

(1) 공역

특정 국가의 영토 또는 영해상의 당해 국가가 통제하는 대기상의 3차원적인 한 부분이며 ICAO에서는 항행안전과 효율적 관리를 위해 사용목적 및 특성에 따라 8개 권역으로 구분·운영하고 있다.

(2) 항행안전관리공역

8대 권역을 국가별 영토·항행지원능력 고려, 비행정보구역으로 세분화하고 있으며 비행정보구역은 항공기운항과 관련된 비행정보서비스, 항공기 사고·조난 구조요청을 위한 경보서비스가 제공되는 공역이다.

(3) 공역 크기와 업무를 정하기 위한 기본원칙

첫째, 한때의 힘의 우위·유리한 입장으로 공역독점을 주장해서는 안 되며 둘째, 모든 사용자 요구에 부응하도록 공역사용권을 공평하게 분배하여야 되며 셋째, 국제적인 비행환경 고려, 공역의 구조·형태·운영방법 표준화 → 지역별 차이에 의한 혼란 야기 방지 → 비행안전 보장이 이루어져야 한다.

3) 공역(비행정보구역)지정

지정 목적은 항공기의 안전·효율적 비행과 항공기의 수색·구조에 필요한 정보제공이다.

(1) 관제공역

항공교통안전을 위해 항공기의 비행순서·시기·방법에 관하여 국토해양부장관의 지시를 받을 필요가 있는 공역(A, B, C, D, E 공역으로 구분)이다.

(2) 비관제공역

관제공역 외의 공역, 항공기에게 비행에 필요한 조언·비행정보를 제공하는 공역(조언공역, 초경량 장치 비행공역)이다.

(3) 통제공역

항공교통안전을 위해 항공기의 비행을 금지·제한할 필요가 있는 지역(비행금지공역, 비행제한공역)이다.

(4) 주의공역

항공기의 비행 때 조종사의 특별한 주의·경계·식별이 필요한 공역(훈련공역, 군사작전공역, 위험공역)이다.

(5) 비행제한 및 비행허가

① 비관제공역·주의공역을 비행하는 항공기는 국토해양부장관이 정하는 비행방식과 절차를 준수해야 한다.
② 통제공역은 비행금지. 단, 비행허가를 받아 비행방식과 절차를 준수하여 비행할 수 있다.

4) 공역등급 구분

항공기의 안전한 활동보장을 위하여 지표면·해수면으로부터 일정 높이의 특정범위로 정해진 공간, 비행요건·제공업무·비행절차 기준에 따라 7개 등급으로 구분한다.
① A등급: 계기비행만 가능, 항공교통업무 및 분리업무 제공(고도 2만 피트~6만 피트)
② B등급: 계기비행 및 시계비행, 항공교통업무 및 분리업무 제공(공항주변 1만 피트 이내)
③ C등급: 항공교통업무 제공, 계기비행 항공기 분리업무 제공(공항주변 5마일 이내)
④ D등급: 항공교통업무 제공, 분리업무 및 교통정보업무 일부 제공(공항 관제탑 지상으로부터 관제권 상한 고도까지)

⑤ E등급: 계기비행항공기에 항공교통업무 제공, 상황이 허용되는 범위 안에서 교통정보업무 제공

⑥ F등급: 계기비행 항공기에 항공교통조언업무 제공, 요구시 비행정보업무 제공

⑦ G등급: 요구시 비행정보업무 제공

3.6 항공로

항공로란 항공기 운항에 적합하다고 지구표면상에 표시한 공간 길로 항공교통업무 제공을 위하여 항공기의 경로로 설정된 비행로(ATS)로 조언비행로·관제비행로·비관제비행로·도착비행로·출발비행로의 총칭이다. 항공로는 식별부호, 중요 지점과 지점 사이의 경로·거리, 보고요건, 최저 안전고도로 표시한다.

항공기 간의 안전거리: 좌우 이격 거리 5~10km, 상하 고도 차 300~600m이며 2001년 1월 31일 일본 JAL 소속 B747-400 점보기와 DC-10 항공기가 시속 900km로 항로를 교차 비행하던 중 충돌 30초 전에 near miss 경고음을 듣고 60m 간격에서 충돌을 피한 사례가 있다.

1) 항공로 설정기준

① 인접 항공로 간의 안전간격과 항공로별 보호범위를 고려하여 설정

② 공역의 복잡성·혼잡성·교통상황을 고려하여 설정

③ VOR을 이용한 항공로 설정, 항공로 장애물 회피기준 적용

그림 5-16 우리나라 항공교통관제

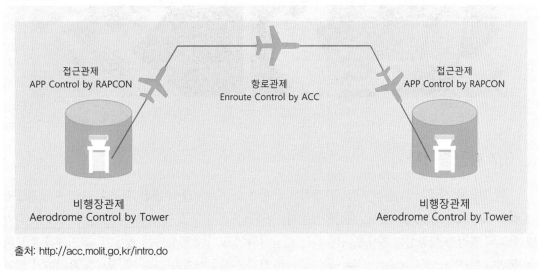

출처: http://acc.molit.go.kr/intro.do

2) 항공교통관제소(ACC: Area Control Center)

영공 및 인접 공해상 공역(비행정보구역) 내에 비행하는 항공기 관제를 책임지며 비행정보구역에 대한 항공교통관제업무, 비행정보업무, 긴급구조업무를 수행한다. 비행정보구역(FIR: Flight Information Region)을 몇 개 섹터(Sector)로 구분, 항공기 간의 상하, 수평거리 분리상태 감시, 항공기 식별부호, 목적지 비행항로, 속도 확인 등이 업무이다.

3) 접근관제소(AC: Approach Control)

고밀도 교통지역인 공항주변 공역의 원활한 소통과 항공교통 감시시설이며 일반적으로 공항관제탑 책임구역으로부터 50N/M 이내, 고도 17,000ft 이하 공역관제 책임, 권한을 보유하고 있다.

4) 관제탑(Control Tower)

공항 5N/M 이내 공역, 공항 도착, 이륙 항공기 감시를 하며 이륙 및 착륙허가, 기상정보 제공, 계류장 등 이동지역 항공기 관제책임을 가지고 있다.

그림 5-17   우리나라 관제탑

3.7 항공종사자

일반적으로 항공기의 운항과 직·간접적으로 관련 있는 업무를 수행할 수 있는 소정의 자격증명을 갖춘 사람이다. 운송용조종사, 사업용조종사, 자가용조종사가 있으며 항공기에 탑승하여 그 위치 및 항로의 측정과 항공상의 자료를 산출하는 항공사와 항공기에 탑승하여 발동기 및 기체를 취급하는 행위(조종장치의 조작은 제외)를 하는 항공기관사, 항공교통의 안전과 신속 및 질서를 유지하기 위하여 항공교통관제기관에서 항공기운항을 관제하는 전문가인 항공교통관제사, 항공노선의 변경에 따른 항공기의 연료소비량, 화물의 중량배분 등을 산출하고 비행계획서를 작성하는 업무를 수행하는 운항관리사와 항공정비사, 항공공장정비사가 있다.

4 항공화물운송의 이해

4.1 항공물류의 정의와 중요성

1) 항공물류의 정의

항공물류는 항공화물운송서비스를 이용한 물류서비스를 의미한다. 항공운송수단(항공기)으로 물품을 운송하는 과정에서 제공되는 종합적인 물류서비스이며 이는 "항공물류는 항공운송과 관련된 제반 이해관계자들 간의 관계와 현상"이라 할 수 있다. 또한 화주, 항공사, 포워더, 관세사, 터미널운영업체, 지상조업사, 운송업체, 공항당국, 정부관계기관 등의 상호작용으로 발생하는 모든 현상이다.

그림 5-18 항공물류의 이해관계자

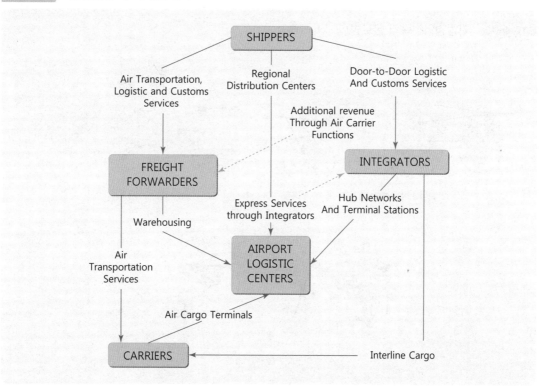

항공화물운송은 물류를 구성하는 "단순한 운송활동"을 의미한다.

2) 항공물류의 중요성

항공물류가 새로운 경제와 산업에 중요한 이유는 글로벌화, 클로컬화, 디지털화로 인하여 시간 효율성이 경쟁력에 중요한 부분을 차지하고 있기 때문이다. SCM(Supply Chain logistics)을 최적화하기 위해 Just-In-Time(JIT) 제조 및 운송, 고객 커스터마이징으로 인해 기업 경영전략이 변화되어 가고 있다.

(1) DHL 전략

DHL은 타 항공사의 항공기를 최대한 활용하는 전략을 취하고 있는데 그렇게 함으로써 어떤 목적지로도 가장 빠른 수단으로 수송할 수 있는 유연성 확보를 도모하고 있다. 이러한 전략에 따라 DHL은 Lufthansa Cargo와 제휴하여 항공기를 공동 이용하고 있고, Northwest Airlines와는 동항공사의 동경-신시내티 구간 항공편과 동경과 여러 아시아 도시를 연결하는 항공편의 화물공간을 우선적으로 사용하고 있다. 또한 아시아지역 내에서의 운송을 위해서 Cathay Pacific과 2004년까지 6대의 대형화물기를 운항하고, 2010년에는 10대로 확대하는 제휴를 맺었다.

그림 5-19 기업경영전략의 글로벌화(Global SCM)

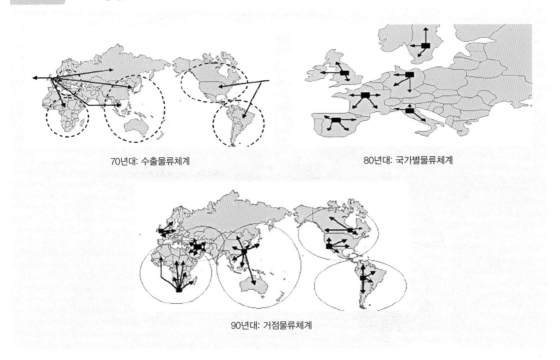

70년대: 수출물류체계

80년대: 국가별물류체계

90년대: 거점물류체계

DHL은 주요 포워더들과도 제휴를 강화하고 있는데, 스위스에 기반을 둔 포워더인 Kuehne & Nagel과 파트너십을 체결하여 50kg미만 화물의 문전특송 서비스를 제공하고 있다. 1999년 U.S. Postal Service와도 제휴하여 배달날짜지정 특송서비스를 제공하고 있으며, 2002년에는 아랍에미리트의 UAE Post와도 제휴관계를 맺었다. 서류보다 작은 패키지의 물동량 증가가 빠르기는 하지만 DHL의 핵심사업 분야는 주로 기업과 기업 간의 서류와 소포의 문전특송이라고 할 수 있다. 1990년대 초부터 DHL은 통합특송물류전략을 개발하여 신시내티, 홍콩, 싱가포르, 시드니, 바레인, 브뤼셀, 요하네스버그, 마이애미, 샌프란시스코, 그리고 동경 등의 전 세계 DHL 허브와 주요 경제중심지에 10개의 특송물류센터(ELC: express logistics center)를 설치하였다. 특송물류센터에서는 고객기업을 위해 통관과 주선업무, 재고관리, 보관, 포장 및 상표부착, 수리 및 반송 서비스 등을 제공하고 있다. 특송물류센터는 지역의 물류센터기능과 동 기업의 전략부품센터(SPC: strategic parts center)를 지원하는 기능을 한다. 전략부품센터는 고객기업을 위하여 필요한 부품을 관리하고 공급하는 기능을 하는데, 보통 2~4시간 내에 고객의 작업장까지 배송할 수 있는 곳에 입지하고 있고 2002년까지 미국 내에 55개소, 전 세계에 약 330개소, 그리고 2005년까지 450개소를 설치하는 것으로 계획하고 있으며 현재 아시아지역에 100여 개소가 설치되어 있다. 그리고 싱가포르, 뉴욕, 브뤼셀 등 전 세계에 3곳의 지역 콜센터를 운영하고 있다.

(2) UPS 전략

UPS는 특송뿐만 아니라 종합물류기업으로 발전하기 위해 노력하고 있는데, 2002년 UPS Supply Chain Solutions를 설립하여 화물운송, 물류서비스, 통관주선, 국제교역, 컨설팅, 우편서비스, 그리고 금융서비스를 하나의 조직으로 통합하였다. 포워딩업무의 강화를 위해 세계 최고 수준의 통관브로커인 Fritz를 인수한 후 Fritz와 기존의 포워딩업무, 그리고 합병된 7개의 다른 포워딩 기업들을 통합하여 2001년에 UPS Freight Service를 세웠다. Fritz의 인수로 UPS는 소화물에서부터 중량화물까지 어떠한 수단으로나, 세계 어디로나 수송할 수 있는 서비스 포트폴리오를 갖추게 되었다.

UPS는 또한 IT기술 개발에 많은 투자를 하고 있는데, 손에 들고 다니는 배송정보 컴퓨터인 UPS Signature Tracking and the DIAD를 도입한 바 있으며, 이 시스템이 한국어, 일본어, 중국어로도 작동되도록 하였다. UPS Online Tools는 고객들이 자신의 웹사이트에서 자신의 언어로 UPS의 선적기능(위치추적, 서명추적, 요율과 서비스 선택, 배송시간과 선적조회 등)을 통합할 수 있도록 한 것으로 37개국에서 다운로드하여 사용할 수 있으며 전자상거래 기능이 강화되었다.

(3) FedEX 전략

FedEx는 운송, 전자상거래, SCM서비스를 제공하는 세계적 선도기업을 표방하고 있으며, 여러 사업부문의 독자성을 인정하면서 경쟁자에 대해서는 협력하여 대응하는 기업전략을 추구하고 있다.

FedEx는 중소기업에 대한 판매를 강화하고, 선적당 수익성이 좋은 무거운 화물을 중시하며, 새로운 산업에 역점을 두고 있다. FedEx의 성장전략은 핵심운송사업을 강화하고, 국제부문의 성장을 추구하며, 물류와 공급사슬관리부문의 성장을 도모하고, 전자상거래를 통해서 성장하며, 새로운 서비스를 도입하고 제휴를 강화하는 것으로 요약될 수 있다. 이러한 전략을 통해 시장점유율을 1999년 유럽-아시아에서 5%이던 것을 2019년까지는 18%로, 아시아-북미에서는 20%에서 24%로, 그리고 아시아 내부시장에서는 6%에서 8%로 올릴 것을 목표로 하고 있다. 에어버스사가 개발하고 있는 초대형항공기 A380F를 2009년에 도입하여 대륙 간 수송능력을 크게 늘릴 예정이다. FedEx는 수요가 화물기 용량에 못 미치는 구간에서는 상업항공기를 이용한다. FedEx는 11가지의 특송서비스를 제공하고 있다.

① International Next Flight(쿠리어와 제휴): 미국과 푸에르토리코로부터 전 세계 210개 도시로 2,200파운드(약 1천kg)까지의 화물을 통관완료하여 문전배송하는 가장 빠른 서비스

② International First: 미국에서 6개의 유럽도시로 150파운드(약 68kg)까지의 화물을 2일(평일) 오전 8시까지 문전배송(또는 50개국으로부터 미국으로 1~2일내에 배송)

③ International Priority(IP): 월요일부터 금요일까지 150파운드까지의 화물을 FedEx 네트워크의 210개 국가로 1~3일까지의 시간지정 문전배송

④ International Economy(IE): 190개 국가로 시간에 덜 민감한 150파운드까지의 화물을 4~5일 시간지정 문전배송

⑤ International Priority Plus: 뉴욕 화주만을 위한 서비스로 70파운드(22.7kg)까지의 화물을 암스테르담 등 11개 도시로, 또 이스탄불 등 4개 도시로부터 뉴욕까지 익일배송

⑥ International Priority Direct Distribution(IPD): 150파운드까지의 복수품목 선적에 대해 2~4일 내에 배송. 통관후 개별품목으로 나누어 배송. 미국과 11개 아시아국가로부터 유럽목적지로, 한국 등 13개 국가로부터 미국과 캐나다로 서비스.

⑦ International Mail Service: 벌크우편물(카탈로그, 브로슈어, 청구서 등)을 월요일부터 금요일까지 4~7일 또는 7~11일 내에 배송하는 서비스.

이중 150파운드(약 68kg) 이상의 화물운송서비스는 다음과 같다.

⑧ International Priority Freight(IPF): 151파운드(약 68kg)~2,200파운드(약 1천kg)의 화물을 53개 국가에 1~3일의 시간지정 'door-to-door', 'airport-to-door', 'door-to-airport' 또는 'airport-to-airport' 배송서비스

⑨ International Economy Freight(IEF): 151~2,200파운드의 화물을 집하와 배송을 동일조건으로 하여 45개 국가에 5일 이내의 시간지정 통관완료 배송서비스

⑩ FedEx International Express Freight(IXF): 2,200파운드까지의 화물을 공항 간에 배송시간 보장과 통관 없이 1~3일 내에 운송하는 서비스

⑪ FedEx International Airport to Airport(ATA): 2~4일, 포워더나 주요 기업 고객에게 무거운 화

물을 위해 제공되는 서비스

4.2 항공화물 수요 및 전망

1) 항공화물의 비중

국제화물 물동량 비중 0.3%를 차지하고 있으며 그 중 가치비중은 약 50%를 차지한다. 수출화물의 항공이용이 크게 늘어나면서 수출액 대비 항공수송 비율이 증가하고 있다. 또한 수출단가에서 항

그림 5-20 국제화물 수송수요전망

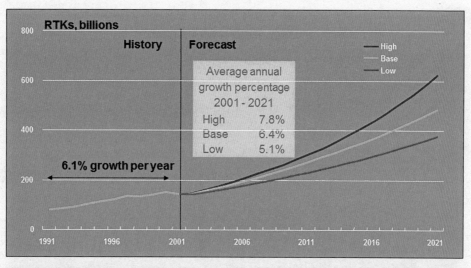

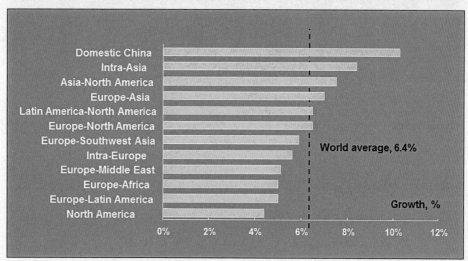

공운임이 차지하는 비중은 1.5% 수준이다. 항공화물 수출단가는 약 US$137.53/kg이며 항공화물 평균판매가는 US$2.11/kg이다.

2) 세계 항공화물 수요

전 세계의 국제화물수요는 향후 20년간 6.4%의 증가율을 보일 것으로 전망하고 있다. 또한 2001~2021년간 국제화물 수송에 대한 전망으로 중국 국내선(10.3%), 아시아지역 내(8.4%)가 가장 높고 아시아-북미 간, 아시아-유럽 간의 증가가 높을 것으로 예측하고 있다.

3) 아시아지역의 항공화물과 수요

그림 5-21 아시아지역 내 주요 항공화물 노선의 여객기와 화물기의 화물운송능력

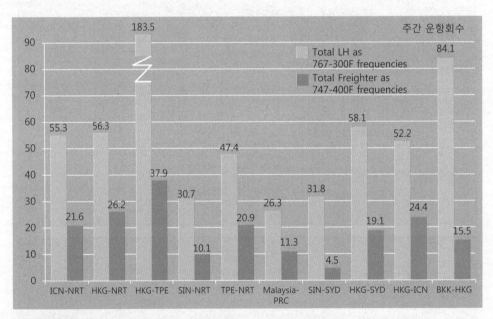

주: 1) Top markets ranked total tonnage(both directions)
2) Lower-hold capacity after full passenger baggage
3) Excludes express freighter capacity

4.3 항공기 및 탑재용기

1) 항공기

B747-400F의 항공기를 다음과 같이 볼 수 있으며 main deck과 lower deck으로 구분된다.

그림 5-22 │ 항공기

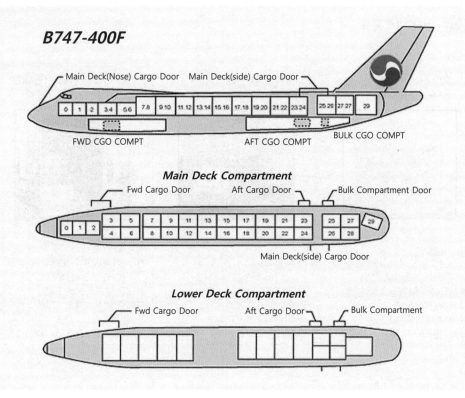

표 5-3 │ 항공화물기의 주요 제원

구분	B747-400F	B747-300F	B747-200F	MD-11F
Length(전장)	70.66m	70.66m	70.66m	61.24m
Wing Span(전폭)	64.44m	59.64m	64.44m	51.97m
Height(전고)	19.41m	19.33m	19.41m	17.91m
Max. Range(최대 항속거리)	7,415km	5,936km	7,415km	6,500km
Cruising Speed(순항속도)	916km/h	916km/h	916km/h	883km/h
최대 화물탑재량	117.75t	109.72t	117.75t	89.4t
최대 화물탑재용적	24,923cuft	–	24,923cuft	20,778cuft
최대탑재 PALLET수(Main Deck)	30개	29개	29개	26개
최대탑재 LD3수(Lower Deck)	32개	30개	30개	32개

2) 컨테이너

그림 5-23 컨테이너 종류

LD3 컨테이너(AVE, AKE)	RF3 냉동 컨테이너(RKN)	LD3 의복용 컨테이너(AKE)

BUC 타입 8 치수(인치) 60.4×61.5×64 (Cm) 153×156×163 최대탑재중량(Kg) 1,587 자체중량(Kg) 91 용적(큐빅피트) 153 탑재기종 B747, B767, DC10-F	BUC 타입 8 치수(인치) 60.4×61.5×64 (Cm) 153×156×163 최대탑재중량(Kg) 1,587 자체중량(Kg) 250 용적(큐빅피트) 141 탑재기종 B747, B767, DC10-F	BUC 타입 8 치수(인치) 60.4×61.5×64 (Cm) 153×156×163 최대탑재중량(Kg) 1,587 자체중량 (Kg) 88 용적(큐빅피트) 153 탑재기종 B747, B767, DC10-F

LD9 컨테이너(AAP)	말 수송용 컨테이너(HMJ)	RF9 냉동 컨테이너(RAP)

BUC 타입 5 치수(인치) 88×125×64 최대탑재중량(Kg) 6,033 자체 중량(Kg) 208 용적(큐빅피트) 393 탑재기종 B747, B767, DC10-F	BUC 타입 8 치수(인치) 96×125x96 최대탑재마리수(Kg) 3마리 자체중량(Kg) 750 탑재가능기종 B747(M/D)	BUC 타입 8 치수(인치) 88×125×64 최대탑재중량(kg) 6,033 자체중량 (Kg) 431Kg/950LB 용적(큐빅피트) 343 탑재기종 B767, B747, DC-10

3) 팔레트

`그림 5-24` 컨테이너 종류

96×125" PALLET(PMC)	88×125" PALLET(PAP, PAG)	20FTPALLET(P7E, PGA)	HALF PLT (PUB)
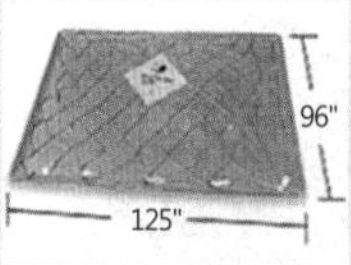 96" / 125"	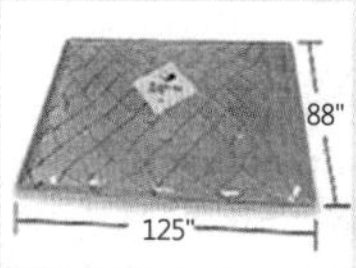 88" / 125"	 96" / 238.5"	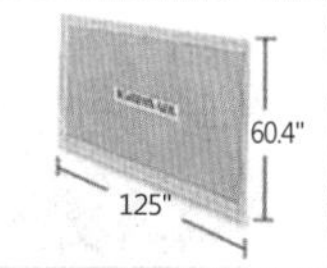 60.4" / 125"
General Cargo 6,804Kg(117Kg) 14,969LBS(257LBS) B747/B747F/B747-C MD11/MD11F, A300/A300F A330, B777	General Cargo 6,804Kg(109Kg) 14,969LBS(240LBS) B747/B747F/B747-C MD11/MD11F A300/A300F A330, B777	Long, Bulky, Heavy 13,608Kg(507Kg) 29,938LBS(1,115LBS) B747F, B747-C MD11F (Main deck only)	General Cargo 3,176Kg(76Kg) 6,987LBS(167LBS) B747/B747F MD11/M11F A300, A330, B777 (Lower Deck Only)

4.4 항공화물시장의 변화

1) Airbus: Hub & Spoke 체제 발전 → Hub공항에 교통량 집중 → 대형기 개발

현 최대 항공기보다 운항비를 15~20% 절감할 수 있으며 항속거리는 15~20% 증가되었다. 뿐만 아니라 기내공간을 49% 확대하였고 좌석 역시 기존의 항공기보다 35% 증가하여 배치하였다. 2층 구조의 동체로 3층 구조까지 총 800석 규모의 크기로 제작되었다. A380-800은 555인승에서 840인승으로 증가하였고 항속거리 14,800km/8,000knot를 보인다. A380-800F는 150톤으로 항속거리 10,400km/5,600knot를 보인다. Boeing사의 787 드림라이너에 맞서기 위해 A350-800(245인승, 15,900km)과 A350-900(285인승, 13,900km)을 개발 중에 있다.

2) Boeing: 집중형 → 분산형으로 변화 전망, 대륙 간 모든 도시 직항 가능한 긴 항속거리, 빠른 속도의 수송기 개발에 역점

Jumbo를 개량하여 16,000km를 운항 가능한 초장거리 항공기 B747X를 계획하고 있다. 또한 257명을 싣고 15,600km를 운항 가능한 B7E7드림라이너(B787)를 개발하였다. 이는 항속거리가 747이나 777처럼 길면서도 기존 기종보다 연료 소모를 20% 개선할 수 있다. 777-200LR은 301명의 승객을 실을 수 있고 17,446km를 운항할 수 있다. 마하 0.8에서 0.95까지 높이고 항속거리를 늘린 Double Delta Wing(2개의 삼각 날개구조)의 Sonic Cruiser 개발계획은 고비용 우려로 개발이 중단되었다.

4.5 항공화물 운송과정 및 시설

1) 항공화물 흐름도

그림 5-25 항공화물 흐름도

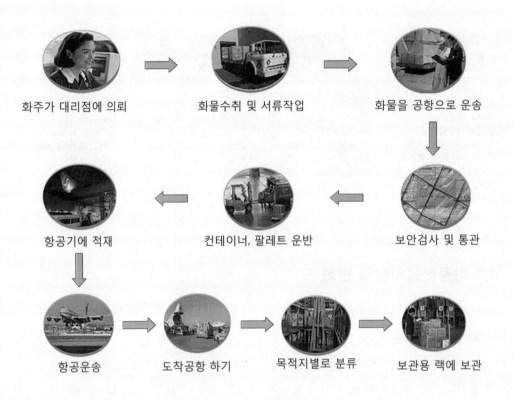

화주가 대리점에 의뢰 → 화물수취 및 서류작업 → 화물을 공항으로 운송

항공기에 적재 ← 컨테이너, 팔레트 운반 ← 보안검사 및 통관

항공운송 → 도착공항 하기 → 목적지별로 분류 → 보관용 랙에 보관

2) 화물터미널 흐름도

그림 5-26 화물터미널 흐름도

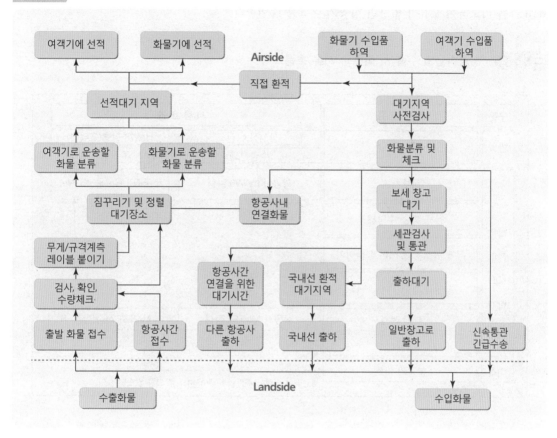

3) 항공화물의 수출 시 화물과 서류 흐름

(1) 수출신고단계

수출업자는 포워더에게 항공운송을 의뢰하며 포워더는 항공사에게 기적을 예약하고 화물을 화물장치장에 반입한다. 또한 수출업자로부터 수출신고내역을 받아 관세사를 통해 수출신고서를 세관에 EDI 방식으로 전송한다.

(2) 적하목록 제출단계

화물반입 후에 포워더는 HMFST를 KTNET에 전송한다. ULD 적재 시 항공사는 MMFST를 작성하여 KTNET에 전송한다.

(3) 탑재 및 이륙단계

화물을 접수, 검사, 무게/규격 계측 후에 분류하여 ULD작업을 실시한다. 세관에서는 HMFST와 MMFST를 비교하여 오류가 없으면 항공기 이륙을 승인한다.

그림 5-27   항공화물의 수출 시 화물과 서류 흐름

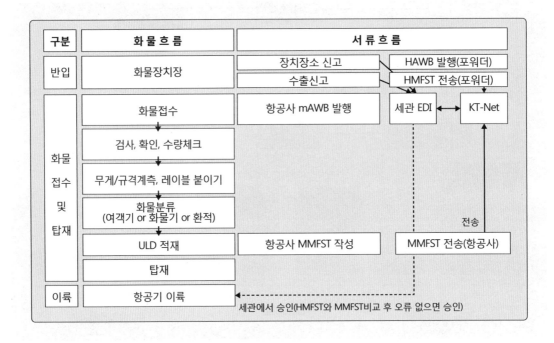

4) 항공화물의 수입 시 화물과 서류 흐름

(1) 적하목록 제출단계

항공사는 항공기 출발 직후에 MMFST를 적하목록 취합시스템(MFCS)에, 포워더는 HMFST정보를 MFCS에 EDI 방식으로 전송한다. 입항전 적하목록 미제출 화물정보는 KTNET에서 위탁한 입력대행소에서 입력한다.

(2) 검사대상 선별단계

세관에서는 적하목록 정보를 사전심사한 후 관리대상 화물을 선별하여 세관장이 지정한 별도구역에 장치하도록 지시한다.

(3) 실물분류 및 반입단계

항공사는 MFCS에서 작업지시서를 출력하여 화물분류를 실시하고 검사대상화물, 통관화물, 보세운송화물, 검역화물, 위험화물, 환적화물로 구분한 후 적하목록 내용과 상이한 화물은 보류장에 별도 관리한다.

(4) 수입신고단계

관세사는 수입 신고할 화물에 대한 정보를 MFCS에서 다운로드 받은 후 이 정보를 활용하여 수입신고서를 작성하고 세관에 전송한다. 세관에서는 검사 후 수입신고 수리한다.

(5) 보세운송 신고단계

보세운송업자는 보세운송할 화물정보를 MFCS에서 다운받아 보세운송신고서를 작성하여 세관에 전송한다. 세관에서는 전송된 보세운송 신고내역을 확인하여 신고 수리한다. 보세운송업자는 보세운송신고필증을 자체 시스템을 이용하여 출력 후 장치장에 제출하고 화물을 반출한다.

그림 5-28 항공화물의 수입 시 화물과 서류 흐름

그림 5-29 수출 통관정보시스템 개념도

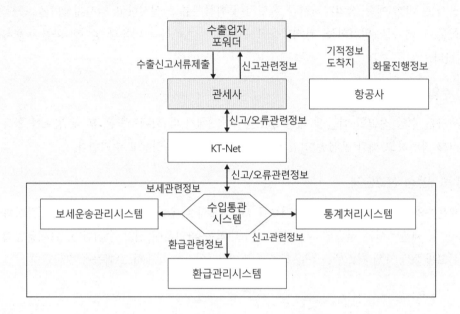

그림 5-30 수입 통관정보시스템 개념도

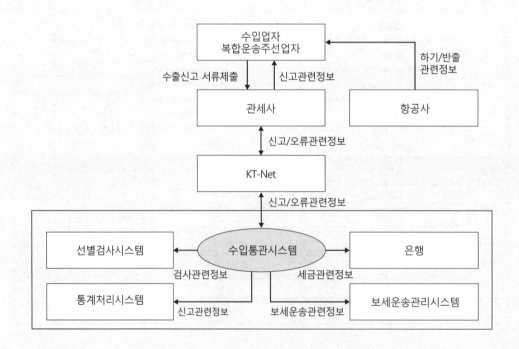

(6) 반출단계

세관절차(수입신고, 보세운송신고 등) 완료 화물에 대한 정보를 해당 보세구역에 전송하면 수입업자(관세사)나 보세운송업자는 보세구역 운영인에게 증빙서류를 제시하고 화물반출을 요청한다. 보세구역 운영인은 반출승인 내역과 대조 후 세관에 전자문서로 반출신고서 제출 및 반출한다.

5) 개선사항

| 표 5-4 | 수출·수입화물에 대한 개선사항 |

구분	개선되어야 할 정보요소	
수출화물	① 상차 완료 시 정보	② 화물차량 출발 시각 정보
	③ 화물터미널 도착 시 정보	④ 하차 완료 시 정보
	⑤ 보관 중인 터미널 정보	⑥ 컨솔 수행 시 작업 정보
	⑦ 항공기 기적 여부 정보	⑧ 항공기 출발 시 정보
수입화물	① 항공기 도착 정보	② 화물터미널 입고 정보
	③ 보관 중인 터미널 정보	④ 화물터미널에 차량 도착 시 정보
	⑤ 상차 완료 시 정보	⑥ 차량 출발 시 정보
	⑦ 화물차량 도착 시각 정보	⑧ 하차 완료 시 정보

6) 업무 주체별 역할

업무 주체는 화주, 운송사, 컨솔리데이터와 포워더, 항공사, 정부로 나눌 수 있으며 역할을 잘 이행한다면 공급망 전체측면에서 통합정보시스템이 구축되어 웹을 이용할 경우 기존방식에 비해 80% 정도의 비용이 감소될 것으로 예상된다.

(1) 화주측면

실시간 정보처리를 통해 화물의 작업스케줄을 사전에 수립함으로써 생산, 보관 등에 있어서 계획적인 물류계획 가능과 시간과, 비용절감이 될 것으로 예상된다.

(2) 운송사

운송장비를 효율적으로 관리함으로써 융통성 있는 자산관리가 가능하다. 또한 차량위치 추적으로 공차율 감소와 항공화물 정보파악으로 운송서비스를 제고할 수 있다.

(3) 컨솔리데이터, 포워더

사전정보 활용, 화주, 항공사, 운송사 사이의 효율적 협업이 가능해져 서류의 오류 및 중복 서류 기입의 불편함이 해소될 수 있다.

(4) 항공사

항공기 입출항 정보, 화물터미널 정보, 관세청정보, 공항공사정보, 운송사정보 등을 공유하여 원 스탑 서비스 실현이 가능하게 할 수 있다.

(5) 정부

항공기 입출항과 관련하여 각종 신고서류를 통합 서식으로 일원화하여 EDI를 제출함으로써 자 료의 정확성 및 신속성을 기할 수 있어 업무의 효율성 및 불필요한 업무를 줄일 수 있다.

7) 현행 수입물품의 단계별 처리실태

항공화물의 입항 → 반출까지의 소요시간은 평균 3.3일에서 2.6일로 감소하였다. 해상화물의 경우 8.6일이 소요된다. 또한 전체 소요시간 중 세관관리하의 소요시간이 차지하는 비중은 7.1%이다. 해상화물은 19.8%이다. 인천공항의 수하물 취급시간은 2012년 기준 출발하는 경우 15분, 도착 5분, 환승 10분이다.

표 5-5 화물처리단계별 소요시간(2012년)

구분	입항→반입	반입 → 신고	신고 → 수리	수리 → 반출	계
항공 (%)	7시간 52분 (12.6%)	1.7일 (64.6%)	4시간 25분 (7.1%)	9시간 45분 (15.7%)	2.6일 (100%)
해상 (%)	1.5일 (17.4%)	3.2일 (37.2%)	1.7일 (19.8%)	2.2일 (25.6%)	8.6일 (100%)

주: 1. 해상화물은 부산항 컨테이너 전용부두의 화물처리실태 분석결과.
   2. 신고→수리시간은 야간·공휴일을 포함한 시간이며, 실제 신고부터 세관의 결재까지 소요되는 평균시간은 2시간 38분.

8) 화물터미널의 화물보관시설

그림 5-31 화물터미널의 화물보관시설

System : AS/RS(Automated Storage and Retrieval System)
Usage : Automatic storage and retrieval for import cargo
Load Capacity : 1ton / Rollbox
Specification - Stacker Crane : 3set
　　　　　　　　Rack : 768cell
　　　　　　　　Rollbox : 768ea
Feature - Automatic control by remote computer
　　　　　Reliable movement system
　　　　　Promptness, accuracy and safety

System : MSS(Minishipment Storage System)
Usage : Automatic storage and retrieval for minor cargo
Capacity : 250kg/Tray
Specification - Extractor :3ea
　　　　　　　　210 Trays
Feature - Optimum size for vertical storage
　　　　　Reliable movement system
　　　　　Promptness, accuracy and safety

System : ETV(Elevating Transfer Vehicle)
Usage : Automatic carriage for air cargo container
Capacity : 13.6tons(20feet)
Installation : 3ea
　　　　　　Export : 1set
　　　　　　Transit : 1set
　　　　　　Import : 1set
Feature - 20ft container handling
　　　　　Reliable movement system
　　　　　Promptness and accuracy
　　　　　Weighing scale is installed in ETV
　　　　　Cargo data exchange with warehouse system by wireless

그림 5-32 싱가포르 창이공항 SATS의 항공화물 조업시설

ULD Highway

Elevating Transfer Vehicles

Multi-level Coldroom

Airside Interface Lanes+Hoists

출처: www.changiairport.com/

그림 5-33 　홍콩신국제공항 HACTL의 항공화물터미널

출처: www.hongkongairport.com

4.6 항공화물운송 주선업

1) Forwarder

(1) 구분

Forwarder는 복합운송업자(Int'l Freight Forwarder), 항공화물대리점(Airfreight Forwarding Agency), 혼재업자(Consolidator), 중간운송주선업자(Re-forwarding Agency), 도착화물분류업자(Break-Bulk Agent), 통합운송업자(Integrator)로 구분할 수 있다.

(2) 업체 수

허가제 → 등록제 변경으로 1,700개 업체가 협회 등록을 하였고 총 2,000여 개 업체로 업체 수가 급증하였다.

① 포워딩시장 완전개방(1996년) 이후 외국계 항공화물 포워더의 비중이 중량기준 1998년 23%, 1999년 35%, 2000년에는 65% 점유하였다.

② 외국계 포워더(엑셀로지스틱스, 백스글로벌, 티 코리아, KWE코리아, EGL이글코리아, 판알피나코리아, AEI고려, 에머리월드와이드 등)의 입지가 강화되고 로컬포워드의 기반이 약화되었다.

③ 통관서비스를 제공할 수 없어서 one-stop service 제공이 곤란하다.

④ 업체영세, 경쟁과다로 운임덤핑, 부대서비스 요금체계 미흡 및 징수불가이다.

(3) 포워딩 업체

삼성전자: 토로스(2001. 1. 항공포워딩 개시, 항공화물 54,000톤 수송실적), 고려종합국제운송, 국제항운, ABS해영, 백스글로벌, 남성해운항공, 대승항운, 매스타종합운송, 아라항역 동아항공화물 등이다.

(4) 수출물량 증가

범한종합물류(13.9%), 삼성전자로지텍(66.2%), 판알피나국제항운(185.8%), ABX(115.9%), KWE(491%)

표 5-6   업체별 항공화물 취급실적

순위	항공수출			항공수입		
	업체명	HAWB중량(t)	HAWB건수	업체명	HAWB중량	HAWB건수
1	범한종합물류	42,417	53,995	범한종합물류	20,394	105,068
2	삼성전자로지텍	36,643	46,013	대한통운	18,031	106,671
3	백스 글로벌	16,938	30,329	KWE	14,116	69,671
4	엑셀	16,381	29,745	엑셀	12,240	47,825
5	DHL Danzas	14,961	31,108	DHL Danzas	11,755	40,465
6	판알피나	14,705	30,269	EGL Eagle	11,400	25,326
7	매스타종합운송	14,566	26,245	하나로티엔에스	11,193	31,749
8	동아항공화물	14,383	15,657	백스 글로벌	10,474	35,585
9	ABX해영코리아	13,687	19,793	판알피나	10,336	38,222
10	KWE	13,170	42,185	EI코리아	10,308	33,691
11	FedEx	11,718	582,260	일양DHL	9,582	1,073,719
12	고려종합	11,401	26,212	유센항공	8,438	42,079
13	대한통운	11,147	34,476	멘로	7,590	24,293
14	SVD	9,530	9,703	대륙항공해운	7,547	38,886
15	아라항역	8,962	27,944	FedEx	7,227	744,703
16~20	EI코리아, EGL Eagle, 현대택배, 일양익스프레스 DHL, Geologistics			Schenker, 현대택배, 이앤씨아이앤씨, 스카이로더, 스카이매스터		

출처: www.shippingnewsnet.com

2) Consolidator

(1) Consol업의 특성

① 중소형 포워더를 대상으로 한 도매업
② Volume Cargo와 Weight Cargo를 Mix하여 가격경쟁력 확보
③ 항공사와의 Minimum Guarantee로 Dead Freight관련 Risk
④ 중소 포워더 대상이므로 Credit에 대한 높은 Risk

표 5-7 Forwarder와 Consolidator 비교

구분	포워더	Consolidator	비고
영업대상	실화주	중소 포워더	
서비스	수출입 항공운송 Door-to-door 서비스 통관 및 서류 대행	수출에 한함	
면허	복합운송주선업	복합운송주선업	관행적 구분
시설		창고(작업장)필수적	

5 항공관련 국제기구

항공산업은 2개의 주요 국제기구에 의하여 지원받고 있는데. 국제항공운송협회(IATA: International Air Transport Association)와 국제민간항공기구(ICAO: International Civil Aviation Organization)가 바로 그것이다.

1) 국제항공운송협회

국제항공운송협회(IATA: International Air Transport Association)란 전 세계 모든 국제항공운송업체들로 구성된 단체이다. 주요 역할은 세계의 어떤 한 지역에서 다른 지역으로 사람과 재화의 이동을 편리하게 시키는 것이다. 사람과 재화의 이동을 촉진시키려면, 단일 통화(달러)로 단일 가격이 매겨진 한 장의 비행기 표를 사면, 전 세계 어디를 가든지 똑같은 종류나 동질의 서비스를 받을 수 있다는 것을 소비자들에게 심어 주어야 한다. 이 원칙은 화물이나 우편물의 운송의 경우에도 동일하게 적용된다.

국제항공운송협회의 운송 협의회는 비행기 표 외에도 화물 운송장, 수화물보관증 및 기타 제반 문서도 표준화시킬 것을 규정하였다. 이 규정은 회계 처리와 절차를 조정하고 통일시킴으로써, 항공사 간의 예약과 연결이 신속히 이루어질 수 있게 하기 위한 것이다. 이 규정은 또한 국제 운임 및 운송의

안정성에 기여한다. 국제항공운송협회의 업무 중 가장 중요한 업무는 항공요금을 결정하는 것이다.

IATA에 가입한 항공사들 간의 요금 협약의 필요성은 현실적이면서 정치적 성격을 띠고 있다. 왜냐하면 국제 항공사들의 운임 및 요금 결정은 자국 정부에 의하여 통제받고 있기 때문이다. 각 국가들은 자국의 영공에 대한 절대적 권한을 갖고 있으므로 자신들이 원하는 대로 출입국 규정을 정하거나 허용할 수 있고, 그 조건을 설정할 수 있다.

IATA의 운송협의회는 각 국 정부들이 쌍무 협정을 체결하고, 어떠한 항공사들이 자국의 영공을 통고할 것인가를 결정한 후에 개최된다. 따라서 국제항공운송협회의 운송협의회는 정부의 주요 부속기관의 역할을 한다. 또한, 국제항공운송협회가 정한 규칙은 관련 정부들의 승인을 받아야만 한다.

특정 항공사가 국제 항공운송협회 및 그 협의회의 회원이 되기 위해서는 우선 그 항공사가 소속되어 있는 국가의 정부가 유엔 산하 특수기관인 국제민간항공기구(ICAO: International Civil Aviation Organization)의 회원이어야 하고, 그 다음에 그 자국 정부가 발행한 정기 항공사 증명서를 보유해야만 한다. 한국은 1994년도에 대한항공과 아시아나가 가입하였다.

국제항공운송협회의 여행사의 부속적인 서비스는 그 기구 내에 속해 있는 Passenger Network Services(PNS) Corporation에 의해 수행된다. 국제항공운송협회에는 세 개의 운송 협의회가 있는데, 그것은 세계 지역별로 다음과 같이 나누어져 있다.

① 남미와 북미를 포함한 서반구권
② 유럽과 아프리카 및 중동권
③ 아시아와 호주권

2) 국제민간항공기구

ICAO는 세계적인 규모로 민간항공을 촉진하기 위해 결성된 약 80개국으로 이루어진 조직이다. 이 조직은 1944년에 설립되었는데, 다음과 같은 구체적인 목적을 가지고 있다.

① 전 세계에 걸친 국제민간항공의 안전하고 질서적인 성장의 보장
② 항공기 설계의 기술과 평화적인 목적으로의 운행 장려
③ 국제민간항공을 위한 항공노선, 공항 및 공항관제 시설의 장려
④ 안전하고 정기적이며 효율적이고 경제적인 항공운송에 대한 전 세계 국민들의 욕구에의 부합
⑤ 비합리적인 경쟁을 방지하는 경제적 수단 장려
⑥ 계약 해당국가의 권리가 충분히 존중되고 모든 계약 국가가 국제 항공사를 운영하는 데 공정한 기회의 장려
⑦ 계약 당사자 국가 사이의 차별 회피
⑧ 국제항공관제에서 비행의 안전 촉진
⑨ 국제민간항공학의 발전 촉진

6 저가항공사(Low Cost Carrier)

1) 저가항공사란?

중·소형 항공기를 이용, 타 대형항공사들보다 저운임으로 근거리 여객 운송을 전문으로 하는 지역항공사에 의해 국내 지역 간 또는 근접 국가 간 운항되는 항공여객운송서비스
  - 국내의 저가항공사 – 한성항공, 제주항공, 진에어, 부산에어, 이스타항공 등
  - 해외의 저가항공사 – 라이언 에어, 이지젯, 젯스타, 에어아시아 등

2) 각국의 저가 항공사

사우스웨스트는 1971년 첫 운항을 시작해 미국 저가항공의 원조로 항공기 무게를 줄이고, 턴어라운드 타임(도착 후 재출발까지 걸리는 시간)도 15분에 끝낼 수 있는 아이디어를 그 전에는 아무도 내놓지 못했다. 젯블루는 전 좌석에 가죽시트와 개인용 비디오를 설치, 일반 항공사 못지 않은 서비스 품질을 제공하였으며, 라이언 에어는 '기차보다 싼' 항공기를 실현하였으며, 에어아시아는 태국과 인도네시아에 현지 법인을 세우고, 경쟁력 있는 낮은 가격으로 동남아시아를 공략하고 있다.

3) 저가 항공사의 전략 및 특성

첫째는 기종단일화로 단일 기종만을 취항함으로써 회사의 항공조종사들(조종사, 정비사)의 업무를 단축시켜야 한다. 둘째는 기내식 미제공으로 기내식을 위한 끌차와 기내식을 제공하지 않음으로써 끌차의 공간을 좌석으로 이용하고 무게절감의 효과를 창출한다.

셋째는 Legroom의 최소화이다. leg room의 공간을 좁혀서 좌석배치를 늘리는 전략을 세운다. 넷째는 온라인 예매를 통해서 예매는 오직 온라인 예매나 전화예매만 가능하며 티켓이 따로 존재하지 않는다. 예매를 하고 입금을 한 후 신분증만으로 탑승가능하다. 마지막으로 punctuality가 일반항공사보다 훨씬 높으며 보딩시간이 짧고, 모든 과정이 단축화 된다.

4) 저가 항공사의 전략

그림 5-34 저가 항공사의 전략

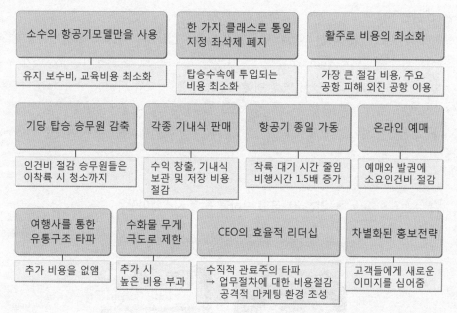

출처: 부산항만공사.

◆ 트랜짓(Transit), 트랜스퍼(Transfer), 스탑오버(Stop Over)의 차이는?

Transit이란?

Transi이란 '잠깐 내렸다 다시 타는 것'입니다. 예를 들어 인천~방콕을 갈 때, 직항으로 가면 인천에서 타서 방콕에서 내리게 됩니다. 그런데 상황에 따라서 '대만'이나 '홍콩'에서 잠시 1시간 정도 내렸다 다시 탈 수가 있습니다. 이 때 정말 잠시 청소나 기름 채우는 용도로 비행기가 멈추는 경우입니다. 하지만 Carry-on 짐은 갖고 내려서 잠깐 면세점 구경하고 있으며 바로 타게 됩니다. Transit 승객들한테는 따로 transit이 적힌 카드를 제공합니다.

Transfer란?

Transfer야말로 우리가 생각하는 '갈아타기'예요. 목적지를 향해 갈 때 직항편이 아닌 아예 항공기를 바꿔 타는 것입니다. 그렇기에 보딩패스가 2장입니다. Transit이 한 비행기를 잠깐 내렸다 다시 타는 거라면, Transfer는 목적지까지 비행기 2대를 탑니다. Through Boarding이라 해서,

인천공항에서 한 번에 보딩패스 2장을 모두 받으시면 됩니다. 비행기 내리면 Transfer라고 쓰여 있는 곳 따라 걷다보면 내가 타야 할 비행기를 탈 수 있습니다.

Stopover는?

스탑오버는 말 그대로 잠깐 멈췄다가 가는 겁니다. 인천~뉴욕 비행기를 탔는데 만약 비행기가 도쿄 나리타 공항에서 Transfer(비행기 갈아타기)를 하게 될 때 내 티켓이 stopover가 무료인 경우가 있습니다. 이러면 도쿄에서 며칠 머물러도 됩니다. 비행기 티켓 옵션에 따라 다릅니다. 무료일 수도 있고 유료일 수도 있습니다. 싱가포르 갈 때 베트남 항공을 이용한다면, 인천~호치민 transfer 싱가폴일 때 호치민에서 1박할 수 있는 경우가 있는데 이런 경우 이것을 Stopover라 합니다.

◆ 인천국제공항 수하물 운송 시스템이란?

인천국제공항 수하물운송시스템

인천국제공항 3층에 있는 항공사 카운터에서 탑승 수속과 함께 수하물을 위탁.

3층에서 1차 x-선 검색과 판독자의 2차 확인을 거친 뒤 2층 컨베이어 벨트로 내려감.

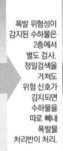

폭발 위험성이 감지된 수하물은 2층에서 별도 검사. 정밀검색을 거쳐도 위험 신호가 감지되면 수하물을 따로 빼내 폭발물 처리반이 처리.

정상 수하물은 벨트를 타고 지하 1층으로 이동. 태그에 적힌 일련번호를 토대로 공항 내 전체 74개 탑승구별로 분류. 일부 외국 항공사 수하물의 경우 탑승동이 1km 정도 떨어져 있어 초속 7m의 고속운반로를 타고 이동.

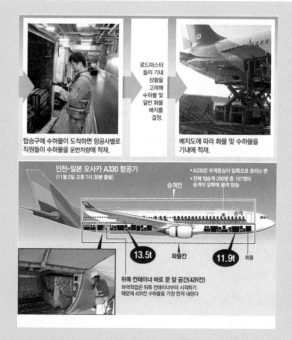

출처: http://www.cyberairport.kr

◆ 항공사 로드마스터란?

여행 가방을 싸다 보면 이것저것 다 넣다가 정작 필요한 짐을 넣지 못해서 짐을 다시 싸본 기억이 있을 것이다. 항공사의 로드 마스터(Load master)는 화물기에 짐을 실을 때 이런 실수를 하지 않도록 총지휘를 하는 사람이다. 아시아나항공의 로드마스터인 김성수(43) 과장은 올해로 10년차인 베테랑이다. 19일 인천국제공항 아시아나항공 화물터미널에서 만난 김 과장은 "비행기에 안 실어본 것 없이 다 실어봤다."고 했다. "미국 시카고에서 제주도까지 종돈(種豚) 600마리를 실어 나른 적이 있죠. 10개 우리에 나눠서 태웠는데 나중에 돼지냄새를 없애느라 고생을 많이 했어요."

항공화물은 운송료가 비싼 만큼 고가의 수출품이 주를 이룬다. LCD 모니터나 반도체, 휴대전화가 대부분이다. 수출용 자동차나 헬리콥터, T-50 훈련기를 부품별로 분해해 아랍에미리트까지 운송한 적도 있다. 화물전용기 안에는 125×96×30(inch)짜리 화물이 30개 들어간다. 747 점보 비행기의 경우 110t까지 싣는다. 비행기 내부의 굴곡을 고려해 화물은 유선형으로 포장한다. 자동차는 여유 공간 확보를 위해 타이어의 바람을 빼기도 한다. 로드마스터의 가장 중요한 업무는 한정된 공간 안에 가능한 한 많은 짐을 싣도록 계획하는 것이다. 그러면서도 전후좌우의 균형을 잃어선 안 된다. 무게중심이 뒤로 쏠리면 이륙을 제대로 못할 수 있고, 앞으로 쏠리면 착륙할 때 사고가 날 수 있다.

화물의 조합도 중요하다. 같이 두면 반응을 일으키는 화학물질이나 천적인 동물은 한 비행기에 싣지 않는다. "마치 테트리스 게임을 하는 것 같이 여러 화물을 놓고 어떻게 조합을 해야 가장 안전하고 효율적으로 보낼 수 있을지 토론을 벌이기도 한다. 그렇게 나온 화물을 '작품'이라고 부른다. 화물기는 대개 여객기가 다니지 않는 밤 시간에 드나들기 때문에 로드마스터는 밤낮이 바뀐 생활을 한다. 평일이나 주말도 따로 없다.

◆ 시계비행과 계기비행(http://flightin.com)

항공기의 성능이 제한되었던 초기에는 조종사가 눈으로 지형을 확인하면서 비행하였습니다. 그러다 보니 구름이 낮게 형성되었거나 안개 등으로 시계가 매우 불량할 때는 비행을 할 수 없었습니다. 시계비행이란 조종사가 외부의 참조물을 볼 수 있는 기상상태에서 비행하는 절차입니다. 만약 조종사가 외부의 시각 참조물을 눈으로 확인할 수 없을 때 눈은 여러 가지 형태의 착각을 일으키기 때문에 매우 위험한 상황에 처할 수 있습니다. 따라서 시계비행 조종사는 제한된 시정과 구름으로부터의 거리 이상의 기상상태에서만 비행이 가능합니다. 이 같이 시계비행의 한계를 극복한 비행 방법이 계기비행입니다.

계기비행은 외부 시계가 차단된 상태에서 조종실에 있는 계기에 의존하여 비행하는 방식입니다. 시계비행과는 근본적으로 차이가 있으며 전문조종사가 되기 위한 필수과정입니다. 앞에서 잠깐 언급한 것과 같이 계기비행 한정자격이 없는 사람은 비행하는 데 상당한 제한이 있기 때문에 비록 자가용조종사라 할지라도 계기비행 자격은 필수과정입니다.

계기비행은 전기의 발달과 함께 전파의 특성을 이용한 항법이 개발되고 항공기의 성능 역시 증대되면서 기상 현상으로 인한 비행 제한을 최소화하고 있습니다. 무선 송신소에서 발사한 전파를 수신하여 목적지 공항까지 안전하게 비행할 수 있습니다. 지상에서 항공기의 항법에 도움을 줄 수 있도록 전파를 발사하고 항로를 유도해 주는 제반 시설을 항법보조시설이라 합니다.

민간항공에서 항공기의 항로를 유도해 주는 항법보조시설에는 VOR과 NDB 송신소가 있으며 일반 상업용 방송국에서 송출하는 전파를 이용하여 항법을 하기도 합니다. 이들 시설의 근본적인 차이는 전파의 특성이라 할 수 있습니다. 예를 들어 VOR 시설은 주파수 변조(FM) 방식인 초단파(VHF)를 이용하고 NDB 또는 일반 상업용 방송국에서는 진폭 변조(AM) 방식을 이용합니다. 일반적으로 항법 및 무선통신에는 VHF가 주로 이용됩니다. VHF는 가시선의 영향을 받으나 매우 신뢰할 수 있는 전파를 수신할 수 있으며, 기상현상으로 인한 정전기의 영향을 받지 않는 장점이 있습니다. 여기서 말하는 가시선이란 송신소와 직선거리에 위치해야 한다는 것을 의미하고 산이나 건물 등에 가려져 있을 때 전파는 반사되기 때문에 전파가 차단됩니다.

반면에 NDB나 방송국에서 송출하는 전파는 파장으로 확산되기 때문에 통달거리가 매우 크나 기상현상으로 인한 정전기의 영향을 받기 때문에 초단파에 비해서 신뢰성이 떨어집니다. 비행의 가장 기본은 시계비행입니다. 시계비행으로 지상 참고점과 비행기 자세를 익히고 시계비행에 의한 비행 자세를 익힌 후 한 차원 높은 계기비행에 들어갈 수 있습니다. 처음부터 계기비행을 훈련할 수 없으며, 시계비행과 계기비행은 상당한 차이가 있고 별도의 계기비행 지식과 계기비행 훈련 및 한정자격을 받아야 계기비행이 가능합니다.

◆ 활주로 길이 어떻게 결정되나?

현재 세계에는 8,670여 개의 공항이 있다. 실제 공항으로서의 기능을 하고 있는 곳을 기준으로 한 숫자이다. 2005년도 OAG(Official Airline Guide, 정기편항공시간표) 자료에 의하면 미국에 1,966개, 호주 615, 캐나다 596, 파푸아뉴기니아 367, 브라질 265, 인도네시아 208, 중국 177(홍콩, 마카오 포함), 러시아 142, 프랑스 136, 영국 129, 인도 129, 멕시코 98, 독일 97, 일본 97개이고 한국은 28개이다. 우리나라에는 인천공항을 위시하여 김포, 김해, 제주, 광주, 대구, 청주, 울산, 여수, 포항, 사천, 강릉, 양양, 목포, 군산, 예천, 원주 등 17개에 현재 공사 중인 무안공항을 합치면 18개가 되는데 그 외 군용공항과 민간공항을 합쳐서 28개가 된다고 한다.

그런데 일반적으로 공항하면 떠오르는 단어는 뭐니 뭐니 해도 비행기와 활주로일 것이다. 활주로란 "비행기가 활주를 하기 위한 직선상태의 길"을 말한다. 외견상으로는 그냥 긴 도로처럼 보이지만 비행기가 착륙할 때의 충격에 견딜 수 있도록 일반 도로에 비해 훨씬 튼튼하게 만들어야 한다. 또한 시계가 흐리거나 야간에도 이착륙이 가능하도록 유도등을 매립하는 한편 이착륙 시에 고속으로 주행해야 하므로 기체가 흔들리지 않도록 활주로 표면에 울퉁불퉁(凹凸)이 거의 없어야 한다.

그러면 활주로 길이는 어떻게 결정되는 것일까? "길면 길수록 좋을 것이다"라는 대답이 나오겠지만 엄연히 기준이라는 것이 있다. 공항운영에 있어서 교과서적인 국제기준을 운영하고 있는 ICAO(국제민간항공기구) 부속서 14(비행장 편)에는 이착륙하는 항공기 등급별로 활주로 길이를 예시하고 있고 또 다른 한편으로는 항공기의 날개폭과 외측 차륜간격도 고려대상이 되어 있어 이 두 가지 고려요소를 적절히 가미하여 설계토록 권고하고 있다. 이렇게 해서 활주로 길이와 폭, 포장 면의 강도가 결정된다.

일반인들은 활주로는 비행기가 이륙하는 데 필요한 만큼의 거리만 있으면 될 것이라고 생각하기 십상이지만 사실은 다음 세 가지 조건을 다 갖추어야 한다. 첫째, 먼저 비행기가 이륙하는 데 필요한 길이, 둘째, 비행기가 착륙하는 데 필요한 길이, 그리고 세 번째로는 이륙하기 위해 활주로를 질주하는 사이에 고장이 나서, 급브레이크를 걸을 경우에 안전하게 활주로상에서 멈출 수 있는 만큼의 길이가 확보되어야 한다. 세 가지 조건 중에서도 이 세 번째의 요소가 절대로 빼놓을 수 없는 중요한 요소이다.

승객과 화물의 상태에 따라 조금씩 다르겠지만 국내선과 국제선의 경우 일반적으로 국제선이 기체의 무게가 더 나간다. 국내선의 경우 점보기를 기준으로 대략 200톤 전후가 되는 데 비해 장거리 국제선, 뉴욕행 같은 경우는 350~380톤이나 된다. 이와 같이 멀리 가는 비행기는 승객과 짐 이외에 연료를 많이 싣게 되므로 비행기 무게는 그 만큼 더 나가게 된다. 또한 무게가 나가면 나갈수록 활주 도중에 어떤 돌발적인 상황이 벌어져서 급브레이크를 걸더라도 멈출 때까지의 거리가 기하급수적으로 늘어난다. 때문에, 국제공항은 상대적으로 그만큼 긴 활주로를 필요로 한다.

덴버 공항은 타 공항에 비해 지대가 높고 해발 1,600m라는 고지대에 위치해 있기 때문에 여름철 기온이 올라갔을 때에 공기 분자가 산만해지는 까닭에 연료를 가득 채운 장거리행 항공기는 이륙 시 활주거리를 필요로 하기 때문에 애를 먹고 있었다. 장거리 운행용 대형기로는 B777이 보편화화 되어 있지만 도쿄나 서울, 북경으로 가는 서행(Westbound)은 제트기류라는 맞바람을 받아서 항행해야 하기 때문에 최대이륙중량에서 제약을 받게 된다. B777-200ER은 좌석수가 보통 310석 전후인데 종래의 활주로를 이용할 경우 실제로 태울 수 있는 승객은 고작 200명 남짓밖에 되지 않는다. 종래의 활주로에서는 110석분을 비워두어야 무난히 날아오를 수 있었다. 좌석을 1/3이나 비워두어야 한다는 것은 항공사로선 채산면에서 치명적일 수밖에 없다. 그러다 보니 덴버 공항이 아시아지역 항공사로부터 직항편을 외면당하고 뒤로 쳐질 수밖에 없었다.

이는 통상 이륙하기 위해 활주를 시작한 지점으로부터 동체가 공중으로 떠서 지상으로부터 35피트(10.7m) 높이에 이르는 시점의 바로 아래 지점까지이다. 활주로 길이가 이만큼 확보되어 있다면 이륙결심속도(V1)에 이르기 직전에 긴급히 이륙을 중지하더라도 활주로를 지나치지 않고 안전하게 정지할 수 있다는 것이다. 마찬가지로 착륙할 때에도 이와 같은 논리로 볼 때 항공기 착륙거리의 1.67배에 해당하는 길이가 필요하다. 현실적으로는 그 이착륙 시점에서의 기후나 활주로 상태, 그 비행기의 총중량 등에 따라 필요한 활주 거리가 그때마다 변하는 것이어서 각 공항마다 활주로 길이를 역산해서 탑재할 화물량 등을 결정하고 있다.

06

Fundamental of Logistics

편리함의 대표주자, 도로운송

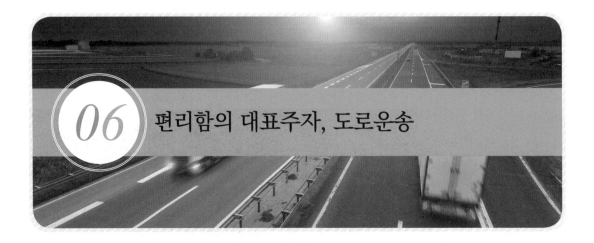

1 공로운송의 기초

1.1 공로운송의 의의

공로운송은 도로운송 또는 화물자동차운송이라고도 하며 도로를 이용하여 화물을 운송하는 것을 의미한다. 운송의 형태에 따라 출발지에서 목적지까지 운송하는 형태와 타 운송수단(항공기, 선박, 철도)과 결합하여 운송의 완결성을 높이는 역할을 수행하고 있다.

최근의 전자상거래, 직구, 역직구 등 온라인 쇼핑 및 소셜커머스의 거래 풍토가 높아지면서 공로운송의 빈도 및 정시성이 매우 중요해지고 있다.

공로운송의 특징을 살펴보면, 공로운송은 트럭이 통행가능한 도로가 있으면 언제, 어느 곳에서든지 운송할 수 있다. 그리고 연료수급이 다른 운송수단에 비하여 월등한 우위성을 가지기 때문에 공로운송은 다빈도 소량화물에 대해 기동성 있고 신속한 수송이 가능하다. 공로운송은 신속하고 정확한 문전(door to door)운송을 실현할 수 있으며 다른 운송수단을 이용하지 않아도 운송을 마무리할 수 있는 운송수단이다. 트럭의 종류와 차량 수가 다른 운송수단에 비해 용이하게 이용할 수 있어 고객의 다양한 요구에 맞추어 화물을 운송할 수 있으며, 운송단위가 소량이고 에너지를 많이 소비하여 에너지 효율이 낮다. 따라서 공로운송은 생산성이 낮은 운송수단이다. 트럭을 이용하고자 하는 화주는 자신의 공로운송 장비를 소유할 때 부담하는 자본투자나 경영관리를 하지 않고도 손쉽게 계약운송서비스를 이용할 수 있어 특정한 서비스 욕구를 충족할 수 있다. 공로운송은 운행상의 각종 규제가 많은데, 주로 운송중량과 용적을 제한하는 도로안전법규로 인해 다른 운송수단에 비해 불리한 입장에 있다. 특정 교량을 통과할 때 엄격한 중량제한이나, 도로통과 높이나 폭의 제한을 받는 경우도 있다.

공로운송의 장·단점을 요약해보면 다음과 같이 구분할 수 있다.

표 6-1   공로운송의 장·단점

장점	단점
• 탄력적인 수용 • 문전(door to door) 운송서비스 가능 • 일관된 운송서비스 • 하역횟수가 적음 • 소·중량 근거리 운송 시 운임 저렴 • 중간하역이 없어 포장간소화 가능	• 운송단위가 작음 • 연료비, 인건비가 높음 • 사고의 위험성이 높음 • 환경 친화적이지 못함 • 대량수송에 적합지 않음

공로운송을 선호하는 이유는 대규모 자본투입이 불필요하며 도심지, 공업단지 등 문전운송이 편리하고 리드타임 단축 및 납기를 탄력적으로 맞출 수 있기 때문이다. 또한 근거리 운송 시 철도, 해운 및 항공보다 비용이 저렴하며, 별도의 포장이나 설비에 대한 비용도 불필요하다.

1.2 운송수단(화물자동차)

도로운송의 운송수단은 화물자동차이며 화물자동차는 형태에 따라 취급하는 화물의 특성이 달라지며 그에 따른 운송시스템도 다르게 나타나고 있다.

화물자동차는 크게 보디(Body)와 섀시(Chassis)로 구분되어 진다. 보디는 자체로써 화물이나 사람

표 6-2   화물자동차의 구성

구분		내용
보디		화물이나 사람을 적재 및 수용하는 부분
섀시	프레임	자동차의 뼈대로 기관, 동력전달장치 등의 섀시 부품과 차체가 설치
	엔진	자동차를 구동시키기 위한 동력발생장치
	동력전달장치	엔진의 동력(출력)을 구동바퀴에까지 전달하는 구성부품을 총칭
	현가장치	차축을 현가스프링으로 연결하는 장치
	조향장치	자동차의 주행방향을 바꾸기 위한 장치
	브레이크장치	주행 중인 자동차의 속도를 낮추고 정차시키거나 정차중인 차량의 자유이동을 방지

을 적재 및 수용하는 부분으로 프레임이나 현가장치와 연결되어 있다. 섀시는 보디를 제외한 나머지 부분으로 프레임(Frame), 엔진(Engine), 동력전달장치(Power transmission system or power train), 현가장치(Suspension), 조향장치(Steering system), 브레이크장치(Brake system)로 구성되어 있다.

화물자동차는 취급화물의 형태에 따라 일반화물운송차량과 특수화물운송차량으로 구분할 수 있다. 일반화물운송은 불특정 다수의 화주를 대상으로 하며 위탁된 일반화물을 운송하는 형태이며 특수화물운송은 특수한 화물을 특정화주와 계약에 따라 운송하는 것으로 화물의 특성상 특수한 구조장치 또는 장비를 갖춘 덤프형, 밴형, 특수용도용 차량이 이용되고 있다.

표 6-3 화물자동차의 종류

구분	종류	내용
보통트럭	소형	최대적재량 1톤, 총중량 3톤 이상
	중형	최대적재량 1톤 초과 5톤 미만, 총중량 3톤 초과 10톤 미만
	대형	최대적재량 5톤, 총중량 10톤 이상
트레일러	Semi 트레일러	• 전축에는 연결장치인 커플러로 지지되고 후축에만 타이어가 부착되어 운행하는 차량 • 평판 트레일러: 강관, 핫코일 • 섀시 트레일러: 컨테이너
	Full 트레일러	특수 연결장치로 연결되어 있어 전축과 후축에 모두 타이어가 부착
	Pole 트레일러	긴 장착물 운송: 전신주, 구조물 등
	Double 트레일러	세미 트레일러 2량을 연결하여 운행하는 트레일러
전용특장차	덤프트럭	적재함이 후방으로 기울어져 화물을 미끄러지게 하는 차량
	믹서트럭	레미콘 차량
	분리체운송차	곡물, 사료, 유류 등 벌크화물 운송 차량
	냉동차	단열기와 냉동기가 부착된 냉동, 냉장화물 운송 차량
	액체운송차	유류, 당밀, 기름 등의 화물 운송차
	기타	가축운송차량, 행거차

그림 6-1 화물자동차 종류

보통트럭 트렉터 semi 트레일러

Full 트레일러 Pole 트레일러 Double 트레일러

덤프트럭 믹서트럭 사료운반차

냉동차 유조차 가축운송차

1.3 물류터미널

화물자동차 운송에 있어 물류거점 간 또는 지역 간 대량운송과 장거리의 결절(node)기능과 상호 중계기능 및 도시 내 집배송의 결절기능이 이루어지는 시설을 물류터미널이라고 한다.

일반적으로 물류터미널은 2가지 이상의 운송수단 간에 연계운송을 할 수 있는 규모 및 시설을 갖춘 복합물류터미널과 그 외의 일반물류터미널로 구분 가능하며 물류터미널에서는 집화 · 하역 · 분류 · 포장 · 보관 또는 통관 등 필요한 기능을 수행하며, 화물운송의 중계지, 정기노선 화물업체들의 화물기지, 배송센터, 도매시장을 말하며 화물트럭 및 터미널 이용자에 대한 서비스를 제공한다.

복합물류터미널은 2가지 이상의 운송수단 간의 연계운송을 할 수 있는 규모 및 시설을 갖추고 있으며 거기에 더하여 컨테이너 화물 및 통관시설을 갖추고 있는 시설을 ICD(Inland Container Depot: 내륙

컨테이너기지)라고 한다. ICD는 2가지 이상의 운송수단(도로, 철도, 항만, 공항) 간 연계운송을 할 수 있는 규모 및 시설을 갖춘 복합물류터미널로서 화물을 대량으로 모아 한꺼번에 운송함으로써 물류비용을 절감하기 위해 구축되는 대규모 물류터미널을 말한다. ICD는 바다와 접해 있는 항만과 달리 내륙에 컨테이너를 처리하는 항만기능을 수행하는 공간을 의미하며 내륙에 철도와 도로 등 연계운송시설, 컨테이너 야드와 창고 등을 갖추고 항만과 거의 유사한 보관, 하역, 통관, 혼재 등의 기능을 수행하는 컨테이너 터미널이다.

그 외에 물류유통거점으로 트럭 등의 운송수단이 이용하는 공간을 물류단지라 한다. 물류단지는 물류터미널보다 상위의 개념으로 물류시설과 지원시설이 집단적으로 설치된 곳으로 상품의 수송, 보관, 포장, 하역, 가공, 통관, 판매, 정보처리를 위한 물류터미널, 창고, 대규모점포, 전문물류단지, 공동집배송센터, 농수산물도매시장, 항만하역시설 및 화물보관, 처리시설, 공항시설 중 화물운송을 위한 시설 등이 있다.

1.4 화물자동차의 소유 형태

화물자동차는 소유 형태에 따라 자가용과 영업용으로 구분된다.

표 6-4 자가용 차량운송과 영업용 차량운송의 비교

형태	장점	단점
영업용	• 돌발적인 운송수요의 증가에 탄력적 대응이 가능 • 필요한 시점에, 필요한 수량의, 필요한 규격 및 종류의 차량 이용이 가능 • 운임은 저렴하고 서비스 수준은 높은 업체와 계약 운송이 가능 • 귀로시 복합화물운송의 기능으로 운송비 저렴 • 차량 및 운전원을 관리할 필요가 없음	• 운임의 안정화에 애로(장기계약으로 극복) • 물류시스템의 표준화 및 일관화 구축 곤란 • 화물의 파손 및 도난우려 • 자가용 화물 자동차보다 낮은 기동성 • 수화인에 대한 낮은 서비스 수준 • 배송업무와 관련한 부대업무 처리가 곤란 • 화물추적시스템 구축에 애로
자가용	• 상시 이용이 가능 • 오지 배송이 가능 • 출발지, 목적지와 직접 연결가능 • IT장비 장착으로 추적정보시스템 가동 • 화물취급의 안전성이 높음 • 운전원이 운송업무 외의 다양한 부대업무 수행이 가능 • 차량구입 및 등록이 용이 • 높은 기동성과 시스템의 일관성 유지	• 고정자산 투자로 자금의 고정화 • 자체 운송능력을 초과하는 운송물량 발생 시 외부 차량을 이용해야 함 • 운송의 크기에 따라 적절한 차량의 선택에 제한 • 대형차량을 이용한 중·소규모의 운송물량 운송 가능성 발생 • 귀로화물 확보에 애로 비효율적 운행(장거리운송 시 높은 비효율성) • 물량부족 시 운행중지 발생 • 운영효율의 저하(운전원의 적극성 결여) • 운전원 관리, 차량성능관리, 비용관리 등 관리업무가 많음

자가용 차량운송은 자신의 화물을 직접 운송하기 위하여 자신의 명의로 구입·등록한 차량이 운송하는 형태이다. 영업용 차량운송은 불특정 다수의 타인화물을 자기차량을 이용하여 유상으로 운송하는 것이다.

자가용 화물자동차는 자기차량으로 자기화물을 운송하는 것이므로 필요 시 언제나 운송행위를 변경할 수 있으나 영업용 화물자동차는 제3자와의 운송계약에 의거 유상운송행위를 하는 관계로 운송계약이 종료되기 전에는 운송행위를 변경하기 쉽지 않다.

자가용과 영업용 차량운송의 장단점을 비교하면 [표 6-4]와 같다.

2 공로운송 시스템

2.1 공로운송 시스템의 의의

화물이 일정한 장소에서 차량에 적재되어 최종 목적지에 도착하기까지의 일련의 화물이동 과정의 프로세스와 방법을 공로운송의 시스템이라고 말한다. 공로운송 시스템은 효율적이고 고객지향적인 시스템으로 구축되어야 하며 설계된 시스템에 따라 운송이 되도록 관리해야 한다. 또한 환경변화에 적응할 수 있도록 지속적인 수정·보완이 필요하다.

공로운송 시스템이 효율적으로 구축되어야 하는 이유로는 첫째, 물류비 중 운송비가 가장 비중이 높고 둘째, 상품을 적기에 안전하게 구매자에게 인도해 주는 것은 구매자의 만족도 향상을 위해 매우 중요한 경쟁수단이기 때문이다. 셋째, 전자상거래의 거래 증가 등 반품으로 인한 운송비의 증가 초래, 반품 상품의 미회수 시 고객의 불만이 가중되어 고객을 잃을 수도 있어 반품 요청에 대해서는 신속하고 정중하게 이루어질 수 있도록 관리가 필요하다. 마지막 네번째로, 운전자가 운전을 하는데 있어 배차관리자의 운송지시를 받고 물류센터에서 화물을 적재 후 출발하면 목적지에 도착하여 도착지 관리자의 지시를 받을 때까지 또는 다시 출발지 물류센터로 돌아올 때까지 운전자의 판단에 따른 운행을 하는데, 이 과정에서는 다양한 비효율적인 문제가 발생할 수 있으며 다섯째, 도로 교통상황(정체, 폭설·폭우, 통행제한 등), 출발 및 도착지의 하역여건 등 외부환경의 영향을 사전에 충분히 점검·고려가 필요하기 때문이며 마지막으로 다른 물류시스템의 효율성과 직접 연관성이 있으므로 다른 부문의 물류 효율화 및 합리화를 추진할 때 공로운송 시스템도 같이 합리화 및 효율화될 수 있도록 구축되고 운영되어야 한다.

2.2 공동 수배송 시스템

1) 공동 수배송 시스템

공동 수배송이란 하나의 차량에 다양한 화주의 화물을 혼적하여 운송함으로써 운송의 대형화와 순회배송을 가능하게 하는 운송의 기법이다. 소량 다빈도 수배송과 JIT 수배송의 필요성 증대, 고객지향적 수배송서비스가 더욱 요구되고 있는 오늘날의 물류현실에서 공동 수배송의 필요성은 더욱 증가하고 있으며, 많은 기업들이 가능하면 공동 수배송 시스템을 구축하고 이용하기 위해 노력하고 있다.

공동 수배송 시스템을 활용할 경우 다음과 같은 효과를 얻을 수 있다. 적재율의 향상으로 수배송 물량의 증가와 물품파손 및 도난방지가 가능하며, 첨단물류기기의 공동구입에 따른 각 기업별 비용 절감효과가 있다. 그리고 각 가맹사 간에 전산망을 통한 수배송작업의 시스템화가 가능하며 사무자동화를 통해 공동물류회계 및 화물정보시스템화가 가능하다. 요금체계의 명확화를 통한 요금계산의 정확성과 간편성이 높아지며 동일지역 및 동일 배송선에 대한 중복배송을 피하고 공차율 감소와 소량화물의 집합 수배송에 따른 운행차량의 감소와 교통체증 감소를 통하여 기동성이 향상된다. 그리고 소수의 차량으로 물품 수배송 범위의 확대와 문전배송의 효율화가 가능하며 자가용 화물차의 등록 용이와 부가가치세 및 보험료의 절감효과가 있으며 정보시스템의 일원적 관리를 통한 물류센터, 창고 내 정보시스템의 효율적인 사용이 가능하다. 수납횟수의 감소와 고객의 검품생산성이 향상되며

그림 6-2 공동 수배송의 기본 개념

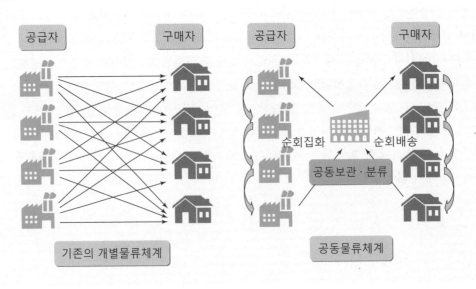

집배화물의 계절적 조절이 가능하여 차량의 운영효율이나 보관 및 하역작업의 효율이 향상된다.

　　다양한 효과를 가지고 있으나 공동 수배송 시스템을 무조건 화주가 받아들이지 않고 있다. 이에 대한 장애 요인으로는 첫째, 기업의 영업기밀 유지를 위해서이다. 경쟁기업 간 하나의 공동 수배송 시스템을 이용 시 자사의 판매량, 인기판매품목 등의 정보가 경쟁사로 들어갈 수 있다는 우려로 기피한다. 둘째, 자사 고객에 대한 서비스 우선 정책 때문이다. 공동 수배송은 참여회사에 대한 표준서비스를 제공한다. 따라서 자사의 고객을 최우선적으로 서비스해 주기를 바라는 기업들에게는 수용하기 어려운 시스템이다. 셋째, 배송서비스를 기업의 경쟁력으로 삼으려는 전략 때문이다. 일부의 기업들은 배송서비스를 핵심적인 경쟁요소로 설정한다. 배송 시 친절서비스 약속 준수 즉석 A/S 등 고객 만족 배송서비스를 제공함으로써 경쟁력을 확보하려는 기업은 공동 수배송을 기피한다. 넷째, 상품 특성에 따른 특수서비스의 제공이 필요하기 때문이다. 상품에 따라서는 제품의 설치, 정기방문과 A/S, 취급설명, 구(舊)제품의 회수 등 단순 수배송 외에도 다양한 서비스를 요구하기도 한다. 특히 무점포 및 전자상거래가 일반화되면서 수금업무 및 계약서 회수 등 물류가 상류업무를 수행하는 경우가 많은데 이러한 특수서비스를 공동 수배송이 담당하기에는 한계가 있다. 다섯째, 긴급대처능력 결여 때문이다. 공동 수배송에서는 계약 또는 규정된 스케줄과 방법으로 운송서비스를 실시한다. 그러나 상품의 판매에서는 긴급주문 및 공급이 빈번하게 발생하는 바, 이러한 긴급수요에 대한 대처능력이 떨어지게 되어 기피하는 경우가 발생한다. 여섯째, 상품에 대한 안전성 문제이다. 자사의 상품을 자사 직원을 이용하여 배달할 경우에는 화물의 특성에 따라 안전하게 취급하며 검수·검품도 적극적으로 할 수 있으나, 공동 수배송의 경우에는 운전기사들이 제3자적인 입장에 있기 때문에 이러한 안전성 문제에서 다소 뒤처질 수밖에 없다.

2) 공동 수배송 시스템 유형

　　공동 수배송 시스템 유형은 크게 3단계로 구분할 수 있으며, 물류센터를 활용하는가의 여부에 따라 2가지로 구분 될 수 있다.

　　1단계는 콘솔 단계로 하나의 차량에 다양한 화물을 순회집화하여 대형운송을 하는 단계로 Many to One, One to Many, Many to Many의 유형이 있다.

　　2단계는 크로스 도킹 단계로 물류센터(화물집화처)를 마련하고 다양한 납품자들로부터 화물배송을 의뢰받아 수화처별로 분류한 후 합적 순회배송하는 방법이다.

　　3단계는 공동재고보관을 하는 단계로 물류센터에 상품을 공동으로 보관하고 납품처 또는 수화처의 주문에 따라 유통가공하는 형태의 공동 수배송 단계로 공동집화 공동보관, 개별납품 공동보관 공동배송, 공동집화 공동보관 공동배송, 공동수주시스템에 의한 물류의 공동화 유형이 있다.

(1) Many to One System

집화처가 다수이고 배송처는 한 곳인 경우에 실시하는 방법이다. 다수의 공급기업들로부터의 납품물량을 대형차량을 이용하여 순회 집화한 후 일정한 시간까지 조립공장의 라인에 투입하는 것이다. 이러한 방법은 컨테이너 LCL 화물을 혼재하는 포워딩이 수출하는 업체들의 물량을 CFS에서 컨테이너화하기 위하여 사용하는 방법이다.

이러한 운송시스템의 장점으로 공급업체들이 소형차량으로 납품하는 비효율성의 제거가 가능하며 공급을 받는 업체는 정시에 부품을 공급받을 수 있고 공급받는 업체의 인수업무가 단순화 된다. 반대로 순화집화의 순서 때문에 제조를 빨리 끝내야 하는 업체와 늦게 끝내도 되는 업체가 발생하여 공급시간의 불균형이 발생할 수 있는데 이는 공급업체의 불만이 될 수 있으므로 이를 완화시키기 위하여 요일별 순서변경 및 분할집화 하는 방법이 필요할 수 있다.

그림 6-3 Many to One System

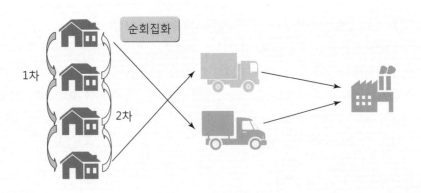

(2) One to Many System

대형 제조업체 또는 유통업체에서 다수의 거래처에 판매된 화물을 지역별, 거래처별로 묶어 중·대형차량을 이용하여 순회배송을 실시하는 운송시스템이다. 이러한 시스템은 화주기업의 일반적인 배송시스템이라고 할 수 있으나 운송임을 각 거래처에서 부담하고 운송업무는 외부의 운송업체를 이용할 경우 운송업체가 구매자들과 개별적인 계약을 하고 추진하는 공동운송방법이다. 특히 장거리 운송 시 높은 운송비 부담으로 인하여 구매자 측에서 운송비를 부담할 경우 운송업자는 구매자들과 개별적인 운송계약을 체결하고 운송비 절감을 위하여 다수 화주의 화물을 혼재하여 운송하고 순차적으로 배송한다.

하지만 화물인계가 지연되어 수화처의 불만이 발생할 소지가 있으며 신속한 하차작업이 필요하기 때문에 이에 대한 준비가 필요하다.

그림 6-4 One to Many System

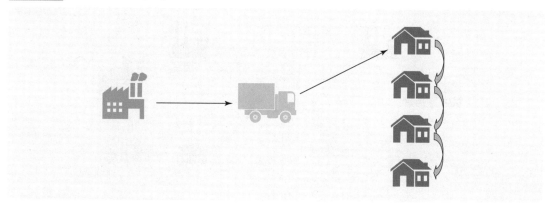

(3) Many to Many System

일정한 구역 내에 산재한 다수 집화처의 화물을 중·대형차량을 이용하여 순회 집화한 후 배송구역으로 순회 운송하면서 구매처에 배송하는 형태이다. 대도시 또는 공단지역에서 발생하는 소량의 공급 화물이나 판매 화물을 운송회사에 운송을 의뢰하면 운송회사가 운송주문 내용을 배송지역별로 분류한 후 중·대형차량에 운송지시를 내리고 이 차량은 집화구역을 순회하면서 집화하고 집화가 완료되면 배송지역으로 운행하여 순차적으로 수화처에 화물을 인계하는 혼재 수배송 시스템이다.

그림 6-5 Many to Many System

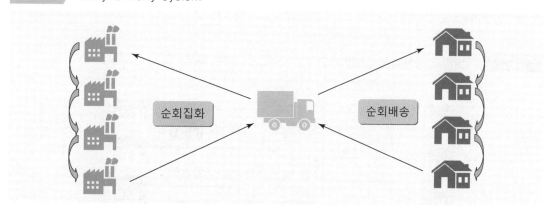

(4) 노선집배송시스템

집배차량들이 사전에 정해진 일정한 노선을 정기적으로 운행하면서 발송할 화물을 집화하여 화물을 배달하는 형태의 운송시스템이다. 노선화물업체들이 이용하던 방법으로서 운행노선과 경유

그림 6-6　노선집배송시스템

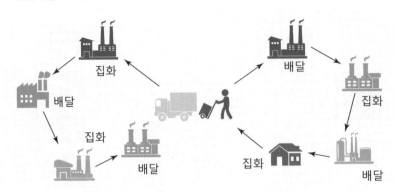

시간을 정해 놓고 운행노선상에 설치된 영업소를 순차적으로 경유하면서 영업소에서 집화해 둔 화물을 적재하고 그 영업소에 도착시킬 화물을 인계하는 형태로 운송을 실시한다.

(5) 개별입고 공동배송시스템

공동배송센터까지의 운송업무는 공급업체가 직접 담당하며, 입고 이후의 화물취급과 배송업무는 공동 수배송 주체가 담당하는 형태이다. 개별입고 후에 일부화물은 크로스 도킹(Cross-docking)으로 처리하고 일부화물은 보관 후 출하되기도 한다. 생필품 및 농수산물 의약품 등과 같이 대량으로 입고되며 소형차량을 이용하여 수많은 배달처로 배송되는 화물로서 납품처가 전국 또는 넓게 분포되어 있어 집화업무를 공동화시키기는 어려운 화물에 대하여 적용할 수 있다.

그림 6-7　개별입고 공동배송시스템

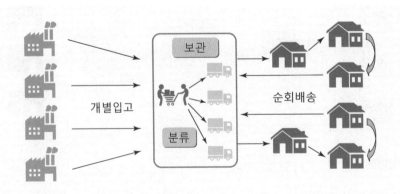

(6) 공동집화 개별수송시스템

집화운송은 중·대형차량을 이용하여 순회하면서 실시하고, 공동배송센터에 입고된 화물은 화주별로 분류하여 수화주별로 대형차량을 이용하여 운송하거나, 하나의 대형 수화주에게 발송할 때에는 입고되는 대로 대형차량에 적재하여 순차적으로 발송하는 형태로 운영된다.

주로 부품제조업체들이 운영하는 방법으로 공급을 받는 업체들이 필요한 지역에 물류센터를 설치하고 운송업체를 지정하여 순회집화 하도록 물류센터에서 업체별로 분류하거나 하나로 모아서 조립공장으로 대형차량을 이용하여 운송한다.

그림 6-8   공동집화 개별수송시스템

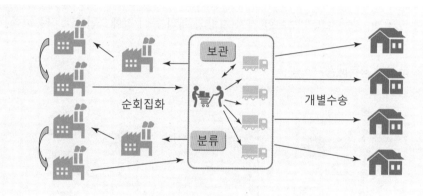

(7) 개별입고 개별수송시스템

집화처의 집화시간에 대한 불만이 발생하거나 공급처가 상당히 넓은 지역에 분포되어 있고 납

그림 6-9   개별입고 개별수송시스템

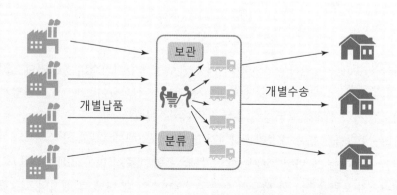

품물량이 소량이어서 대형차량을 이용하여 공동집화하는 효과가 없을 때 이용할 수 있는 방법이다. 납품업체는 지정된 시간까지 화물을 물류센터까지 입고시키면 운영주체는 이를 업체별로 분류하거나 한꺼번에 모아서 대형차량에 적재한 후 수화처로 운송을 하게 된다.

(8) 공동집화 공동배송시스템

집화와 배송, 보관, 분류 등 공급체인상의 모든 물류활동이 공동으로 처리되기 때문에 공동 수·배송시스템에 있어서 가장 바람직한 형태이다. 운영주체가 공급처를 방문하여 공급할 화물을 순회집화하여 물류센터에서 보관하거나 크로스 도킹으로 분류한 후 배송처별로 모아서 중·소형차량을 이용하여 순회 배송하는 형태이다. 이러한 형태의 공동 수·배송이 활성화되어야 하지만, 이런 형태는 납품업체에 대한 납품시간 준수가 보다 엄격히 요구되고, 가능한 납품시간을 늦추어야 유리한 납품업체가 있을 수 있으며, 자체적으로 보유한 자가 차량의 처리 등이 장애요인으로 작용한다.

그림 6-10   공동집화 공동배송시스템

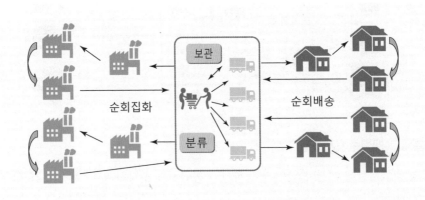

3) 택배운송 시스템

(1) 개념

택배란 화물을 수요자가 원하는 장소까지 배송해 주는 물류서비스의 총칭이다. 불특정 다수 화주의 요청에 의해 소형·소량의 화물을 송화인의 문전에서 집화하여(Pick-up) 택배업체의 일관책임 하에 수화인의 문전까지 신속하게 배달해 주는 운송서비스이다.

택배서비스는 공공물류 또는 대중물류이면서 전형적인 소매물류라고 할 수 있다. 일반운송이 화주기업의 물량을 운송하는 데 비해 택배는 개인화물운송의 비중이 많아 소매물류에 해당한다. 일반적으로 운송서비스가 트럭을 이용한 화물의 운송장비서비스인 데 반해, 택배서비스는 집화에서 배달까지 다양한 트럭이 이용되지만 송화인과 수화인이 인식하기에는 서비스는 집배사원에 의하여 제공되는 인적 서비스라고 할 수 있다.

택배서비스는 거래 당사자에 따라 4가지 유형으로 나눌 수 있다. 첫째, C2C(Consumer to Consumer) 택배는 개인으로부터 집화하여 개인에게 배송하는 택배로 개인의 집화요청시간을 맞추기 어려우며 취급점을 통한 집화가 진행되며 집화 단가가 높은 편이다. 둘째, B2C(Business to Consumer) 택배는 기업이 개인에게 보내는 택배로 케이블TV 홈쇼핑, 인터넷 쇼핑몰 등이 주거래처이며 대량집화에 의해 택배단가가 낮으며 반품집화, 정보시스템 등이 주요한 경쟁수단으로 작용한다. 셋째, C2B(Consumer to Business) 택배는 개인이 기업으로 보내는 택배로 A/S를 위한 화물, 구매취소 등의 반품이 많고 판매자의 폐기물 회수의무, 전자상거래의 증가에 따라 지속적으로 증가하고 있다. 넷째, B2B(Business to Business) 택배는 기업에서 기업 또는 거래처로 배송하는 택배로 화물의 부피가 비교적 큰 편이다.

(2) 택배운송 서비스 구성

택배운송 서비스는 화물을 집화하고 배송하며 각종 취급을 하는 조직이 필요하다.

취급점은 택배회사를 대신하여 개인들이 위탁하는 화물들을 접수해 주는 일종의 화물접수창구로 편의점 등을 운영하는 개인들이 택배회사를 대신하여 화물을 수탁하고 일정한 수수료를 받는다.

영업소는 택배회사의 조직 중 가장 일선에서 화물을 직접 집화하고 배송하는 기능을 담당한다. 직접 화물을 취급하기 위한 시설과 차량 등을 구비하고 영업활동을 하고 있으며 택배회사의 물량 확보와 서비스 품질을 책임지고 있는 가장 중요한 부분에 해당한다.

집배센터는 시설이 취약한 영업소들을 집단으로 수용하거나 영업소별 취급물량이 적어 노선운영이 비경제적일 때 취급화물을 대단위화하기 위하여 중형으로 설치한 조직이다. 터미널은 영업소 및 집배센터에 집화된 화물을 배달지역으로 분류하고 중계하기 위하여 대단위로 설치한 조직이다. 각 영업소 및 집배센터에서 집화된 화물은 배달지역별로 구분되지 않고 터미널로 입고되며 터미널

그림 6-11   택배운송 서비스의 구성

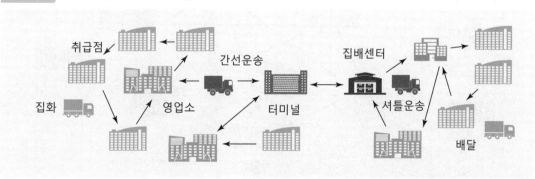

에서는 분류기를 설치하고 배달지역별로 분류한 후 대형차량을 이용하여 각 배달영업소 및 집배센터로 출발시키는 역할을 한다.

집배운송(Pick-up & Delivery)은 소형 차량을 이용하여 송·수화인을 직접 방문하고 집화와 배송업무를 수행하는 운송이며 집배운송의 집화와 배송은 일정한 이동경로를 따라 순차적으로 이루어진다. 셔틀운송(Shuttle Transportation)은 여러 개의 영업점을 순회하면서 화물을 운송하는 형태로 택배에서는 1대의 차량으로 운송하기에는 물량이 적은 영업소 2~3개를 묶어서 순회배송하기 위하여 운영하며, 영업소의 물량이 증가하여 1대의 차량으로 운송한다고 하더라도 영업소와 터미널 또는 집배센터 간의 비교적 짧은 거리를 운송한다. 간선운송(Haul Line)은 터미널과 터미널, 집배센터, 영업소 등을 연결하는 운송으로서 대형차량을 이용한 비교적 장거리운송으로 출발, 도착시간의 준수가 필요하다.

(3) 간선운송시스템의 종류

간선운송시스템이란 집화된 화물을 터미널로 모으고, 이를 지역별로 분류하여 배송점으로 도착시키는 시스템으로 터미널시스템 또는 연계운송시스템이라고도 한다. 간선운송시스템은 크게 Point to Point 시스템(PTP 시스템), Hub & Spokes(H&S 시스템) 시스템과 이 둘을 절충한 시스템인 PTP 방식에서의 허브터미널 운영시스템, PTP 시스템에서의 집결운송시스템, H&S 방식에서의 PTP 간선운송시스템, H&S 방식에서의 Multi-Hub터미널시스템, H&S 방식에서의 경유노선 운영시스템으로 구분할 수 있다.

첫째, Point to Point 시스템(PTP 시스템)은 한 터미널에서 다른 터미널로 운송할 화물을 각각의 터미널로 직접 발송하는 형태의 운송시스템이다. 본 시스템을 채택하는 경우에는 집화와 배달물량을 기준으로 일정한 수준의 물량의 출발지와 도착지가 있는 지역의 중심에 터미널을 설치하는 것이 일

그림 6-12   Point to Point 시스템(PTP 시스템)

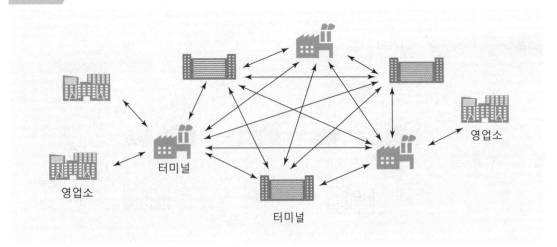

반적이다.

둘째, Hub & Spokes 시스템(H&S 시스템) 각 터미널 또는 집배센터에서 집화한 화물을 하나의 대형터미널에 집결시킨 후 배송할 지역별로 분류하여 이를 배송지 터미널(집배센터)로 연계시키는 운송시스템으로 중앙의 터미널을 '허브 터미널'(Hub Terminal)이라고 하고 허브터미널과 배달지의 터미널 또는 집배센터를 연결하는 운송을 '스포크'(Spokes)라고 한다.

그림 6-13 Hub & Spokes 시스템

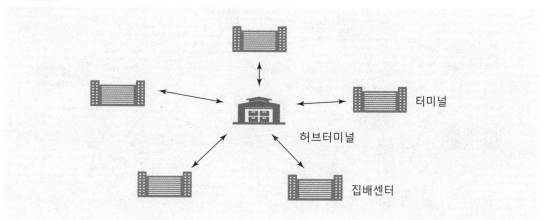

셋째, PTP방식에서의 허브터미널 운영시스템은 출발지와 도착지 간의 물량의 불균형 문제와 물량이 적은 지역에도 터미널을 설치하고 모든 다른 터미널과의 노선을 개설하여 운송하는 문제점을 개선하기 위하여 거리상 또는 물량의 무게중심점에 허브터미널을 설치하고 이 허브터미널에서 집배

그림 6-14 PTP방식에서의 허브터미널 운영시스템

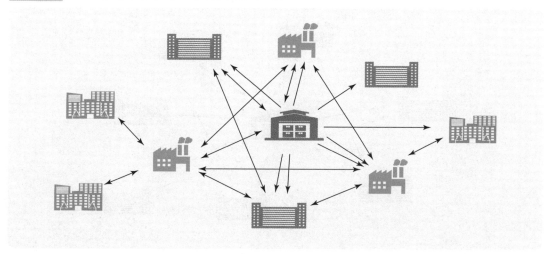

물량이 적은 지역의 화물, 운송량 불균형화물을 처리할 수 있도록 한 시스템이다.

넷째, PTP 시스템에서의 집결운송시스템은 PTP 시스템의 문제점 중의 하나인 자투리 물량의 장거리운송문제를 해결하기 위한 방법이다. 각 터미널에서 배송지로 운송해야 할 화물이 적은 분량으로 남았을 때 이 소량의 화물들을 지정된 터미널로 모아 분류하여 대형차량으로 운송하는 방법이다.

그림 6-15 PTP 시스템에서의 집결운송시스템

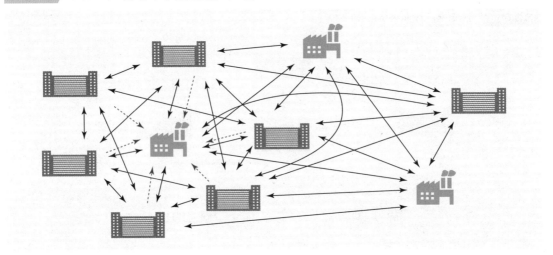

다섯째, H&S방식에서의 PTP 간선운송시스템은 모든 화물이 허브터미널로 집중된다. 따라서 허브터미널의 분류능력이 초과될 수도 있으며 불필요한 운송비 및 작업비가 증가될 수도 있다. 각 집

그림 6-16 H&S방식에서의 PTP 간선운송시스템

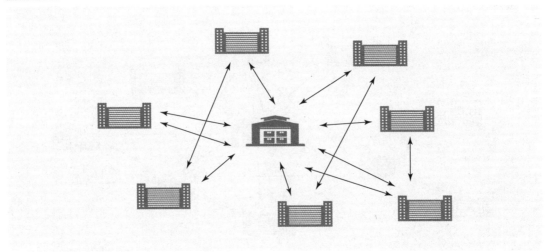

배센터에서 배송지 집배센터로 대형차량을 이용하여 직접 운송할 수 있는 화물량이 된다면 직접 간선운송을 하도록 하는 절충시스템이다.

여섯째, H&S방식에서의 Multi-허브터미널 시스템은 H&S 시스템에서 허브터미널의 물량이 증가하거나 특정 지역에 집화와 배송이 집중적으로 발생하는 지역에 터미널을 추가할 경우 여러 허브터미널을 설치하여 순차적으로 운송하는 시스템이다.

그림 6-17 H&S방식에서의 Multi-허브터미널 시스템

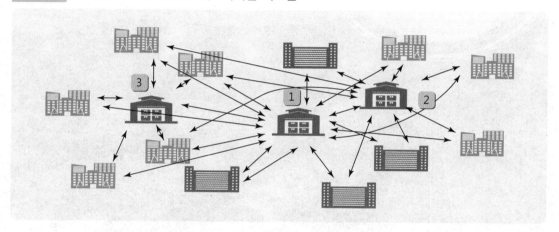

일곱째, H&S방식에서의 경유노선 운영시스템은 일반적으로 집화된 화물을 신속하게 터미널로 연계하고 분류된 화물은 신속하게 배송시키기 위하여 간선운송은 하나의 집배포스트와 하나의 터미널을 연계하도록 노선을 계획하고 운영하지만 사업초기에는 집배물량이 적어 하나의 터미널에 여러 집배처를 연결하여 운영하는 시스템이다.

그림 6-18 H&S방식에서의 경유노선 운영 시스템

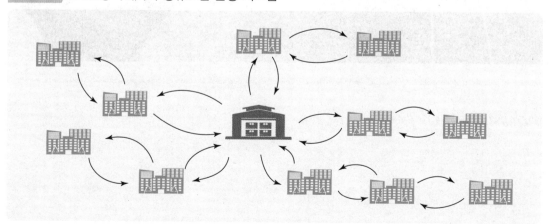

07

Fundamental of Logistics

안전하고 정시 배송을 위한 철도운송

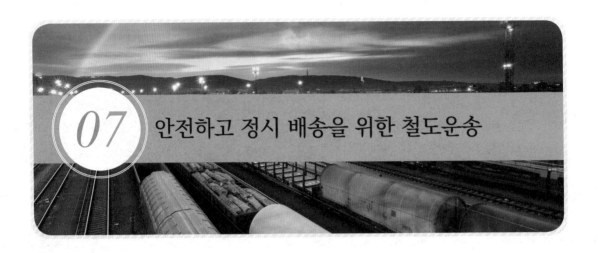

안전하고 정시 배송을 위한 철도운송

1 철도운송의 의의와 특징

1.1 철도운송의 의의

1) 철도운송의 개념

철도운송이란 다른 사람의 수요에 응하여 여객 또는 화물을 운송하는 데 필요한 시설과 철도차량을 이용하여 유상으로 이동시키는 행위를 가리킨다.(「철도산업발전기본법」 제3조)[1] 현재 국내 철도사업은 여객운송사업과 화물운송사업으로 구분되어 있다. 철도운송사업을 경영하기 위해서는 국토교통부장관으로부터 사업면허를 받아야 한다(「철도사업법」 제2조).

철도화물운송은 출발역과 도착역 간 철도를 이용하여 화물을 운반하는 대운송(간선구간 수송)과 화물역에서 송수화인의 문전까지의 집화, 배송 및 부수된 하역, 보관활동을 수행하는 소운송으로 이

그림 7-1 철도화물운송의 개념

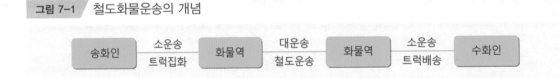

---

1 철도시설이란 철도의 선로(선로에 부대되는 시설 포함), 역시설(물류시설 · 환승시설 및 편의시설 등 포함) 및 철도운영을 위한 건축물 · 건축설비, 선로 및 철도차량을 보수 · 정비하기 위한 선로보수기지, 차량정비기지 및 차량유치시설, 철도의 전철전력설비, 정보통신설비, 신호 및 열차제어설비, 철도노선 간 또는 다른 교통수단과의 연계운영에 필요한 시설, 그밖에 철도의 건설 · 유지보수 및 운영을 위한 시설(부지 포함)을 가리킨다. 철도차량은 선로를 운행할 목적으로 제작된 동력차 · 객차 · 화차 및 특수차를 말한다.

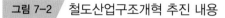
그림 7-2 철도산업구조개혁 추진 내용

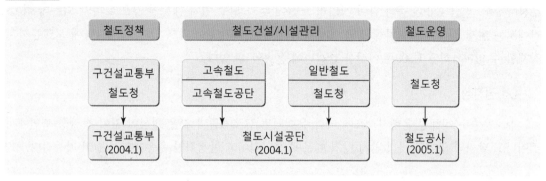

루어져 있다.

우리나라의 철도운송은 과거에는 정부조직이었던 철도청에서 시설 및 운영을 함께 담당하였으나 2004년부터 이루어진 철도산업구조개혁[2]으로 시설과 운영이 분리되면서 2005년 1월부터는 한국철도공사(이하 "철도공사"라 함)에서 대운송을 전담하고 있으며, 소운송은 화주기업 또는 복합운송업체에 의하여 운영되고 있다.

1.2 철도운송의 특징과 현황

1) 철도운송의 특징

국내 철도운송의 주요 특징으로는 대량운송성, 정시성, 안전성, 환경친화성, 에너지 및 국토이용 효율성을 들 수 있다.

(1) 대량운송성

철도화물운송은 기관차의 견인력 및 시설 등을 감안할 때 중장거리·대량화물 운송에 적합하다. 국내 철도화물운송을 전담하고 있는 철도공사의 자료에 따르면 2014년 현재 철도화물의 평균운송거리는 243.5km로 10년 전(222.2km)과 비교해 볼 때 약간 증가추세에 있으나 그다지 큰 변화는 보이지 않고 있는 것으로 나타났다. 그러나 철도화물 운송품목 중 컨테이너의 경우에는 300km 이상 구간에서의 운송량이 전체 컨테이너의 약 78% 정도를 차지하고 있어 중장거리 운송에서 경쟁력을 지니고

---

2 2004년도에 이루어진 철도산업구조개혁은 철도청이 시설과 운영을 통합하고 있음으로써 발생하는 구조적인 문제를 해결하기 위함이었다. 고속도로가 개통되기 이전인 1960년대까지는 철도가 주된 운송수단이었으나 고도경제성장 과정에서 도로운송의 편리성, 도로중심의 교통투자 등의 영향으로 도로운송량이 급증하면서 경쟁력을 잃게 된 철도는 운송비중이 크게 감소되면서 적자 등으로 심각한 상태에 이르게 되었다. 여기에 1980년대부터 세계적인 교통정책으로 확대되고 있던 철도개혁을 둘러싼 움직임이 한국철도에도 영향을 주게 되면서 우리나라에서도 1990년대 후반부터 철도구조개혁에 대한 논의가 본격적으로 시작되었다.

있음을 알 수 있다.(한국철도공사,「철도통계연보」, 2004-2014.) 이는 철도 컨테이너의 운송구간이 경기에서 부산(부산항), 전남(광양항) 등과 같이 장거리 노선이 주가 되고 있기 때문인 것으로 파악[3]되는데 이 구간에서는 현재 컨테이너 화차를 평균 20량을 연결한 열차가 운행되고 있다. 화차 1량에는 50톤까지 적재할 수 있고 1회에 1,000톤 이상을 한꺼번에 운송할 수 있다.

(2) 정시성

철도운송은 정해진 운행시각표에 따라 운행되고 도로체증과 같은 현상이 없어 정시성 측면에서 뛰어나고 날씨의 영향도 거의 받지 않기 때문에 장기적이고 안정적인 운송계획 수립이 가능하다.

(3) 안전성

철도는 안전설비가 갖춰진 궤도를 운행하므로 안전성 측면에서도 뛰어나다. 최근 10년간 철도로 인한 교통사고 발생건수 범위는 233~743건으로 전체의 0.1~0.3%를 차지하고 있는 데 비해 자동차로 인한 사고건수 범위는 211,662~260,579건으로 전체 사고 발생건수의 99% 이상을 차지하고 있다. 철도의 교통사고 발생건수는 자동차의 약 0.8%에 불과하며, 사망빈도도 3.3% 수준, 부상빈도도 1.0% 수준에 불과하다.(국토교통부,「국토교통통계연보」, 2004-2014.)

(4) 환경친화성

지구온난화의 원인 중 하나로 주목받고 있는 것이 CO_2이다. 1톤 화물을 1km 운송할 때 배출하는 CO_2의 양(g-CO_2/t-km)은 영업용 트럭이 161, 항공이 1,500인 데 반해 해운이 37, 철도는 22에 불과하다.(코레일 철도물류정보서비스: http://logis.korail.go.kr) 화주나 물류업체가 운송수단을 전환하여 철도를 이용하면 CO_2 배출량의 87%, 해운을 이용할 경우에는 CO_2 배출량의 75%를 감축시킬 수 있다. 이러한 사실에 근거하여 최근 지구온난화 대책의 일환으로 트럭에 의한 간선화물운송을 환경친화적인 운송수단인 철도로 전환하는 모달시프(modal shift)의 추진에 관심이 높아지고 있다.

(5) 에너지 및 국토이용 효율성

에너지 자원은 운송기능을 수행함에 있어 불가결한 요소로 운송수단의 발전에 크게 기여해 왔으나 최근 들어 환경문제와 함께 물류분야에서도 에너지 효율성 문제가 대두되고 있다. 운송수단별 에너지소비원단위(kcal/t-km)를 살펴보면 영업용트럭 2,573, 비영업용트럭 11.818, 해운 555, 항공 22,186인 데 반해 철도는 459에 불과하다. 화물운송에서 어느 운송수단을 이용하는 것이 효율적인가에 대해서는 에너지소비에 한정하여 판단하는 것은 불가능하지만 효율적 에너지 이용의 관점에서 고려할 여지가 있다. 이처럼 철도운송은 에너지 절약뿐만 아니라 국토이용 효율성이 뛰어난 운송수

---

3 한국철도공사 물류계획처 내부자료.

단이다. 예를 들어 복선철도가 4차선 고속도로에 비해 토지사용 면적은 작은 데 비해 운송량은 훨씬 많다.(코레일 철도물류정보서비스: http://logis.korail.go.kr)

2) 철도운송의 현황

(1) 철도운송의 분담률 추이

우리나라 총 화물운송량은 1960년대 이후 고도경제성장과 수출입화물의 증가에 의해 크게 증가하여 2013년 현재 약 8.8억 톤에 이르고 있다. 1985년부터 2013년까지의 운송수단별 화물운송추이를 살펴보면, 철도운송은 톤기준으로 1985년에 55백만톤을 기록하였으나 1990년대 이후부터는 감소추세로 전환되어 2013년 현재는 40백만톤에 머무르고 있다. 철도의 운송부담률도 1985년에 23.2%를 차지하여 도로운송의 비중에는 미치지 못하지만 연안운송을 앞지르고 있었으나 1990년대 이후 급격히 감소하여 2013년에는 4.5%에 지나지 않는 것으로 나타났다.

톤킬로 기준에서도 철도의 분담률이 매년 감소하고 있는 것으로 나타났는데 2012년 현재 철도운송의 분담률은 8.6%에 머무르고 있다.

그림 7-3 철도운송 분담률 추이(톤기준)

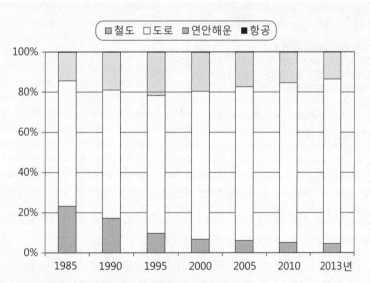

주: 도로운송량 및 총 운송량은 도로 비영업용 화물차의 운송량을 제외한 수치임.
출처 : 국토교통부, 「국토교통통계연보」, 1985-2013.

| 표 7-1 | 철도운송 분담률 추이(톤킬로 기준) | | | | (단위: 백만킬로) |

구분	철도	도로	연안해운	항공	합계
1985	12,296 (39.7)	7,068 (22.8)	11,639 (37.5)	–	31,003 (100.0)
1990	13,663 (18.2)	9,325 (21.1)	21,127 (47.5)	72 (0.2)	44,187 (100.0)
1995	13,838 (18.2)	18,213 (23.9)	43,936 (57.7)	121 (0.2)	76,108 (100.0)
2000	10,803 (17.8)	11,412 (18.8)	38,298 (63.1)	166 (0.2)	60,679 (100.0)
2005	10,108 –	–	26,590	151 –	36,849 (100.0)
2010	9,452 –	–	25,249	106 –	32,840 (100.0)
2011	9,997 (7.0)	104,476 (73.7)	23,281 (16.4)	115 (0.1)	141,808 (100.0)
2012	10,271 (8.6)	108,365 (91.3)	27,220 (22.9)	109 (0.1)	118,745 (100.0)

주: 1. ( )는 전체에서 차지하는 비중을 나타냄.
    2. 도로 비영업용 화물차(2011년부터 통계청 공식통계로 승인).
    3. 2013년도 운송실적은 집계 중(2015년 7월).
출처: 국토교통부, 「국토교통통계연보」, 1985-2013.

3) 품목별 운송추이

먼저, 톤 기준에서는 과거 철도의 주요 운송 품목이었던 유류, 양곡, 석탄의 운송량이 대폭 감소하고 있는 반면, 시멘트, 컨테이너 운송량은 증가추세에 있다. 석탄의 경우, 1980년대부터 진행된 에너지 소비패턴의 변화로 석유와 가스가 경쟁 에너지원으로 대두되면서 1990년대 초반 이후 운송비중이 급격히 감소하였다가 최근 유가상승의 영향으로 다시 그 비중이 상승하고 있으나 총 운송량은 일정수준을 유지하고 있다. 유류의 경우에도 1990년대 초반부터 시작된 파이프라인의 가동 및 탱크로리 운송의 증가 등의 영향으로 운송비중이 낮아지고 있다.

한편, 시멘트는 사일로 단지까지 인입선이 부설되어 있는 경우가 많아 철도운송이 강점을 지니고 있는 품목으로 2013년 현재 철도운송의 약 37.3%를 차지하여 운송비중이 가장 높은 것으로 나타났다. 철도운송에서는 주로 벌크양회를 운송하고 있다. 또한, 1990년대 이후 컨테이너의 운송비중 증

그림 7-4 철도 운송품목 구성의 변화(톤 기준)

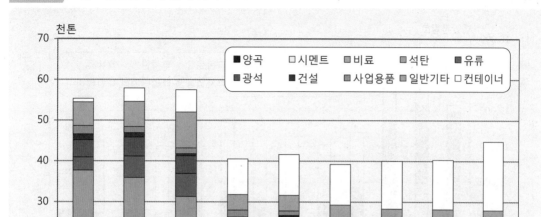

출처: 한국철도공사, 「철도통계연보」, 1990-2013.

가가 눈에 띄는데, 이는 컨테이너화 화물의 증가와 ICD(Inland Container Depot), CY(Container Yard)의 인입선 부설로 인해 철도운송의 여건이 개선되었기 때문이다. 이와 같이 고도성장에 의한 에너지 전환, 도로운송의 발전이 철도화물의 운송품목에도 영향을 미치고 있으며, 석탄, 양곡 등의 운송감소를 공업 및 건설관련 화물의 증가로 가까스로 메우고 있음을 알 수 있다.

톤킬로 기준에서도 철도의 분담률은 매년 감소하고 있으며, 운송품목의 비중구성도 톤수 기준과 비슷한 양상을 보이고 있으나, 컨테이너의 경우에만 톤수 기준보다 더 높은 것으로 나타났다. 이는 컨테이너의 주요 운송구간이 경기에서 부산(부산항), 전남(광양항) 등과 같이 장거리 노선이 주를 이루고 있기 때문이다.

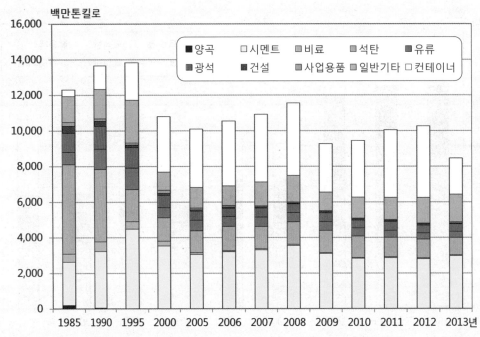

그림 7-5 철도 운송품목 구성의 변화(톤킬로 기준)

출처: 한국철도공사, 「철도통계연보」, 1990-2013.

2 철도화물운송의 종류 및 절차

2.1 철도화물운송의 종류

1) 취급화물 형태에 따른 분류

(1) 차급운송

차급운송이란 유조차 등의 화차를 1량 단위로 운송하는 것을 말한다. 철도로 운송되는 석탄, 광석, 시멘트, 양곡, 유류 등의 벌크화물을 화차단위로 적재하여 운송한다. 차급운송은 화차 1량을 1건[4]으로 하여 운송하는 것이 일반적이나 화물의 폭이나 길이가 화차 1량에 적재할 수 없는 특대화물(중

---

4 철도공사에서는 화차1량을 1건으로 취급하는데 여기서 1건의 의미는 일반화물은 화차1량(컨테이너화물은 컨테이너 1개)에 적재할 수 있는 수량으로써 송화인, 수화인, 발송역, 도착역, 운송일시, 운임·요금 지급방법이 동일한 화물을 화차 1차(컨테이너 1개)를 전용하여 발송역에서 목적지 도착역까지 직통으로 운송하는 것을 말한다.

간에 보조차를 공동 사용하여 그 전후의 화차에 적재한 화물 포함)은 화차 2량 이상을 1건으로 취급하기도 한다.

과거에는 차급운송이 철도화물운송의 중심을 이루고 있었으나 고도경제성장기를 거치면서 산업구조의 변화, 컨테이너운송의 보급 확대 등이 진전되면서 차급운송이 대폭 감소하였다. 현재는 차급운송의 약 53%를 차지하고 있는 시멘트를 비롯하여 석탄, 유류 등 화물별 단위전용열차로 운송하는 형태가 주류를 이루고 있다.

최근 시멘트, 유류 등 화주가 사유화차를 직접 제작하여 투입하는 사유화차[5] 수가 증가추세에 있는데 사유화차는 철도공사의 투자재원 부족으로 적기에 운송수요에 적합한 화차를 제작하여 투입하기가 곤란한 경우가 많기 때문에 화주가 직접 화차를 제작하여 투입하는 대신 철도운임의 일부를 감면 받는 형태로 운영되고 있다.

(2) 컨테이너운송

컨테이너운송은 화물을 컨테이너라는 용기에 실은 다음 화차에 적재하여 운송하는 것을 말한다. 국내 철도운송에서는 ISO규격의 20ft, 40ft, 45ft 컨테이너를 사용한다. 단순한 용기로서의 기능뿐만 아니라 냉동기를 부착한 컨테이너, 내부의 습도상승을 막아주는 통풍장치가 부착된 컨테이너 등 다양한 기능을 갖춘 컨테이너도 이용되고 있다. 국내에서는 주로 운송량이 많은 주요 항만과 ICD 간 간선운송구간에서 출발역과 도착역 간을 컨테이너 전용열차로 직행운송하고 있다.

2) 열차운행방식에 따른 분류

(1) 직행운송

특정 출발역과 도착역을 결정하여 도중에 열차의 입환작업을 하지 않고 그 구간을 직통으로 운송하는 방식을 말한다. 철도역 간 운송 외에 시멘트, 유류, 컨테이너 등의 대량화물 중 운송구간이 일정한 화물을 공장 간, 생산지와 소비지 간을 전용열차로 직행으로 운송하는 것도 여기에 해당한다. 직행운송은 운송시간을 단축할 수 있고, 화차의 운용효율을 높일 수 있으며 운송관리도 편리한 장점이 있다.

(2) 거점운송

거점운송은 차급운송의 하나로 지역별로 거점역을 정하고 그 거점역 간을 직통열차로 운송하는 방식을 말한다. 일반화물 및 컨테이너화물의 직행운송이 단위전용열차 중심으로 운행되는 방식을 가리키는 데 반해 거점운송은 단위열차에 미치지 못하는 일반화물을 적재한 화차를 거점역에서 환적 또는 연계하여 간선철도역 간을 운송하는 방식을 가리킨다.

---

5 사유화차의 제작절차는 다음과 같다. 사유화차 제작신청서 제출(고객)→제작승인(철도회사)→제작→시험운전→철도차적에 등록→사유화차 운송계약체결→철도운송에 투입.

(3) 조차장 집결운송

조차장 집결운송 근거리 내에 소규모화물 취급역이 존재하는 경우에 화물이 적재된 화차를 조차장에 집결시켜 근거리에 있는 행선지별로 구분시켜 열차를 조성한 다음, 도착역에 가장 가까이에 있는 조차장에서 다시 소규모화물 도착역으로 운송하는 방식을 말한다. 일종의 hub & Spoke 방식인 셈이다. 국내에서는 소규모 철도역 CY(컨테이너 야드)와 거점역 간에서 이러한 유형의 집결운송이 이루어지고 있다.

(4) 블록트레인(Block Train)

블록트레인은 출발역에서 도착역까지 직통으로 운행하는 전용열차단위 운송을 말한다. 화물양이 충분하고 조차장이 충분하지 않은 화물을 직행으로 운송하기 때문에 효율적이면서 신속히 운송할 수 있다.

(5) 셔틀트레인(Shuttle Train)

셔틀트레인은 출발지-목적지-출발지를 연결하는 루프형 구간에서 운송하는 방식으로 비교적 짧은 구간에서 유용한 열차운행방식이다. 화차의 수와 종류가 고정되어 있어 철도역 또는 터미널에서의 화차 조성비용을 줄일 수 있는데 블록트레인에 비해 약 15~20% 정도 절감 가능하다.

(6) Y-셔틀트레인(Y-Shuttle Train)

Y-셔틀트레인은 한 개의 중간 터미널을 거치는 것을 제외하고는 셔틀트레인과 거의 동일한 운송방식이다. 화차의 수나 종류도 고정되어 있다.

(7) Single Wagon Train

Single-Wagon Train은 복수의 중간역 또는 터미널을 거치면서 운행하는 열차형태로 철도화물운송 방식 중 가장 많이 이루어지고 있다. 이 방식은 운송경로상의 모든 종류의 화차 및 화물을 운송하지만 화주가 원하는 시간에 따라 서비스를 제공하는 것이 아니라 열차편성이 가능한 물량이 확보되는 경우에만 운행한다. 1일 평균 운송거리는 200km정도로 주로 일정한 운송수요를 가진 지역 철도노선에서 운행한다.

(8) Coupling & Sharing Train

Coupling & Sharing Train은 중단거리 운송이나 소규모 터미널을 중심으로 이용 가능한 소형열차 형태의 운송방식이다. 기존의 Single Wagon Train의 개선대안으로 만들어진 열차운행형태로서 중간역에서 화차취급을 단순화하여 열차조성을 신속하게 할 수 있는 장점이 있다.

(9) Liner Train

Single-Wagon Train의 일종인 Liner Train은 장거리 구간에서 여러 개의 소규모 터미널이 존재하는 경우 마치 여객열차와 같이 각 기차 터미널에서 화차를 Pick-Up & Delivery하는 운송방식이다.

2.2 화차의 종류[6]

1) 유개차

비료, 양곡 등의 포대화물 등을 운송하기 위한 차량으로 양측에 슬라이딩 도어가 부착되어 있어 화물 적재가 용이하도록 되어 있다.

2) 무개차

지붕이 없어 쇄정보호의 필요가 없고 유개화차에 적재할 수 없는 무연탄, 광석, 석탄, 자갈 등 다종의 화물을 운송할 수 있다.

6　화차 사진 출처(코레일 철도물류정보서비스(http://logis.korail.go.kr)).

3) 일반 호퍼차

무연탄 운송용 차량으로 차체 단면은 경사를 준 호퍼가 양측으로 설치되어 개폐장치에 의한 측문 개폐로 하화하도록 되어 있다.

4) 자갈차

광석이나 선로 노반에 사용할 자갈을 운송하는데 사용하는 차량으로 좌우측의 호퍼를 통하여 화물을 하화할 수 있도록 되어 있다.

5) 유조차

유류, 황산 등을 운송할 때 사용하는 차량으로 탱크의 중앙 상부 돔(Dome)을 통해 적재하고 하부 토출구를 통해 양측에서 하화하도록 되어 있다. 황산을 운송하는 경우에는 탱크 외면에 식별 가능하도록 유독물 표시가 되어 있다.

6) 컨테이너차

수출입 컨테이너 화물의 운송 차량으로 컨테이너 규격에 따라 능률적으로 적화할 수 있도록 되어 있다.

7) 일반평판차

컨테이너 등을 실을 수 있도록 바닥만 설치되어 있는 차량이다.

8) 자동차수송차

승용차를 전용으로 운송하기 위한 차량으로 2층 적재가 가능하며 1량에 8대에서 14대의 승용차를 적재할 수 있다.

9) 열연코일차

원통 열연코일을 쉽게 운송할 수 있도록 제작한 차량으로 적재용 블록 및 가이드를 열연코일의 크기에 따라 조절하여 적재하도록 되어 있다.

10) 벌크시멘트조차

시멘트 운송 전용 차량으로 상부 해치를 통하여 적재하고 공기 압력이나 중력 작용에 의해 하부 토출구를 통하여 하화가 가능하도록 되어 있다.

11) 곡형평판차

특대형 화물 운송용 차량으로 중앙부 저상 구조로 되어 있으며, 대형 변압기, 군장비 등을 적재하며, 일반 평판차로는 운송이 불가능한 대형, 대중량 화물운송에 적합하도록 제작되어 있다.

2.3 철도화물 운송절차

1) 철도화물 운송신청

철도화물 운송신청 시 송화인은 먼저 철도공사에 화물운송장을 제출해야 한다. 화물운송장에는 화물내역(품명, 수량, 중량, 용적, 포장종류), 발송역 및 도착역, 화차종류 및 수송량수, 운임·요금 지급방법, 송수화인의 성명(상호)·주소·전화번호 등을 기재한다. 운임할인을 청구하는 화물이나 화약류 등의 위험물 및 사체·유골 등의 특수화물에 대해서는 할인증표, 화물운반신고필증, 사망증서 등 철도공사의 철도화물운송약관에서 정한 서류를 첨부해야 한다.

운송신청은 매 1건마다 화물운송장을 제출해야 하며, 특정 열차나 수송경로 지정 운송을 요구하거나 전세열차로도 운송을 신청할 수 있다. 제출된 화물운송장은 철도공사에서 보유하고 수화인에게는 교부하지 않는다.

2) 운송수락 및 화물 적재

철도공사는 송화인이 제출한 화물운송장의 신고사항과 현품을 확인하고 운송화물의 적합성, 차량공급 능력 및 포장상태 등을 점검한 후 운송에 지장이 없다고 판단된 경우에 운송을 수락한다. 철도공사는 운송수락과 함께 화차를 수배하여 적하선(작업선)에 차입시켜야 하며, 화차가 적하선에 차입되면 송화인은 5시간 이내(단, 화약류·컨테이너는 3시간)에 화물의 적재를 완료해야 한다. 만일, 송화인이 소정의 시간 내에 화물 적재를 완료하지 못하였을 경우에는 철도공사에 화차유치료를 지불해야 한다.

3) 화물수취

철도공사가 화물을 수취하고 화물운임·요금을 수수하고 나면 송화인에게 운송계약의 체결 및 화물을 수취하였다는 증거로서 화물운송통지서를 발급한다. 철도운송에서 화물운송통지서는 단순한 화물운송수취증일 뿐 유가증권적 효력은 없다.

한편, 운송신청을 마친 송화인은 운송취소, 도착역 변경, 발송역 회송, 열차변경, 운송경로 지정 변경, 수화인 변경 등을 요구할 수 있는데 철도공사는 화물을 운송하는데 지장이 없는 경우에만 이를 수락한다. 이 때 송화인은 철도공사에 별도의 지시수수료를 지불해야 한다. 또한, 화물의 적재통지가 있고 난 이후에 철도공사가 운송취소 청구를 수락한 경우에는 철도공사가 적재통지를 한 후 5시간(화약류·컨테이너는 3시간)이 경과한 때로부터 화차유치료를 지불해야 한다.

4) 운송

화물이 화차에 적재되고 행선지별로 분류되면 기관차가 배정되고 열차가 조성된다. 조성된 열차는 정기열차의 경우에는 지정된 운전시각에, 임시열차는 사령의 운전명령에 의해 본선을 운행하여 목적지 화물역까지 운송된다.

5) 화물인도

철도공사는 화물을 적재한 화차가 목적지 도착역에 도착하는 즉시 수화인에게 도착통지를 한다. 수화인은 화차가 작업선에 차입된 시간부터 5시간 이내(단, 화약류·컨테이너는 3시간)에 하화를 완료하여 당일 중(18시 이후에 하화가 완료된 화물은 다음날 11시까지)에 역구내로부터 반출하여야 한다. 정해진 시간 내에 반출하지 못할 경우에는 소정의 화물유치료를 지불해야 한다.

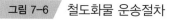

그림 7-6 철도화물 운송절차

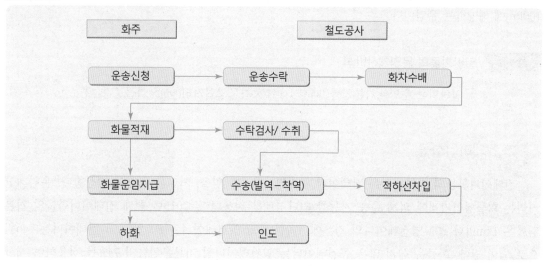

3 철도화물 운임체계

3.1 철도화물 운임의 의의

국내 철도화물의 운임·요금[7]은 2005년 철도공사가 출범하면서 운임규제가 인가제에서 운임인상 상한제를 병행한 신고제로 전환되었다. 이후 2008년에는 철도공사의 자율성을 보장하고 다른 운송수단과의 경쟁력 확보를 위해 운임인상 상한제가 폐지되었다.(연덕원, 2008)

국내 철도운임은 품목별 무차별운임을 적용하고 있으며, 운임체계는 거리비례제로 되어 있다. 운임계산은 일반화물은 화차 1량 단위, 컨테이너화물은 컨테이너 규격별 1개를 단위로 한다.

3.2 철도화물의 운임체계

1) 일반화물

시멘트, 석탄, 철광석 등 일반화물의 기본운임은 1건마다 중량, 거리, 임률을 곱하여 계산한다. 운임계산 중량은 화물실제중량에 의하되 1량의 최저중량에 부족할 경우에는 최저톤수를 적용한다. 운임계산 거리는 화물영업거리에 의해 운송 가능한 최단경로를 적용하고 일반화물 기본임률은

---

7 운임이란 화물의 장소적 이동에 대한 대가로 수수하는 금액을 말한다. 요금은 장소적 이동 이외의 부가서비스 등에 대한 대가로 수소하는 금액을 말한다.

1톤 1km마다 45.9원으로 되어 있다. 일반화물 1건의 최저운임은 사용화차의 최대 적재중량에 대한 100km에 해당하는 운임이다.

표 7-2　일반화물의 운임계산방식

일반화물 운임＝기본임률(1km당 45.9원)×화물영업거리(km)×화물중량(톤)

2) 컨테이너화물

컨테이너화물의 기본운임은 컨테이너 규격별·영공별 임율, 거리를 곱하여 계산한다. 운임계산 거리는 화물영업거리에 의해 운송 가능한 최단경로를 적용한다. 2015년 현재 컨테이너화물의 기본 임률은 1km마다 20ft 영컨테이너의 경우에 516원, 40ft 영컨테이너는 800원, 45ft 컨테이너는 946원 으로 되어 있다. 화물을 싣지 않은 공컨테이너는 영컨테이너의 기본운임율의 74%를 적용하여 계산 한다.

표 7-3　컨테이너화물의 운임계산방식

컨테이너화물 운임 ＝ 종별 기본임률(1km당 운임)×화물영업거리(km)

표 7-4　컨테이너 규격별·영공별 기본임률

적용구분	규격별	20ft	40ft	45ft
1km마다	영컨테이너	516원	800원	946원
	공컨테이너	규격별 영컨테이너 임률의 74%		

출처: 한국철도공사 「화물영업실무 화물운송세칙」, 2015.

3.3 운임할인할증제도

1) 할인제도

운임할인제도로는 철도공사의 재정부담 경감과 화차운용 효율화 차원에서 적용하고 있는 사유 화차 할인, 화물유치와 운송비용 보전을 위한 탄력할인 및 왕복운송 할인이 있다.

먼저, 사유화차 할인은 화주가 직접 화차를 제작하여 운송하는 경우에 운송구간, 수송량, 물류시장 환경 등 화차제작조건에 따라 차등하여 적용한다. 사유화차 할인율은 화차제작비 및 운영경비 등 투자비보전을 위한 다른 운임할인과 겹칠 경우 중복할인이 가능하며, 최저운임의 경우에도 사유화차 할인율을 적용할 수 있도록 되어 있다. 다만, 이 규정 시행(2011년 5월 25일) 이전에 제작·운영하고 있는 사유화차의 경우, 화차의 종류에 따라 16~25%까지 할인을 적용하는 종전 할인율[8]을 그대로 적용한다.

또한, 탄력할인은 다른 운송수단과의 경쟁력 확보 및 탄력적인 시장 대응을 통한 철도화물수입 증대를 위해 일반화물에 한하여 품목별, 구간별 화물운송시장을 둘러싼 환경 변화 등에 따라 할인율 3~22%를 탄력적으로 적용한다. 왕복운송을 하는 일반화물에 대해서도 복편운임의 20%를 할인한다.

2) 할증제도

운임할증제도로는 운송상 주의를 필요로 하는 위험품 및 용적·중량 초과 특대화물 등에 대한 할증, 열차운행속도제한화물, 열차 및 운송경로지정화물, 전세열차로 운송하는 화물, 감시인승차화물 및 임시취급화물 등에 대한 할증 등이 있다.

표 7-5 철도화물운임의 할증종류 및 할증률

구분	세부내용	할증율(%)
귀중품	화폐류, 귀금속류, 골동품류	100
위험품	나프타, 솔벤트, 휘발유, 항공유, 황산 고압가스류 방사능물질 화약류, 폭약류, 화공품류	10 20 100 150
임시취급화물	화물취급역이 아닌 장소에서 화물취급승인	300
	선로차단 또는 전차선로의 단전. 철거가 동시 필요한 화물취급승인	200
특대화물	화물의 길이, 넓이가 소정의 적재제한을 초과하거나 그 밑부분이 상판 윗면보다 하방으로 튀어나온 것, 화물 적재 높이가 레일면으로부터 4,000mm 이상 되는 화물	50
	길이 20m, 중량 35톤을 초과하는 것	100
	길이 30m, 중량 50톤을 초과하는 것	250
	차량한계를 초과하는 화물	250
	건축한계(안전한계)를 초과하는 화물, 단 50mm 초과할 때마다 100/100 가산	500

---

8 즉, 벌크양회조차(22%), 유조차·무개차(25%), 컨테이너화차(17~22%), 기타 화차(투자비보전 25%) 할인율 적용.

속도제한화물	시속 30km 이하 시속 40km 이하 300%, 시속 50km 이하 200%, 시속 60km 이하 100%, 시속 70km 이하 50%	500
열차 및 경로 지정화물	임시약속 화물 중 화주가 운송열차를 지정 요구한 화물, 액화가스 등의 특수 위험품 수송열차지정 요구 시 운송열차지정화물	20
전세열차	송화인의 청구에 의한 차급화물 운송 시 전세열차로 운송하는 화물 갑 종철도차량은 30%.	20
자동차운송화차	화차표기하중톤수 15톤으로 계산	50
감시인 승차	공사의 감시인이 승차하는 화물(갑종철도차량포함)	50

출처: 한국철도공사, 화물운송세칙, 2015를 참고하여 작성.

3.4 철도화물요금

1) 일반화물 관련 요금

(1) 화물유치료

화물유치료는 송화인이 운송신청 전 화물의 유치, 인도 완료한 화물을 반출하지 않고 역구내에 유치시키는 경우 및 탁송 취소한 화물을 역구내에서 반출하지 않는 경우에 수수하는 요금이다.

(2) 화차유치료

화차유치료는 화물의 적하화작업과 화차운용의 효율화를 위하여 수취하는 요금으로 도착통지를 한 때부터 일반화물은 5시간, 화약류 및 컨테이너화물은 3시간 내에 적재 또는 하화를 하지 않으면 그 후의 시간에 대하여 1톤 5시간까지 1시간마다 153원을 수수한다. 또한 회주의 사정에 의하여 운송을 취소한 경우와 지시에 응한 경우에도 도착역에서 화차유치료를 수수한다.

(3) 하치장사용료

도착역에서 인도 완료한 화물을 인도 당일 중에 역구내로 반출하지 않았을 때에는 반출 완료일까지 하치장사용료를 수수하며, 18: 01 이후 하화 완료한 화물은 하치장 사용료를 수수한다.

(4) 구내운반료

동일 역 구내에서 철도화차를 사용하여 화물을 운반할 경우에 구내운반료를 수수한다.

2) 컨테이너화물 관련 요금

(1) 컨테이너 하치장 사용료

전용 CY처럼 특정인이 독점적으로 사용하는 하치장에 대하여는 월단위로 하치장사용료를 수수한다. 공용 CY에 대하여는 이를 수수하지 않는다.

(2) 컨테이너 장치료

전용 CY는 하치장사용료가 부과되기 때문에 철도로 운송하는 컨테이너는 장치료가 면제되고, CY 반입 후 트럭으로 운송하는 컨테이너는 장치기간에 따라 7일 이내는 기본료를, 7일 경과 후에는 일단위로 장치료가 부과된다. 공용 CY에서 철도로 운송하는 컨테이너는 장치기간이 30일 이내는 기본료를, 30일 경과 후에는 일단위로 가산, 자동차로 운송하는 컨테이너는 장치기간 7일 이내는 기본료가, 7일을 경과한 후부터는 일단위로 가산된다.

4 철도화물의 하역방식

4.1 TOFC 방식

TOFC(Trailer on Flat) 방식은 화물열차의 대차 위에 컨테이너를 적재한 트레일러를 직접 적재하거나 하화하는 하역방식을 말한다. TOFC 방식은 다시 피기백 방식과 캥거루 방식으로 나뉜다.

1) 피기백 방식(Piggy back)

트레일러나 트럭으로 컨테이너를 운송하는 경우에 화물열차의 대차 위에 트레일러나 트럭을 컨테이너와 함께 실어 운송하는 방식이다.[9] 화물의 적재단위가 크고 장거리 운송일수록 편리하게 이용할 수 있으나 하대가 평판으로 되어 있어 세로방향의 홈과 피기 패커(Piggy packer)[10] 등의 하역장비가 별도로 필요한 것이 단점이다.

2) 캥거루 방식

캥거루 방식은 1964년에 프랑스 국철에서 처음 도입한 방식으로 컨테이너의 운송단위가 크지 않은 유럽에서 보편화되어 있다. 장거리 정기노선에 있어서 운송의 효율을 높이고 세미트레일러를

9　피기백 방식은 1926년에 미국의 Chicago North Shore Load (LCL) 서비스에서 처음으로 도입한 것으로 트럭의 기동성과 철도의 장거리, 신속성을 결합한 복합운송방식이다.

10　Piggy Packer란 철도의 무개화차에 트레일러에 적재된 컨테이너를 트레일러와 함께 지게차로 들어 올리거나 내리는 작업을 하는 하역장비로 캥거루 방식과 달리 화차의 측면에서 싣고 내릴 수 있기 때문에 피기백 방식의 능률을 현저하게 증대시킬 수 있다.

이용하여 지역 간 신속한 집하와 인도를 위하여 두개의 운송수단이 결합한 형태로 정시인도와 열차 배차의 규칙성, 하역장비의 불필요, 연료의 효율성 등의 장점이 있다. 아울러 이 방식은 세미트레일러를 특수한 철도 대차에 싣는 방식으로 세미트레일러의 바퀴를 대차의 바닥 아래로 낙하시킬 수 있도록 되어 있어 터널높이나 법규정상의 차량높이에 대한 제한을 상대적으로 덜 받는 장점이 있다.

4.2 COFC 방식

COFC(Container on Flat Car) 방식은 컨테이너만을 철도화차에 상하차하는 방식이다. TOFC 방식에 비해 하역작업이 용이하고, 화차의 중량이 가볍기 때문에 보편화된 철도하역방식이다. 철도화차에 컨테이너를 상하차하기 위해서는 크레인, 지게차 등의 하역장비가 필요하다.

1) 지게차에 의한 방식

리치스태커(reach stacker)나 지게차(fork lift)를 이용하여 컨테이너를 트레일러 또는 철도화차에 상하차하는 방식으로 철도 컨테이너 터미널에서 널리 이용되고 있다.

2) 매달아 싣는 방식

트랜스퍼크레인 또는 일반 크레인을 이용하여 컨테이너를 트레일러 또는 철도화차에 상하차하는 방식으로 지게차나 리치스태커에 비해 시간당 처리하는 컨테이너 물동량이 많다.

3) 플래시 밴(Flexi-van)

세미트레일러의 주행부분을 없애고 컨테이너만을 턴테이블로 설치한 전용화차로 운송하는 방식으로 트럭이 화물열차에 대해 직각으로 후진하여 무개화차에 컨테이너를 적재한다. 화차에는 회전판이 달려 있어 컨테이너를 90도 회전시켜 고정시킨다.

5 철도화물운송의 문제점과 미래

5.1 철도화물운송의 문제점

1) 철도물류인프라 부족

2014년 12월 현재 철도영업노선 연장은 3,590.0km로 1985년에 3,120.0km에 비해 약 15.1%의 증가율을 보였는데, 이는 같은 기간 동안 도로연장이 52,264km에서 106,414km로 약 2배 정도가 증가한 것과 비교해 볼 때 극히 미비한 수치이다. 궤도연장은 같은 기간에 6,299.0km에서 8,465.3km로 34.4%가 증가하였으나 이는 2004년 경부고속철도의 개통과 기존노선의 복선화 사업에 따른 것이다. 기존선의 경우에는 적자선구의 폐지수준으로 신설건설이 이루어졌기 때문에 기존선의 영업노선의 연장은 거의 이루어지지 않았다. 기존선 가운데 특히 화물열차가 이용하는 노선의 경우 1940년대 혹은 1960년대에 부설된 것으로서 선로구조상의 문제나 단선인 경우가 많아 철도의 속도경쟁력을 저하시키고 있다. 2014년 현재 복선화 구간은 2,009.0km로 총 철도연장의 56.0%이며 주로 경부선, 호남선, 충북선, 그리고 수도권 전철에 한정되어 있다. 전철화 구간은 2,456.7km로 2004년 고속철도개통을 계기로 전철화율이 크게 상승되어 2014년 현재 68.4%에 이르고 있다. 그러나 아직 일부 구간에서는 비전철화로 인해 디젤기관차에 의한 운행이 이루어지고 있어 화물열차의 운행에 제약이 따르고 있다. 나아가 기존선 가운데 화물을 운송하는 노선의 경우 1940년대 또는 1960년대에 건설되어 대부분이 시설자체가 열악한 상황으로 열차의 표정속도가 시속40km 이하로 떨어지는 경우가 많아 화물운송의 효율이 떨어지고 있다.

2015년 7월 현재 화물취급역은 총 106개 역이 있으며, 이 중 85개 역이 물류편제역으로 구성되어 있다. 화물취급역은 거점화 정책에 따라 소규모 취급역의 정비가 진전되고 있어 계속 감소추세

표 7-6	철도시설 현황 추이					(단위: km)
연도	영업연장			궤도연장	복선화구간	전철화구간
	화물	여객	계			
1985	3,022.0	2,973.2	3,120.6	6,299.0	757.9(24.3)	368.9(11.8)
1990	3,026.0	2,961.2	3,091.3	6,434.6	844.6(27.3)	522.4(16.9)
1995	3,028.8	3,004.1	3,101.2	6,554.3	879.8(28.4)	556.3(17.9)
2000	3,055.8	3,028.2	3,123.0	6,706.3	932.8(29.9)	668.7(21.4)
2005	3,060.1	3,264.1	3,392.0	7,871.7	1,355.0(39.9)	1,596.7(47.1)
2010	3,376.6	3,091.9	3,557.3	8,426.0	1,763.0(49.6)	2,147.0(60.4)
2011	3,361.3	3,077.8	3,558.9	8,427.6	1,863.5(52.4)	2,357.7(66.2)
2012	3,378.5	3,054.0	3,571.8	8,419.0	1,982.4(55.5)	2,445.3(68.5)
2013	3,381.0	3,063.9	3,587.8	8,456.4	2,006.8(55.9)	2,453.8(68.4)
2014	3,383.2	3,063.9	3,590.0	8,465.3	2,009.0(56.0)	2,456.7(68.4)

주: ( )는 복선화율, 전철화율을 나타냄.
출처: 한국철도공사, 「철도통계연보」, 각년도.

에 있다. 컨테이너 취급역은 총 23개로서 총 977,848m²의 컨테이너 야드를 보유하고 있으며, 연간 처리가능 능력은 261만 TEU에 달한다. 컨테이너 야드(Container Yard, CY)의 사용면적은 824,882m²로 취급면적 대비 68.2%의 사용실적을 보이고 있으며, 이 중에서 오봉 및 부산진 컨테이너 야드의 비중이 75%를 차지하고 있다. 나머지 21개의 컨테이너 취급역은 소규모로 운영되고 있다. 대표적인 컨테이너 취급역인 오봉역의 경우에는 유효장의 적하선이 11개로 총 6,045미터이며, 부산진역은 적하선 5개로, 총 2,415미터를 보유하고 있다. 반면, 나머지 주로 도중취급을 하는 소규모 컨테이너 취급역은 대부분 짧은 유효장의 적하선 1개를 선로편측으로 사용하고 있어 별도의 입환기가 필요하며, 입환에 따른 수송시간 지연 등의 문제가 발생하고 있다. 이와 같이 소규모 CY가 다수 존재함으로써 경유에 따른 운행시간의 증가 및 다수의 운송물량을 요구하는 블럭트레인의 확대에도 제약이 따르고 있다.

또한 화물역의 상하역장비의 부족도 문제가 되고 있다. 컨테이너화물의 하역에 사용되는 트랜스퍼크레인을 보유하고 있는 화물역은 현재 의왕ICD, 부산진CY, 신선대역, 광양항역으로 나머지 역에서는 리치스태커 1~2기로 상하역 작업을 하고 있다. 두 장비의 1개당 작업효율은 비슷하지만 적하선 측면에서 리치스태커를 사용하기 위해서는 작업완료 후 이선에 대기하고 있는 열차에 접근할 수 없으므로 기관차가 입환 해 줄 때까지 대기상태가 발생함으로써 장비효율이 저하되어 연속적 작업의 효율이 저하되는 등 하역장비 부족에 따른 철도수송의 정시성 확보가 어려운 실정이다.(백종실·김영민·우정욱, 2015)

2) 운임경쟁력 부족

화물자동차의 운송요금은 door to door 요금으로 구성되어 있는 데 반해 철도의 경우에는 대운송구간의 철도운임에 발착지 양단의 셔틀비, 상하차 작업료, 장치료 등의 부대비용을 더한 요금으로 구성되어 있다. 여기에 철도운송은 운임체계가 거리비례제로 되어 있다. 이러한 철도화물의 요금구성과 거리비례제에 따른 운임산정방식은 도로운송과 비교해 볼 때 철도의 운임경쟁력을 저하시켜 철도운송에 불리하게 작용하고 있다.

실제 부산항과 의왕 간 도로와 철도의 컨테이너 운송요금을 비교해 보면, 40ft 컨테이너의 경우, 도로운송에서는 45만원이 소요되는 데 비해 철도운송에서는 53.7만원이 소요되는 것으로 조사되

그림 7-7 의왕-부산 간 컨테이너화물 운송비용 비교

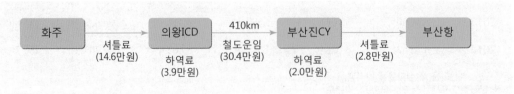

었다.

도로운송의 경우에 기업별 계약방식으로 운송거리, 이동화물의 수량에 따라 가격이 탄력적으로 변동되는 경우가 많으며, 화물자동차 운송시장의 경쟁격화로 인해 통상 신고요금에 대한 할인율이 20~30% 이상이 되고 있어 도로의 신고요금에서 할인된 철도요금을 적용하더라도 할인율 폭이 넓은 도로운송에 비해 철도가 불리한 것으로 나타났다. 아울러 사유화차를 소유하고 있는 화주의 경우에 사유화차 소유에 따른 할인을 화차의 종류에 따라 16~25%까지 적용받고 있으나 사유화차 사용 시 검수비를 별도로 지불하고 있으며, 검수비의 비중이 또한 매우 크기 때문에 사유화차 보유의 메리트를 느끼지 못하고 있는 실정이다. 철도운송의 이용확대를 위해서는 철도본선구간운임 뿐만 아니라 셔틀비용, 부대비용을 포함한 총 비용 차원에서 경쟁력을 확보할 수 있는 방안마련이 필요하다.

3) 시간경쟁력 부족

철도운송의 경우에 door to door로 일관운송이 불가능하며, 화물역에서 적하화작업이 필요할 뿐만 아니라 하역작업에 시간이 많이 소요되고 있다. 선로의 유지보수작업을 위한 시간확보로 화물운송은 주로 야간에 이루어지고 있어 화주의 입장에서는 운송시간의 선택에 제약을 받으며, 일부구간에서는 비전철화구간이 남아 있어 디젤 차량으로 운행함에 따라 열차속도가 낮은 문제점도 지니고 있다.

실제 부산에서 경인지역 간 철도와 도로의 운송시간을 비교해 보면, 부산항에서 경인지역까지 철도의 운송경로는 부산진 CY 경유, ODCY 경유, 보세지정 직반출, 이렇게 3가지로 나눌 수 있으나, 이 지역 간 도로운송이 4일 12시간이 걸리는 데 비하여 철도의 경우에는 부산진 CY를 경유하는 경우에 4일 15시간, 부산항 인근 ODCY를 경유하는 경우에는 5일 15시간, 보세지정 직반출(의왕 ICD 통관분)하는 경우에는 3일 2시간이 소요되고 있는 것으로 나타났다.

표 7-7 철도와 도로의 운송시간 비교(부산~경인지역)

구분	철도			도로
	통관 부산진CY 경유	통관 ODCY 경유	보세지정직반출(ICD 통관분)	
운송시간				3일 12시간

출처: 우정욱 · 김형기 · 문종범, 화주 및 복합운송업체의 모달시프트 여건조사, 2008, p. 32.

이와 같이 철도운송은 보세지정 직반출을 제외하고는 도로운송에 비해 운송시간이 더 많이 소요되고 있음을 알 수 있는데, 보세지정 직반출의 경우에도 전체 운송 중에서 약 6%에 지나지 않아 경쟁력을 지니고 있다고는 보기 힘들다. 이와 같이 철도운송은 도로운송에 비해 시간 경쟁력에서도 열위에 있는 것으로 나타났는데, 철도운송의 시간 경쟁력 향상을 위해서는 전철화 구간의 확대를 통한 화차의 평균속도 향상, 열차조성 시간의 단축, 하역장비의 보강, 블록트레인서비스 확대 등의 노력이 필요하다. 또한, 화물터미널에서의 환적작업이 반드시 동반되는 철도화물의 경우, IT의 활용으로 고객에게 열차의 운행중지, 도착지연 등의 정보와 함께 하역지연 상황에 대한 정보를 제공함으로써 대기시간을 최소화시킬 수 있는 방법의 강구도 필요하다.

4) 비효율적인 운영체제

현재 철도는 여객위주로 운영되고 있어 화물열차 운영에 제약이 따르고 있다. 화물열차의 열차운행회수는 여객열차의 약 47% 정도에 그치고 있을 뿐만 아니라 야간에 주로 운행이 이루어지고 있으며, 유지보수작업을 위한 시간 확보로 인하여 야간에 이루어지는 화물열차의 운행 또한 선로의 제약을 받고 있어 화주 및 운송업체들의 요구에 신축적으로 대응하지 못하고 있다. 현재 컨테이너열차는 정기열차 형태로 운영되고 있지만, 다른 화물의 경우에는 화주의 요구가 있을 경우에만 열차를 편성하여 운행되고 있기 때문에 열차편성 및 운행이 능동적이지 못하고 화주의 운송요구만을 충족시키는 수동적인 열차편성이 이루어지고 있다.

한편, 철도운송의 경우, 운송 2일전까지 운송의뢰를 해야지만 화차의 수배가 가능하기 때문에 운송물량의 증감에 따른 탄력적 대응이 어려운 문제를 안고 있다. 특히 컨테이너운송의 경우, 수출입화물이 대부분을 차지하고 있기 때문에 철도의 운송스케줄은 선사의 스케줄에 맞추어 운영되고 있어 선사의 작업시간인 월요일, 화요일은 철도운송이 거의 없는 데 반해 수, 목, 금요일, 월말에 운송량이 집중되어 있음에도 불구하고 열차운행이 고정적이기 때문에 화차부족으로 운송이 원활히 이루어지지 못하고 있다. 이러한 철도운송의 제약은 운송시간의 지연을 초래하여 화주들이 철도를 기피하는 요인으로 작용하고 있다.

또한, 철도역 CY의 운영은 주로 CY 조성업체에 이해 이루어지고 있는데, CY 조성업제들은 전용 CY를 보유하고 하역장비까지 갖추고 있다. 운영 CY가 없는 운송업체의 경우에는 공용 CY를 이용하고 있으나, CY 조성업체의 배타적 사용으로 인해 CY 이용에 제약을 받고 있다. 또한, 공용 CY 사용 시 상하역료와 장치료를 지불하도록 되어 있어 전용 CY를 보유하고 있는 업체에 비해 높은 철도요금을 지불하게 되어 철도운송의 접근성 및 가격경쟁력 확보에 걸림돌이 되고 있다.

5) 연계운송체계 미흡

철도운송의 문제점 중 하나인 운송완결성 부족문제를 해결하기 위해서는 대규모 화물발생지인 항만이나 산업단지, 주요 화주의 공장까지 인입선 부설이 필요하나 현재 항만이나 산업단지와 철도역을 연결하는 인입선은 항만 9개소 29개선, 산업단지 7개소 136개선, 내륙화물기지 3개소 5개선이 있지만 대부분 10km이내의 단거리 노선으로 대량화물의 수요발생지에 한정되어 있다. 한국철도기술연구원의 조사보고서에 따르면 양회, 무연탄, 유류, 철강 등 일부 벌크화물의 경우에는 개별산업단지까지 부설된 인입선으로 접근성이 양호한 것으로 나타났으나 컨테이너를 포함한 나머지 일반화물의 경우에는 인입선이 설치되지 않은 경우가 많아 접근성이 떨어지고 있는 실정이다. 철도운송의 접근성, 정시성, 저렴성을 향상시키기 위해서는 대규모 수요처까지 인입선 설치를 보강하여 일관운송체계가 구축될 수 있도록 하여야 하며, 철도역 및 CY에서의 상하차 작업이 신속히 이루어 질 수 있도록 하역장비의 보완과 함께 상시하역체제를 갖추는 등 운영효율화가 필요하다.

5.2 철도화물운송의 미래

1) 철도화물운송 활성화 대책

(1) 철도 운영의 효율화 제고

철도를 이용한 컨테이너 운송비용 중 본선운송비용은 물류기지에서 최종도착지까지의 육로비용(셔틀비)을 제외하면, 의왕 ICD에서 부산진까지의 경우 약 68%로 높은 비중을 차지하고 있다. 상하역부분은 시설개량 및 장비확충 등으로 시간은 단축될 것이나 상하역비용은 장거리노선에서 약 7%의 낮은 비율을 차지함으로써 상하역에 의해 단축될 수 있는 최대 2~3%의 비용절감은 큰 효과를 발휘하지 못할 것으로 판단된다. 따라서 운송력 증대와 속도향상에 의한 본선운행비용절감이 필요하다.

본선운행비용 절감방안 중 하나는 전기기관차의 투입 및 확대인데 현재 간선철도를 전철화하는 사업이 진행 중에 있으며 신형전기기관차 도입이 증가되고 있다. 따라서 주요 인입선의 전철화와 컨테이너와 같은 수직 상하역을 하는 적하선의 전기기관차 운영방안도 확보되어야 할 필요가 있다.

다른 한편으로는 블록트레인 및 셔틀트레인 위주 운영으로 개편하되 중규모 화물취급역에 대한 기존 열차운영방식도 최소화하여 일정부분 유지하여야 함으로써 효율적 서비스 제공과 전국적 서비스권역 유지라는 두 가지 요소를 충족시켜야 한다.

(2) 시설의 개선

철도화물 운송의 근본적인 제약조건인 선로용량상의 제약을 극복하기 위해서는 본선선로 확충이 필요하며, 이를 위한 방법으로는 복선화 2복선화 등과 같은 근본적인 시설확대 및 개선 노력이 필요하다.

또한 열차당 수송능력의 제약, 시설여건에 의한 연결량 수 제약이 있으므로 운송효율을 증대시키기 위해서는 유효장을 확장하고 장대열차를 운영하는 방안도 생각해 볼 수 있다.

CY 등 화물보관시설의 부족문제는 수도권, 부산권은 여건상 부지증설이 곤란한 현실임을 감안하면, 권역 내 화물기지 신설, 기존화물역의 효율을 증대하는 방안과 지방자치단체와의 연계를 통하여 권역별 화물보관시설 및 부지를 확보하여 지역의 발전과 철도화물의 효율성 제고를 동시에 가능하게 하는 윈윈전략의 가능성을 탐색해 볼 필요가 있다.

좁은 국토공간에서의 철도운송이 경쟁력을 확보하기 위해서는 철도의 서비스수준을 반영하는 운송비를 경쟁수단의 수준까지 감소시켜야 하며, 이를 위해서는 저 비용 운송구조가 구축되어야 하고 철도의 문전운송 능력의 취약성을 보완하고 운송비를 감소시키기 위해서는 복합운송에 의한 일관운송 서비스 기반의 확보, 즉 일관운송구조로의 전환이 필요하다.

(3) 적정 선로배분정책의 추진

선로배분은 철도간선인프라의 운용에 있어 핵심적인 사안으로 선로사용의 효율성 제고와 적정 배분은 인프라 용량의 개선과 직결되며 철도투자비용 절감방안으로 활용될 수 있다.

따라서 현재 여객위주의 선로배분을 지양하고, 화물부문과 여객부문 간의 선로배분에 있어 적정 배분이 이루어지도록 하는 지침이 필요하다. 철도운송화물에 대한 주간 선로배분은 화주의 물류활동과의 연계성을 높이는 효과가 있으므로 현재 야간위주의 선로배분을 주간에도 배분하는 것을 고려하여야 한다. 화물열차가 운행되도록 선로배분이 이루어지는 경우 주간 화물운송서비스의 제공을 위한 네트워크 운영전략으로는 블록트레인, 셔틀트레인 등 직송서비스와 같이 운행속도가 높은 화물의 경우는 주간에 운행하더라도 여객열차와의 운행속도 차가 크지 않아 선로용량의 효율적인 활용에 지장을 최소화 할 수 있기 때문에 충분히 고려가 가능하다.

선로배분지침의 마련은 철도서비스의 현황, 중요도, 장래환경변화 등의 사전분석을 전제로 하여야 하며, 화물열차 운행회수의 증대는 철도화물서비스의 제고와 직결되는 사안이므로, 선로배분기준 마련에 있어 철도화물운송 육성이라는 정책적 사항이 고려되어야 할 것이다. 적정 선로배분의 기술적 어려움을 완화하기 위해 서비스개발을 위한 의사결정지원시스템에 적정 선로배분 결정시스템의 개발을 병행 추진하여야 한다.

여객중심 위주의 선로배분은 외국의 경우에도 유사하여 가령 일본은 현재 여객회사가 선로를 소유하고 화물회사가 선로사용료를 지불하며 이를 사용하고 있어 화물에의 선로배정이 여의치 않은 실정이다. 이러한 공통적인 어려움으로 영국에서는 화물열차운행에 일정수준의 용량을 보장하기 위해 여객회사와 화물회사, 철도시설관리기관 등이 참여한 분쟁조정위원회를 통하여 분쟁을 조정하고 있는 점과 비교할 때, 독점적인 운송주체에 의해 철도서비스의 공급이 이루어지고 있는 국내의 경우는 화물열차의 운행증대를 위한 정부차원의 정책적 지원이 요구된다.

(4) 운영기술의 체계적 · 효율적 투자

철도화물운송체계는 복잡한 운영기술과 다양한 장비기술이 요구되며, 철도화물운송과 관련한 운영기술은 철도화물운송체계의 전략적 계획, 전술적 계획, 운영계획으로 구분하여 개발체계를 구축하는 것이 필요하다. 전략적 계획은 철도운송망의 중장기적 전략과 계획을 수립하는 데 목적이 있으며, 철도화물역의 입지, 장기적 운송계획 등이 대표적 예이다. 전술적 계획은 기존 시설 및 운영시스템의 효율성을 개선하는 중·단기 계획으로 열차서비스별 배정 및 물동량 운송계획, 열차조성계획, 철도화물역에서의 환적시스템 운영계획 등이 대표적 예이다.

국내의 경우 먼저 전략적 계획수립에 중점을 두고 무엇보다도 장기적인 서비스전략을 수립하여 연계거점시설의 운영현대화, 제공서비스빈도의 규칙화, Hub-and-spoke 서비스의 개발 등에 대한 체계적 투자로 철도화물연계서비스망에서 지체비용의 감소와 규모의 경제를 구현하여야 한다. 이를 실현하기 위한 단기적인 방안으로 국토공간이 넓은 외국과는 달리 환적 운영시스템기술에 중점을 두어 중거리에도 복합운송이 가능한 시스템을 개발하여야 하며, 그 외 운송서비스망 운영계획, 집배송 등 셔틀운송시스템과 터미널시스템 간의 연계시스템 개발 등이 필요하다.

이외에도 철도는 다양한 시설과 장비가 요구되므로 운영기술의 효율성을 극대화하기 위한 적합한 하드웨어적 기술 확보가 요구되며, 좁은 국토에서 적합한 한국형 전용화차 개발 등 운영기술에 대한 투자 사업을 확대할 필요가 있다. 또한 운송시간에 탄력적인 품목에 대해 열차속도를 제고하는 서비스고속화를 추진하여 선로용량을 증대시키는 효과와 서비스빈도의 증가로 지체비용을 감소시키는 이중효과를 얻도록 하여야 한다.

2) 철도화물운송의 미래

우리나라의 경우 2004년부터 이루어진 철도산업구조개혁으로 상하분리를 바탕으로 새로운 경영개선을 시도하였음에도 불구하고 지속적인 운송량의 감소와 함께 수입의 감소를 동반하고 있다. 그 결과 철도화물운송은 2013년 현재 톤기준으로 약 4.5%, 톤킬로 기준으로 약 8.6%에 지나지 않으며 화물부문의 영업적자도 연평균 약 3,800억원 수준으로 철도공사 적자의 약 80% 정도를 차지하고

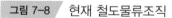

그림 7-8 현재 철도물류조직

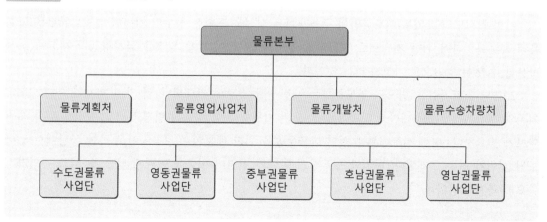

그림 7-9   장래 철도공사의 조직

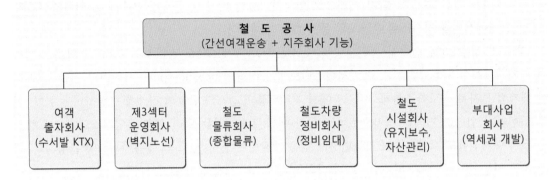

있어 이에 대한 별도의 대책이 필요한 상황이다. 이에 우리 정부는 현재의 철도공사체제에서는 철도화물운송부문의 경쟁력 제고에 한계가 있음을 인식하고 정부차원의 철도물류인프라의 투자 확대와 함께 여객과 화물의 분리 등 구조적인 개편을 추진하고 있다.

그 내용은 기존의 철도물류부문의 조직을 별도의 자회사로 그리고 이를 독립적인 회사로 변경하는 종합물류회사로 바꾸는 것이다.

우선 2015년도에 철도공사가 운영하고 있는 물류부문의 자산과 인력을 공사에서 분리, 현재 물류자회사인 코레일 로지스와 통합하여 자회사를 설립한다는 계획이다. 인력은 현재 물류업무를 담당하고 있는 부문을 중심으로 통합하되, 차량운전자 등은 여객부문과 인사교류체계도 구축한다. 자산의 경우에는 전용자산은 현물출자, 공동취급자산은 공동으로 활용하는 것으로 되어 있다. 그리고 2017년에는 이를 독립경영이 가능한 수준으로 분리하고 철도화물운송 중심에서 종합물류를 담당할 수 있는 물류전문기업으로 육성한다는 것이다. 목표는 5년 이내에 철도사업부문의 수지균형을 확보하고 부채비율을 낮춰 건전한 공기업으로 재탄생하는 것이다.

이번에 시도되고 있는 철도산업의 구조개혁은 시설을 포함한 정부의 지원이 철도물류부문을 효율적으로 운영하기 위한 지원으로 전환되고 철도화물운송이 갖는 장점을 국가경쟁력 제고에 직접 활용할 수 있는 방안으로 가고자 하는 것이다.

2017년에 흑자를 기반으로 철도물류는 재탄생될 것으로 기대되나 몇 가지 과제가 있다. 먼저, 기존의 경쟁운송수단에 대한 지원과 같은 수준의 지원을 위한 제도의 변경 및 시설개선을 위한 재원 확보가 필요하다. 또한 선로배분에 있어 화물운송을 위한 배분이 선로용량이 부족한 상황에서도 확보될 것인가 하는 문제이다. 마지막으로 현재 인력의 인건비 비중을 어떻게 낮출 수 있을 것인가가 중요한 과제로 남아 있다.

08

Fundamental of Logistics

재고관리와 물류네트워크

1 공급사슬관리와 물류기능
2 재고관리
3 물류네트워크 설계

08 재고관리와 물류네트워크

1 공급사슬관리와 물류기능

　제2장에서 물류의 개념과 공급사슬관리의 의미에 대해 논의하였고 3장 이후부터 각종 운송 수단에 대해 학습해왔다. 이 장에서는 논의하고자 하는 재고관리와 물류네트워크에 대해 이해를 돕기 위해서 다시 공급사슬관리 개념을 활용할 필요가 있다. 그 이유는 물류라는 현상에는 다양한 주체가

그림 8-1 기업의 물류 관련 활동

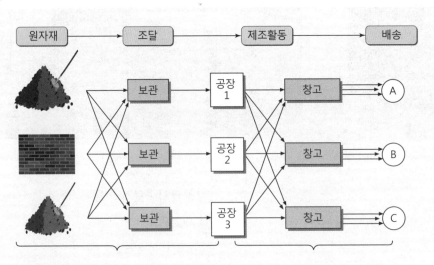

출처: Coyle 등(2012)에서 편집.

연관되어 있으므로 어떤 주체의 관점에서 설명하고 바라보냐에 따라 설명되는 범위와 내용이 달라질 수 있기 때문이다.

[그림 8-1]은 제조기업에서 일어날 수 있는 일반적인 물류활동을 보여주고 있다. 기업의 제조활동에 필요한 원자재, 부품 등이 제조시설로 운반되어 제조활동을 통해 완성된 완제품이 소비지로 운송되어 최종소비자에게 공급된다. 제조기업에서 필요한 원자재와 부품 등을 확보하는 활동을 조달[1](procurement)이라 하고 이와 관련된 물류활동을 조달물류(inbound logistics)라고 한다. 생산시설내에서 원자재와 부품을 다양한 부가가치 활동을 통해 완제품으로 전환하게 되는데 이를 제조활동이라고 한다. 완성된 제품은 다양한 배송 채널을 통해 소비지로 운반되는데 이를 배송(physical distribution)이라 하고 이와 관련된 물류활동을 배송물류(outbound logistics)라고 한다. 이 물류활동을 기능적으로 분류해보면 보관기능과 운송기능으로 구분할 수 있는데 각 운송기능에 대해서는 앞 장에서 논의가 되었으며 어떠한 운송방식을 사용할 것인가에 대해서는 11장에 더욱 자세히 논의될 것이다. 이 장에서는 보관과 관련된 의사결정에 대해 논의하게 되는데 그 주된 의사결정은 '어디에 무엇을 얼마나 보관할 것인가'이다. 이를 다시 구분해 보면 '어디에 무엇을'과 관련된 논의가 물류네트워크와 관련된 의사결정이며 '무엇을 얼마나'와 관련된 논의가 재고관리에서 다루어지는 의사결정이라 할 수 있다.

의사결정의 관점에서 물류현상을 바라보게 되면 의사결정의 주체를 고려해야 하는데, 이때 공급사슬관리 관점이 매우 유용하다. [그림 8-2]는 일반적인 공급사슬을 도식화하고 있다. 공급사슬(supply chain)은 원자재가 완제품으로 최종소비자에게 전달되는 과정에 연계되어 있는 모든 개체들의 네트워크를 말한다. 그 네트워크는 원자재와 부품 등을 공급하는 공급업체, 제조업체, 도매업체, 배급업체, 소매업체 등으로 구성될 수 있다. 공급사슬 내에는 재화와 서비스의 흐름, 정보의 흐름, 재무적 흐름이라는 세 가지 흐름이 발생하게 된다. 일반적으로 재화와 서비스는 공급업체로부터 최종소비자의 방향으로 흐르게 된다. 공급사슬에서 정보의 흐름은 통상 제품이나 서비스에 대한 수요와 관련된 정보이며 이는 최종소비자로부터 공급업체 방향으로 흐르게 된다. 공급사슬관리(SCM: Supply Chain Management)는 공급사슬 내에서 재화와 서비스 흐름, 정보 흐름, 재무적 흐름을 관리하는 것을 말한다.

공급사슬관리는 하나의 경영철학, 경영활동, 경영프로세스로 재정의 될 수 있다(Mentzer 등, 2001). 전통적으로 기업이 기업내부의 의사결정을 중점적으로 경영을 해온 반면, 공급사슬관리는 공급사슬 내 개별 기업들이 다른 기업들의 성과에 영향을 미칠 수 있다는 인식하에 공급사슬 내 기업과의 협력, 정보공유, 장기거래관계 등을 통해 경영프로세스를 변화시켜 나가는 것이다. 공급사슬관리에서의 여러 가지 의사결정 요소들을 시장환경, 기업의 경쟁전략, 그 경쟁전략에 적합한 공급사슬전략을

[1] 조달(procurement)이라는 단어는 구매(purchasing), 소싱(sourcing)이라는 용어와 혼돈되어 사용되는데 일상적으로 유의미한 차이를 보여주는 용어는 아니다. 다만 각 용어가 사용되는 상황에 약간의 차이가 있을 수 있는데 구매는 특정 상품을 구매하는 행위를 뜻할 때 주로 사용되고 소싱은 공급업체를 찾고 계약하는 행위에 대해 주로 사용되며 조달은 이 모든 행위를 총칭하는 경우 주로 사용된다.

그림 8-2   공급사슬관리와 구성요소

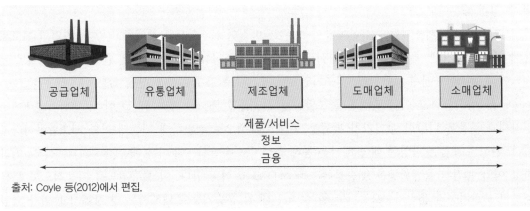

| 공급업체 | 유통업체 | 제조업체 | 도매업체 | 소매업체 |

제품/서비스
정보
금융

출처: Coyle 등(2012)에서 편집.

수립하고 그 추구하는 가치에 따라 각 요소들을 재설계해 나가는 것이다. 이러한 체계를 [그림 8-3]
에서 도식화하고 있다.

  기업은 시장에서의 경쟁여건에 따라서 기업의 경쟁전략을 수립하게 된다. 경쟁전략을 기반으로
제조, 마케팅, 재무 등의 개별 분야의 전략을 수립하게 되고 공급사슬전략도 수립하게 된다. 공급사
슬전략이 추구하는 목표는 크게 고객 대응성과 효율성으로 볼 수 있다(Chopra and Meindl, 2013). 고객에
대한 대응성은 공급사슬체계가 고객수요의 다양성을 수용할 수 있는 정도를 말하는데 이는 제품의
다양성, 주문량의 변동성, 리드타임의 변화 등에 얼마나 대응할 수 있도록 시스템을 구축할 것인가의
문제이다. 만약 고객이 소량의 다양한 제품을 빠른 시간 내에 가장 편리한 공간에서 획득할 수 있기
를 바란다면 이러한 요구를 충족시키기 위해서는 소비지 주변으로 물류시설이나 서비스가 집적되고
운송시스템도 소규모·고빈도로 이루어지는 분산 물류시스템(decentralized logistics system)이 설계되어
야 한다. 효율성이란 공급사슬 내 생산, 운송, 보관 등의 활동에서 규모의 경제를 통해 비용을 절감하
여 투입대비 산출을 높이는 정도를 말한다. 예를 들어 재고관리를 통합적으로 하여 주기재고와 안전
재고량을 줄이고 대규모 통합운송을 통해 운송효율성도 높이는 것을 말한다. 이런 경우 관할범위가
넓은 통합 물류시설을 설치하고 운송효율성을 높이기 위해 통합물류시스템(centralized logistics system)을
구성하게 된다.

  이와 같이 공급사슬전략에 따라 공급사슬 네트워크 구성, 재고관리, 운송관리, 정보시스템 구
축, 아웃소싱, 가격정책 등을 결정하게 된다. 이 장에서는 재고관리와 물류네트워크에 대해 공급사
슬관리의 관점에서 논의할 것이며 공급사슬을 구성하고 관리하는 제조업체가 물류적인 기능들을 통
해 기업의 전략을 어떻게 실현시켜 나갈 것인가 하는 관점에서 기술할 것이다. 향후의 논의는 재고
의 개념과 재고관리 기법, 물류센터의 기능과 관리, 배송시스템과 물류네트워크 구축 순으로 이루어

그림 8-3 공급사슬전략과 공급사슬관리의 기능적 요소

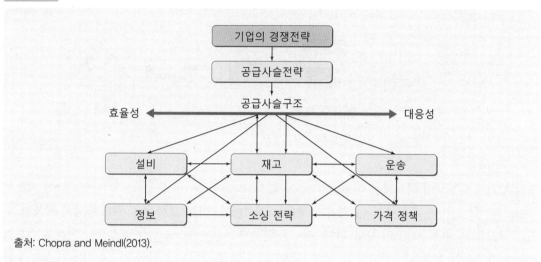

출처: Chopra and Meindl(2013).

질 것이다.

2 재고관리

2.1 재고의 분류

재고는 기업이나 조직이 생산이나 판매를 위해 보유하고 있는 재화를 말한다. 재고는 재무적으로는 대차대조표 상에서 재고자산이라는 형태로 인식되어진다. 기업의 재무상태에 따라 차이는 있을 수 있으나 재고자산이 총 자산에서 차지하는 비중이 약 20%~60% 수준에 이른다(Arnoald 등, 2013). 재고를 물류 흐름에 따라 분류하면 [그림 8-4]와 같다.

먼저 원자재와 부품은 제조과정에 투입되기 위한 물품이다. 원재료, 부품, 중간조립품 등이 이에 해당한다. 공정중재고(work-in-process)는 제조공정 내에 있는 물품을 말한다. 완제품은 제조과정이 완료된 최종상품이며 이 재고는 공장이나 배송시스템의 물류센터에 위치하게 된다. 때문에 배송시스템 내에 위치하고 있는 완제품을 배송재고라고 부르기도 한다. 제조과정에서 제품의 일부로는 투입되지는 않지만 운영하는 데 필요한 물품을 MRO(Maintenance, Repair and Operating supplies)재고라고 한다.

재고는 그 재고가 필요한 이유나 그 재고가 하는 기능에 따라 다르게 분류할 수 있다. 재고의 가장 기본적인 기능은 수요와 공급의 불일치를 보충하는 것인데 수요 변동성의 특징에 따라 공급역할을 하는 재고의 기능이 달라진다. 예비재고(anticipatory inventory)는 수요의 계절적 변화나 예측되는 수

그림 8-4 물류과정과 재고

원자재　　　부품　　　공정 중 재고　　　완제품　　　배송 재고　　　MRO

요의 변화에 대비하여 확보하는 재고이다. 주기재고(cycle inventory)는 통상적으로 단위시간에 필요한 수요보다 생산량이나 주문량이 더 커서 발생하는 재고이다. 이는 생산이나 운송 등에서 발생할 수 있는 규모의 경제나 수량할인 등을 위한 것이다. 안전재고(safety inventory)는 예측하기 어려운 수요의 변동에 대비하여 보유하는 재고이다. 특히 주문한 물품이 수령되는 기간인 리드타임(Lead time) 동안 수요가 예측치보다 높은 경우에 대비하여 보유량을 결정하게 된다. 운송중재고(transportation inventory)는 한 공간에서 다른 공간으로 이동함에 따라 발생할 수밖에 없는 재고로 시간 단위당 평균 수요량을 운송시간으로 곱하여 계산하게 된다.

2.2 재고관리의 목표

재고관리의 목표 중 하나는 고객서비스를 최대화하는 것이다. 고객서비스의 가장 근간은 제품가용성(product availability)인데 이는 고객이 원하는 물품을 원하는 장소와 시간에 가질 수 있느냐의 문제이다. 고객의 수요가 단순하고 예측이 가능하다면 제품가용성을 높이는 것이 어렵지 않지만 고객의 수요가 불확실성이 높고 예측이 어려우면 제품가용성을 높이기 어렵고 고객이 원하는 제품을 제공해 줄 수 없다면 그 제품의 제조업체나 그 제품을 유통하는 유통기업은 고객을 잃게 되는 것이다. 이런 품절현상을 방지하기 위해서는 수요의 불확실성에 대비하여 많은 재고를 보유할 수밖에 없다.

기업이 이윤을 추구하는 데 있어 또한 중요한 것은 비용을 최소화 하는 것인데 효과적인 재고관리를 통해 생산과정과 배송과정에서 발생할 수 있는 재고비용을 최소화할 수 있다. 재고와 관련된 비용은 주문비용, 재고보유비용 등으로 구분할 수 있는데 재고관리에서 발생할 수 있는 규모의 경제 등을 통해 이러한 재고관련 비용의 최소화가 가능하다. 주문 비용의 최소화와 재고보유비용의 최소화는 일반적으로 상충 관계(trade-off)에 있다. 고객서비스를 향상시키기 위해서는 수요의 불확실성에 대비하여 재고보유를 증가시키게 되고 이는 재고비용의 증가로 이어지게 된다. 재고비용을 줄이기 위해 재고보유를 줄이게 되면 제품가용성이 낮아지게 되고 고객서비스를 저해할 가능성이 높아지게 된다. 이 상충관계에서 재고관리자는 개별상품을 언제, 얼마나 주문해야 하는지에 대해 의사결정을 해야 한다. 이런 의사결정을 하는 데 있어 재고 수준을 점검하고 추구하는 고객서비스 수준과 재고 비용을 감안하여 주문량과 주문시기를 결정하는 체계를 재고관리시스템이라고 한다.

2.3 재고관리 비용

재고관리와 관련된 비용은 통상 네 가지로 분류할 수 있다. 먼저 품목비용(item cost)으로 구매된 품목의 개별 단가를 말한다(C). 주문비용(ordering cost)은 물품을 주문할 때 발생하는 비용이다. 주문 비용에는 재고 품목을 주문할 때 발생하는 제반 행정비용, 운송비용, 관리비용 등이 포함된다. 재고 품목을 주문할 때 주문을 하거나 주문된 품목을 수령하기 위해 준비하는 비용 또는 재고품목을 자체 생산하는 경우 생산에 필요한 준비비용(setup cost)이라고 불리기도 한다(S). 주문비용과 관련하여서 주 의하여야 할 것은 이 비용은 주문량의 변화에 영향을 받지 않는 고정비용이라는 것이다. 주문에 필 요한 행정비용이나 준비비용은 주문량의 크기와 관계없이 주문 시마다 발생하는 것으로 보는 것이 다. 운송비의 경우도 한 운송단위가 운송할 수 있는 주문량까지는 주문량이 변동하여도 동일한 비용 이 발생하므로 고정비용으로 보는 것이다. 재고보유비용(holding cost)은 재고품목을 유지하고 보관함 으로 인해 발생하는 비용을 말한다(H). 재고품목을 구매하기 위해 발생하는 이자비용, 관련 보험료와 세금, 보관하기 위한 장소와 관련된 비용, 감가상각비, 진부화 비용, 파손비용 등이 이에 해당한다. 이 비용들은 주문량의 변화에 직접적으로 영향을 받게 된다. 따라서 각각의 비용들을 합하여 재고품 목의 비용의 비율로 나타내는 것이 일반적이다. 예를 들어 어느 재고품목의 보유비용을 품목 단가의 15%라고 표시할 수 있다. 재고가 부족하여 품절이 나타나는 경우 재고부족비용이라고 하는데 재고 가 보충되기 전 주문이 취소되거나 고객을 잃음으로 인해서 발생하는 비용이다.

2.4 재고관리시스템

재고관리시스템은 재고수준을 점검하고 재고 품목 주문량과 재주문시점을 결정하는 기업의 정 책을 말한다. 단일기간 재고관리 모형과 다기간 재고관리 모형으로 나눌 수 있는데 단일기간 재고관 리 모형은 신문, 잡지 등 특정기간 내에 판매가 가능하거나 신선제품과 같이 일정기간만 판매하는 상품에 대한 것으로 일반적으로 다기간 재고관리 모형을 사용하게 된다.

다기간 재고관리 모형은 고정주문량 모형(Q-model, Fixed-order quantity model)과 고정주문기간 모형 (P-model, Fixed-time period model)으로 나눌 수 있다([그림 8-5]). 각각의 모형은 수요가 안정적이라고 가 정하는 확정적 모형(deterministic model)과 수요의 불확실성을 허용하는 확률적 모형(Stochastic model)으 로 나누어진다. 고정주문량 모형은 재고수준을 지속적으로 검토하다가 일정수준에 이르게 되면 미리 산정해 놓은 주문량(Q)을 주문하게 된다. 재고수준을 지속적으로 검토하게 되므로 연속검토시스템 (continuous review system)이라고 한다.

그림 8-5 재고관리시스템의 구분

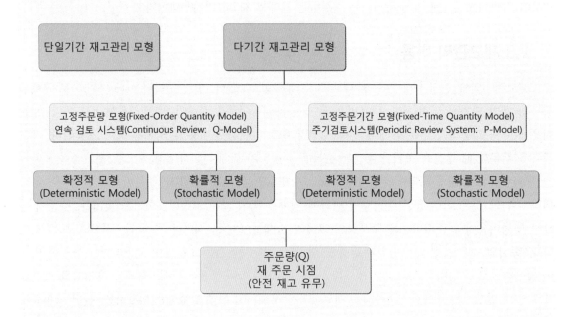

그림 8-6 고정주문량 모형의 예

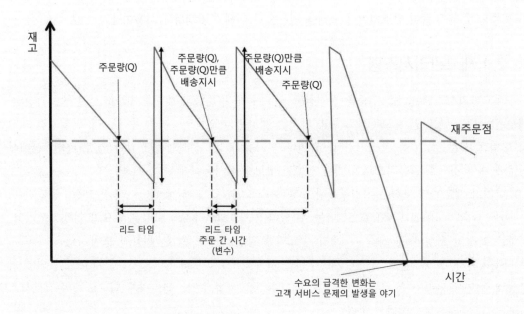

그림 8-7   고정주문기간 모형의 예

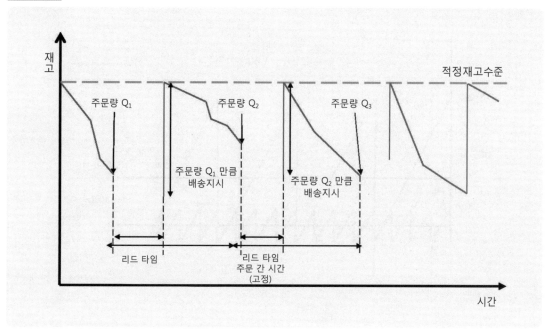

고정주문기간 모형은 주문량은 고정되어 있지 않고 주문하는 주기가 결정되어 있고 각 주문시기마다 미리 계산된 적정재고수준(order-up-to-level)과 주문시점의 재고수준의 차이를 주문하는 모형이다. 이 경우 주기적으로 재고수준을 검토하게 되므로 주기검토시스템(periodic review system)이라고 한다.

1) 확정적 모형

본 서는 물류에 대한 기본적인 지식을 제공하기 위한 것으로 앞에서 소개한 모든 재고관리 모형에 대해 세부적으로 설명하는 것은 적합하지 않다. 때문에 이 장에서는 고정주문량 모형에 대해서만 세부적으로 설명할 것이므로 고정주문기간 모형이나 그 외의 응용 모형에 대해서는 공급사슬관리나 재고관리 교과서를 참조하는 것이 바람직하다.

확정적 모형에서 주문량을 결정하는 모형을 경제적 주문량(EOQ: Economic Order Quantity)모형이라 한다. 여기에서 '경제적'이라는 의미는 재고비용이 최소화된다는 의미이다. 즉, 재고비용이 최소화되도록 하는 주문량을 계산하여 재고관리에 활용하는 것이다. EOQ 모형에서 고려하는 재고비용은 주문비용과 재고보유비용이며, 두 비용과 주문량(Q)과의 관계가 상이함으로 인하여 발생하는 상충관계를 활용하는 원리이다. 주문비용은 앞에서 설명하였듯이 주문량과 관계없이 발생하는 고정비용으로

그림 8-8 주문량과 평균재고수준

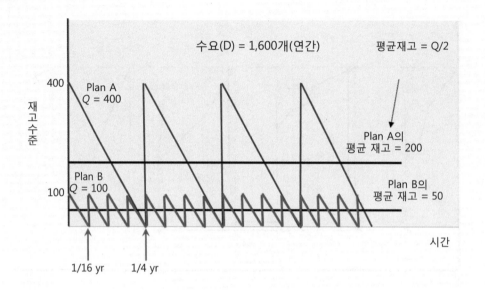

주문량이 많아지면 주문 단위당 비용은 감소하게 된다. 재고보유비용은 재고수준에 비례하게 되므로 재고수준이 높으면 비용도 높아지게 된다. [그림 8-8]에서 이 관계를 쉽게 도식화하고 있다. EOQ 모형은 분석의 편의를 위해 몇 가지 가정을 기반으로 하게 된다. 1) 수요가 안정적이고 파악가능하며, 2) 리드타임이 변동하지 않으며 파악가능하고, 3) 주문비용과 보유비용이 변동하지 않으며 파악가능하고, 4) 주문수량은 한번에 보충되며 여러번에 걸쳐 보충되지 않으며, 5) 주문량에 따른 할인은 없다.

어떤 상품에 대한 연간 수요가 1,600단위라고 할 때 이 수요를 충족시키는 주문량은 여러 가지가 될 수 있다. 예를 들어 주문을 400단위 하는 경우 400단위가 한번에 보충되고 이 품목에 대해 일정한 속도로 구매가 이루어져 재고가 일정한 속도로 감소한다면 3개월 이후에는 재고수준은 영(zero)이 된다. 이 경우 연간 주문을 4번 하게 되고 평균 재고수준은 200단위가 된다. 평균재고수준은 주기재고로 볼 수 있는데 수요보다 주문량이 많이 발생하는 재고를 주기재고라고 하고 주기재고량은 주문량의 1/2로 계산할 수 있다. 주문이 보충되었을 때 최대이고 재고가 소진되면 영(zero)이 되므로 평균재고 수준은 주문량의 1/2이 되는 것이다. 만약 주문량을 100단위로 줄이게 되면 주문하는 횟수는 16회로 늘어나게 되고 평균재고 수준은 50단위로 감소하게 된다. 주문량이 400단위인 경우보다 주문횟수는 늘어나 주문비용은 늘어났으나 재고수준에 비례하는 보유비용은 감소를 하게 된 것이다. 이 두 비용을 합친 비용을 총비용이라고 하고 [수식 8-1]과 같이 나타날 수 있다.

$$연간 \ 총비용(TC) = 연간주문비용 + 연간보유비용 \qquad [수식 \ 8\text{-}1]$$
$$= 연간주문횟수\left(\frac{D}{Q}\right) \times 주문당 \ 주문비용(S)$$
$$+ 연간평균재고수준\left(\frac{Q}{2}\right) \times 단위당 \ 보유비용(H)$$
$$= \left(\frac{D}{Q}\right) \times S + \left(\frac{Q}{2}\right) \times H$$

D : 연간수요량

Q : 주문량

H : 단위당 연간 보유비용

S : 주문비용

총비용, 주문비용, 보유비용과 주문량과의 관계를 도식화하면 [그림 8-9]와 같이 나타난다. 주문비용은 주문량의 변화에 대해 역함수의 형태를 보이고 재고보유비용은 주문량과 1차함수의 형태를 보이게 된다. 총비용은 주문량이 늘어남에 따라 초기에는 감소하다가 최저점을 지나게 되면 증가하게 된다. 이때 총 비용이 최소가 되는 주문량이 EOQ가 된다.

따라서 EOQ는 총비용 함수를 1차 미분한 값이 영(zero)이 되는 주문량 또는 주문비용과 보유비용이 같아지는 주문량이 된다. 이 주문량을 구하면 다음과 같이 나타낼 수 있다.

$$EOQ = \sqrt{\frac{2DS}{H}} \qquad [수식 \ 8\text{-}2]$$

그림 8-9 주문량과 평균재고수준

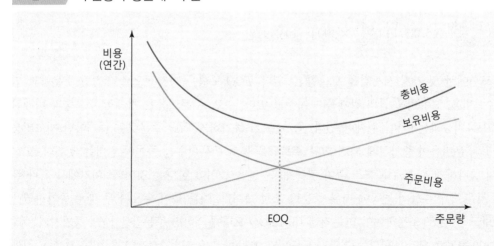

그 다음은 언제 이 주문량을 주문할 것인가의 문제이다. 이를 재주문점(ROP: Re-order point)이라고 하는데 재주문점은 리드타임 동안의 수요를 감안하여 결정하게 된다. 재고보충을 위해 주문을 하고 주문이 도착할 시점까지의 수요를 감당할 수 있을 정도의 재고가 남았을 때 그때가 재주문점이 된다. 따라서 고정주문량 모형에서 재주문점은 특정 시점이 아니라 재고수준이 된다. 재주문점은 리드타임을 리드타임 시간 단위당 평균 수요를 곱하여 구하게 된다. 이때 유의해야할 점은 리드타임과 평균수요의 시간 단위가 동일해야 한다는 것이다.

$$ROP = d \times L \hspace{4cm} \text{[수식 8-3]}$$

> d : 시간 단위당 평균 수요
> L : 리드타임

예를 들어 한 품목의 연간수요가 12,480개이고 주문비용이 5천원, 제품가격이 1,500원, 연간 보유비용이 제품단가의 20%이다. 주문한 시점으로부터 주문이 도착하는 데에는 2주가 소요된다. 이때 경제적 주문량과 재주문점은 다음과 같이 계산할 수 있다(1년을 52주로 가정).

$$EOQ = \sqrt{\frac{2 \times 12,480 \times 5,000}{1,500 \times 0.2}} = 644.98 \cong 645 \text{개}$$

$$ROP = \left(\frac{12,480}{52}\right) \times 2 = 480 \text{개}$$

이때 발생하는 총비용은 다음과 같이 계산된다.

$$TC = \left(\frac{12,480}{645} \times 5,000\right) + \left(\frac{645}{2} \times 300\right) = 193,494 \text{원}$$

EOQ 모형에서 몇 가지 시사점을 도출할 수 있다. EOQ 모형은 경제적으로 최적인 주문량과 연간 수요, 주문비용, 보유비용 간의 관계를 보여주고 있다. 수요, 주문비용은 경제적 주문량과 비례관계에 있고 보유비용과는 반비례관계에 있다. 즉, 수요가 증가하게 되면 주문량을 늘려야만 재고비용이 절감되고 주문비용이 증가하게 되면 회당 주문량을 늘려 주문횟수를 줄여야 한다는 것이다. 또한 보관비용이 증가하게 되면 주문량을 줄여 평균재고수준을 줄여야 한다는 것이다. 여기에서 하나 유의해야 할 것은 각 변수들의 변동에 따른 주문량 조정 폭이다. 예를 들어 수요가 두 배로 증가하였을 경우 주문량도 두 배로 조정하여야 하는지에 대해 EOQ 모형에 의하면 주문량을 100% 증가시키는 것보다는 약 41%를 증가시켜야 한다는 결과가 도출된다. 변동한 수요 D가 $2D$인 경우 이를 EOQ 수식에 대입하게 되면 다음과 같다.

$$EOQ' = \sqrt{\frac{2D'S}{H}} = \sqrt{\frac{2 \times 2DS}{H}} = \sqrt{2}\,EOQ \cong 1.41EOQ$$

EOQ 모형은 재고관리를 분산적으로 할 것이냐 통합적으로 할 것이냐와 관련하여서도 시사점을 제시할 수 있다. 고객서비스 측면이 아닌 비용의 측면에서만 따질 때 EOQ 모형에 의하면 통합적인 재고관리가 재고비용을 절감하게 해줄 수 있다. 총비용은 [수식 8-1]의 Q에 [수식 8-2]의 EOQ를 대입하여 풀이한 식으로 구할 수 있는데, 이를 정리하면 아래와 같다.

$$TC = \sqrt{2SDH} \qquad\qquad\qquad\qquad\qquad\qquad\qquad [수식 8-4]$$

한 회사에 n개 지사가 있고 현재 개별적으로 재고관리를 한다고 하자. n개의 배송창고에서 개별적으로 재고를 관리하는 시스템에서 하나의 통합배송창고에서 재고관리를 하는 시스템으로 통합하는 경우 [수식 8-4]를 이용해 총비용을 비교해 볼 수 있다. 개별 지사는 동일한 제품을 재고로 취급한다고 할 때 개별 배송창고에서 발생하는 재고비용은 $TC = \sqrt{2SDH}$ 전체 재고비용을 합하면 $n\sqrt{2SDH}$가 된다. 재고를 통합하여 관리하는 경우 연간수요는 $D' = nD$가 되고 총비용 $TC' = \sqrt{2S(nD)H} = \sqrt{n}\sqrt{2SDH}$가 된다. 개별 배송창고의 재고비용의 n배가 되어 동일해지는 것이 아니라 $\sqrt{n}$배가 되어 그 비용이 절감될 수 있다.

2) 확률적 모형

확정적 모형과 달리 확률적 모형에서는 수요에 변동이 있다고 가정한다. 현실에서는 그 정도에 차이가 있을 수는 있지만 대부분 수요가 변동을 하게 된다. 수요의 변동이 적은 경우 수요에 대한 예측이 상대적으로 쉽고 불확실성이 낮은 반면, 수요의 변동이 큰 경우 수요예측에서 오류가 발생할 가능성이 크고 불확실성도 커지게 된다. 수요에 대한 불확실성이 큰 경우 예측에 기반하여 확보한 재고에 비해 수요가 초과하여 품절현상이 나타나게 될 위험에 대비하여 안전재고를 보유하게 된다. 반면, 확정적 모형에서는 리드타임 동안 발생할 수요가 확정적이므로 안전재고를 보유할 필요가 없어지는 것이다. 이 모형에서도 확정적 모형에서 사용하는 가정을 주로 사용하지만 수요의 경우에는 확률적으로 파악가능하지만 시간에 따라 일정하지 않고 변동을 한다고 가정한다.

확률적 모형에서도 주문량은 EOQ를 사용하게 된다. 다만 연간수요가 시간에 따라 균일하지 않으므로 연간 평균수요($\bar{D}$)를 사용하게 된다. 재주문점을 정하는 데 있어서 확정적 모형과의 차이가 나타나게 되는데 확정적 모형에서는 리드타임 동안의 평균 수요만을 반영하여 재주문점을 결정하였으나 확률적 모형에서는 리드타임 동안의 평균 수요와 안전재고(ss: safety stock)를 포함하여 결정하게 된다.

$$ROP = d \times L + ss$$

[수식 8-5]

$$= d \times L + z\sigma_{dL}$$

$$= d \times L + z\sqrt{L}\,\sigma_d$$

안전재고는 두 가지의 측면을 감안하여 그 수준을 결정하게 된다. 리드타임 동안의 수요의 변동성을 우선 감안하게 된다. 수요가 안정적인 경우에는 수요예측이 용이하고 예측에 벗어난 수요가 발생할 가능성이 낮다. 수요가 불안정한 경우 수요예측이 어렵고 오류가 발생할 가능성이 높아지게 된다. 따라서 수요의 불확실성이 높은 경우 안전재고를 더 많이 보유해야할 필요가 있다. 수요의 불확실성을 측정할 수 있는 방법은 여러 가지 있을 수 있으나 수요가 정규분포[2]를 따르는 경우 표준편차(σ: standard deviation)를 사용하게 된다. 리드타임 동안의 수요의 변동성은 수요가 정규분포를 따른다는 가정 하에서 수요의 표준편차 값에 $\sqrt{L}$을 곱하여 구할 수 있다.

안전재고에서 감안하는 다른 한 가지는 서비스 측면이다. 고객서비스는 다양한 측면을 가지고 있으나 그 근간은 제품가용성(product availability)이다. 고객이 원할 때 원하는 장소에서 원하는 제품이 있느냐의 문제이다. 제품가용성을 다양한 방법으로 측정할 수 있다. 예를 들어 연간 10번의 주문을 했는데 1번의 품절이 있었다면 제품가용성은 90%이다. 또는 주문회수와 관계없이 연간 총 주문량이 1000개인데 10개의 품절이 발생했다면 99%의 제품가용성을 보여주는 것이다. 이 제품가용성을 수요의 확률분포에서 표현하는 것이 표준화점수(z-score)이다.

[그림 8-10]은 평균이 정규분포를 따르는 수요의 확률분포를 보여주고 있다. 확률분포의 중심은 평균수요이다. 평균수요를 중심으로 수요가 변동하고 있으며 그 변동 구간의 확률은 면적을 계산하여 구할 수 있다. 재고를 평균수준으로 보유하고 있다면 50%의 수요에 대해서는 현재 재고로 충족(평균의 왼쪽 부분)시킬 수 있으나 수요가 평균을 넘을 확률이 50% 있다(평균의 오른쪽 부분). 재고수준을 평균이상으로 증가시키게 되면 수요가 재고수준을 초과할 확률이 감소하게 된다. 이 확률분포에서 수요가 재고수준을 넘지 않을 확률을 표준화 점수로 표현할 수 있다. 이는 표준정규분포표를 활용하게 되는데 99%인 경우 표준화 점수는 약 2.33, 95%인 경우 약 1.65를 사용할 수 있다.

확정적 모형에서 사용했던 예를 변형하여 확률적 모형에서 사용하여 보면 다음과 같다. 한 품목의 주간 수요가 정규분포를 따르며 평균 240개이고 표준편차가 50이라고 하자. 연간 주문비용이 5천원, 제품가격이 1,500원, 연간 보유비용이 제품단가의 20%이다. 주문한 시점으로부터 주문이 도착하는 데에는 2주가 소요된다. 이 제품에 대한 목표 서비스 수준이 95%인 경우 경제적 주문량과 재주문점을 다음과 같이 계산할 수 있다(1년을 52주로 가정).

---

2 정규분포는 확률분포의 하나로 확률변수가 연속확률변수이고 확률분포가 평균을 중심으로 대칭인 경우를 말한다.

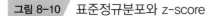

그림 8-10   표준정규분포와 z-score

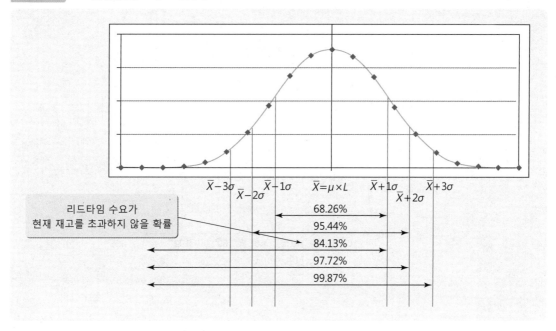

$$EOQ = \sqrt{\frac{2 \times (240 \times 52) \times 5,000}{1,500 \times 0.2}} = 644.98 \cong 645개$$

$$ROP = 240 \times 2 + 1.65 + \sqrt{2} \times 50 = 480 + 116.67 \cong 597$$

이 회사가 이 제품에 대한 목표 서비스 수준을 99%로 높이고자 하는 경우 유지해야 하는 안전재고 수준과 변경되는 재주문점은 다음과 같다.

$$ss = 2.33 \times \sqrt{2} \times 50 = 164.75 \cong 165$$

$$ROP = 480 + 165 = 645$$

2.5 ABC 기법

기업이 재고를 관리할 때 여러 품목의 재고를 개별적으로 관리하게 된다. [그림 8-5]에서 제시되고 있는 여러 가지 재고관리 기법 가운데 동일한 기법을 모든 품목에 대해 동일하게 적용할 수는 없을 것이다. 개별 품목에 대한 수요의 특성이 달라 확정적 모형이나 확률적 모형이 일률적으로 사용될 수 없을 것이다. 또한 관리 측면에서도 제한된 재고관리 인력과 시간을 감안할 때 지속적인 재고점검이 필요한 고정주문량 모형을 사용할 수는 없다. 목표 제품가용성을 설정함에 있어서도 제품의

그림 8-11 ABC 곡선

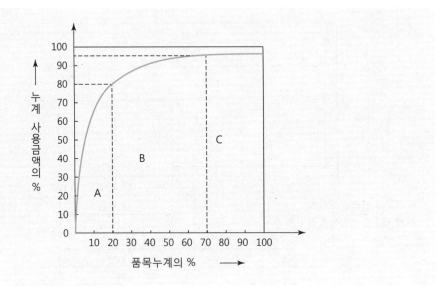

수요나 중요성에 따라서 제품가용성 목표를 다양하게 설정해야할 것이다. 앞의 재고관리 시스템이 개별 재고 품목에 대해 언제 얼마나 주문해야 하는가에 대한 대답이었다면 이 부분에서는 모든 재고 품목에 대해 동일하게 관리해야 하는가에 대한 설명이다.

ABC 기법은 파레토 법칙을 재고관리에 활용하는 방식이다. 파레토 법칙은 이태리 경제학자인 빌프레도 파레토(Vilfredo Pareto)가 밀라노의 부의 분배에 대한 관찰을 통해 발견한 법칙으로 한 국가나 한 지역에서 20%의 인구가 해당 지역의 80% 부를 소유하고 있고 80%의 인구가 20%의 부를 소유하고 있다는 것이다. 이 법칙은 부의 분배에 대해 불평등성을 보여주고 있으나 경영학에서는 여러 분야에서 관리기법의 이론적 기초를 제공하고 있다. 고객관리의 경우 매출이나 이익의 많은 부분(70-80%)을 창출하는 소수의 고객을 파악하여 일반 고객과 다른 서비스를 제공하게 된다. 마찬가지로 재고관리에서도 중요한 소수의 재고품목과 덜 중요한 다수의 재고품목을 구분하여 차별적인 재고관리 기법을 적용하게 된다.

중요성을 판단하는 데에는 여러 가지 기준이 사용될 수 있는데 사용빈도, 개별품목의 단가, 품목의 희소성 등이 있으나 일반적으로 연간수량가치(Annual Dollar Volume)를 사용한다. 연간수량가치는 개별 품목에 대한 수요와 그 품목의 단가를 곱해서 구할 수 있다. 개별 품목의 연간수량가치를 구하고 연간수량가치가 높은 순대로 나열하게 된다. 연간수량가치의 70-80%를 차지하는 품목을 A품목, 약 15%를 차지하는 품목을 B품목, 나머지를 C품목으로 분류하게 된다.

[표 8-1]에서 재고품목 10가지 각각의 연간수요와 단가가 제시되어 있다. 먼저 [표 8-2]에서와

표 8-1	ABC 분류	
재고품목	**연간수요**	**단가**
A2	4000	2.1
B8	3200	150
C2	2000	25
D9	2700	0.95
E2	1200	15.4
F3	900	25
H21	500	1.2
J31	400	24
G22	1000	245
H12	500	150

같이 연간수요와 단가를 곱하여 연간수량가치를 계산한다. 연간수량가치를 기준으로 재고품목을 내림차순으로 정렬하고 개별 품목의 연간수량가치 비율을 계산한다. 이를 다시 누적비율로 표시하면 B8과 H21의 연간수량가치의 약 80%를 차지하게 된다. 이 두 품목은 수량비율로는 20%에 해당하지만 연간수량가치로는 80%를 차지하게 된다. 따라서 A품목으로 분류할 수 있다. J31, C2, F3는 수량비율로는 30%를 차지하지만 연간수량가치로는 16%에 해당하게 되고 이 세 개 품목은 B품목으로 분류할 수 있다. 나머지 품목은 연간수량가치의 약 4%를 차지하고 있는데 이 품목들은 C품목으로 분류된다.

분류할 때 연간수량가치의 비율이 명확하게 나누어지는 것은 아니다. ABC 품목의 비율을 상황에 따라 제시된 비율의 근사치에서 분류하면 된다. 이렇게 분류된 품목들에 대해서는 다른 재고관리기법을 적용하게 된다. A품목의 경우 연간 수요가 많고 가치도 높으므로 개별적으로 긴밀한 관리가 필요하다. 따라서 개별품목에 대해 상대적으로 높은 빈도로 재고현황을 파악해야 하고 품절이 발생하지 않도록 재고보충을 적절히 해 주어야 한다. 따라서 통상 연속검토시스템(continuous review system)을 통해 재고파악을 하고 고정주문량 모형(Fixed-order quantity model)을 사용하여 재고보충을 하게 되며 제품가용성도 90-95% 수준으로 높은 수준으로 유지하게 된다. B품목의 경우 개별품목으로 관리하기보다는 그룹으로 나누어 관리하게 된다. 통상 주기검토시스템(periodic review system)을 사용하게 되며 고정주문주기 모형(Fixed-time period model)으로 재고보충을 하게 되고 그 주문주기를 비교적 짧게 유지한다. 제품가용성의 경우도 80-90% 수준으로 유지한다. C제품의 경우 샘플로 관리하는 경우가 많고 B품목과 같이 고정주문주기 모형을 사용하되 그 주문주기가 상대적으로 길고 제품가용성의 경우도 낮은 수준으로 유지하게 된다.

3 물류네트워크 설계

3.1 물류네트워크와 배송물류

물류네트워크의 설계는 기업이 물류활동을 수행하기 위해 어디에 어떤 물류시설을 어떤 용도로 설치하여 어떻게 연계할 것인가의 문제이다. 기업의 물류활동은 [그림 8-1]에서와 같이 조달과 배송에 걸쳐 발생하게 되고 이를 물류네트워크 형태로 재구성하면 [그림 8-12]와 같이 도식화 할 수 있다. 조달과 관련된 물류네트워크는 제조과정에 필요한 원재료와 부품을 제공하기 위한 것이다. 완제품이 완성된 이후 소비자에게까지 이르는 과정에서 필요한 물류활동을 위한 네트워크가 배송네트워크이다. 조달네트워크는 제조업체의 생산관리계획에 영향을 받게 되고 공급업체의 기존 시설에 일반적으로 활용하게 된다. 배송네트워크는 최종 고객에 대한 고객서비스와 직접적인 관계가 있으므로 마케팅이나 고객서비스와 많은 연계성이 있다. 여기에서는 배송네트워크를 중심으로 물류네트워크 설계에 대한 논의를 하도록 할 것이다.

배송은 완성된 제품이 최종소비자에게 보관과 운송을 통해 전달되는 단계이다. 개념적으로 생각하면 제조업체가 해당 제품을 필요로 하는 소비자에게 직접 배송할 수 있을 것이다. 그러나 일반적으로 제조업체와 소비자 사이에는 배송과 관련된 역할을 해주는 여러 주체가 존재한다. 배송네트워크는 주체별로 보면 제조업체, 도매업체, 보관업체, 소매업체 등으로 구성되고 시설별로 보면 제조업체 창고, 배송창고, 소매업체 창고, 소매점으로 구성될 수 있다.

배송네트워크를 구축하고 운영하는 데에는 여러 가지 비용이 발생하게 되고 배송기능을 통해서 고객에 대한 서비스에 영향을 미치게 되므로 기업의 수익성에 직접적인 연관성이 있다. 배송네트워크와 관련된 비용은 크게 시설비용, 재고비용, 운송비용으로 구분할 수 있고 고객서비스는 고객주문시간, 제품가용성, 반품용이성 등으로 구체화할 수 있다. 항상 그런 것은 아니지만 특정한 상황에서는 비용효율성과 고객서비스는 상충관계가 발생한다. 즉, 고객서비스를 높이기 위해서 많은 시설을 확보하고 많은 재고를 보유하는 경우 비용효율성은 낮아지게 되고 비용효율성을 지나치게 추구하다 보면 고객서비스를 저해할 수 있다. 따라서 기업의 시장여건에 적합한 전략에 따라 다른 형태의 배송네트워크를 구성하게 된다.

표 8-2　ABC 분류

재고품목	연간수요 (a)	단가 (b)	연간수량 가치(a*b)	비율	누적비율	수량비율	분류
B8	3,200	150	480,000	52.62%	52.62%	10%	A
H21	1,000	245	245,000	26.86%	79.48%	20%	A
J31	500	150	75,000	8.22%	87.71%	30%	B
C2	2,000	25	50,000	5.48%	93.19%	40%	B
F3	900	25	22,500	2.47%	95.65%	50%	B
E2	1,200	15.4	18,480	2.03%	97.68%	60%	C
H12	400	24	9,600	1.05%	98.73%	70%	C
A2	4,000	2.1	8,400	0.92%	99.65%	80%	C
D9	2,700	0.95	2,565	0.28%	99.93%	90%	C
G22	500	1.2	600	0.07%	100.00%	100%	C
			912,145				

그림 8-12　전통적인 물류 네트워크

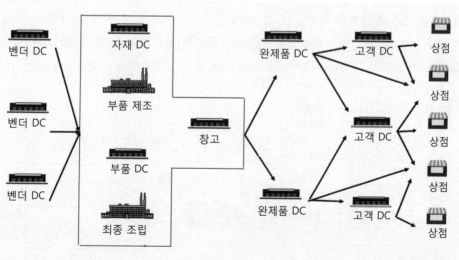

* DC: Depot Center

3.2 창고의 기능

배송네트워크에서 시설측면에서 구성요소가 되는 창고의 역할에 대해 살펴본다. 창고의 기능을 설명하면서 동시에 창고를 연계하는 운송방식에 대해서도 설명하게 되므로 물류시설의 수와 배송관련 비용과의 관계를 이해하는 기초를 제공하게 된다.

창고를 크게 두 가지 형태로 나누면 일반 보관창고와 배송창고가 있다. 일반 보관창고는 장기간 동안 물품을 보관하기 위한 것으로 창고에서의 이동이나 작업, 운송이 최소화되게 된다. 예비재고와 같이 계절수요에 대비한 보관의 경우나 냉동창고와 같이 특수기능의 창고가 해당될 수 있다. 배송창고는 배송 네트워크 내에서 단순 보관보다는 이동과 혼재와 같은 동적인 역할을 위한 것이다. 이 경우 창고의 역할을 운송혼재(transportation consolidation), 제품혼합분류(product mixing)로 분류할 수 있다 (Arnold 등, 2013).

운송혼재기능은 LTL(Less-Than-Truckload)운송을 TL(Truck-Load)운송으로 전환하거나 TL운송을 LTL 운송으로 전환하는 것을 말한다. LTL운송은 한 트럭에 화물적재량보다 모자라는 소규모 운송으로 상황에 따라 차이가 있을 수 있으나 통상 트럭전체에 대해 비용을 지급하게 된다. TL운송은 한 트럭의 적재공간을 다 채워서 운송하는 대규모 운송으로 한 화주의 화물로 모두 채우거나 여러 화주의 화물을 한 트럭으로 운송하여 운송비용을 절감하는 데 활용된다. 운송비용을 절감하기 위해서는 TL운송 구간을 최대화하고 LTL운송 구간을 최소화하는 것이 일반적이다. [그림 8-13]에서 보면 제조업체로부터 창고까지 운송은 주로 대량운송이 이루어지므로 TL운송을 활용하게 되고 창고로부터 소비지까지는 소규모 운송이 발생할 가능성이 높으므로 LTL운송이 발생하는 상황을 보여주고 있다.

국제운송의 경우 운송혼재 사례를 [그림 8-14]에서 보여주고 있다. 수출의 경우 여러 제조업체들이 공항이나 항만에 LTL형태로 운송하여 창고에서 동일한 목적지로 향하는 화물을 혼재하여 TL형태로 전환하고 이 화물이 항공기나 선박으로 운송되어 도착지 항만이나 공항으로 운송된 뒤 배송지

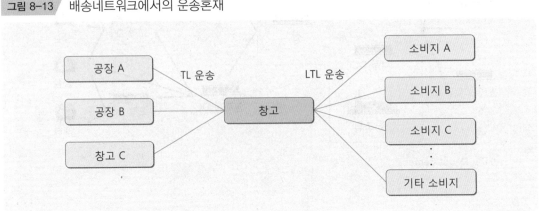

그림 8-13 배송네트워크에서의 운송혼재

그림 8-14 국제배송네트워크에서의 운송혼재

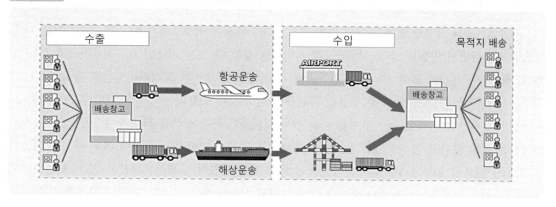

그림 8-15 제품혼합기능의 예

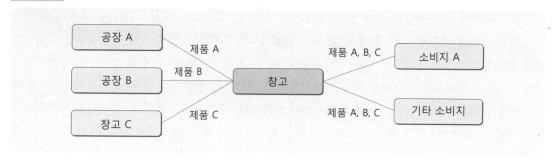

역으로 운송되기 위해서는 다시 혼재작업을 거쳐 상황에 따라 TL 또는 LTL 형태로 운송되게 된다.

제품혼합기능은 [그림 8-15]와 같이 다수의 제조업체로부터 만들어진 여러 제품 또는 한 제조업체의 다른 여러 제품을 재분류, 혼합하여 가능한 배송단위로 전환하는 것을 말한다. 고객이 다른 지역에서 생산된 여러 제품을 동시에 주문하는 경우가 있다. 이 경우 각 제품을 개별적으로 운송한다면 각 제품을 한 배송단위로 전환하여 한 번 배송하는 경우보다 발생하는 비용이 높을 수 있다. 또한 고객의 입장에서 개별 상품을 각각 여러 번에 걸쳐 수령하는 것보다 한 배송단위로 한 번에 수령하는 것이 편의성이나 만족도가 높을 가능성이 높다. 운송혼재기능이 운송단위를 전환함으로 인해 운송비용을 절감하기 위한 것이라면 제품혼합기능은 다른 제품을 한 배송단위로 운송함으로 인해 발생하는 규모의 경제와 고객경험을 높이기 위한 것으로 볼 수 있다. 이 두 가지 기능은 항상 개별적으로 발생하는 것이 아니라 동시에 발생할 수 있다.

3.3 배송네트워크 비용과 고객 서비스

배송네트워크 설계를 함에 있어서 가장 중요한 평가요소는 비용효율성과 고객 서비스이다. 배송네트워크와 관련된 비용을 줄이면서도 고객 서비스를 높일 수 있는 네트워크를 설계하고자 하는 것이다. 배송과 관련하여 고객 서비스를 평가할 수 있는 중요한 요소는 고객주문시간을 들 수 있다. 고객주문시간은 고객이 주문한 이후 주문한 물품을 수령하는 데 소요되는 시간을 말한다. 소비자가 슈퍼마켓이나 편의점에 직접 가서 구매를 하는 경우 소비자가 즉각 상품을 확보할 수 있으므로 고객주문시간은 매우 짧다고 할 수 있다. 온라인 쇼핑업체를 통해서 구매하는 특수한 경우 다음날 배송되는 경우가 있으나 통상 3-4일의 배송기간이 소요되고 이 기간이 고객주문시간이 된다. 제품다양성(product variety), 제품가용성(product availability), 주문가시성(order visibility) 등도 고객 서비스를 평가할 수 있는 요소가 될 수 있다. 비용효율성과 고객 서비스와의 관계를 설명함에 있어서 설명의 간결성을 위해서 고객주문시간을 중점적으로 사용한다.

넓은 지역에 대한 배송을 위해 한 배송창고만 사용하는 경우 고객주문시간은 두 개 이상의 배송창고를 사용하는 경우보다 더 길어질 것이다. 통상적으로 소비지역과 가까이 배송창고를 설치하는 경우 배송창고의 수는 증가하게 되고 고객주문시간은 감소한다. 그러면 배송창고의 수를 증가시키는 경우 발생하는 관련비용을 살펴보자. 배송네트워크를 구성하고 운영하는 데에는 우선 배송창고를 설치하거나 임대하는 비용인 시설비용이 발생한다. 시설비용은 배송창고의 수를 증가시키면 증가하게 된다. 다음은 배송네트워크 내에서 보관되거나 운송되고 있는 배송재고 비용이다. 한 개의 배송창고에 통합적으로 재고를 보유하고 있는 경우와 각 소비지에 배송창고를 두어 개별적으로 재고를 보유하고 관리하는 경우를 비교할 때 개별 배송창고를 두는 경우 각 창고에 해당 소비지의 수요를 충족하기 위한 재고를 보유해야 하므로 더 많은 재고비용이 발생하게 된다.[3]

그림 8-16 다수의 배송창고의 예

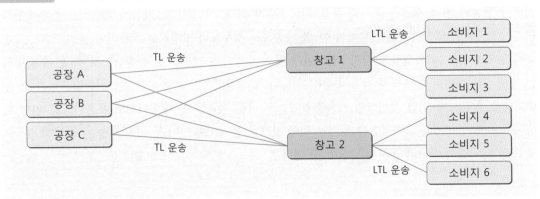

---

3 n개의 배송창고에서 개별적으로 재고를 관리하는 시스템에서 하나의 통합배송창고에서 재고관리를 하는 시스템으로 통합하는 경우

　　다음 비용은 운송비용이다. 배송창고가 하나인 경우 제조업체로부터 배송창고까지는 주로 TL 운송이 이루어지고 배송창고에서 소비지까지는 다수의 LTL운송이 이루어지게 된다. 배송창고가 하나 추가되는 경우 운송비용에는 어떤 변화가 일어나게 될까. 배송창고를 추가하게 되는 경우 각 배송창고가 담당하는 소비지의 수는 줄어들게 되고 배송창고는 통상 소비지에 조금 더 가까이 위치하게 된다. 이 경우 TL운송비용은 증가하지만 LTL운송비용은 감소하게 된다. 통상 LTL운송비용이 TL운송비용에 비해 높다고 할 때 전체 운송비용은 감소할 가능성이 높다. 그러나 배송창고를 지속적으로 증가시킬 때 TL운송으로 기대되는 규모의 경제 효과와 LTL운송 감소로 인해 발생하는 운송비 절감효과에도 한계가 발생하고 운송네트워크의 복잡성으로 인해 오히려 전체 운송비는 더 증가할 가능성이 있다.

　　배송창고의 수가 변동할 때 고객주문시간과 비용의 변화를 [그림 8-17]이 보여주고 있다. 배송창고의 수가 증가할 때 시설비용과 재고비용은 증가하고 운송비용은 감소하다가 다시 증가하게 된다. 이 비용들을 합한 총비용은 초기에 감소하다가 어느 시점을 지나게 되면 증가하게 된다. 고객 서비스를 평가할 수 있는 세부 요인 중의 하나인 고객주문시간의 경우 배송창고의 수가 증가하게 되면 감소하게 된다. 어느 구간에서는 비용절감과 고객 서비스 향상을 동시에 달성할 수 있지만 어느 구간이 넘어서면 시설을 확충하는 비용이 증가하게 된다. 따라서 고객 서비스 향상으로 발생하는 편익이 증가하는 비용을 상쇄할 수 있는 경우 추가적인 시설이 정당화될 수 있다.

그림 8-17　배송창고 수와 고객 서비스, 비용의 관계

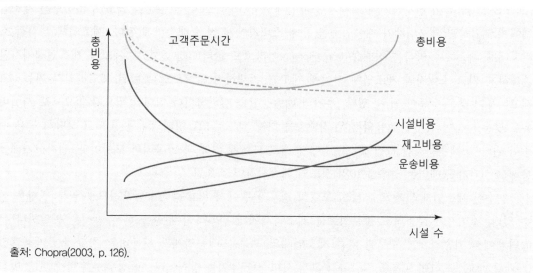

출처: Chopra(2003, p. 126).

　　개별 배송창고의 재고비용의 n배가 되어 동일해지는 것이 아니라 $\sqrt{n}$ 배가 되어 그 비용이 절감될 수 있다. 개별 배송창고에서 발생하는 재고비용은 $TC = \sqrt{2SDH}$ 가 된다. 통합하는 경우 $n\sqrt{2SDH}$ 가 되는 것이 아니라 $\sqrt{2S(nD)H} = \sqrt{n}\sqrt{2SDH}$ 가 된다.

3.4 배송네트워크 유형

배송네트워크는 생산과 배송, 소비지의 지리적 여건, 공급사슬 전략, 운송비용 등 여러 가지 요소에 의해 다양한 형태로 결정될 수 있다. 개별 기업의 배송네트워크는 대부분 다른 형태로 나타나게 되지만 이를 유형화 하여 제시하고자 한다. 이는 Chopra(2003), Simchi-Levi 등(2003), Coyle 등(2012)을 참고하여 재분류하였다. 먼저 가장 전통적인 배송네트워크를 제시하고 최근 발달하고 있는 전자상거래에서 사용될 수 있는 배송네트워크를 제시하고자 한다.

1) 소매업체 재고 모형

소매업체 재고 모형은 전통적인 배송네트워크 모형으로 소매업체에 재고가 존재하게 되고 소비자가 직접 소매업체에 방문하여 제품을 구매하는 방식이다. 이 경우 개별 소매업체가 재고를 보유하게 되므로 재고비용이 가장 높게 발생할 가능성이 높다. 운송비용의 경우 소매업체의 창고로 운송하게 되는 경우가 많아 TL 형태의 운송빈도가 높을 가능성이 많으므로 다른 방식에 비해 상대적으로 낮아질 가능성이 높다. 고객이 직접 구매하게 되므로 고객주문시간은 매우 짧고 고객경험은 양호할 것이다.

2) 제조업체 재고 모형

이 모형은 제조업체가 재고를 보유한 상태에서 고객이 주문한 물품을 직접 배송하는 방식이다. [그림 8-18]과 같이 전자상거래 업체가 소매업체로서 고객으로부터 주문을 받고 주문정보를 제조업체에게 전달하면 제조업체가 배송업체를 통해 소비자에게 직접 배송하게 된다. 제조업체가 직접 소비자에게 배송하는 방식을 직배송(drop-shipping)이라고도 한다(Chopra, 2003). 재고가 제조업체에서만 존재하게 되고 소비자와 제조업체 사이에 재고가 존재하지 않으므로 통합된 재고관리가 가능하고 재고비용이 낮은 수준이 될 수 있다. 추가의 배송창고를 설치하거나 임대할 필요가 없으므로 시설비용도 낮은 수준이다. 운송비용의 경우 직배송을 하게 되므로 LTL 형태의 운송이 되고 상당히 높은 수준이 된다. 고객주문시간 측면에서는 소매자 재고 모형에 비해 다소 불리한 모형이다. 전자상거래를 통해 소비자가 구매하는 경우 3-10일 정도의 배송시간이 소요될 것이다.

순수한 제조업체의 재고 (직배송) 모형의 경우 운송에서 비효율성이 발생하므로 일부 변형을 할 수 있다. 소비자가 주문하고 주문정보를 제조업체에게 전달하여 운송을 하는 방식은 동일하나 운송단계에서 배송업체가 주문된 다른 제조업체의 제품을 배송업체가 사용하는 창고에서 제품혼합(product mixing)을 하여 비용을 절감하고 고객 서비스를 높이는 방식이다. 이 경우 순수한 직배송 방식에 비해 배송비용이 절감되고 고객 서비스가 향상되는 효과가 발생할 수 있다.

그림 8-18 제조업체 재고모형

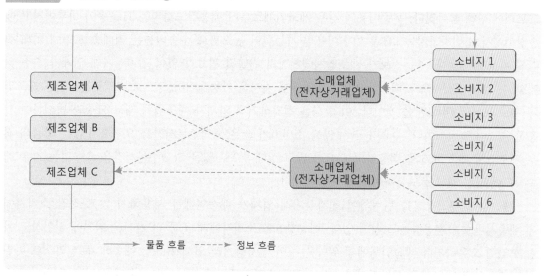

3) 배송창고 재고 모형

창고재고 모형은 [그림 8-19]와 같이 전자상거래 업체가 판매 제품을 배송창고에 재고로 보유하고 소비자가 온라인을 통해 주문을 하면 배송업체를 통해 배송하는 방식이다.

이 경우 재고가 제조업체와 전자상거래 업체의 배송창고에 존재하게 되므로 제조업체 재고 모

그림 8-19 배송창고 재고 모형

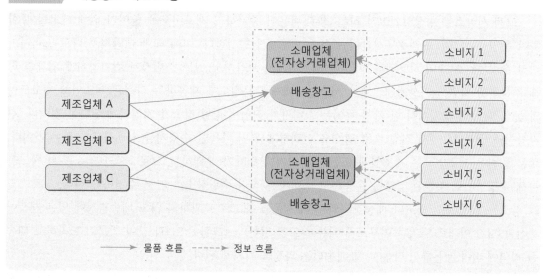

형에 비해 재고비용이 높아질 가능성이 많다. 배송창고가 필요하게 되므로 시설비용이 제조업체 재고모형에 비해 높아진다. 운송비용의 경우 제조업체로부터 배송창고까지는 TL운송이 이루어지고 배송창고에서 소비자까지는 LTL운송이 이용될 가능성이 높으므로 운송비용은 직배송 모형에 비해 절감될 가능성이 높다. 주문정보가 제조업체에게까지 전달될 필요가 없이 전자상거래 업체가 직접 처리할 수 있고 지리적으로 배송창고가 소비자에게 가까울 가능성이 높으므로 고객주문시간은 제조업체 재고 모형에 비해 짧을 것이다. 이 방식은 전자상거래 업체가 제조업체 재고 모형과 병행하여 사용하는 것이 일반적이다. 수요가 많지 않고 소비자가 짧은 고객주문시간을 요구하지 않는 상품의 경우 제조업체 재고 모형을 적용하고 수요가 많고 상대적으로 짧은 고객주문시간을 요구하는 경우 배송창고에 직접 재고를 보유하여 배송하는 것이다.

배송창고 재고방식을 변형하여 전자상거래 업체가 배송업체를 사용하지 않고 직접 소비자에게 배송서비스를 제공하는 모형이 있다. 배송창고를 소비자에게 조금 더 가까운 위치에 설치하고 차량을 직접 소유하거나 배송업체에게 위탁을 주어 전자상거래 업체가 직접 배송해 주는 라스트 마일(Last-mile) 서비스를 제공하는 것이다. 더 많은 배송창고를 사용해야 하고 더 많은 창고에 재고가 존재하게 되므로 비용은 증가하게 된다. 직접 운송을 하게 되므로 배송업체가 배송하는 방식보다 운송비용도 증가하게 된다. 반면 소비자가 매우 빠른 주문시간을 요구하는 물품들에 대해서 높은 고객서비스를 제공할 수 있다는 장점이 있다. 일반적으로 일정 금액 이하이거나 당일 배송 등 특정한 경우에는 배송비가 부과된다. 이 방식은 기존 슈퍼마켓 체인과 같은 대형 소매업체가 소매업체 재고 모형과 병행하여 온라인 쇼핑 서비스를 제공하는 경우를 활용하는 경우가 많다.

4) 소비자 직접수령 모형

고객 서비스를 향상시키고자 하는 경우 비용이 증가하고 재고비용을 줄이기 위해 재고를 통합하여 운영하는 경우 고객주문시간이 길어지는 문제가 발생한다. 이에 대한 대안의 하나로 소비자가 직접 수령하는 모형이 사용된다. 재고를 제조업체가 보유하고 있고 소비자가 전자상거래 업체를 통해 주문하게 되면 전자상거래업체가 제조업체에게 주문정보를 제공하는 과정은 제조업체 재고모형과 동일하다. 이 과정에서 한 가지 차이는 소비자가 직접 수령할 장소를 지정하게 된다는 것이다. 전자상거래 웹사이트에서 직접 수령 방식을 선택하게 되면 가능한 수령지를 선택하도록 하는 것이다. 주문을 받은 제조업체는 제조업체 또는 전자상거래 업체가 운영하는 크로스도크(cross-dock) 창고를 통해 수령장소로 주문된 상품을 운송하고 소비자는 직접 수령장소로 가서 수령하게 된다. 크로스도크 창고는 일반 보관 창고나 배송창고와 달리 제품을 재고로 보관하지 않고 배송과정에 있는 제품이 통상 48시간 이내로 단기간 머무르게 되는 창고를 말한다. [그림 8-21]과 같이 화물이 도착하고 배송될 지역에 따라 재분류된 다음 다시 배송되는 과정을 거치게 된다.

이 모형의 경우 재고를 제조업체가 보유하게 되므로 재고 통합 효과가 발생하게 되고 운송이 제

그림 8-20　소비자 직접수령 모형

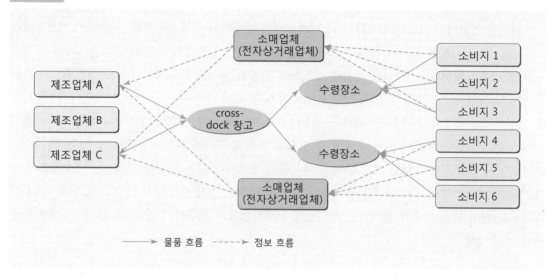

그림 8-21　크로스도크 창고

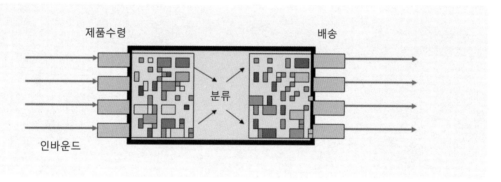

조업체와 크로스도크 창고, 크로스도크 창고와 수령장소 간에 발생하게 되므로 TL운송의 비율이 높아진다. 이 경우 LTL운송이 이루어진다고 하더라도 운송빈도가 줄어들어 운송비는 절감될 가능성이 높다. 또한 고객은 제조업체 재고 모형에서 보다 짧은 주문시간 내에 제품을 수령할 수 있으므로 고객 서비스가 다소 향상된다고 할 수 있다. 다만 제조업체 재고 모형이나 배송창고 재고 모형의 경우 소비자에게 직접 배송되나 이 모형에서는 소비자가 수령장소로 이동하여 수령해야 하는 불편함이 발생할 수 있다.

　이 방식은 대형 슈퍼마켓 체인이 재고비용을 줄이면서도 고객주문시간에 대한 요구가 길거나 너무 짧지 않은 고객수요에 대응하기 위해 일반적으로 사용하고 있다. 전자상거래 업체의 경우에도 제조업체 재고모형, 배송창고 재고 모형과 병행하여 사용할 수 있는 방법이다.

5) 배송네트워크의 선택

위에서 현실에서 사용될 수 있는 배송네트워크를 유형화하여 소개하였다. 또한 배송네트워크마다 시설비용, 재고비용 등 비용측면과 고객주문시간 등 서비스 측면에서의 비교도 제시하였다. 실제 기업들은 여러 배송네트워크들을 동시에 결합하여 사용하는 것이 일반적이다. 배송네트워크의 조합은 상품의 특성이나 소비자의 성향, 기업의 전략적 방향 등에 따라 다르게 구성될 수 있다. 예를 들어 한 기업이나 유통업체가 배송네트워크를 구성하면서 빠른 소비가 필요한 제품이나 응급하게 사용되어야 하는 물품들은 고객이 직접 구매할 수 있도록 소비지 근처에 재고를 보유하여야 할 것이다. 그보다 고객의 주문시간에 대한 기대가 낮은 물품들은 전국이나 넓은 범위를 책임지는 배송창고에 보관되고 이틀이나 삼일 내에 고객에게 배송되어야 할 것이다. 응급성이 높지 않고 고객의 주문시간에 대해 민감하지 않은 제품에 대해서는 생산업체나 도매업체가 보유하고 있는 재고로부터 직접 배송되게 될 것이다.

09

Fundamental of Logistics

세상 모든 물건의 흐름은 정보와 함께하지!

1　물류 정보의 의의와 목적

　　컴퓨터의 발달은 물류 프로세스와 일하는 방식에서도 많은 변화를 일으켰다. 예를 들면 수·배송 및 하역·보관 등에서도 정보 기술의 활용은 물류 생산성을 높이는 방법으로 활용되어 물류의 미래를 새롭게 열어갈 총아로 부각되고 있다. 앞으로의 물류는 오프라인과 온라인 물류 프로세스가 결합하여 비용을 절감하고, 신속한 거래를 유지함으로써 물류를 이용하는 고객에게 더 나은 삶을 추구할 수 있도록 변화를 추구하고 있는 영역이다.

　　물류는 원재료의 공급원에서부터 생산라인 그리고 완성품을 창고에 관리하는 지점을 매개체로 하여 유통 라인과 최종 소비자에 이르기까지의 이동 범위를 말한다.

　　물류 정보란 무엇인가? 먼저 물류 데이터와 다르다는 것이다. 물류 데이터는 연구나 관찰을 통해 얻어지고 기록된 사실들이다. 예를 들면 가게의 매출기록이나 항공사의 예약 기록 등이다. 물류 정보는 의미가 있도록 처리된 데이터이며, 이용하는 사람 입장에서 해석되고, 이해된 데이터이다. 예를 들면 가게의 주별 매출 보고서, 주문 데이터로부터 고객 분석, 월별/지역 거점별 재고 보고서 등이다. 물류 정보는 데이터를 처리하는 방법에 따라 다양한 정보를 만들어 낼 수가 있다. 이 과정을 데이터 프로세싱이라고 부른다.

　　데이터 프로세싱에는 여러 가지 기법들을 활용한다. 예를 들면 데이터를 분류하는 기준을 정할 수 있고, 데이터를 일정한 원칙에 따라 정리·정렬·선택·계산할 수도 있다. 오늘날에는 너무나 다양한 형태로 양산된 정보의 과잉이 사실상 문제가 되고 있는 실정이다. 인터넷과 SNS(Social Network service)의 발전 등으로 예전보다 훨씬 많은 정보를 수집하게 되었다. 그래서 우리는 정보의 "적절한 사용"이 필요하다. 옛말에 "구슬이 서 말이라도 꿰어야 보배"라는 말이 실감나는 현실이다.

2 물류 정보 시스템의 종류 및 특징

컴퓨터, 정보통신기술의 발전은 네트워크, 하드웨어, 소프트웨어의 3가지 구성요소에 따라 엄청난 진화를 경험하고 있다. 과거 30년을 돌이켜보면 10년 단위로 플랫폼을 바꿔왔다. 처음 10년은 모뎀, PC, 도스(Dos)기반으로 이루어졌다. 그 다음 10년은 TCP/IP 기반의 유선통신, 유닉스, MS-Windows에 근간을 둔 기술의 발전이 있었다. 지금은 무선 인터넷, 스마트 폰, 오픈 소스 운영체계 등으로 일대 변혁을 맞이하고 있다.

물류 정보 영역에서도 많은 변화를 이뤄왔는데, 특히 재고관리정보, 수 · 배송정보, 판매정보 등을 본사, 공장, 물류거점, 소비자 간의 정보교환 및 가공 · 처리가 가능하게 되었다. 즉, 정보의 신속한 처리 및 이동, 대용량화, 네트워크화가 가속되어 기업 내, 기업 간 혹은 기업과 고객 또는 공급업체 간을 연결하는 물류 정보 시스템의 구축을 통해 비교 경쟁적 우위 획득 및 수익의 증대를 도모하고 있다.

먼저 물류 정보 시스템의 필요성만큼이나 정보의 가치를 어떻게 만들어, 활용할 것인가를 생각해 보고자 한다. 정보의 가치는 정보의 편익에서 이를 위해 들어가는 비용을 뺀 것으로 보아야 한다. 즉, 정보의 단순성이 매우 중요한 요소이다.

정보를 시스템화 한다는 것은 물류 프로세스 혁신을 통한 업무 처리의 단순화, 통합화가 선행되어야 비로소 정보가공비용과 교환비용을 절감하게 된다. 물류 처리시간을 단축하게 되면, 고객 대응 시간과 업무 처리 효율이 크게 개선되어 물류비 절감을 이루게 된다.

2.1 물류 정보의 종류에는 무엇이 있는가?

물류 정보는 계획정보과 운영정보 영역으로 구분할 수 있다. 계획정보는 물류 정보 흐름을 원활하게 조정하여 전략적 계획, 시설능력계획, 물류계획, 생산계획, 조달계획 등이다.

운영정보는 물류활동의 역할에 따라 주문정보, 재고정보, 생산정보, 출하정보, 물류관리 정보 등으로 분류할 수 있다. 물류 정보 계획과 운영은 IT기술과 조직원의 경영 마인드에 따라 큰 차이를 보이는 영역으로 업무 생산성 측면에서 바라볼 때 기업 경쟁력의 필수역량이라고 생각된다.

지금부터는 현장에서 자주 활용되고 있는 정보의 내용에 대해 설명한다.

첫째, 화주정보란? 화주업체의 사명, 전화 및 팩스정보, 주요 취급화물, 중량, 용적, 도착지, 운송거리 등이 포함된다.

둘째, 화물운송정보란? 화물운송정보에는 화물집하정보, 개별창고화물, 화물터미널정보, 특정

화물확인정보, 도로교통정보, 고속도로관리정보 등의 종합교통정보와 항공화물운송정보가 있다.

화물자동차에는 운송차량, 운수회사, 운송공급력, 운송수요 정보 등이 있다. 철도정보에는 운영정보, 운행시간 통제정보, 철도컨테이너 정보 등이 있다. 선박정보에는 선박운항, 항로정보, 선박화물정보 등이 있다. 항공정보에는 항공기 운항정보, 항공화물정보, 보세창고정보 등이 있다. 컨테이너 관련정보에는 컨테이너 이동정보, 컨테이너 관리정보 등이 있다.

셋째, 항만정보란? 항만정보에는 항만관리정보, 컨테이너 추적정보, 항만작업정보, 화물유통통제정보, 작업지시정보, 선박도착정보, 보세창고, 장치장 정보 등이 있다.

넷째, 하역정보란? 화물하역정보에는 하역업체정보, 하역진척정보, 하역실적정보, 자동차상·하차 정보철도상·하차정보·선적정보 등이 있다.

다섯째, 보험정보란? 보험정보에는 화물보험정보, 컨테이너보험정보, 자동차운송보험정보, 철도운송보험정보 등이 있다.

여섯째, 화물통관정보란? 화물통관정보에는 수출·입신고정보, 수출·입면정획득정보, 관세환급정보, 항공화물통관정보 등이 있다.

일곱 번째, 수출화물검사정보란? 수출화물검사정보에는 검량정보, 검수정보, 선적검량정보 등이 있다.

2.2 물류 정보 시스템은 무슨 특징을 지녀야 할까?

정보 시스템은 통합적 물류개념을 현장에서 실행하고, 관리하는 데 주요한 역할을 한다. 기업은 선진화된 정보 시스템 없이는 우월한 고객 서비스를 제공할 수 없다. 그렇다면 선진화된 정보 시스템은 어떤 특징을 지니고 있는 것일까?

아래 특징들은 효과적 활용을 위한 관점에서 제시하는 사항이다.

첫째, 정보의 가시성 확보이다. 물류 정보는 여러 곳에서, 여러 단계를 거쳐오기 때문에 정보의 왜곡 현상이 두드러지게 나타난다. 이런 현상은 정보를 접하는 사람 또는 부서마다 나름의 판단을 통해 정보에 생각을 가미하기 때문이다. 이 단계가 많아지면 처음의 정보와는 상상할 수 없을 만큼 증폭된 정보가 최종적으로 전해진다.(이를 채찍효과라고 한다.) 또 다른 정보의 왜곡 현상은 경영자가 기업의 계획과 실행에 대해 언제 어디서든 원할 때마다 정보를 접할 수 있어야 하는 것이다. 누군가에게 지시해서 수작업으로 정보를 접하게 되면 정보가 개인의 손에 의해 잘못된 방향으로 가공될 소지가 크다. 이런 현상을 방지하기 위해서는 정보의 소스로부터 가공되지 않은 정보를 취득하는 것이 필수적이다.

둘째, 병목 및 비 부가가치 활동의 제거이다. 기업의 물류 프로세스의 경쟁력은 가장 취약한 곳에 의해서 결정된다. 물류 프로세스는 서로 연계되어 있기 때문에 가장 취약한 부분에 대한 개선이 최우선시 되어야 한다. 물류 프로세스 설계 시 많은 제약들을 만나게 된다. 어떤 것들은 구조적 제약이지만, 어떤 것들은 해결이 가능한 병목에 불과하다. 작은 투자를 통해 제약이 해소되어 전체 프로세스 품질을 높일 수 있다면 과감히 병목을 제거해야 한다. 낭비는 부가가치가 없는 활동에서 나온다. 업무분석을 통해 부가가치가 없거나 적은 활동은 과감히 없애야 한다.

셋째, Rule과 운영원칙 기반의 Single Plan에 의한 실행이다. 정보 시스템의 운영전략과 방침은 운영 Rule과 원칙에 따라 집행되는 체계를 갖추고 있어야 한다. 경험자의 판단에 따른 의사결정보다는 투명한 운영 룰과 정책의 운영은 의사결정 및 자원할당의 투명성을 높여주며 개별성을 최소화하는 지속 가능한 경쟁력의 원천이 된다.

넷째, 시스템과 사람의 조합이다. 아무리 좋은 시스템도 완벽할 수 없다. 처음 정보 시스템을 도입할 때, 많은 현업들이 자신의 업무 100% 자동화를 기대했지만, 이내 현실이 그렇지 못한 것에 실망과 불만을 털어 놓는다. 하던 일을 시스템으로 단순히 옮겨놓는 것은 혁신도 아니고, 부가가치도 크지 않다. 시스템이 잘 할 수 있는 것은 시스템에 맡기지만, 사람이 판단해야 하는 일을 시스템 위에서 수행하는 것이 바람직한 결과를 낳는다. 물류 정보 시스템을 위 4가지 관점에서 구축하고, 활용한다면 그 기업은 선진화를 추구하는 기업이라고 판단할 수 있다. 그렇지 못한 기업은 물류 정보 시스템을 보유하고 있더라도 아직 갈 길이 먼 기업이라고 판단된다.

지금부터는 통합물류 정보 시스템을 설명하기 앞서 물류 기본 시스템 내용을 살펴보겠다.

물류 정보 기본 시스템이란 무엇을 말하는가? 물류 정보 시스템을 구성하는 요소로 기본적인 시스템으로는 창고관리, 재고관리, 수·배송관리, 수주 및 출하처리시스템으로 구성된다.

첫째, 창고관리 시스템이란? 제품과 상품을 취급하는 완제품 창고와 원부자재를 취급하는 원재료로 창고가 구별된다. 이들 모두 입고, 출고, 재고를 관리하며 창고 내 위치와 이동에 관한 정보를 관리하는 시스템이다. 창고에 보관된 적정 재고 수준이 고객 서비스 수준을 결정한다. 시스템으로 관리되기 위해서는 사전 관리할 원부자재 항목과 제품·상품 코드를 하나의 아이템은 반드시 한 개의 코드로 관리될 수 있도록 코드 표준화가 선결되어야 한다. 관리 효율을 높이기 위해서 Bar-Code를 부착하여 관리하면 보관된 item에 속성을 쉽게 관리할 수 있다.

둘째, 재고관리 시스템이란? 재고관리 시스템은 창고 단위에서 재고를 관리하는 시스템과 기업 전체 차원에서 재고를 관리하는 시스템으로 구분할 수 있다. 창고 단위의 재고관리 시스템은 입출고 작업에 의한 품목별 창고 보유의 재고를 관리하고 재고 실사에 의한 재고 조정을 한다. 그러나 기업 전체 차원의 재고관리 시스템은 창고 단위의 재고관리 시스템을 통합하여 재고를 관리하는 시스템이다. 이런 재고관리 시스템에서 사용되는 로직(Logic)은 수요예측이 정확해야 하며, 자재소요계획(MRP: Material Requirement planning), 물류 자원소요계획(DRP: Distribution requirement planning)에 의해 정확한 재고 보충시점 및 수량이 한정될 수 있지만, 수요예측이 어려운 경우 최대한 재고보충을 연기하는 JIT(Just in time)방식이 기회 비용의 차원에서 더 적합할 수 있으나, 이를 운영하기 위한 협력사의 생태

조성이 선행되어야 가능할 수 있다.

셋째, 수·배송관리시스템이란? 요즘 온라인 거래가 급증하면서 물류 이송이 많아졌다. 기업 경쟁의 하나로서 물류 서비스를 들고 있다. 시장에 어떻게 적기에 상품을 공급하는가? 또 고객의 요구에 어떻게 충족하는가가 기업성공의 열쇠라 하는데, 그 배경에는 물류비의 상승으로 이익의 압박요인이 되기 때문이다. 그러므로 물류서비스를 현행 수준으로 유지하면서 물류비의 삭감을 시도하고 있으나 물류비의 대부분을 점유하는 것은 수·배송을 위한 운송이다. 즉, 상품을 운반할 때는 어떻게 적재효율을 올릴 것인가를 생각해야 한다. 일반적으로 대량의 상품을 한꺼번에 운반하는 것이 운송비를 절감할 수 있다. 그러나 요즘 물류 요구는 소량의 다품종을 자주 운송하는 요구가 커지고 있다. 이것은 편의점이나 양판점에서 그만큼의 재고를 갖지 않고 시장에 공급하는 것을 목표로 하고 있기 때문에 물류센터 입장에서는 수·배송 처리 시스템이 훨씬 정교하게 갖추어질 수 있어야 한다.

수·배송 시스템의 목적은 물류비와 트레이드 오프의 관계에 있는 물류서비스의 수준을 명확히 하고 그 수준을 유지하면서 물류비의 대부분을 차지하는 운송비를 절감하는 것이다. 최소비용으로 운송하는 수단의 선택, 최저가 배송로의 배차계획 등을 배송 시뮬레이션 기능으로 실현하고 수·배송에 부수되는 업무의 효율화를 위하여 운송업자와의 정보 공유가 가능할 수 있도록 해야 한다.

넷째, 수주 및 출하처리시스템이란? 수주 및 출하처리시스템은 주문 등록을 통해서 접수한 오더로부터 출하에 이르기까지의 처리를 말하며 일반적으로 판매물류시스템에 해당하기도 한다. 유통센터나 창고 등의 재고량, 발주점, 배송능력, 거래선의 주소 등을 컴퓨터에 입력함으로써 거래에 필요한 기초데이터를 만들어 놓는다. 이 정보를 마스터 데이터라고 한다. 거래선의 요구에 따라 확정주문이 들어오면 시스템을 통해 고객 요청에 따른 납기 확정 정보를 보여줌으로써 주문을 마감한다. 약속된 납기일에 맞춰서 출하를 계획하고, 정확하게 출하처리를 실행하려면 수·배송의 효율을 높이기 위한 재고관리 및 적재효율을 고려한 배송을 실행해야 한다.

3 물류 정보 인식 기술 소개

정보기술과 정보시스템은 기업의 물류관리의 효율성 향상에 대단히 중요하다고 생각하여 경쟁적으로 보다 앞선 신정보기술의 도입을 무분별하게 받아들이는 곳이 있는데, 이런 기업은 신기술의 함정에 빠져 오히려 신기술과 기존 사고를 지닌 종업원들과 조화를 이뤄내지 못하고 실패하는 경우가 많다. 그렇다고 해서 신기술 도입에 거부감을 강하게 내보이면서 혁신 자체를 시도하지 않는 기업의 미래도 밝을 수 없다.

이에 대한 가이드라인은 무엇인가? 물류혁신에 활용될만한 기술에 대해 먼저 학습을 하는 일이다. 이런 학습과정을 거치면서 신기술에 대한 이해를 높이고, 기존 사고가 지니고 있는 낡은 방식의 개념에서 벗어날 수 있는 용기와 자신감을 얻는 과정이 중요하다.

무엇을 학습하며, 어떻게 정보 기술을 받아들여야 하는 걸까? 정보 기술을 도입하는 것은 기업의 목적을 달성하기 위한 수단임을 알아야 한다. 즉, 경쟁력 제고 방안이다. 정보 기술은 일하는 방식을 바꿔, 조직이 궁극적으로 달성하려는 합목적성에 부합하게 되는 기술의 도입이어야 한다. 예를 들면 정보시스템 도입이 인력 축소 때문이라면, 어느 종업원이 기술을 좋아하겠는가!

그럼 지금부터 물류 분야에 많이 활용되고 있는 정보 기술의 유형들을 살펴보겠다.

첫째, EDI(Electronic Data exchange)는 전자문서교환이라고 부른다.

조직 대 조직(기업과 기업, 기관과 기관) 간의 정보전달을 의미하는 것이므로 기업 내부에서의 부서 간 정보전달은 EDI라 할 수 없다. EDI는 상업용 거래문서, 행정문서 등 각종 문서가 컴퓨터를 이용하여 작성되고, 사용 가능하도록 해 주는 문서교환 방식이다. 따라서 EDI는 기존의 종이 문서를 손에서 손으로 전달하는 방식을 대신하여 전자적인 전송방식으로 대체하는 것으로서 컴퓨터로 처리할 수 있는 구조화되고, 표준화된 양식으로 컴퓨터 네트워크를 통하여 일정한 프로토콜을 가지고 정보를 교환하는 방식을 말한다. 기업에서는 기술적인 측면보다도 비즈니스, 즉 기업의 비용절감과 업무처리 속도 개선과 정확성 때문에 EDI 활용이 더욱 확대되고 있는 추세이다.

이 지점에서 전통적 EDI의 문제점을 짚어보겠다.

정부나 공공기관 및 대기업 등에서는 EDI를 구현하여 여러 가지 효과를 얻고 있지만 EDI 확산 측면에서 보면 전통적인 EDI시스템은 미흡한 점이 적지 않다. 실제 EDI가 널리 이용되기 위해서는 대기업이나 정부 공공기관의 EDI 구축뿐만 아니라, 실제 제품을 개발, 제조하여 납품하게 되는 중소기업 등과 같은 작은 규모의 기업에서도 EDI가 구축되어야 한다. 하지만 중소기업 등과 같이 규모가 작고, 충분한 경제적인 자원이나 정보 기술적인 전문성을 확보하고 있지 못한 조직들에게는 EDI의 도입이 기술적으로나 비용측면에서 어려움이 많기 때문에 EDI의 확산이 잘 되고 있지 못하다. 또한 EDI의 도입으로 전자적으로 수신한 문서를 외부와의 거래 프로세스뿐만 아니라, 이와 연관되는 전

그림 9-1 EDI 시스템 구성도

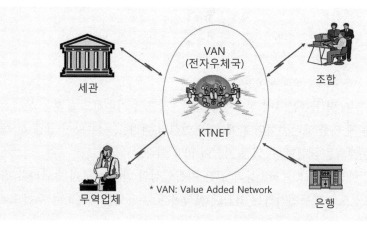

자결재 등의 타 업무 프로세스에 바로 활용할 수 있게 하여 타 업무와의 연계를 통한 효율화가 기대되었으나, 실제로는 이러한 효과가 실현되지 못하고 있다.

EDI 확산의 저해 요소로는 무엇이 있는가? 구축에 소요되는 비용뿐만 아니라, 법적인 이슈, 메시지의 불안정성, 시스템 구축의 복잡성, 거래처리 약정 체결과정에 소요되는 비용과 시간 등이다.

둘째, 바코드(Bar Code)이다.

바코드는 다양한 폭을 가진 검은 바와 흰 바를 조합 배열하여 정보를 표현하는 부호 또는 체계를 말한다. 바코드로 정보를 표현하는 일과 표현된 정보를 해독하는 일은 바코드 장비를 통하여 가능하므로 바코드는 기계어라고 부른다. 바코드는 많은 양의 데이터를 신속하고, 정확하고 경제적으로 입력할 수 있는 능력을 제공하며, 자동식별 기술에 의해 바코드의 데이터를 인식하게 된다. 바코드는 현대 물류정보시스템에서는 중요한 요소로 간주되고 있다.

앞으로 추진해야할 과제로는 현재 사용하고 있는 바코드의 기호, 표준화가 서로 달라 호환성에 문제가 있다는 것이다. 바코드의 종류에는 세계적으로 수십 종류에 달하며 국제적으로 통용되는 국제표준과 특정업체 또는 업종에서만 통용되는 비표준 바코드가 있다.

제품을 모든 공급업체에 걸쳐 효율을 높이기 위해서는 바코드 기술의 일관성과 인터페이스의 표준 정립이 시급한 사안이다. 바코드를 활용하는 영역들은 점진적으로 확대되고 있다.

| 그림 9-2 | 바코드의 공통 상품 코드 체계 |

셋째, RFID(Radio Frequent Identification)이다.

바코드 기술은 유통 및 물류분야에 정보혁명을 가져왔으나 기술적으로 많은 문제점이 제기되고 있다. 예를 들면 상품에 대한 표현능력의 한계, 일관인식의 어려움, 물류량이 급증 시 대처능력의 저하 등이다. 이러한 문제점을 해결할 수 있는 기술이 RFID이다.

RFID는 바코드, 마그네틱, IC-Card 등과 같은 자동인식의 한 분야로써 초단파나 장파를 이용하여 기록된 정보를 무선으로 자동인식하는 최첨단 방식이다. 주파수를 이용하여 무선으로 자동인식하는 기술이다. 바코드와는 달리 태그판독이 가능하며 냉온, 습기, 먼지, 열 등의 열악한 판독환경에서도 판독률이 높다. RFID기술은 사물에 전파를 매개로 하는 초소형 칩(Chip)과 안테나를 태그 형태로 부착하여 안테나와 리더기를 통하여 사물 및 주변 환경정보를 무선주파수로 네트워크에 전송하여 처리하는 일종의 비접촉성 자동식별 기술이다.

RFID기술은 응용별로 주파수 대역을 달리하여 여러 분야에 적용할 수 있는 범용성을 지니고 있다. RFID기술은 여러 개의 태그를 동시에 인식할 수 있고, 인식 시간이 짧고, 태그에 대용량의 데이터를 저장할 수 있으며, 반영구적인 사용이 가능한 장점이 있다.

RFID기술은 유통, 물류, 교통, 환경 등 다양한 분야에 적용 가능한 차세대 핵심기술이다. 제조업체들은 RFID의 도입을 통해 화물의 위치추적, 제조 및 공급업체인 운영의 가시성 확보, 제품 및 서비스의 품질개선 등의 효과를 기대하고 있다.

운송부문에서도 운송수단(트럭, 컨테이너, 철도차량 등)에 무선인식 태그를 부착하면 운송관리를 개선할 수 있다. 예를 들어 하역시간의 단축, 정확한 상황 모니터링 등의 효과를 가져올 수 있어 전체적인 공급망 관리의 개선이 가능하다. 보관 및 하역부문에서는 상품정보의 표준화로 인하여 손쉬운 관리가 가능해져 유통 및 제조업체의 재고파악 능력이 향상되어 상품의 결품률의 축소, 하역시간의 단축이 가능해진다. 포장에서는 소비자에게 제품의 진품 여부를 확인시켜 주거나 변조의 여부, 유통기한의 확인 등에 활용될 수 있다. 정보부문에서는 정보의 저장능력이 탁월할 뿐 아니라 위치추적과 연계할 수 있기 때문에 물류정보망 구축이나 서비스 보강에 기여할 수 있다.

넷째, 자동식별과 추적기술(Tracking Technology)이다.

사물이 어디에 있는지를 찾아내는 데 걸리는 시간은 의외로 많다고 한다. 때로는 그것을 둔 사

그림 9-3 RFID의 구성요소

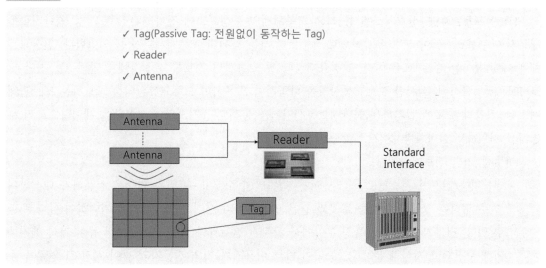

✓ Tag(Passive Tag: 전원없이 동작하는 Tag)
✓ Reader
✓ Antenna

람만이 알고 있기 때문이다. 이런 연유 때문에 사물의 위치식별과 관련하여 필요한 사항을 정확하고 신속하게 확인할 수 있는 기술의 활용이 점차 늘어나고 있다. 특히 운송업과 같은 물류산업의 경우 화물이나 차량의 현재 위치가 어디인지를 식별하고 추적하여 위치를 파악하고 수송경로를 결정하는 일은 매우 중요하다.

위성위치확인시스템(GPS: Global Positioning System)이란 인공위성에서 발사되는 전파를 수신하여 위치를 파악할 수 있는 위치측정시스템을 말하며 차량위치 정보서비스의 기본이 된다. 즉, GPS위성을 이용하는 위성위치정보시스템과 무선데이터망 및 무궁화 위성을 이용하는 위성 이동데이터 통신 시스템을 연계·구축하여 차량과 사무실 간의 차량운행 등에 관한 정보의 양방향 데이터 통신이 가능케 할 수 있는 위성 이동데이터를 이용하게 된다. 또한 GPS 반송파 위성을 이용·보완하면 위치 오차를 센티미터 단위까지 줄일 수 있다.

GPS 이용에 따른 효과는 주행거리의 감소, 연료소모 감소, 공차운행 감소 등뿐 아니라 화주는 화물의 추적내용을 인터넷망을 활용하여 실시간으로 파악할 수 있다. GPS를 활용하여 운송관리 및 서비스 제고에 활용하는 사례들은 빠른 속도로 증가하는 추세이며, 우리나라 기업들도 이런 서비스를 도입하고 있다.

외국 사례 하나를 소개하면, 미국에 본사를 두고 있는 국제 컨테이너선사인 Sea-Land Service사는 세계 어디에서라도 운행중인 자사 선박의 위치를 정확하게 추적하기 위하여 GPS기술을 활용하고 있다. 더욱이 미국의 본사가 위치에 있는 노스 캐롤라이너이나 주의 샤로테(Charlotte)에 있는 전술계획센터에 있는 대형 스크린에서 이 정보를 볼 수 있다. 이것은 Sea-Land사가 고객에게 그들의 제품이 특정 시점에 어디에 위치해 있는지를 알려줄 뿐만 아니라 필요하면 해당 선박에 즉각적으로 새로운 항로로 운송할 수 있도록 해 줄 수 있다.

다섯째, 첨단교통체계 기술(ITS: Intelligent Transportation System)이다.

ITS란 도로, 차량, 신호시스템 등 기본 교통체계의 구성요소에 전자, 제어, 통신 등 첨단기술을 접목시켜 구성요소들이 상호 유기적으로 작동토록 하는 차세대 교통체계 기술을 의미한다. 첨단교통체계 개발 분야는 주로 교통 여건, 교통규제상황 등 교통관련 정보를 운전자에게 알려주는 첨단 도로 교통 정보시스템, 실시간 도로교통상황을 파악하여 효율적인 도로교통관리를 도모하는 도로관제시스템, 차량과 도로에 설치하는 첨단정보통신기기를 통해 자동적으로 차량운행을 제어함으로써 운전자를 지원하는 첨단차량제어시스템 등이 있다.

여섯째, 기타 정보기술이다.

- 인공지능/전문가 시스템(Expert System)은 인간만이 수행할 수 있는 기능을 컴퓨터가 대신하여 줄 수 있다는 생각으로 지능 로봇과 같은 인공지능의 형태가 물류관리에 기여하여 왔다고 할 수 있다. 전문가 시스템은 특정 분야에서 인정된 전문가의 지식, 지혜, 경험 등이 지식 엔진에 의해 수집되고 지식과 문제해결능력이 다른 이용자가 거의 전문가와 같이 직접 그 업무를 수

행할 수 있도록 컴퓨터 프로그램에 삽입하는 것을 말한다. 앞서와 같은 방식으로 전문가의 지식은 기업 전반에 걸쳐 공유될 수 있다. 종전에는 전문가만이 복잡한 업무를 담당할 수 있었으나, 전문가 시스템 기술을 활용하면 상대적으로 숙련되지 않은 사람들이 거의 고도로 숙련된 전문가 수준으로 업무를 수행할 수 있다. 그러나 이런 전문가 시스템의 개발은 매우 특화된 영역에서 진행되고 있다고 할 수 있다. 예를 들면 최적의 수송 루트를 구하기 위해 전문가 시스템을 활용하면 기업에 많은 도움이 되리라고 생각한다.

- 인터넷 기술이다. 인터넷은 전 세계의 전산망을 통일된 통신규약(TCP/IP: 통신 프로토콜)으로 묶어서 각각의 통신망을 상호 통신할 수 있도록 한 거대한 통신망이다. 인터넷은 전 세계의 전산망을 서로 연결함으로써 서로의 정보교환에 이용되고 있기 때문에 국제화, 세계화 시대의 정보교환의 가장 중요한 수단으로 인식되고 있다. 물류업체에서는 인터넷을 이용해 그들 서비스의 내용, 예컨대 선박 운행스케줄, 요율 등을 제시하고, 화주들은 인터넷을 이용하여 물류서비스를 구매하며, 불특정 다수의 화주와 트럭 수송업자의 차량 및 화주를 구하는 정보를 교환하는 수단으로 활용할 수 있다.

- 부가가치 통신 네트워크(VAN: Value Added Network)이다. 현재 KT(한국통신)와 같은 회선을 소유하는 사업자로부터 통신회선을 빌려 독자적인 통신망을 구성하고, 거기에 고도의 통신서비스를 부가하여 새롭게 구성한 통신망을 지칭한다. VAN은 1973년 세계 최초의 VAN 사업자가 미국에서 등장하여, 1975년에 텔레넷(Telenet)이, 1977년에는 타임 넷(Tymnet)이 서비스를 개시하며 본격적인 VAN의 시대가 개막된다. VAN은 같은 업종의 기업 간에 정보 교환을 통해 공동으로 업무 처리를 할 수 있도록 하며, 변환 장치를 사용하여 기종이 다른 단말 장치 간의 정보교환도 가능하게 된다. 또한 기업 간의 공동 시스템을 구성하여 부가가치통신망 사업자에게 위탁운영시킴으로써 업무의 효율을 높일 수 있다는 점에서 널리 사용되고 있다.

- 음성응답시스템(ARS: Audio Response System)이다. 재고 및 배송 정보 등에 대해 고객이 직접 정보에 접근할 수 있는 ARS는 일반전화로 고객이 인공위성을 통해 수신된 물류차량의 위치좌표를 주 컴퓨터시스템 데이터베이스와 연동하여 고객에게 컴퓨터 합성음성으로 화물의 현위치 정보를 확인할 수 있게 해 준다.

- 디지털 피킹 시스템(DPS: Digital Picking System)이다. DPS는 표시장치와 응답을 일체화시킨 궁극의 Man-Machine 시스템이다. 창고, 배송센터, 공장 등의 여러 현장에서 작업지원시스템으로서 활용되어지고 있다. 또한 창고 자동화에 필수적인 기술로 받아들여지고 있다,

- 광학문자인식(OCR: Optical Character Recognition)이다. OCR은 기존의 팩스를 통해 정보를 보낸 경우 이를 컴퓨터의 스캐닝이 문자를 인식하여 이를 바로 컴퓨터의 스캐닝이 문자를 인식하여 컴퓨터에 입력하는 기술이다.

- POS(Point of Sales)이다. 사전에 가격표찰에 상품의 종류, 가격 등을 기호로 표시해 두고, 리더

(reader) 등으로 그것을 읽어 판매정보를 집계하는 것이 일반적인 구성인데, 단말기기로는 전자식 금점등록기, 정찰 리더, 크레디트카드 자동판별장치를 POS시스템이라 한다. 개별 상품에 붙이는 표준적 코드에 대해서 통산성이 중심이 되어 추진해온 JIS규격이 식품, 잡화분야 등에서 제정되어 보급기반이 정비된 결과 백화점과 슈퍼마켓에서 도입하기 시작했다. 이 POS는 상품관리, 재고관리, 크레디트 자동식별 등의 상품발주에서 판매까지의 토털 POS 시스템이다. 백화점이나 슈퍼마켓 등에서 사용되는 매상정보시스템에서 매상통계, 계산서 발행 등의 기능을 갖는 POS 단말장치를 배치하여 정보를 리얼타임으로 중앙처리장치에 보낸다. 앞으로 물류분야를 포함하여 은행의 창구업무의 단말화, 공항·철도역의 예약업무에도 활용할 수 있다.

4 물류 정보 시스템의 발전

기업 정보 시스템은 적정 재고 관리 유지 기법을 기본으로 처음에는 제조 물류 행위에 가장 중심적인 역할을 경제적 주문량(EOQ: Economic Order Quantity) 모델부터 시작해서 더 정교한 재주문점 모델(Reorder point model)로 진행해 간다.

그림 9-4 제조물류시스템 발전단계

공장경영에 수학을 초기에 적용한 것은 해리스(Ford W. Harris 1913년)가 제조 로트 크기를 결정하는 데 사용한 것이다. 다음과 같은 상황을 생각해보자.

수술실을 감독 진단하는 장비를 만드는 조그만 제조업체에서, 기본적인 철제 선반에 전자장비를 장착함으로써 다양한 제품을 생산한다. 선반은 인근 금속 가공 공장에서 구입하는데, 그 공장에서는 선반을 생산할 때마다 필요 설비(프레스, 가공, 용접 공정)를 작업준비하여야 한다. 이 선반을 한꺼번에 다량 구입하면, 공장은 훨씬 싸게 생산 판매할 수 있다. 하지만 재고에 너무 많은 현금이 묶이기를 원치 않기 때문에 한꺼번에 지나치게 많은 양을 주문하기를 원하지 않는다.

"한번에 얼마나 많은 부품을 생산하는가?" 그것이 문제로다!

Harris는 자신의 논문에서 이렇게 기술하고 있다.

"임금, 자재비, 간접비 등에 발생하는 자본에 대한 이자가 한번에 제조되는 부품의 최대량을 결정하고 작업준비비용(Set-up)이 최소량을 결정한다. 경영자는 경험을 통해서 경제적 로트 생산량을 결정하고 있다." Harris가 생각하고 있는 문제는 공장에서 여러 종류의 제품을 제조하고 제품을 교대 생산할 때마다 작업준비비용이 발생하는 문제이다. 대규모 로트는 작업 변환 횟수를 적게 필요로 하므로 작업준비비용이 줄어든다. 반면에 소규모 로트는 필요한 시점에 근접하여 제품을 생산하므로 재고를 감소시킨다. EOQ 모델은 이 두 가지 관점에서 균형점을 찾는 'Harris의 체계적인 방법이다. 이 방법은 수요가 일정하다는 가정하에 출발하였기 때문에 현장의 유용성을 감안해보면 널리 활용되는 데는 한계가 많았다.

역사적으로 생산관리에서는 두 가지 방법을 추구해 왔다.

생산계획에서 가장 널리 사용되는 자재소요량 계획(MRP: Material Requirements Planning)과 재주문점(ROP: Reorder point) 방법이다. 재주문점은 재고 수준을 결정하기 위해서 재주문을 할 시점을 정해놓고, 재고 보충이 행해질 수 있도록 관리하는 방식이다.

재주문점(ROP)관리 방식에서 변형에 기반을 둔 자재소요량 계획(MRP: Material Requirements Planning)을 발전시켰다. MRP는 최종 제품이 필요한 시점으로부터 해당 제품의 제조 또는 조립에 필요한 하위 부품들이 필요한 시점을 역으로 계산해내는 시스템 또는 방법을 가르키는 말이다. MRP의 주요 기능으로는 재고관리 기능과 일정 계획 기능, 그리고 능력 계획 기능 등이다. 그러나 MRP는 계획주문량을 산정할 때 생산능력의 제한을 고려하지 않는다. 따라서 생산능력을 초과하여 발주하지 않도록 조정, 통제할 필요가 있다.

MRPII정보는 생산, 구매, 마케팅, 재무, 기술부서의 경영자들이 주로 이용하게 되며 발생한 보고서는 판매목표, 생산능력, 현금흐름 등 경영전반에 대해 현황을 파악하게 하여 향후 경영개선, 계획하는 데 도움을 주게 된다.

전사적 자원관리(ERP: Enterprise Resource Planning)는 기존 독립적으로 운영되던 생산, 재무, 유통, 인사 등의 정보시스템을 하나로 통합하여 수주에서부터 출하까지의 공급망과 기간업무를 지원하는 통합정보시스템을 말한다. ERP 시스템을 적용할 때 JIT(Just In Time)와 MRP(Material Requirements Planning)를 선택적으로 적용할 수 있다. 만일 주문이나 요구에 따라가는 Pull System인 경우에는 JIT 방식을 적용한다. 반면에 계획대로 밀고나가는 Push System인 경우는 MRP 방식을 따른다.

JIT방식은 재고의 최소화를 통한 낭비제거와 자재의 흐름과 생산량을 눈으로 관리하는 데 유용한 기법이다.

공급사슬망관리(SCM: Supply Chain Management)는 물자, 정보 및 재정 등이 공급자로부터 생산자에게, 도매업자에게, 소매상인에게, 그리고 소비자에게 이동함에 따라 그 진행과정을 관리하는 것이다. SCM은 회사내부와 회사들 사이 모두에게 이러한 흐름들의 조정과 통합 과정이 수반된다. 효율적인 SCM 시스템의 최종목표는 재고를 줄이는 것이라고도 말할 수 있다.

e-Business는 '새로운 기술과 프로세스를 응용해, 기존의 경영방식을 향상, 발전, 혹은 대체하

는 경영원리'다. 핵심기술로 인터넷을 중심으로 한 컴퓨터와 통신기술들을 포괄한다. 인터넷은 경영환경에 전통적으로 존재해 왔던 시간 혹은 지역적인 경계를 제거해, 고객과 공급자를 포함한 새로운 '가상 커뮤니티' 구축을 가능하게 했다. 예를 들어, 인터넷을 이용할 수 없었던 때에 한국에 있는 사람이 미국의 책방에서 책을 주문해 산다는 것이 거의 불가능했을 것이며, 설령 가능했다 하더라도 경제적으로 가치가 없었을 것이다. 그러나 e-Business 환경하에서 기업은 빠른 변화에 적응할 수 있는 능력을 갖추어야 한다. 인터넷을 이용해 정보의 흐름이나 의사결정 과정이 빠르게 진행되고 시간과 지역적인 제약이 사라지면서 글로벌 시장을 상대로 한 극심한 경쟁상황이 벌어졌고, 이에 맞춰 경영 환경의 변화 속도는 갈수록 빨라지고 있다.

결론적으로 e-Business 환경에 적응하기 위해서 SCM의 파이프라인이 중요하다. 그러나 기업 내부 통합 프로세스인 ERP 구축이 선행되지 않고서는 SCM 운용이 무용지물이 될 수 있기 때문이다.

5 물류 정보 시스템의 내용과 종류

5.1 국가 물류 정보 시스템

우리나라 국가물류기본계획(2011~2020)에 보면 "21세기 녹색성장을 선도하는 글로벌 물류 강국"이 되기 위한 비전과 목표를 수립하여 추진하고 있다. 비전 달성을 위해서 우리나라는 동북아를 넘어 동아시아에서의 경제적 리더십을 물류산업과 주변국과의 협력적 경쟁관계를 통해 달성코자 하는 정책의지를 표현하고 있다. 물류산업은 제조업과 같이 국가기간산업의 국제 경쟁력 강화에 일조하고 국가경제의 새로운 성장동력으로 자리매김 할 수 있어야 한다. 특히 동아시아 지역에서의 리더십 확보를 위해 선진국 수준의 시스템을 갖추고, 국제사회의 새로운 이슈를 녹색성장과 국제 협력을 통해 선점해가는 노력이 중요하다고 하겠다.

비전을 향한 목표는 "글로벌 물류강국"으로 나아가는 것이다.

첫째, 국가물류체계의 효율성 제고이다. 즉, 매출액 대비 물류비를 9.1%에서 5.5% 수준까지 낮춰 우리 기업의 글로벌 가격경쟁력을 3.6%수준으로 개선하는 일이다.

둘째, 물류를 통한 국부창출이다. 국가전체 산업매출액 대비 물류산업 매출 비중을 3.65%에서 5.0%까지 높여 매출기준 5위의 대표산업으로 육성하는 일이다.

셋째, 국가물류정보시스템의 지속가능성을 제고하는 일이다. 물류부문의 CO_2 배출량을 BAU 대비 16.7% 감소, 화주-물류기업 간 공정거래질서 기반조성이다. 언급한 정책목표의 효과적 달성을 위해서는, 네 가지 고려사항을 염두해 두고 실행하여야 한다.

① 국가물류정책을 통합적으로 조정·통제할 수 있는 강력한 정책추진체계 확립이 무엇보다도 중요한 일이다. 특히 하드웨어 물류인프라의 확충과 선진화를 추진하고 소프트웨어 물류 시

스템의 조화를 통해 국가물류체계의 효율성 제고를 달성해야 한다.

② 물류산업의 지속가능한 성장역량을 확보하기 위해 친환경 녹색물류 체계를 구축하고, 법 · 제도 등 사회적 인프라를 지속적으로 보강해야 한다.

③ 철도, 해운, 항공 등 국제물류산업의 활성화 · 안정화를 추구하는 한편 제3자 물류시장의 활성화를 통해 경쟁력 있는 물류전문기업을 육성하는 일이다.

④ 글로벌 물류부가가치의 획득을 위해 국제물류거점의 인프라를 확충하고, 물류 전문기업의 글로벌 시장 진출 여건 조성 및 지원강화가 요구된다고 할 수 있다.

목표 성과 달성을 위한 정책추진방향은 다양한 물류활동을 효과적으로 관리하고, 녹색성장을 선도하여 물류산업 선진화 및 글로벌화를 통해 국부 · 고용 창출의 열매를 맺을 수 있어야 한다. 이런 원대한 비전과 정책 목표를 달성하기 위한 물류산업 여건은 어떠한가?

세계경제의 점진적 회복에 따른 교역량 확대 등으로 물류시장은 지속적으로 성장세를 유지할 것으로 예상된다. 물류산업은 통상 경제성장률보다 약 2~3% 상회하는 수준으로 지속 성장해 왔다.

그림 9-5 2014년 국가물류시행계획, 국토해양부/해양수산부

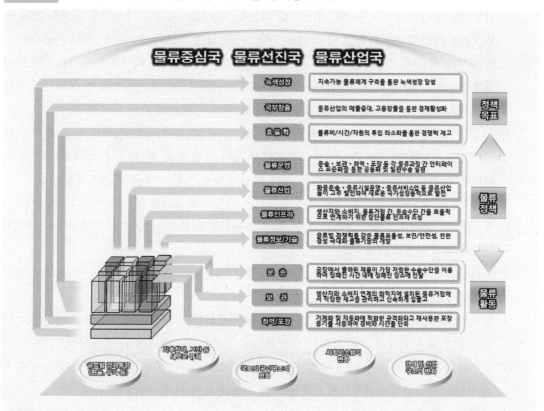

세계교역은 미국, EU 등 선진국의 경제회복세와 동아시아지역의 교역량 확대로 저조했던 상황을 벗어날 전망이다. '14년은 전년(2.3% 증가)보다 증가폭이 늘어난 4.6% 성장이 예상되며, 세계 컨테이너 물동량은 전년보다 5.7%가 증가한 6억8천4백만 Teu로 증가할 전망이다.

물류시장에서 유가는 원가의 50~60% 차지하는 등 매우 중요한 요인이며, '14년도에는 글로벌 경기회복세와 신흥국의 수요 증가 등으로 수요량 증가가 예상되나, 산유국의 안정 및 북미지역의 생산(Shale 가스 등)량 증가 등 여건 개선으로 공급이 안정화 될 전망이므로 원가 압박 요인은 없을 듯 하다. 국내기업의 글로벌화 전략과 국내 물류시장의 포화로 종합물류기업을 중심으로 한 해외진출도 지속 확대될 것으로 예측된다. 반면에 세계 3대 해운선사 P3 얼라이언스(Maersk, MSC, CMA-CGM 등) 출범으로 세계 해운시장의 무한경쟁 체제 돌입이 더욱 가속화될 전망이고 장기불황과 유동성 위기를 극복하지 못한 우리 해운업계의 경영 여건에 악요인으로 작용할 가능성이 높아지고 있다.

지금까지의 물류 산업 여건을 감안해 보면, 몇 가지 시사점을 알 수 있다.

① 전체적으로 국제물류시장이 확대되고 있는 만큼, 제3자 물류시장 확대를 지속 유도하여 전문물류 시장을 육성하고, 물류기업의 해외진출 지원 강화가 필요한 시점이다. 실질적으로 화주기업의 전문물류기업 활용률 제고를 위하여 세제 지원을 확대하는 일이다.

② 시장기능 회복 관점에서 볼 때, 부실기업 퇴출을 유도하고 지나친 가격경쟁 완화를 통해 물류산업의 시장기능을 회복할 수 있어야 한다. 예를 들면, 직접운송의무제, 최소운송기준 등의 시행을 통하여 육상화물시장의 건전한 시장경쟁을 유도하고, 택배차량 증차를 차질없이 실행하는 일이다. 우수 국제물류주선업 인증제도의 시행, 글로벌 물류기업 인증의 본격 시행 등을 통해 물류 업체 간 건전한 경쟁을 유도하고, 물류 서비스 수준을 제고한다.

③ 공생발전 확산 차원에서, 정부·화주·물류기업 간 구성·운영 중인 협의체 등을 통해 물류산업의 공정거래 관행을 확산하여 표준계약서 등의 업계 보급 확산, 활용 실태의 주기적 모니터링, 상생거래 가이드라인 마련 등 공생 발전 생태계 조성이 매우 시급한 실정이다.

국가 물류정보 시스템의 선진화를 이루기 위해서는 반드시 해결해야 할 과제들은 무엇인가?

① 육·해·공 통합물류체계 구축을 통한 물류 효율화를 이뤄내는 일이다. 물류시설의 체계적 개발과 운영 활성화 영역이다.

② 고품질 물류서비스 제공을 위한 소프트라인 확보이다. 물류정책의 신뢰성 강화와 주요 물류 거점의 정보 인프라 확대이다.

③ 녹색물류체계 구축과 물류보안 강화로 선진물류 실현이다. 글로벌 환경규제에 대응하기 위한 친환경 물류 체계와 국가 차원의 통합적 물류 보완체계 구축과 보급 확대이다.

④ 글로벌 물류시장 진출을 위한 물류산업 경쟁력 강화이다. 국제 물류 거점 확보와 운영 활성화 역량과 글로벌 수송네트워크 확대를 위한 적극적 노력 전개가 필요하다.

⑤ 시장기능 회복을 통한 물류산업 경쟁력 제고이다. 물류산업 안정화와 선진화를 위한 제도 마

련이 필요한 시점이다.

⑥ 물류 표준화 추진이다. IT 기반 물류 표준화를 선도하기 위하여 포장, 보관 등 물류 분야별 특성에 맞는 물류 표준화 추진이 선행되어야 한다.

5.2 'e로지스틱스'란?

인터넷을 기반으로 한 전자상거래의 발전에는 물류분야도 예외가 될 수 없다. 많은 물류업체들이 기존에 오프라인 방식으로 이루어지던 고객서비스를 온라인 방식으로 전환하고 있으며, 이중 일부 업체들은 인터넷 쇼핑몰(B2C)이나 기업 간 전자상거래(B2B) 시장에도 진출하고 있는 추세이다. 최근에는 정보통신업체나 벤처업체들이 인터넷기반의 물류서비스 시장의 다변화가 빠른 속도로 이루어지고 있다.

e-로지스틱스란 물류서비스 제공업체가 정보통신기술을 기반으로 다양한 부가가치 물류서비스를 온라인상에서 구현하여 SCM 개념하에 화주기업의 물류프로세스를 효율적으로 지원하는 활동이라 정의할 수 있다. 인터넷을 기반으로 한 e-로지스틱스 서비스의 발전 단계는 일반적으로 다음과 같이 구분할 수 있다.

① 1단계: 웹사이트를 통해 화주가 운송업체의 위치를 파악할 수 있고, 운송업체가 제공하는 서비스 내용 등에 대한 정보를 얻을 수 있으며, 실시간은 아니지만 화물의 위치를 파악할 수 있다.

② 2단계: 실시간의 단품단위 재고파악이 가능하며, 운송업체가 운송상태 메시지 전송을 통해 운송지연과 같은 예외적인 사항을 화주에게 통보할 수 있게 된다. 이 단계에서는 단순한 화물정보 제공차원을 넘어 공급사슬정보 제공 단계로 발전하며, 웹사이트를 통해 화주와 고객 간의 연계가 보다 강화된다.

③ 3단계: 화주와 운송업체 간 물류업무에 대한 협력적 통합이 가능해지며, 온라인 계약, 운송서비스 평가, 운임청구 및 정상 등 보다 발전된 응용서비스가 웹을 통해 이루어지게 된다.

현재 e-로지스틱스 서비스를 지향하고 있는 사이트를 통해 제공하고 있는 서비스로는 다음과 같은 것들이 있다.

첫째, 화물추적서비스는 화물의 위치정보, 예상도착시간, 운송지연 정보 등을 제공한다.

둘째, 화주 또는 e-Marketplace 웹을 통한 운송업체의 운송정보 연계서비스 임·운임청구 및 정산, 실적관리, 온라인 물류업무지원서비스 등이다.

e-로지스틱스는 물류서비스 제공업체가 정보통신기술을 기반으로 보관·재고관리·운송·물류정보관련 솔루션 제공 등 다양한 부가가치 물류서비스를 온라인상에서 구현하여 이용자 만족을 극

대화 한다. e-로지스틱스 서비스 제공을 지향하는 웹 구축의 물류정보기능을 효율화·합리화하는 중요한 수단이 되고 있다. 즉, 웹에 의한 최적화·자동화·통합화를 추구한다. 웹은 이용자와의 관계를 형성하는데 지금까지 사용해온 도구 가운데 가장 우수한 방법으로 평가받고 있다. 따라서 웹은 거래 파트너와 비즈니스 정보를 공유하는 최선의 도구로서 기업 간 시너지 효과를 창출한다.

5.3 주문 처리 시스템이란?

주문 처리 프로세스는 일반적으로 고객의 문의나 견적요청을 바탕으로 고객의 주문을 받게 된다. 주문을 받으면서(수주) 가격결정을 한 후 재무적인 판단을 하게 되는데, 이때 여신 점검(고객의 신용도 체크)을 한다. 즉, 고객이 과거에 구입한 불량외상매출금이 신용한도 이상으로 많이 남아있지 않은지를 점검해야 한다. 그리고 자재의 가용성 및 생산용량의 적정성 등과 같은 능력 점검을 한 후 생산해서 조달할 수 있는지 여부를 판단하고, 출하 판단을 한다. 그리고 이익 분석을 하기 위해 원가가 얼마인지, 원가 대비판매가가 적정한 이윤을 남기는지를 계산하는 이익 판단을 하고 수주가 완료된다.

과거의 단위 시스템이었다면 영업시스템에서 수행하다가 여신점검을 위해 회계부서에 문의하고, 생산 능력점검을 위해 구매 및 생산 부서에 문의하며, 이익상태를 확인하기 위해 재무/회계부서에 문의하여야 한다. 그러나 주문 처리를 통합적으로 처리하는 ERP(Enterprise Resources Planning)시스템은 실시간으로 조회가 가능한 프로세스로 구성되어 있다.

그림 9-6 ▎ 주문 프로세스의 실시간 통합 프로세스

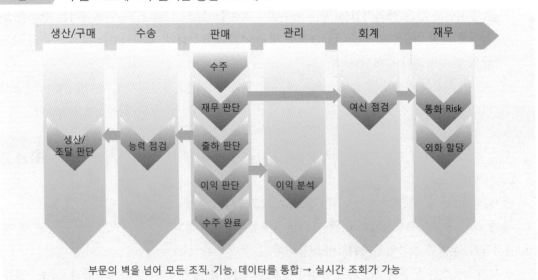

5.4 예측방법은 무엇이고 어떤 것들이 있는가?

궁극적으로 모든 생산계획시스템들의 시발점은 예측이다. 그 이유는 제조계획 의사결정들의 결과들은 거의 항상 미래에 의존하기 때문이다. 지금 현재로는 좋아 보이는 의사결정이 추후에 엉망진창이 될 수도 있다. 그러나 아무도 미래를 예측하는 유리구슬을 가지고 있지 않기 때문에, 미래에 성공할 것으로 예측하는 정책들을 결정하기 위하여 현재에 가용한 모든 정보들을 활용하는 것이 우리가 할 수 있는 최상의 방법일 것이다.

미래를 예측하는 데 사용할 수 있는 많은 접근방법들이 있기 때문에, 예측은 상당히 방대하고 다양한 영역이다. 한 가지 기본적 분류는 다음과 같다.

1) 정성적 예측

정교한 수학적 모형들을 사용하는 대신, 사람들의 전문성을 이용하여 가능한 미래의 시나리오들을 개발하려고 한다. 전문가들로부터 예측을 도출해내는 한 가지 구조적 방법은 델파이(Delphi)이다.

2) 정량적 예측

과거의 수치값을 수학적 모형을 사용하여 미래를 예측할 수 있다는 가정에 근거하고 있다. 정량적 예측기법에는 다음과 같은 두가지 기본적 범주가 있다.

① 인과 모형들은 다른 매개변수들의(예: 이자율, GNP 성장률) 함수로서 미래 매개변수들을(예: 제품의 수요) 예측한다. 주로 사용하는 기법으로 데이터에 적합한 함수를 찾는 "회기분석"이 있다.

② 시계열 모형들은 미래의 매개변수의 과거값들의(예: 과거의 수요) 함수로써 미래의 매개변수를(예: 제품의 수요) 예측한다.

잘 알려진 예측의 법칙들에 주목해 보라!

① 예측의 첫 번째 법칙: 예측은 항상 틀리다! 전문가의 자질이 매우 훌륭하다 할지라도 혹은 모형이 굉장히 정밀하다 하더라도 미래의 완전한 예측은 불가능하다.

② 예측의 두 번째 법칙: 상세 예측은 총괄 예측보다 나쁘다! 변동성의 연합(Pooling)개념에 따라 총괄예측(예: 제품군의 예측)은 상세예측(예: 개별제품의 예측)보다 변동성이 적을 것이다.

③ 예측의 세 번째 법칙: 예측 시점을 미래로 가져가면 갈수록, 예측은 점점 더 신뢰할 수 없어질 것이다! 예측 시점은 멀리하면 할수록 우리가 사용한 예측기법을 완전히 무효화시키는 정성적 변화(예: 경쟁자의 중요한 신제품의 도입)의 잠재력이 커진다.

수요예측기술에는 인과수요예측을 위한 회귀분석모형 및 시계열 모형들이 있고 이들은 예측 기능을 도와주기 위해 가용한 정량적 도구들의 대표들이다. 정량적 모형들이 가치를 지니는 한 가지 영역이 '예측'인 것은 분명하다. 이러한 예측 모형은 미래를 정확하게 예측할 수는 없지만, 미래의 오류를 피할 수 있을 것이다.

5.5 지리정보시스템(GIS: Geographic Information System)이란?

지상과 지하의 각종 시설물과 자연 현상에 대한 정보를 컴퓨터 데이터로 변환하여 현황파악과 공가분석에 이용하는 종합적인 시스템이다. GIS = Geography + Information + System을 분석하여 보면 다음과 같다.

먼저, 지리에 관련된 자료를 자동화 한다.

- 지리 정보를 DB와 연동해서 사용한다.
- 지리에 연관된 자료를 저장한다.
- 지리를 이용하여 자료를 보여주고, 분석한다.

성공적인 GIS가 되기 위한 네 가지 분야를 보면,

첫째, 자료의 정의,

둘째, 정의된 자료에 접근,

셋째, 공간 검색과 분석기술,

넷째, 사용자가 정의하여 사용하고, 수행할 수 있도록 역할을 부여하는 일이다.

끝으로 GIS의 활용 영역을 살펴보면, 토지정보 시스템, 지도정보 시스템, 시설물관리 시스템, 재해정보 시스템, 해양정보 시스템, 기상정보 시스템, 물류정보 시스템, 생활지리정보 시스템 등 다양한 분야에 응용할 수 있는 응용 시스템이다.

10

Fundamental of Logistics

물류에 돈이 얼마나 들까, 그리고 아낄 수 있을까?

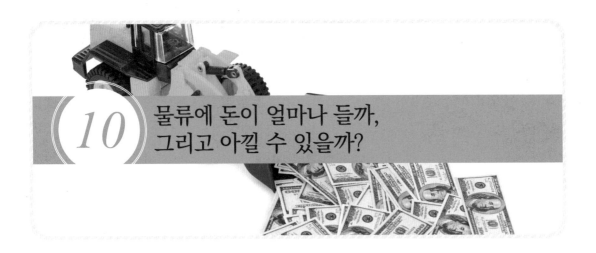

10 물류에 돈이 얼마나 들까, 그리고 아낄 수 있을까?

1 물류원가분석의 중요성

　　예전의 소품종 대량생산을 하던 시대에서는 기업 간의 경쟁이 존재하므로 품질이 비슷한 경우 원가경쟁력이 있는 기업들이 경쟁우위를 확보할 수 있으므로 많은 기업들이 생산원가를 줄이는 방법으로 생산원가를 낮추었으나, 현재의 다품종 소량생산시대에서 기업이 지속적으로 생존하려면 고객을 만족시키면서 이익을 창출하여야 한다. 생산단계에서의 원가를 절감하는 것은 이제 한계에 다다랐고 제품이나 서비스 원가 중 상당 부분을 차지하고 있는 마케팅 및 물류원가를 제대로 관리하지 못하는 실정이다. 이제 원가절감이 가능한 부분이 바로 물류분야이기 때문에 물류가 제3의 이익원이며 물류원가분석이 매우 중요하다.[1]

　　기업의 물류비는 기업고유의 목적에 수반되는 물류활동을 위하여 자사 혹은 타사가 소비한 경제 가치를 말한다.[2] 실무적 관점에서 물류비란 원산지로부터 소비자까지의 조달, 판매, 재고의 전 과정을 계획 실행, 통제하는 데 소요되는 비용을 말한다.[3] 또한 한국공인회계사에서는 물류비를 물류활동을 수행하기 위하여 발생하거나 소비한 경제적 가치로 설명하고 있다.

　　공급사슬 모든 과정에서 총원가를 최소화하기 위해서는 정확한 물류비 산정이 필요하다. 물류비 산정이란 정확한 물류비 계산으로 기업의 물류능력과 원가를 파악하기 위한 것이다. 이를 위해 물류비 발생항목(비목)을 상세하게 분해하고 각 비목별로 물류활동에서 발생한 원가가 얼마인가를 계산하

1　이정은, 박상봉(2014), '물류원가절감을 위한 모델 구축과 경로 재설치에 관한 연구 – p사의 사례연구를 중심으로 –', 대한경영정보학회.
2　한국생산성본부, 기업물류계산준칙.
3　대한상공회의소, 기업물류비산정·활용 매뉴얼.

는 물류원가계산제도를 도입하는 것이 중요하다.

물류원가대상은 물류원가발생에 책임이 되는 장소 내지는 부문에서 발생된 원가가 적절하게 측정될 수 있는 물류원가발생 활동으로 규정되며 물류원가 중심점으로 규정할 수가 있다. 따라서 물류원가회계시스템은 적절한 물류원가 분류방식에 의거하여 물류원가를 집계하고 집계된 물류원가를 물류원가대상 내지는 물류원가 중심점에 적절히 배부하는 과정으로 정의할 수가 있다.

이러한 물류원가의 집계 및 배부과정을 거쳐 물류활동으로부터 발생된 원가를 측정하는 과정이 물류원가회계시스템이라 할 수 있다.[4] 물류활동에서 발생되는 물류원가(주로 운송원가)를 경영자가 확인하고 물류활동별로 발생된 원가를 적정하게 배부하는 것은 물류활동을 관리하고 통제할 뿐만 아니라, 물류활동에 대한 수익성 분석을 하는 데 매우 중요하다. 보다 정확하고 신속히 이용 가능한 물류원가정보의 미비와 집계부족은 적절한 원가배분이 곤란해져 정확한 물류원가계산을 힘들게 한다.

제조간접비 또는 물류간접비(overhead cost)는 특정제품 및 물류서비스에 바로 부담시킬 수 없기 때문에 이를 따로 모아 인위적인 절차에 의해 각각의 제품·서비스활동에 할당하게 된다. 이렇듯 간접비를 인위적인 절차에 의해 제품 또는 물류서비스 활동에 할당하는 과정을 간접비의 배부 또는 물류원가 배부라 한다.

간접비를 배부하기 위해서는 우선 배부기준을 마련해야 하는데 이 배부기준이란 각각의 제품이 차지하는 비율에 따라 간접비를 나눠주기 위한 근거를 말하는 것으로서 직접물류원가 등의 금액기준, 물류서비스 제공시간 등의 시간기준 등이 주로 이용된다.[5]

② 물류원가의 개념과 대상

2.1 물류원가 개념

일반적으로 원가(cost)란 화폐가치로 측정된 특정목적을 위해 소비된 경제적 가치 내지는 자원으로 정의된다. 회계분야에서 특정목적이란 크게 자산취득 목적과 제품제조 목적으로 구분된다. 즉, 자산취득 목적을 위해 소비된 경제적 가치는 취득원가로서 회계에서 취득된 자산은 대부분 취득원가로 측정되어 재무제표에 보고된다. 제품제조 목적을 위해 소비된 경제적 가치는 제조원가로 제품원가를 구성하는 것으로 크게 재료비, 인건비 그리고 제조경비로 구성되어 있다. 물류원가란 기업의 물류활동목적을 위해 소비된 경제적 가치로 화폐가치로 측정된 것을 말한다. 「기업물류비계산준칙」[6]에서 정의하고 있는 제조업자와 유통업자의 물류비 개념은 다음과 같다.

---

4 안기명, 양창호, 나영, 박수만, 해운항만물류회계, 박영사, 2009, p. 133.
5 위의 책, p. 164.
6 한국생산성본부, 「물류비의 이해와 활용」, -기업물류비계산준칙을 중심으로-, 1991년 12월, pp. 27-30.

1) 제조업자의 물류비 정의

「기업물류비계산준칙」 제4조에 규정된 제조업자의 물류비란 특정 제조업자의 제조와 판매활동에 수반되는 물류를 위하여 자사 혹은 타사가 소비된 경제 가치이다. 세부내용을 살펴보면 다음과 같다.

첫째, 제조업자의 물류비는 제조업 활동에 관련된 물류비를 포함하며, 비제조업활동에 관련된 비용은 분리하여 계산한다. 다만, 제조업 활동의 일부를 자회사에 위탁하여 행하는 경우에는 이를 포함하여 계산한다.

둘째, 제조업자의 제조, 판매활동에 수반되는 물류는 조달물류, 생산물류, 사내물류, 판매물류, 반품물류, 폐기물물류로 구분한다. 단, 생산물류는 본 계산준칙의 대상에서 제외된다.[7]

셋째, 자사가 소비한다함은 제조업자 자신이 직접 소비하는 것을 말하며, 이에 관련된 비용을 자사지불 물류비라고 한다. 자사지불 물류비는 자사 내의 물류활동에서 소비되는 자가물류비와 물류활동의 일부를 사외의 물류 관련업자에게 위탁하고 그 대가로서 지불하는 위탁물류비로 구분한다.

넷째, 타사가 소비한다함은 자사를 대신하여 물류활동의 일부를 담당하는 거래 기업 혹은 고객이 지불 혹은 소비하는 것이지만, 실질적으로는 제조업자 자신이 담당하는 것을 말하며, 이에 관련된 비용을 타사지불 물류비라고 한다.

다섯째, 소비한 경제가치라 함은 물류활동에 필요한 재화 혹은 서비스의 소비를 화폐가치로 표시한 것을 말하며, 원가 혹은 비용이라고 한다.

참고로 건설교통부에서 고시한, 「기업물류비계산에 관한 지침」에서의 물류비(物流費)[8]란 물류활동을 수행하기 위하여 발생하거나 소비한 경제가치라고 정의되고 있는데, 이 정의는 물류활동에 사용된 재화나 서비스를 원가 또는 비용으로 파악하는 것을 의미하고 있다. 따라서 물류비는 재무제표 작성 시 제조원가, 판매비와 관리비 또는 매입원가 등 계정과목에 관계없이 물류활동을 수행하기 위하여 발생하거나 소비한 경제가치는 전부 대상이 된다는 점에서 기업회계기준과는 상이점이 있다.

한국생산성본부(KPC) 계산준칙에 의한 물류비 정의에 비해 다른 것은 물류비를 누가 지불하는가에 대한 비용의 지불 주체에 있어서 자사 또는 타사와 같은 구분이 없는 점이다. 따라서 이 지침에서는 명시되어 있지 않지만 물류비의 지불 주체를 자사(自社)만으로 인식하고 있다.

한편 기업물류비에 대한 실무적인 정의로는 미국관리회계사협회(IMA)의 관리회계지침서 「물류의 원가관리」의 용어 정의에 의하면, "물류비(logistics costs)란 원산지로부터 소비자까지의 조달, 사내 및 판매, 재고의 전 과정을 계획, 실행, 통제하는 데 소요되는 비용을 말한다. 물류는 고객의 니즈에 대응하기 위해 비용효과가 가장 높은 방식으로 원재료 및 제품의 효율적인 흐름을 제공할 수 있도록

---

7 제조업자의 생산물류는 제조과정흐름을 말하는 것으로 여기에서 발생되는 원가는 제조원가 내지는 생산원가로 측정되어 제품제조원가로 자산화되기 때문이다.
8 건설교통부, 「전게서」, 1998년 4월. p. 19.

구입, 운송 및 보관 기능을 통합한다."라고 정의하고 있다.

2) 유통업자의 물류비

「기업물류비계산준칙」제18조에 규정된 유통업자의 물류비란 특정 유통업자의 유통과 판매활동에 수반되는 물류를 위하여 자사 혹은 타사가 소비된 경제 가치이다. 세부규정에서도 제조업이 유통업 또는 유통업자로 표시된 점과 2항의 생산물류가 제외되어 있는 점을 제외하고는 제조 물류의 세부규정과 동일하게 규정되어 있다.

2.2 물류원가의 대상

원가대상(cost objective)이란 원가발생에 책임이 되는 장소 내지는 부문(제품, 생산 및 제조부문)으로서 발생된 원가가 적절하게 측정될 수 있는 원가발생활동(any activity for which a separate measurement of costs is desired)으로 규정되며 원가 중심점(cost center)이라고도 한다. 기업 활동을 수행하는 데 있어서 경영자가 반드시 확인하여할 중요한 활동 내지는 책임 중심점(responsibility center)은 크게 세 가지를 들 수가 있다. 즉, 재화 생산이나 서비스 창출을 위해 소비된 경제적 가치인 원가가 발생되는 장소인 원가중심점과 수익발생의 원천이 되는 이익 중심점(profit center) 그리고 투자 중심점(investment center)이다. 이러한 책임 중심점이 적절하게 통제 및 관리되어야만 원가절감, 수익창출 및 적절한 투자활동이 원활하게 되어 기업이 성장 및 발전될 수가 있는 것이다.

이러한 관점에서 볼 경우, 물류원가대상이란 물류원가발생에 책임이 되는 장소 내지는 부문(물류서비스, 운송 및 보관부문)으로서 발생된 원가가 적절하게 측정될 수 있는 물류원가발생활동으로 규정되며 물류원가 중심점으로 규정할 수가 있다. 따라서 물류원가회계시스템(logistics cost accounting system)은 적절한 물류원가 분류방식(cost classification)에 의거하여 물류원가를 집계하고 집계된 물류원가를 물류원가대상 내지는 물류원가 중심점에 적절히 배부(allocate cost to cost objective)하는 과정으로 정의할 수가 있다.

이러한 물류원가의 집계 및 배부과정을 거쳐 물류활동으로부터 발생된 원가를 측정하는 과정이 바로 물류원가흐름이며 물류원가회계시스템이라고 볼 수 있다.

그림 10-1 물류원가회계시스템

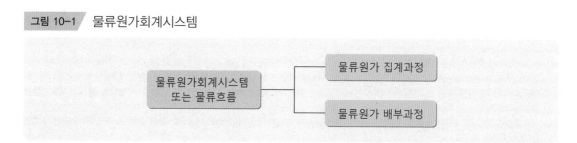

3 기업물류비 산정

우리나라의 물류비 산정 기준은 2008년 7월에 고시된 국토교통부의 "기업물류비 산정지침"에 따른다.[9]

3.1 적용대상 및 범위

국토교통부 산정지침에서 적용대상으로 물류비 산정에 있어서 과거에 발생하거나 또는 지불한 물류비 실적을 대상으로 하고 있지만, 이 지침의 목적에서 보면 물류비 산정의 정확성 이외에도 물류비 관리의 합리성 제고에 있으므로 물류활동에 대한 업적평가나 미래의 물류의사결정 등과 같은 물류비정보의 활용에 대해서도 적용대상이 포함되고 있음을 포괄적으로 나타내고 있다.

물류비 산정은 정확한 물류비 계산으로 기업의 물류능력과 원가를 파악하기 위한 것이다. 이를 위해 물류비 발생항목(비목)을 상세하게 분해하고 각 비목별로 물류활동에서 발생한 원가가 얼마인가를 계산하는 것이 물류원가계산제도이다.

물류비 관리의 합리성을 제고하기 위해 산정된 물류비 정보를 기초로 하여 물류비를 절감하는 노력이 이루어질 수 있다. 물류비를 절감하기 위해 예산이나 표준에 의한 물류비 관리제도가 유용하게 이용될 수 있다. 예산이나 표준에 의해 물류비를 관리하는 물류예산관리를 하게 되면 실적물류비와 대비함으로써 물류비 증감요인을 분석하고, 이를 기초로 물류비 절감을 위한 물류개선활동을 추진할 수 있게 된다. 그리고 물류채산분석을 통한 물류의사결정도 가능하게 된다.

그리고 이 지침의 적용대상 업종으로는 제조업, 유통업, 물류업 등을 들고 있다. 건교부의 계산지침에서는 일반적으로 적용되고 있는 대상 업종인 제조업과 유통업(주로 도·소매업) 이외에도 1차 생산업을 포함시킨 반면에, 대한상의 매뉴얼에서 포함시키고 있는 물류업을 제외하였었다. 그러나 국토교통부의 기업물류비 산정지침에서는 1차생산업을 제외시키고 물류업을 적용대상 업종으로 포함하고 있다.[10]

당초 이 지침의 적용범위로서 대상기업은 내부사정에 의해 적용하지 않을 수 있다고 한 건교부의 계산지침을 국토교통부 지침에서는 이 내용을 삭제함으로써 지침적용의 의무화를 위한 의지를 보이고 있다. 국내 대상기업의 대다수가 물류비 관리수준이 매우 취약하다는 점과 기업의 물류비 관리는 해당 기업의 물류특성에 의해 탄력적으로 관리시스템을 구축하고 운영할 수 있도록 해야 한다

---

9 우리나라에서 물류원가의 분류기준은 건설교통부 고시에 의한 "기업물류비계산에 관한 지침"에서 일반기준과 간이기준으로 구분하여 제시되어 있고 한국생산성본부(KPC)의 기업물류계산준칙에서는 제5조에 분류기준을 제시하고 있다. 2008년 7월에 국토교통부는 "기업물류비계산에 관한 지침"을 "기업물류비 산정지침"으로 변경 고시하면서 현장의 물류활동을 반영할 수 있도록 물류비 과목분류를 세분화하였다.

10 국토교통부 지침 제3조(적용대상 및 범위)   이 지침은 물류비 실적측정을 위한 것으로 제조업, 유통업(도·소매업 등), 물류업(수송업 등) 등을 대상으로 한다.

는 점 등을 고려하여 적용범위에 있어서 내부사정에 의한 탄력적 적용규정을 두었던 건교부 지침과 달리 물류비 산정지침의 통일적인 적용과 확산이라는 측면에서는 대상기업으로 하여금 의무적 적용이라는 규제강화를 취한 것으로 볼 수 있다.

3.2 일반기준과 간이기준

지침에서 물류비 계산방식으로 일반기준과 간이기준을 제시하고 있다.[11] 일반기준은 물류비를 상세하게 원천적으로 계산하는 방식으로서, 물류원가계산의 관점에서 보면 관리회계방식에 의한 물류비 계산기준을 말한다. 일반기준은 기업에서 물류비 관리에 필요한 정보, 예를 들어, 제품별, 지역별, 고객별로 운송비나 보관비 등과 같은 상세한 물류비 정보를 입수하기 위해 사용되는 기준이므로 매출규모, 매출액 대비 물류비의 비중, 물류비의 변동이 일정 수준 이상인 기업이 적용대상이 될 수 있다.

간이기준은 회계장부와 재무제표(주로 손익계산서와 대차대조표)로부터 간단하게 추산하는 방식으로서, 물류원가계산의 관점에서 보면 재무회계방식에 의한 물류비 계산기준을 말한다. 간이기준은 일반기준과는 반대로 상세한 물류비 정보보다는 개략적인 물류비 정보나 자료정도로도 만족하는 중소기업 등 비교적 물류비 관리수준이 낮거나 물류비 산정의 초기단계의 기업에서 사용하는 기준이다. 이 기준을 사용하면 필요로 하는 상세한 물류비 정보의 입수는 곤란하지만 해당 기업의 회계부문에서 작성하는 회계자료를 통해 물류비 실적을 산출해 낼 수 있으며, 이 과정에 소요되는 비용이나 노력이 상대적으로 덜 들 수 있기 때문에 유용하다.

대한상의 매뉴얼에서는 물류비 계산기준을 일반모델과 간이모델로 구분하고 있으며, 일반모델은 일반기준에 그리고 간이모델은 간이기준에 해당한다. 한국생산성본부의 물류비계산준칙의 경우는 물류비 계산기준에 대한 구분이 없고 일반기준에 준하는 관리회계방식의 물류비 계산의 방식과 절차가 규정되어 있다.

국토교통부의 이 지침을 적용받는 기업은 기업의 매출규모, 매출액 대비 물류비의 비중, 물류비의 변동 등을 고려하여 일반기준과 간이기준을 선택하여 적용할 수 있다.[12] 건교부의 지침에서 지침을 적용할 경우 2가지의 물류비 계산기준 중에서 해당 기업의 요구에 따라 임의로 선택하여 자율적으로 적용할 수 있도록 한 것과 달리, 기업의 매출규모, 매출액 대비 물류비의 비중, 물류비의 변동 등을 고려하여 선택하도록 함으로써 물류회계정보의 공시가 필요한 일정규모이상의 업체는 일반기준을 적용하도록 유도하고 있는 것이다.

---

11 국토교통부 지침 제4조(구성)   이 지침은 원가회계방식에 의하여 별도 원가자료로부터 물류비를 계산하는 일반기준과 재무회계방식에 의하여 회계장부와 재무제표로부터 물류비를 추산하는 간이기준으로 구성한다.

12 국토교통부 지침 제5조(적용기준) 2항   이 지침을 적용받는 기업은 기업의 매출규모, 매출액 대비 물류비의 비중, 물류비의 변동 등을 고려하여 일반기준과 간이기준을 선택하여 적용할 수 있다.

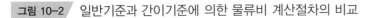

그림 10-2 일반기준과 간이기준에 의한 물류비 계산절차의 비교

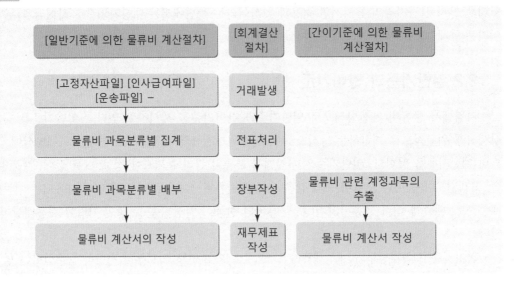

물류비 계산의 일반기준은 본 지침의 적용기준 중에서 일반기준에 의한 물류비 계산목적, 물류비의 과목분류, 인식기준, 계산방법 및 계산서에 대해 제6조에서 제10조에 규정되어 있다.

일반기준에 의한 물류비 계산목적을 개별기업의 물류비에 대한 실태를 상세히 파악하고, 개별기업이 물류비를 효율적으로 관리하도록 지원하기 위하여 원가회계방식에 의한 원가자료로부터 실적물류비를 발생요인별로 계산하는 것으로 규정하고 있다.[13] 이 지침의 목적인 개별기업의 물류비 계산의 정확성을 달성하기 위해서이다. 즉, 물류비에 대한 정확한 정보를 산출해 내기 위해서는 물류비를 상세하게 개념 정의를 한 후, 분류하고 계산해 나가야 함을 의미하고 있다 이를 위해 물류비 계산을 위한 원가의 종류로는 실적물류비만을 대상으로 하고 있다. 여기서 실적물류비란 과거의 물류활동을 위해 발생한 비용을 말하는 것으로서, 미래에 발생할 수 있는 예상물류비와는 상대적인 개념이다. 실적물류비는 발생요인별로 계산하도록 하고 있다.

---

13 국토교통부 지침 제6조(일반기준에 의한 물류비 계산목적)   개별기업의 물류비에 대한 실태를 상세히 파악하고, 개별기업이 물류비를 효율적으로 관리하도록 지원하기 위하여 원가회계방식에 의한 원가자료로부터 실적물류비를 발생요인별로 계산함에 목적이 있다.

표 10-1 일반기준과 간이기준 비교

기준 / 항목	일반기준 (관리회계방식)	간이기준 (재무회계방식)
계산의 기본적인 관점	물류목표를 효과적으로 달성하기 위한 활동에 관여하는 인력, 자금, 시설 등의 계획 및 통제에 유용한 회계정보의 작성 목적. 기능별, 관리항목별의 업적평가나 계획수립 가능	기업활동의 손익상태(손익계산서)와 재무상태(대차대조표)를 중심으로 회계제도의 범주에서 물류활동에 소비된 비용항목을 대상으로 회계기간의 물류비 총액 추정
계산방식	물류활동의 관리 및 의사결정에 필요한 회계정보를 입수하기 위해 영역별, 기능별, 관리항목별로 구분하여 발생 비용을 집계	재무회계의 발생형태별 비용항목 중에 물류활동에 소비된 비용을 항목별로 배부기준을 근거로 해당 회계기간의 물류비로 추산
계산방식의 장점	영역별, 기능별, 관리항목별 물류비계산이 필요한 시기, 장소에 따라 실시 가능 물류활동의 개선안과 개선항목을 보다 명확하게 파악 가능	개략적인 물류비 총액계산에 있어서 별도의 물류비 분류, 계산절차 등이 필요하지 않고, 전담 조직이나 전문 지식이 부족해도 계산 가능
계산방식의 단점	상세한 물류비의 분류 및 계산을 위한 복잡한 사무절차 작업량이 많기 때문에 정보시스템 구축이 전제	상세한 물류비의 파악이 곤란하기 때문에 구체적인 업무평가나 개선목표의 수립이 곤란하며 물류비 절감효과 측정에 한계

3.3 물류비의 과목 분류

물류비의 과목 분류는 다음과 같이 영역별, 기능별, 지급형태별, 세목별, 관리항목별, 조업도별로 구분하고 있으며, 이들 물류비 분류체계를 요약하면 [표 10-2]와 같다. 물류비의 과목 분류에서 제시하고 있는 물류비의 실태를 파악하기 위해 영역별, 기능별, 지급형태별, 세목별로 구분하고 있으며, 물류비를 관리하기 위해 관리항목별, 조업도별로 구분하고 있다.[14]

표 10-2 물류비 분류

과목 분류	영역별	기능별	지급형태별	세목별	관리항목별	조업도별
비목	조달물류비 사내물류비 판매물류비 리버스물류비	운송비 보관비 하역비 포장비 물류정보·관리비	자가물류비 위탁물류비	재료비 노무비 경비 이자 –시설부담이자 –재고부담이자	조직별 지역별 고객별 활동별 등	물류고정비 물류변동비

14 국토교통부 지침 제7조(물류비의 과목분류) 물류비의 실태를 파악하기 위하여 영역별, 기능별, 지급형태별, 세목별로 구분하고, 물류비를 관리하기 위해 관리항목별, 조업도별로 구분한다.

이 지침에서 물류비 과목을 영역별, 기능별, 지급형태별, 세목별, 관리항목별, 조업도별의 순서로 분류하고 있는 것은 후술하는 물류비의 계산방법이나 양식 등과의 통일성을 갖도록 하기 위해서다.

1) 영역별 물류비 분류

물류영역은 기업 경영활동의 주요 영역 중 어느 영역에서 발생한 물류비인가를 식별하기 위해 구분한다. 또한 많은 기업에서 영역별로 담당부문이 다르기 때문에 물류비를 계산하고 관리할 주체를 명확히 하기 위한 목적으로도 구분하게 된다.

지침에서 새롭게 개정된 내용은 영역별 물류비에 리버스(Reverse) 물류비를 추가한 점이다. 건교부 지침에서는 폐기물류, 회수물류, 반품물류활동은 발생되는 금액이 크지 않으므로 별도로 구분하는 것보다는 판매물류활동에 포함하여 계산하는 것이 유용할 수 있다고 하여 별도구분을 하지 않았으나, 전 세계적으로 중요시 되고 있는 환경과 관련된 '회수물류비'와 '폐기물류비'를 포함하여 '리버스 물류비'를 신설한 것이다.

영역별 물류비 분류는, 다음 표에 나타난 바와 같이 대한상의 매뉴얼에서는 조달과 판매(사내물류의 영역을 포함한 광의의 판매물류)로 2대 영역으로 구분하고 있으며, KPC 계산준칙에서는 물류영역을 조달, 사내, 판매, 반품, 폐기의 5대 영역으로 구분하고 있다.

표 10-3   영역별 물류비 분류의 비교

산정기준	영역별 분류			
국토교통부 지침	조달물류비	사내물류비	판매물류비	리버스 물류비
건교부 계산지침	조달물류비	사내물류비	판매물류비(반품, 회수, 폐기 포함)	
대한상의 매뉴얼	조달물류비	판매물류비(사내, 반품, 폐기 포함)		
KPC 계산준칙	조달물류비	사내물류비	판매물류비	반품물류비	폐기물류비

(1) 조달물류비

조달물류비는 물자(원자재, 부품, 제품 등을 포함)의 조달처로부터 운송되어 매입자의 보관창고에 입고, 관리되어 생산공정(또는 공장)에 투입되기 직전까지의 물류활동에 따른 물류비를 말한다.[15]

여기서 「생산공정(또는 공장)에 투입되기 직전까지의 물류활동」이란, 원재료나 부품, 제품, 상품 등의 매입물자가 자사에 정상적으로 도착하여 사내에서 생산, 가공, 판매 등의 목적을 위해서 물리적

---

15 국토교통부 지침 제 7조 1항의 1.

인 이동을 가하기 이전의 물자유통과정을 말한다.

조달물류비에는 운송, 하역, 검수, 입고, 보관(조달보관창고), 출고 등의 조달물류과정에 관련되어 발생하는 비용을 포함한다. 비용의 범위는 재무회계상의 자료(주로 손익계산서에 나타나는 회계자료)에 의하면 조달과정에서 외부에 지불한 비용만 나타나게 되므로, 자사 내에서 생산공정에서 투입 직전까지 실시한 검수, 하역, 입출고, 보관 등의 관련 제비용을 모두 포함하여야 한다.

국내 기업의 경우, 통상적으로 조달처(납품자)에서 매입물자에 대한 운송비 등을 부담하기 때문에 매입자 측에서는 이 조달과정의 타사지불 물류비를 거의 산정하고 있지 않는 것으로 나타나고 있다. 이때 운송비 등의 조달물류비는 자사의 조달보관창고까지의 조달비용에 불과하기 때문에, 조달창고보관에서부터 생산공정에 매입한 물자를 투입하기 직전까지의 물류비를 추가적으로 산정해야 한다. 다만, 실무적으로 이 조달물류비의 비중이 너무 작거나 또는 추가적으로 산정이 어려운 경우는 생략할 수 있다.

그러나 조달물류비는 구입물자의 매입계약의 방법이나 계약조건 등에 따라 조달처인 타사에서 지불하는 경우가 있는가 하면, 또는 자사에서 지불해야 하는 경우가 있다. 전자는 파악하기 곤란하지만, 후자는 파악하기가 용이하기 때문에 조달물류비는 구매부문의 역할에 따라 물류비에 상당한 영향을 미칠 수 있음에 주의를 할 필요가 있다.

특히, 해외에서 수입을 주로 하고 있는 수입기업의 경우, 매입물자의 물류에 대해서는 물류비 금액이 매우 클 수 있기 때문에 조달물류비에 타사지불 또는 자사지불이라는 구분을 통해 조달물류비를 구체적으로 지불주체나 매입방식 등에 따라 명시하는 것도 물류비 관리의 측면에서는 유용하다.

(2) 사내물류비

사내물류비는 매입물자의 보관창고에 완제품 등의 판매를 위한 장소까지의 물류활동에 따른 비용을 말한다. 다만 재료의 생산이나 제품의 제조공정 내에서 발생하는 비용은 생산원가 또는 제조원가에 산입되므로 물류비에서는 제외시킨다.[16]

여기서 「매입물자의 보관창고에 완제품 등의 판매를 위한 장소까지의 물류활동」이란, 조달된 물자를 이용하여 제품이나 상품을 생산(가공을 포함)하는 과정에서 발생하는 운송이나 보관 등의 물류활동에 소비되는 비용으로서 완제품의 창고보관의 이전까지 발생한 비용을 말하고 있다. 다만, 후술하는 순수한 생산공정 내의 물류활동, 즉 원재료나 부품 등의 공정 내 이동이나 운반 등의 물류활동에 따른 비용은 생산물류비로 인식하여 사내물류비에서 제외시키고 있다.

사내물류비에는 포장, 운송, 하역, 분류, 보관, 재고 등 사내에서 발생한 물류비를 포함하는데, 이 과정의 비용분류는 사내의 조직단위별(공장별, 지점별 등), 물류경로별(수·배송의 경로, 직송경로 등), 보

---

16 국토교통부 지침 제7조 1항의 2.

관장소나 위치, 보관방식별(창고보관, 배송센터보관 등) 등과 같이 물류흐름을 보다 구체적으로 표를 이용하여 나타내면 사내물류비의 범위가 명확해지게 된다.

이를 위해 제조기업의 경우, 공정과 공장을 중심으로 한 물류흐름과 보관창고나 물류센터를 중심으로 한 물류흐름을 그림으로 나타내 보거나, 도소매업의 경우는 상품의 매입과정에서 보관, 출하 및 판매하는 과정을 보관창고 또는 물류센터의 측면에서 물류흐름도로 나타내 보면 매우 유용하게 된다.

이 지침에서는 생산물류비에 대한 구체적인 규정은 없으나, 사내물류비의 규정 중에 '다만, 재료의 생산이나 제품의 제조공정 내에서 발생하는 비용은 생산원가 또는 제조원가에 삽입되므로 물류비에서는 제외시킨다.'라고 하여 생산물류비가 기업물류비의 범위에서 제외됨을 명시하고 있다.

생산물류비(生産物流費)는 생산원가 또는 제조원가에 삽입되며, 제품의 제조공정 내에서 발생하는 비용에 한정하고 있어서, 사내물류비와 그 영역을 명확하게 구분하고 있다. 이때 사내물류비와 생산물류비를 구분하여 산정하는 것은 실무적으로 용이한 일이 아니다. 물류비 산정실무의 관점에서 보면, 특정의 공정(工程)단위나 또는 공장(工場)단위로 구분한 후 공정이나 공장 외 또는 공정이나 공장 간의 물류비는 사내물류비로, 그리고 공정 내 또는 공장 내의 물류비는 생산물류비로 인식하는 것이 유용하다.

이때 중요한 점은, 우선 사내와 생산이라는 2영역 간의 명확한 구분보다는 한번 영역을 설정하면 일정 기간 동안(예를 들어, 3~4년) 지속적으로 동일한 영역, 분류 및 범위에서 물류비를 산정해 나가는 것이 비교분석이나 표준비교 등의 관점에서 중요하다는 점이다.

그리고 물류비 절감과 관련해서 물류합리화나 자동화와 같은 전략을 특정의 공장단위 또는 공단단위로 추진할 경우는 사내물류비와 생산물류비를 구분하여 산정하는 것이 복잡하거나 또는 더욱 비효율적인 경우가 있는데, 이 경우는 물류비의 분류와 산정을 공장물류비 또는 공단물류비의 관점에서 실시하는 것도 유용하다.

(3) 판매물류비

판매물류비는 생산된 완제품 또는 매입한 상품을 판매창고에서 보관하는 활동부터 고객에게 인도될 때까지의 물류비를 말한다.[17]

반품물류활동과 공용기, 파렛트 등의 회수물류활동 및 파손 또는 진부화된 제품, 포장용기 등의 폐기물류활동에 따른 물류비는 리버스 물류비로 구분하고 있어 판매물류비에는 포함하지 않는다.

여기서 「생산된 완제품 또는 매입한 상품을 판매창고에서 보관하는 활동부터 고객에게 인도될 때까지」란, 사내물류활동이 종료되는 완제품의 보관에서부터 그 이후의 모든 활동이므로, 즉 소비자에게 해당 제품이나 상품을 판매하는 과정의 물류까지를 의미하는 협의의 판매물류비라고 말할 수 있다.

---

17 국토교통부 지침 제7조 1항의 3.

판매물류비의 구분은 개별기업의 관리목적 또는 사정에 따라 구분하여 사용할 수 있도록 규정하고 있다. 판매물류비 중 주문이행에 따른 판매물류비는 출고지시에 따라 보관된 제품이나 상품의 피킹, 출고, 상차, 운송, 하차 등의 판매물류에 관련된 비용이 포함된다. 예를 들어, 제조업자에 있어서 공장 등의 제품창고에서 고객에게로 직송하는 경우나, 유통업자에 있어서 조달처나 매입처의 상품보관창고에서 고객에게 직송하는 경우는 고객으로의 출고 이후의 비용을 판매물류비로 인식한다.

(4) 리버스 물류비

리버스(Reverse) 물류비는 회수물류비, 폐기물류비, 반품물류비로 세분화한다. 회수물류비란 공용기와 포장자재 등이 회수되어 재사용 가능할 때까지의 물류비를 말한다. 폐기물류비란 제품이나 상품, 포장용 또는 수송용 용기나 자재 등을 회수하여 폐기할 때까지의 물류비를 말한다. 그리고 반품물류비란 판매한 제품·상품 또는 위탁판매한 제품·상품의 취소, 위탁의 취소 등의 물류활동에 따른 물류비를 말한다.[18]

반품물류비(返品物流費)는 판매된 제품이나 상품의 반품물류활동에 발생하는 비용을 말한다. 여기서 「반품」의 요건이란 제품이나 상품자체의 문제점(예를 들어, 상품자체의 파손이나 이상 등)의 발생이나 물류과정에서 발생하는 파손, 이상, 하자 등이 발생하는 것을 말한다. 반품물류비에는 반품과정에서 발생하는 운송, 검수, 분류, 보관, 하역 등 관련비용을 포함한다. 이때 반품 자체에 따른 비용(예를 들어, 상품 대금의 환불액)은 물류비에 해당하지 않는다.

회수물류비(回收物流費)는 제품이나 상품의 판매물류에 부수적으로 발생하는 파렛트, 컨테이너 등과 같은 빈 물류용기의 회수비용을 말한다. 회수물류비는 청량음료나 주류 등과 같은 업종의 경우 중시되는 비용의 하나이다.

폐기물류비(廢棄物流費)는 파손 또는 진부화된 제품, 포장용기 등의 폐기물류활동에 발생하는 물류비를 말한다. 여기서 「폐기처리」의 요건으로는 진부화나 소모 등에 의해 제품이나 상품, 또는 포장용기 등의 물류기기가 제기능을 수행할 수 없는 상황이거나 또는 제기능을 수행한 후 소멸되어야 할 상황 등을 의미한다. 폐기처리 시 수반되는 검수, 보관, 운송, 하역 등의 비용은 폐기물류비에 포함되나, 폐기 자체의 비용이나 공해방지의 처리비용 등은 이 비용에 포함시켜서는 안된다. 이러한 비용은 물류비가 아닌 일반경비 또는 제조원가에 삽입하는 것이 타당하다.

2) 기능별 물류비 분류

물류기능이란 기업이 가치를 창출하기 위해 꼭 필요한 부가가치가 높은 활동을 의미하는데 물자를 이동, 보관하는 일련의 부대활동이 해당된다. 이 지침에서는 기능별 물류비 분류를 운송비, 보

---

18 국토교통부 지침 제7조 1항의 4.

표 10-4 기능별 물류비 분류의 비교

산정기준	기능별 분류							
국토교통부 산정지침	운송비		보관비	하역비	포장비	물류정보·관리비		
	수송비	배송비				물류정보비	물류관리비	
건교부 계산지침	운송비	보관 및 재고관리비	하역비	포장비	유통 가공비	물류정보·관리비		
대한상의 매뉴얼	운송비	보관비(하역 포함)		포장비	기타물류비 (유통가공, 물류정보, 물류관리 포함)			
KPC 계산준칙	운송비		보관비		하역비	포장비	유통가공비	물류 정보비	물류 일반관리비
	수송비	배송비	창고비	재고 투자비				

관비, 하역비, 포장비, 물류정보·관리비로 구분하고 있다. 이중에서 운송비는 다시 수송비와 배송비로, 물류정보, 관리비는 물류정보비와 물류관리비로 세분하였다.[19]

기능별 물류비 분류는, 대한상의 매뉴얼에서는 운송, 보관(하역 포함), 포장, 기타 물류(유통가공, 물류정보, 물류관리를 포함)와 같이 4대 기능으로 구분하고 있으며, KPC 계산준칙에서는 물류기능을 포장, 운송(수송과 배송), 보관(창고 및 재고투자), 하역, 유통가공, 물류정보, 물류일반관리의 7대 기능으로 구분하고 있다.

(1) 운송비

운송비(運送費)는 물자를 물류거점 간 및 고객에게 이동시키는 활동에 따른 물류비를 말한다. 이 비용은 장소에 의한 제품의 효용을 창조하기 위한 목적에서 발생한다. 개별기업의 물류비 계산목적에 따라 수송비와 배송비로 세분화할 수 있다.

수송비는 기업의 필요에 따라 물자를 물류거점까지 이동시키는 물류비를 말한다. 물류거점 간 이동활동에 소요되는 비용으로서, 이 비용은 사내의 공장이나 창고, 물류센터나 지점 등의 물류거점 간 운송에 발생하기 때문에 주로 사내물류비에 해당한다.

배송비는 물자를 고객에게 배달시키는 물류비를 말한다. 창고나 물류센터로부터 수요자인 고객에게 운송 시 발생하기 때문에 주로 판매물류비에 해당한다. 또한 고객으로부터의 판매된 상품의 반품이나 회수 등에 발생하는 비용도 여기에 포함된다.

그리고 건교부 지침에서는 하역비를 별도로 구분하지 않을 수 있었기 때문에 운송과정에 있어

19 국토교통부 지침 제7조 2항.

서의 상하차비를 운송비에 포함시킬 수 있었으나, 개정 국토교통부 지침에서는 하역비를 별도로 두고 있기 때문에 운송과정 중의 상하차비는 하역비에 포함해야 한다.

(2) 보관비

보관비(保管費)는 물자를 창고 등의 보관시설에 보관하는 활동에 따른 물류비를 말하며, 이 비용은 시간에 의한 제품의 효용을 창조하는 목적에서 발생한다. 일반적으로 보관비 또는 창고비라고 칭하는 이 비용에는 창고시설비, 유지보수비, 창고관리 인력 인건비 등 물자를 단순히 보관하는 데 소요되는 비용 뿐만 아니라 재고물품에 대해 발생하는 재고비용이자도 포함한다.

건교부 지침에서는 보관 및 재고관리비라 하여 재고비는 제품이나 상품을 일정 기간 동안 창고나 물류센터에 보관하는 데 소비되는 비용을 말하며, 재고관리비는 제품이나 상품을 일정 기간 동안 보관함으로써 발생하는 자본비용인「재고부담이자」이외에도 적정 재고를 유지하기 위한 재고유지비나 적정 발주량을 유지하는 최적발주비 등을 포함시켰다.

그러나 개정 국토교통부 지침에서는 보관비로 하고 여기에 재고비와 재고부담이자가 포함되는 항목으로 변경하였다. 이에 따라 재고관리를 위한 전자적 수단 지원활동비와 재고관리 계획, 조정, 통제비용은 물류정보·관리비에 포함시켰다.

그리고 건교부 지침에서 하역비를 별도로 구분하지 않을 때, 창고나 물류센터에 부설된 하역설비나 기기를 이용한 상하차비는 보관 및 재고관리비에 포함하였으나, 개정된 국토교통부 지침에서는 하역비를 별도로 두고 있기 때문에 창고나 물류센터에 부설된 하역설비나 기기를 이용한 상하차비는 하역비에 포함된다.

(3) 하역비

하역비(荷役費)는 유통가공 및 운송, 보관, 포장 등의 업무에 수반하여 상차 및 하자, 피킹, 분류 등 물자를 상하·좌우로 이동시키는 물류비를 말한다.

입하, 격납, 피킹, 분류, 출고 등과 같은 물류의 세부기능에서 발생하는 하역작업은 독자적으로 실시되는 경우는 거의 없으며, 주로 운송이나 보관의 기능을 수행하면서 비용이 동시에 발생된다. 따라서, 건교부 지침에서는 하역비는 독립적으로 분류되는 경우도 있으나 하역작업의 구분, 그리고 비용계산상의 어려움으로 운송하역과 관련된 비용은 운송비에, 보관하역과 관련된 비용은 보관비에 포함할 수 있도록 하였었다.

즉, 건교부 지침에서는 하역활동의 속성상 선박이나 기차를 이용한 운송에 부대되어 발생하는 하역과 육송차량에 부대되어 발생하는 하역 등으로 구분할 수 있으나, 후자의 경우 운송활동이 범주에 포함되며 그 발생금액이 크지 않은 경우 별도로 하역비 계산을 하는 것이 곤란하기 때문에 하역비를 별도로 분류하지 않을 수 있다고 했다.

그러나 국토교통부 개정 지침에서는 하역비를 별도로 분리하도록 하였다. 이는 하역비를 별도로 구분하는 것이 정보활용의 측면에서 유용하기 때문이다.

그리고 유통가공비는 물자의 유통과정에서 물류효율을 향상시키기 위하여 이를 가공하는 데 소비된 비용을 말하며, 물류활동상의 효율증대를 위해서 발생하는 비용이라고 할 수 있다. 물론 부분적으로는 제품이나 상품의 부가가치를 높이기 위해서 물류과정상 가공을 하는 경우가 있는데, 이것은 생산물류 또는 상류가공(商流加工)에 해당되기 때문에 이때 소비되는 비용은 제조원가나 유통비에 포함시키는 것이 타당하다. 이에 따라 국토교통부의 개정 지침에서는 건교부의 지침과 달리 유통가공비를 기능별 분류 항목에서 제외시켰다. 다만 유통가공 업무상 상하차 등 물자를 이동시키는 물류비는 하역비에 포함시키도록 하였다.

(4) 포장비

포장비(包裝費)는 물자 이동과 보관을 용이하게 하기 위하여 실시하는 상자, 골판지, 파렛트 등의 물류포장(최종소비자를 위한 판매포장은 제외) 활동에 따른 물류비를 말한다.

여기서 물류포장 활동이란 최종 소비자에게 인도되지 않고 이동과 보관을 용이하게 하기 위하여 실시하는 포장으로 판매포장과 상대적인 개념을 나타낸다. 따라서 포장비는 물품, 제품, 폐기물 등을 운송, 하역, 보관하기 위한 물류포장에 소비되는 물류포장비라고 말할 수 있으며, 제품이 생산되는 과정인 생산물류에서 소비된 비용은 생산원가 또는 제조원가에 귀속되기 때문에 포장비에서 제외한다.

한국공인회계사회의 기업회계 실무해설서(1993)에 의하면, 판매비와 일반관리비에 속하는 포장비는 상품 등의 포장과정에서 발생하는 비용을 나타내고 있다. 따라서 제품의 포장비를 제조원가에 포함하는 것이 일반적이며, 특히 일정한 포장을 하지 않고는 제품으로 판매가 불가능한 소다, 약품, 화장품, 과자 등의 포장비는 제조원가에 삽입하는 것이 보다 합리적이다.

예를 들어 상품회사에서 병에 술을 넣고 개별 박스에 포장하고 6본씩을 종이박스에 포장한 후 이것을 파렛트에 올려놓고 비닐랩으로 래핑할 경우, 6본씩 넣는 종이박스는 최종소비자에게 인도되지는 않지만 1차 소비자인 유통업자에게는 그대로 인도되므로 물류포장비라 할 수 있으며, 파렛트 포장도 물류포장비에 해당한다. 그러나 실무적으로 물류포장의 유형이 매우 적고 회계실무상 제조원가에 포함하여 관리하고 있는 기업도 많다.

이와 같이 포장비를 물류비 계산대상에서 제외할 수도 있지만, 기업에 따라서는 포장비를 제품이나 상품 전체의 측면에서 포장비 분석을 실시하는 경우가 있는데, 이 경우 물류비에서 차지하는 비중이 10% 이상인 경우도 있으므로 상호비교의 측면에서 구분하여 계산하는 것도 유용하다.

(5) 물류정보 · 관리비

물류정보 · 관리비(物流情報 · 管理費)는 물류활동 및 물류기능과 관련된 정보처리와 관리에 따른 물류비를 말한다. 다만, 개별기업의 물류비 계산목적에 따라 물류정보비와 물류관리비로 세분화할 수 있다.

물류정보비는 구매, 수송, 생산, 창고운영, 재고관리, 유통망 등 물류 프로세스를 전략적으로 관리하고 효율화하기 위하여 컴퓨터 등의 전자적 수단을 사용하여 지원하는 활동에 따른 물류비를 말한다. 물류정보를 수집, 가공, 전달하기 위해 필요한 입력, 처리, 기억, 출력, 제어, 통신 등의 제 활동을 컴퓨터 등의 전자적 수단을 사용하여 발생하는 비용을 말한다.

최근 컴퓨터 사용의 확대에 따라 전산처리 관련비용이 급증하고 있는데 물류관련 정보기기의 운용, 통제를 위해 발생하는 비용은 이 범위에 포함된다. 예를 들어, 물류센터나 배송센터 등을 운영할 경우는 여기에서 발생하는 전산관련 정보비의 측정이 용이하지만, 물류부문 등에서 별도로 전산부문을 통해 재고관리, 수주 및 발주관리 및 물류정보관리 등을 실시할 경우 전산처리비용 내지는 정보관련 비용의 분류와 측정이 다소 용이하지 않은 것으로 나타나고 있으나 기본적으로는 물류관련비용은 물류정보비에 포함시켜야 한다.

물류정보비에 대해서는 금액의 중요성, 산출가능성 및 산출노력, 산출정보의 활용도 측면에서 별도의 비목으로 구분할 필요성이 있는가에 대해 의문이 제기될 수 있다. 회사의 경영활동 중 해당 활동별로 정보비를 산출하여 관리(생산정보비, 판매정보비 등)하는 사례가 없으며, 또한 정보비용 전체에 대한 계산도 일반화되지 않은 국내의 현실을 고려할 때 별도로 분류하지 않는 것이 타당할 수도 있다. 그러나 정보화시대에 적절하게 대응해 나가기 위해 많은 정보시스템 투자가 소요되는 현실을 감안하여 별도의 비목으로 분류한 후 기업 등에서 선택적으로 적용할 수 있도록 하는 것이 유용시 되고 있다.

물류관리비는 물류활동 및 물류기능의 합리화와 공동화를 위하여 계획, 조정, 통제 등의 물류관리 활동에 따른 물류비를 말한다.

이 비용은 물류비관리의 조직단위에 따라서 공장이나 사업장별로 혹은 물류센터와 같은 현장의 물류관리비와 본사차원에서의 물류관리비로 구분되기도 하며, 후자의 경우 본사의 물류인력의 업무수행을 위해 소요되는 제비용을 칭하고 있다.

3) 지급형태별 물류비 분류

자가물류비는 자사의 설비나 인력을 사용하여 물류활동을 수행함으로써 소비된 비용을 말하며, 다시 재료비, 노무비, 경비, 이자의 항목으로 구분한다. 자가물류비를 대부분의 기업에서 산정하고 있지 않으므로 기업의 물류비 실태를 정확하게 파악하고 있지 못하는 경우가 많다. 즉, 물류비의 전모를 파악하기 위해서는 어느 만큼 자가물류비의 분류나 계산을 구체적으로 하는가가 필요하다. 이에 따라 사내에서 실시하는 물류활동에 관련된 비용을 조달, 사내, 판매(반품, 회수 및 폐기 포함) 등의 영역으로 구분하여 재료비, 노무비, 경비, 이자의 세목별 계정과목을 통해 비용세분화를 하도록 한다.

위탁물류비는 물류활동의 일부 또는 전부를 타사에 위탁하여 수행함으로써 소비된 비용을 말하며, 물류자회사 지급분과 물류전문업체 지급분으로 구분한다. 위탁물류비는 주로 포장, 운송 및 보관 등의 활동을 위탁하는 경우에 발생하게 되는데, 예를 들어 지불포장비, 지불운임, 지불창고료, 입출고료, 수수료 등이 포함된다.

특히 국토교통부의 개정지침에서 위탁물류비를 물류자회사 지급분과 물류전문업체 지급분으로 구분하도록 함으로써 기업물류비 실태조사 시 제3자 물류기업 활용률을 정확하게 파악할 수 있도록 하였다.

자가·위탁별 분류는, 개별 기업의 입장에서는 물류활동을 누가 수행하고 물류대금을 누가 지불한 것인가에 대한 상세한 정보를 알 수 있도록 하고, 정부 등 유관기관의 입장에서는 물류비를 종합적으로 집계할 때 중복(물류공급회사와 물류수요회사 간)집계를 방지하기 위해서 필요하다.

이에 따라 이 지침에서는 자사에서 지불하는 물류비에 대해 물류행위주체를 자사에서 직접 수행하는가 또는 외부의 물류업체에 위탁하는가에 따라 자가물류비와 위탁물류비로 구분하고 있다.

국내 일부 기업의 물류비 계산기준에서는 일본의 계산기준이나 KPC 계산준칙의 영향을 받고서 자사지불 물류비 이외에 타사지불 물류비까지 포함하여 물류비를 분류하고 있다. 이는 제조원가 대부분이 자사의 생산설비·기기에 의해 발생되므로 구분할 필요성이 적은 반면 물류비는 자사설비·기기 이외에 타사설비·기기를 이용할 경우가 더 많을 수 있다는 점 때문에 물류행위의 주체에 따라 구분하는 것이 타당할 수 있다. 지불주체에 따른 분류(자사지불/타사지불)는 조달물류와 판매물류로 구분하여 파악하는 것이 물류비 실태를 정확히 측정하는 측면에서 유용하지만 실무적으로는 타사에서 지불한 물류비 정보를 입수하기가 곤란하다는 한계를 갖고 있으므로 구분하여 적용하는 데는 한계가 있다.

4) 세목별 물류비 분류

세목별 분류는 기본적으로 재료비, 노무비, 경비, 이자로 구분한다. 구체적으로는 해당 기업의 물류비관리 실무에 적절한 비용계정과목을 중심으로 구분하여 물류비를 상세화시키며 계정과목의 분류 및 정의 등은 기업회계기준 및 원가계산준칙의 비용계정과목과 동일한 체계를 가능하면 준용하도록 한다.

(1) 재료비

재료비(材料費)는 물류와 관련된 재료의 소비에 의해서 발생하는데, 주로 포장이나 운송기능에서 발생된다. 물류관련 재료의 종류는 매우 한정되어 있으며 그 구성비율도 낮다고 할 수 있는데, 재료비의 항목에는 포장재료비, 연료비 이외에도 물류활동의 수행을 위한 소모용 공구비, 비품비 등을 포함한다. 예를 들어, 파렛트와 같은 운송기기 등이 물류자산에 속하므로 재료비의 범위에서는 제외되며, 운송기기에 소모되는 연료비 등이 포함된다.

(2) 노무비

노무비(勞務費)는 물류활동을 수행하기 위해 발생하는 노동력에 대한 비용으로서, 운송, 보관, 포장, 하역 및 관리 등의 전반적인 기능과 조달, 사내, 판매 등의 전 영역에서 발생된다. 노무비의 항목에는 임금, 급료, 잡급 이외에도 물류 관련 종사자에 대한 제수당, 퇴직금 및 복리후생비 등을 포함하는데, 기업에서는 공장별이나 사업장별, 지역별이나 고객별, 제품별 등의 관리단위에 따라서 노무비에 관련된 비용을 세분화시켜야 한다.

(3) 경비

경비(經費)는 재료비 이외에 물류활동과 관련하여 발생하는 제비용으로서, 주로 물류관리의 기능에서 발생되며, 회계 및 관리부문 등에서 사용하는 계정과목이 전부 해당된다. 이 지침에서는 경비에 대한 세부적인 비목 구분이 없으나, 필요에 따라서는 다음과 같이 구분할 수 있다.

- 공공서비스비: 공익사업체에서 제공하는 용역(service)에 대해서 발생하는 비용으로서, 전력료, 가스·수도료, 통신비 등이 포함된다.
- 관리유지비: 물류관련 고정자산의 운용, 가동, 보전 등을 위해서 발생하는 비용으로서, 수선비, 운반비, 세금과 공과, 지급임차료, 보험료 등이 포함된다.
- 감가상각비: 물류관련 고정자산의 시간경과에 따른 가치감소분의 비용으로서, 건물감가상각비, 구축물감가상각비, 기계장치감가상각비, 차량감가상각비, 운반기기감가상각비 등이 포함된다. 이 감가상각비는 현금지출을 수반하지 않는 점에 유의해야 하며, 자산의 실제 사용분 만큼에 대한 가치감소를 화폐가치로 나타낸 것이다.
- 일반경비: 물류관리목적을 위해서 지출하는 일반적인 물류비로서, 여비, 교통비, 접대비, 교육훈련비, 소모품비 등과 같은 비용항목 이외에도 물류과정에서 발생하는 변질이나 도난, 사고 등에 따른 손실 등이 포함된다. 예를 들어, 운송이나 보관과정에서 발생하는 불량이나 파손에 따른 비용은 물류경비에 속하게 된다.

(4) 이자

이자(利子: interest)는 물류시설이나 재고자산에 대한 이자 발생분을 의미하고 있는데, '금리(金利)' 또는 '투자보수비(投資報酬費)'라고도 한다. 이 지침에서 이자는 시설부담이자와 재고부담이자로 구분한다.

시설부담이자는 물류시설에 투자되어 있는 자금에 대한 이자부담분만큼의 기회손실을 말하며, 재고부담이자는 재고자산이 존재함으로써 발생하는 재고자산의 가치에 대한 이자부담분만큼의 기회손실을 말한다. 재고부담이자는 보관비에만 포함되며, 이때 재고란 자가 및 영업창고에 보관중인 원자재, 부품 및 제품 일체를 의미한다.

이자는 기업회계기준과 상이한 세목으로서, 시설부담이자는 물류설비의 경제성을 검토하여 의사결정을 하기 위한 목적으로 유용하며, 또한 재고부담이자는 재고자산의 보유를 최소화시키는 것이 물류효율화의 중요한 관리포인트가 된다는 점에서 포함시키고 있다. 두 가지 세목은 모두 관리회계 측면에서 사용되는 것이므로, 외부공표용 물류비 계산서에서는 생략할 수 있다.

물류시설과 재고자산에 대해 이자를 부담시키는 이유는 원가요소 중의 하나인 자본비용(資本費用: capital cost)을 원가계산에 반영함으로써 산출된 원가정보의 유용성을 높이기 위해서이다. 이 방법은 최근 증권시장이나 회계학 분야에서 신개념으로 각광을 받고 있는 경제적 부가가치(EVA: Economic Value Added) 개념과도 동일한 인식을 공유하고 있다.

지금까지 원가계산 실무에서는 자본비용을 원가요소로 인식하지 않고 영업외비용으로 인식한 것이 일반적이었다. 이에 따라 막대한 금액의 제조설비 투자액에 의해 유발되는 자본비용을 원가에서 제외하게 되므로 산출된 원가정보의 유용성에 심각한 문제가 발생하고 있다. 따라서 물류비를 계산함에 있어서 포함시킬 비용 중에 일반적으로 인정되는 기업회계기준에서는 비용으로 인식하지 않는 기회손실이나 이자부담 등을 포함하고 있는 사례가 많이 있다.

5) 관리항목별 물류비 분류

관리항목(管理項目)별 분류는 중점적으로 물류비 관리를 실시하기 위한 관리대상(물류비 계산의 실시 단위의 경우는 물류원가계산대상: cost objectives for logistics unit), 예를 들어, 제품별, 지역별, 고객별 등과 같은 특정의 관리단위별로 물류비를 분류하는 것을 말하며, 관리목적(管理目的)별이라고도 부른다.

물류비를 관리항목별로 분류하는 주된 이유는 관리목적에 적합한 물류비 정보를 산출해 내기 위함이며, 이를 통하여 물류활동의 업적평가는 물론 각 관리단위별 채산분석을 통한 원가절감의 실현을 가능하게 해주기 때문이다. 그리고 물류활동의 중점관리목표를 정책적 또는 전략적 차원에서 실시하게 되면 물류정책이나 물류전략의 실효성 등을 검토해 볼 기회를 제공해 주기도 한다.

관리항목별 구분을 하지 않고 물류비를 계산하여도 물류비 총액이 얼마인지, 기능별 물류비가 얼마인지 등의 정보는 충분히 산출할 수 있다. 그러나 물류비 절감에 관한 의사결정을 위한 유용한 물류비 정보의 산출목적을 달성하기 위한 기초자료로서 관리항목별 구분은 필수적이다. 즉, 경영의사결정에 유용한 정보로서 물류비의 적정성 판단과 물류비 절감을 위해서는 관리항목별로 물류비 정보가 더 상세화 되어 있어야 하는데, 이러한 상세한 구분항목을 관리항목이라고 부른다.

관리항목별 구분은 회사의 관리목적에 따라 그 내용은 상이하며, 대표적인 사례는 다음과 같다.

- 부문별: 물류비가 발생되는 부문이나 관리부문 등 조직계층단위
- 지역별: 물류비가 발생되는 지역별 부문이나 조직단위
- 운송수단별: 철도운송, 해상운송, 육로운송, 항공운송 등의 운송수단
- 제품별: 물류활동의 대상이 되는 원재료, 제품, 부품 등의 제품종류
- 물류거점별: 물류활동이 발생하는 장소로서 물류센터, 창고, 집배소 등
- 업체별: 물류활동을 위탁할 경우 물류활동 수행업체

6) 조업도별 물류비 분류

조업도별 물류비는 물류고정비와 물류변동비로 분류한다. 물류고정비란 물류활동의 범위 내에서 물류조업도의 증감과 관계없이 발생하거나 소비되는 비용이 일정한 물류비를 말한다. 물류변동비란 물류활동의 범위 내에서 물류조업도의 증감에 따라 발생하거나 소비되는 비용이 비례하여 변화되는 물류비를 말한다.

조업도별 물류비는 관리목적별 물류비를 적절하게 통제 및 관리하기 위한 분류방식의 하나이다. 생산성본부의 기업물류비 계산준칙에서는 원가중심점과의 관련성에 의한 분류, 원가행태별 분류인 조업도와의 관련에 의한 분류 그리고 통제가능성에 의한 분류 규정을 두고 있다.

원가중심점과의 관련에 의한 분류는 물류활동의 원가중심점, 즉 조직, 제품, 판매지역, 고객, 물류경로, 주문규모, 서비스 수준, 운송수단 등에 의한 분류로서 비용 발생의 형태에 따라 직접물류비

그림 10-3 관리목적별 물류비의 분류체계

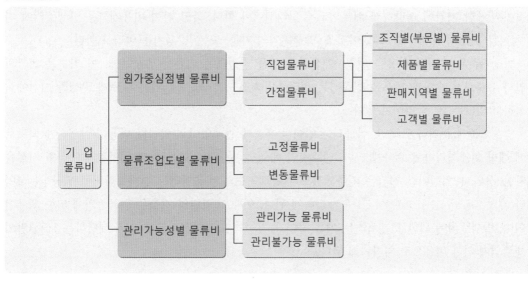

와 간접물류비로 구분한다. 직접물류비는 원가중심점에 직접 부과시킬 수 있는 비용을 말하며, 직접재료비, 직접노무비 및 직접경비로 구분한다. 간접물류비는 원가중심점에 직접부과할 수 없기 때문에 적절한 기준에 의하여 배부하는 비용을 말하며, 간접재료비, 간접노무비 및 간접경비로 구분한다.

조업도와의 관련에 의한 분류는 비용요소를 조업도와의 관련에 따라 분류한 것으로서 고정물류비와 변동물류비로 구분한다. 다만 그 성격이 준고정물류비 및 준물류변동비로 분류되는 것은 각각 고정비와 변동비에 귀속시킬 수 있다. 고정물류비는 일정한 기간과 일정한 조업도와의 관련범위 내에서 고정된 비용을 말한다. 변동물류비는 조업도의 증감에 비례하는 비용을 말한다.

그리고 비용의 관리가능성에 의한 분류는 비용발생에 대한 특정 계층 경영관리자의 관리, 통제 가능 여부에 따른 분류로서 관리가능 물류비와 관리불가능 물류비로 구분한다.

국토교통부의 산정지침에서는 물류비 관리를 위한 의사결정을 지원할 수 있도록 하는 관리목적별 물류비의 분류로 조업도별 물류비를 도입하였다. 물류고정비는 물류의사결정의 관련범위 내에서 물류활동과 관계없이 일정한 감가상각비 등의 비용이고, 물류변동비는 물류활동에 따라 증가 혹은 감소하는 유류비 등의 비용으로 물류손익분기점 분석과 물류설비투자의 경제성 분석을 용이하게 할 수 있도록 하였다.

3.4 물류비 인식기준

지침에서 채택하고 있는 물류비의 인식기준은 지침에서 특별히 규정하고 있는 것을 제외하고는 기업회계기준 또는 원가계산준칙에서 일반적으로 채택하고 있는 발생기준을 준거하도록 하고 있다.

여기서 기업회계기준 또는 원가계산준칙에서 일반적으로 채택하고 있는 발생기준(發生基準: accrual basis)이란, 「기업회계기준」의 제65조 1. 손익계산서 작성기준에 의하면, '모든 수익과 비용은 그것이 발생한 기간에 정당하게 배분되도록 처리되어야 한다.'라고 하여 비용계산은 발생주의에 의해 처리할 것을 규정하고 있으며, 이것을 '발생주의의 기준' 또는 '발생기준'이라고 한다.

발생기준은 수익과 비용을 기록·계산할 시점을 결정하는 기준을 말하는데, 이 기준은 현금의 유입과 유출로서 수익과 비용을 인식하는 현금주의(現金主義: cash basis)와는 다르게 발생한 시점에서 인식하고 있다는 데 큰 차이가 있다.

발생기준에 준거하게 되면, 현금의 유입이나 유출에 관계없이 수익이나 비용이 발생하게 되므로 이에 대한 회계처리가 중요하게 된다. 대표적인 예로서, 창고자동화를 위해 10억원의 자동화 시설을 투자한 경우, 10억원이란 현금은 지출되었으나 당해연도의 비용처리는 감가상각비에 해당하는 1억원만 계상(내용연수 10년, 잔존가액 없음을 가정)하게 된다. 이때 10억원의 지출은 현금주의에 의한 회계처리이며, 발생주의에 의한 회계처리는 예를 들어 투자금액의 감각상각분 1/10에 해당하는 1억원만이 발생주의에 의한 비용으로 처리되게 된다.

다만 시설부담이자와 재고부담이자에 대해서는 기회비용원가의 개념을 적용한다.[20] 여기서 기회비용(opportunity cost)이란 자금을 비롯하여 물자, 서비스 또는 물류설비·기기 등을 현재의 용도가 아닌 차선(次善)의 용도에 사용했다면 얻을 수 있었던 최대 금액을 의미한다. 따라서 기회비용은 자원을 대체적인 용도로 사용할 때 실현할 수 있는 최대의 수익이라고도 할 수 있으며, 차선의 대체안을 포기함으로써 상실한 이익이라고 할 수 있다.

예를 들어, 운송시설로서 2천만원의 화물차를 자사에서 직접 구입하여 운송을 하게 되면 차량 구입에 따른 자금이 투입되게 된다. 여기서 만일 화물차를 구입하지 않고 외부의 전문 운송업자에게 운송을 맡길 경우 이 2천만원이란 자금은 활용이 가능하게 된다. 이때 대체적인 용도인 후자에 의해 2천만원을 은행에 예금하게 되면 최소한 연간 이자액에 해당되는 2백만원(10% 이자율의 경우)이라는 이익을 포기하게 되는 셈인데, 이 2백만원을 기회비용이라고 한다.

또는 창고에 재고를 1억원어치 보관하고 있는 경우, 이 재고가 전혀 없었다면 1억원에 대해 발생하고 있는 연간 이자액에 해당하는 1천만원(10% 이자율의 경우)의 자금은 운용이 가능하다. 이때 재고에 대해 발생하는 이자가 기회비용에 해당하며, 재고로 인해 부담을 지는 이자가 얼마나 중요한가를 파악하기 위해서는 기회비용분석이 필요하다.

물류시설투자와 재고에 대해 발생하는 기회비용의 계산은 다음과 같이 한다. 시설부담이자는 투자액의 미상각잔액에 이자율을 곱하여 계산한다. 이때 시설투자액의 미상각잔액은 자산명세서로부터 물류관련 자산을 추출한 후, 이에 대한 계산시점에서의 감가상각액을 차감하여 미상각잔액을 산정한다.

$$시설투자액의\ 미상각잔액 = 취득원가 - 감가상각액의\ 누적액$$

재고부담이자는 재고의 평균잔액에 이자율을 곱하여 계산한다. 이때 재고의 평균잔액은 재고명세서로부터 월별 기초·기말재고액을 기초로 다음 식에 의해 평균잔액을 산정한다.

$$재고의\ 평균잔액 = \frac{월초재고 + 월말재고}{2}$$

이 평균잔액에 의한 재고액 계산은 월중의 잔액이 계속 일정 수준으로 유지된다는 전제하에서 성립되는 개념이므로 변동이 심한 경우의 영향은 고려하지 못한다는 단점을 안고 있다. 예를 들어, 월중에는 매우 많은 재고를 보유하다가 월말 직전에 매우 낮은 수준으로 변동되었을 때 재고부담이

20 국토교통부 지침 제8조.

자는 거의 계산되지 않게 되며, 반대의 경우도 발생한다.

이러한 경우 매일 재고액에 대한 잔액을 알 수 있는 회계시스템을 갖고 있다면 매일 잔액의 월간 합계액을 계산해 낼 수 있는 적수법(積數法)을 사용할 수 있다. 이 방법은 은행의 예금이나 종합통장방식의 대출금에 대해 이자를 계산하는 방식이므로 정확한 이자계산이 가능하다는 장점이 있는 반면에 전산화를 통한 계산시스템이 갖추어져 있어야 한다는 단점이 있다.

그리고 이자율(利子率)은 사내이자 또는 사내금리의 형태로 적용하게 되는데, 이때 적용되는 이자율로서 가장 이론적으로 타당한 것은 가중평균이자율(加重平均利子率)이며, 실무적으로 이자율은 시중차입금리 등 권위 있는 기관에서 발표되는 이자율을 사용하면 된다.

3.5 물류비 계산방법

지침에서는 물류비를 물류비 실태를 파악할 목적으로 계산하는 물류비와 물류비를 관리할 목적으로 계산하는 물류비로 구분하여 계산하도록 하고 있다. 물류비 실태파악을 위하여 영역별, 기능별, 지급형태별로 다음과 같은 원칙에서 계산하되, 개별기업의 실정에 따라 선택할 수 있다.

물류비 계산은 물류활동과 관련하여 발생된 것으로 하며, 비정상적인 물류비는 계산에서 제외한다. 물류비를 계상함에 있어서 지침에 특별한 규정이 있는 것을 제외하고는 발생기준에 따라 측정한다. 원가회계방식에 의하여 별도로 파악된 원가자료로부터 영역별, 기능별, 지급형태별로 집계한다. 물류활동에 부수적이고 간접적으로 발생되는 물류비는 주된 물류활동과 관련하여 합리적인 배부기준에 따라 배부한다. 물류비 배분기준은 물류관련 금액, 인원, 면적, 시간, 물량 등을 고려하여 원천별, 항목별, 대상별 등으로 구분하여 설정할 수 있다.

또한 물류비 관리를 위한 의사결정을 지원하기 위해 조업도별 물류비와 관리항목별 물류비를 다음과 같은 원칙으로 계산한다.

물류활동 및 물류기능과 관련하여 물류조업도의 변화에 따른 물류비의 변화를 분석하기 위하여 기능별 물류비를 물류변동비와 물류고정비로 구분하여 집계한다. 관리항목별 계산은 조직별, 지역별, 고객별, 활동별 등과 같은 관리항목별로 물류비를 집계하는 것으로서, 관리항목별로 직접귀속이 가능한 직접비는 직접부과하고 직접귀속이 불가능한 간접비는 관리항목별 적절한 물류비 배부기준을 이용하여 배부한다. 그리고 시설부담이자와 재고부담이자는 별도의 자산명세서와 재고명세서 등의 객관화된 자료와 권위 있는 기관에서 발표되는 이자율 등을 고려하여 계산한다.

1) 물류비 계산절차

이 지침에서 물류비 계산방법에 대해 구체적인 내용을 명시하고 있지 않지만, 분류체계에 의한 영역별, 기능별, 지급형태별로 집계하도록 하고 있어 그 계산과정과 방법을 나타내면 [표 10-5]와 같다.

표 10-5 물류비 계산과정

[제1단계]	[제2단계]	[제3단계]	[제4단계]	[제5단계]
물류비 계산욕구의 명확화	물류비 자료의 식별과 입수	물류비 배부기준의 선정	물류비 배부와 집계	물류비 계산의 보고

• 물류비 계산목표 확인
• 물류비 계산대상 결정
• 물류비 계산범위 설정
	• 물류비 계산대상별 자료 식별
	• 물류비관련 회계자료(세목별)수집
	• 물류기회비용 관련자료 입수
		• 물류비 배부기준 결정
		  - 영역별 배부기준
		  - 기능별 배부기준
		• 물류비 배부방법
			• 영역별 집계
			• 기능별 집계
			• 지급형태별 집계
			• 관리항목별 집계
			• 조업도별 집계
				• 물류비 보고서 작성
				• 문제점과 대책 제시
				• 물류비 정보의 활용 및 피드백

제1단계는 물류비 계산의 목표를 해당 기업의 물류비 관리 필요성이나 목표에 의거하여 명확하게 해야 한다. 왜 물류비 계산을 해야 하며, 물류비 계산을 통해 무엇을 요구하고 있으며 또한 산출된 정보는 어떻게 활용할 것인가와 같은 물류비 계산의 욕구(needs)를 명확히 한다.

이러한 물류비 계산욕구를 토대로 물류관리자는 물류비 절감목표와 관련하여 물류비 계산대상을 결정해야 한다. 물류비 계산대상(cost objective; 물류비 관리단위와 동일한 개념)은 예를 들어, 영역별, 기능별, 자가·위탁별 이외에도 제품별, 지역별, 고객별 등 관리항목별 물류비 계산의 관리단위 또는 집계단위를 말한다. 이 계산대상을 설정하지 않으면, 제3절에서 설명하는 간이기준에 의한 물류비만을 계산할 수 있게 되며, 이렇게 되면 필요한 물류비 정보를 다양하게 산출해 낼 수 없을 뿐만 아니라 이로 인해 물류비 규모를 정확하게 파악할 수 없어서 물류비 절감에도 한계가 있게 된다.

다음으로 물류비 계산범위의 설정은 기업에서 물류비 규모를 결정하는 매우 중요한 사항으로서, 어디까지 물류비를 계산하면 되는가를 결정하는 것을 말한다. 이때 물류비 계산을 위한 계산영역을 어디까지 할 것인가를 비롯하여, 각 영역별로 기능별 계산범위와 자가·위탁별 계산범위를 설정한다. 특히 물류비 계산범위는 물류부문에서 갖고 있는 업무상의 책임과 권한에 따라 다를 수가 있기 때문에 부문 간 또는 활동 간에 중복 또는 분리되어 있는 물류비 관련영역을 기업 내의 물류특성이나 회계특성에 의해 적절하게 조절해야 한다.

제2단계에서는 물류비 계산을 위해 물류활동에 의해 발생한 기본적인 회계자료 및 관련자료를 계산대상별로 식별하고 입수하여야 한다. 이 단계에서는 물류활동에 관련된 기초적인 회계자료는 회계부문으로부터 입수하게 되는데, 이 물류비 관련자료는 해당 기업의 계정과목을 중심으로 제공되며 이 자료는 세목별 물류비의 기초 자료에 해당한다.

물류비 관련 물량자료로서 물류부문에서 발생하는 업무자료의 종류에는 다음과 같은 것들이 있다.

• 운송관련: 영역별/제품별/지역별 운송거리, 운송량(ton·km) 등

- 보관관련: 센터별/지역별/제품별 보관수량(개·일·m²), 입출고회수 등
- 하역관련: 물류인원의 영역별/기능별/제품별 등의 작업시간, 상하차수량 등
- 포장관련: 센터별/지역별/제품별 포장수량(개·m³)

또한, 물류비 계산에 있어서 중요한 시설이나 재고의 부담이자를 계산하기 위한 기회비용 관련 자료도 별도로 입수해야 한다.

제3단계는 회계부문으로부터 물류비 관련 회계자료가 입수되면, 계산대상별로 물류비를 계산하기 위해 물류비의 배부기준과 배부방법을 선정하여야 한다. 영역별, 기능별, 관리항목별(예, 제품별, 지역별, 고객별 등)로 물류비 계산을 실시하기 위해서는, 우선 물류비를 직접물류비와 간접물류비로 구분해야 한다.

직접물류비는 계산대상별로 직접 전액을 부과하며, 간접물류비는 적절한 배부기준과 배부방법에 의하여 물류비를 계산대상별로 일정액 또는 일정률을 배부한다. 여기서 물류비의 배부기준과 배부방법을 예시해 보면 [표 10-6]과 같다.

제4단계에서는, 제2단계에서 입수된 물류비 관련 자료를 사용하여 제3단계의 배부기준 및 배부방법에 의해 물류비를 배부하여 집계하는 단계이다. 이중 직접물류비는 전액을 해당 계산대상에 직접 부과하고, 간접물류비는 선정된 배부기준과 배부방법에 의거해서 물류비의 일정액 또는 일정률을 계산대상별로 배부하고 집계하여 합산한다.

표 10-6 물류비의 배부기준과 배부방법 예시

베부기준과 배부방법		예 시
배부기준의 종류	물량(수량) 기준	• 물류서비스의 제공정도에 따라 적절히 배부 －운송비: 운송량(ton·km), 운송품개수, 운송시간 등 －보관비: 보관면적(m²), 보관량(m³·일수), 보관품개수 등 －하역비: 종업원수(명), 작업시간(시간), 하역건수·품수 등 －포장비: 포장개수, 포장건수, 포장시간 등 －기타 물류비: 인력수, 입출고수, 전표발행수 등
	금액기준	• 물류서비스의 제공정도에 관계없이 일정액을 배부 －금액: 원
복수기준의 사용 여부	단일기준	물류비 배부기준 중에서 1개 기준만 사용
	복수기준	물류비 배부기준 중에서 여러 기준을 사용
배부방법의 종류	개별배부	물류활동의 특성에 따라 물류비를 개별적 배부
	일괄배부	물류활동의 특성에 관계없이 물류비를 일괄적 배부

영역별 물류비 계산서를 합산하면 전사의 물류비 계산서가 작성되게 된다. 그리고 물류센터별, 제품별, 지역별 등으로 관리항목별 물류비 계산을 할 경우는 이 양식과 동일한 방식에 의해 작성하게 되면 물류비의 집계 및 합산이 용이하다.

제5단계는 물류비 계산의 실시에 따른 보고서를 계산대상별로 작성함과 동시에 이 내용을 종합하여 물류활동에 관한 물류비 보고서를 제출하는 단계이다. 물류비 보고서는 전사 차원에서 합산하여 전사 물류비 보고서를 작성하면 된다.

필요에 따라서는 영역별, 기능별, 자가·위탁별 보고서를 비롯하여 물류센터별, 제품별, 지역별 등의 관리항목별 물류비 보고서를 작성하게 되면 산출된 물류비 정보를 이용하여 물류의사결정이나 물류업적평가에도 매우 유용하게 활용할 수 있다. 그리고 월별이나 분기별로 기간별 물류비자료를 구분하여 물류비 보고서를 작성하는 것도 필요하며, 이때 물류비 보고서에는 반드시 계산결과에 따른 문제점의 지적이나 필요에 따라서는 이에 대한 대책의 제시 등도 필요하다.

이상과 같은 물류비 계산을 체계적이고 전사적으로 실시하기 위해서는 기업의 물류활동의 특성에 알맞는 '물류비 계산지침'이나 '물류비 계산기준'과 같은 물류비 산정기준을 제도화시키는 것이 바람직하며, 이를 위해 이 지침을 활용하면 유용하다.

2) 영역별 계산방법

영역별 물류비 계산은 전술한 영역별 분류에 의해 물류비를 계산하는 것으로써, 영역별 물류비는 세목별로 집계된 물류비를 기능별/지급형태별 물류비로 구분하여 집계하면 된다. 이때 중요한 점은 물류영역을 물류비 관리책임과 관련해서 설정하여 어느 범위까지 계산을 할 것인가에 있다.

일반적으로 판매물류비는 대부분의 물류부문에서 담당하고 있기 때문에 별다른 문제가 없겠지만, 조달물류비는 주로 구매부문이나 조달부문에서 비용책임을 갖고 있기 때문에 물류비 범위에 포함할 것인가의 여부, 그리고 사내물류비의 경우 생산물류 또는 공장물류와의 경계 내지는 범위를 어디까지 설정할 것인가에 따라 해당 기업에서 산정하는 물류비의 규모가 크게 차이난다.

제조업자의 경우, 물자나 제품의 흐름을 표로 나타낸 후, 세부적으로 각 영역별로 비용의 흐름을 파악하면 기능별, 자가·위탁별 및 세목별로 입수된 비용의 배분이 가능하게 된다. 그리고 유통업자의 경우는 창고나 배송센터, 혹은 점포를 중심으로 해서 조달, 보관 및 진열, 판매되는 상품의 흐름을 표로 나타낸 후, 세부적인 비용의 흐름을 파악해야만 영역별 물류비의 계산이 가능하다.

특히, 영역별 물류비 계산이 실무적으로 잘 이루어지지 않고 있는데, 그 이유는 물류비의 산출에 따른 활용목적이 분명하지 않거나 혹은 조직체계 등과 부합되는 비용흐름을 나타내고 있지 못하기 때문이다. 그러나, 영역별 물류비 계산은 물류의 흐름을 통한 비용흐름의 현황이 가능하며, 이로 인해 어느 부분에서 물류비의 절감 내지는 물류업무의 효율증대를 꾀할 수 있는가를 파악할 수 있기 때문에 매우 중요한 계산과정이라고 말할 수 있다.

그리고 사내물류비의 경우 공장별, 사업부별, 창고별 등으로 세분시키거나, 판매물류비의 경우 제품별, 지역별, 고객별 등으로 세분시켜서 물류비를 계산하게 되면 더욱 유용한 정보의 입수와 활용이 가능해진다.

3) 기능별 계산

기능별 물류비 계산은 각 기능별로 운송비, 보관비, 하역비, 포장비, 물류정보·관리비로 분류하여 지급형태별/세목별 물류비를 적절하게 배부하여 합계하면 된다.

운송비, 보관비, 하역비, 포장비는 그 기능별 물류특성에 의해 비용파악이 비교적 용이하기 때문에 비목별로 상세하게 물류비를 구분하여 계산해야 한다. 이때 사용하는 세목별 물류비 자료의 기능별 배부는, 전술한 물류비 계산절차의 제3단계에 따라 물류특성에 따라 해당 기능별로 직접적으로 연관이 있는 직접물류비는 전액을 직접 부과하고, 일부 또는 간접적으로 연관이 있는 간접물류비는 해당되는 일부의 비용을 적절하게 배부해야 한다.

예를 들어, 운전수의 급료나 수당이나 연료비, 차량의 감가상각비 등은 전액 운송비에 귀속되며, 창고관리자의 급료와 수당 및 창고건물의 감가상각비, 전력료, 수도료 등은 전액 보관비에 귀속된다.

그리고 물류정보·관리비는 일반적으로 대부분의 비용이 공통비적인 성격과 현업부문보다는 관리부문에 의한 지원비용의 성격을 갖고 있음으로 인해 일괄 계산하여 총액으로 계산하면 된다.

특히, 기능별 계산은 물류관리조직이 기능별로 편성되어 있을 경우 비용에 대한 책임소재 등의 파악과 관련하여 매우 중시되기도 하지만, 물류기능별로 채산분석을 실시하여 물류비 절감목표를 설정한 경우 실제 대체적인 방법에 대한 비용트레이드·오프(cost trade-off), 즉 얼마가 절감가능한가를 나타내는 데 유용시되기 때문에 매우 중시되는 계산과정에 해당한다.

4) 지급형태별 계산

지급형태별 물류비 계산은 다음과 같이 실시한다. 자가물류비는 물류활동을 사내에서 실시할 경우 발생하는 모든 비용을 말한다. 주로 사내의 물류활동과 관련하여 조달, 사내의 운송과 보관, 판매 등의 과정에서 발생하는 재료비, 노무비, 경비, 이자를 전부 포함한다.

한편, 위탁물류비는 물류활동의 일부 또는 전부를 외부의 물류업자나 물류자회사에 위탁한 경우 지불하는 요금을 말한다. 이 비용은 주로 운송, 보관 및 포장 등의 활동을 위탁하는 경우에 발생하게 되는데, 예를 들어 지불포장비, 지불운임, 지불창고료 이외에도 입출고료, 수수료 등이 포함된다. 이 위탁물류비는 물류자회사(2PL) 지급분과 물류전문업체(3PL) 지급분으로 구분한다.

자가·위탁별 계산의 중요성은 물류비 절감을 위한 물류개선분석에 있어서 사내 활동과 사외 위탁에 대한 비교분석을 할 경우나, 또는 자사 물류시설의 투자를 위한 경제성 분석이 있어서 비교우위에 대한 분석을 가능하게 해준다.

5) 관리항목별 계산

관리항목별 물류비 계산은 물류활동의 중점적 관리목표에 의거해서 원가중심점을 대상으로 실시되기 때문에, 「계산단위」에 해당하는 원가중심점(cost center), 예를 들어 조직, 제품, 지역, 고객, 물류경로, 주문규모, 서비스수준, 운송수단 등으로 계산하게 된다. 이를 위해서는 전술한 물류비 계산절차의 제1단계에서 본 것과 같이, 미리 물류비 관리목표에 따라 계산단위를 결정해야 한다.

따라서 관리항목별 계산은 물류비 계산서를 조직별, 지역별, 고객별 등과 같은 관리항목별로 물류비를 집계하여 매트릭스표의 형태로 작성하면 된다. 이때 관리항목별로 직접 귀속이 가능한 직접비는 직접 부과하고 직접 귀속이 불가능한 간접비는 관리항목별로 적절한 배부기준을 이용하여 배부하면 된다.

6) 조업도별 물류비 계산

물류활동 및 물류기능과 관련하여 물류조업도의 변화에 따른 물류비의 변화를 분석하고 의사결정을 지원하기 위해 기능별 물류비를 물류변동비와 물류고정비로 구분하여 집계한다. 물류고정비는 물류의사결정의 관련범위 내에서 물류활동과 관계없이 일정한 감가상각비 등의 비용이고, 물류변동비는 물류활동에 따라 증가 혹은 감소하는 유류비 등의 비용으로 물류손익분기점분석과 물류설비투자의 경제성 분석을 용이하게 하도록 집계되어야 한다.

4 물류관리의 회계수단

4.1 활동기준 원가계산의 발전

1) 활동기준 원가계산과 전통적 원가계산

활동기준 원가계산 방식의 시작은 1980년대에까지 거슬러 올라갈 수가 있다. 당시 미국에서는 제2차 세계대전에 승리했음에도 불구하고, 경제 전쟁에서 왜 일본에 패배하는가에 대한 연구가 여러 분야에서 이루어졌다. 회계학계에서는 그 결론의 하나로 볼 수 있는 한 권의 책이 출판되었다. 1988년에 출판된 존슨과 카프란의 공저 "적합성의 상실 – 관리회계의 성쇠(Johnson & Kaplan, Relevance Lost)"[21]였다. 이 책은 관리회계가 적절한 정보를 제공할 수 없었기 때문에 미국 기업의 경영관리자는, 잘못된 의사결정을 하고, 그 결과 미국 경제는 쇠락했다고 진단했다. 그러면서 관리회계의 부활 수단

---

21 Harvard Business School의 Robert Kaplan 교수 그리고 Claremont McKenna College의 Robin Cooper 교수.

표 10-7	전통적 원가계산(TCA)에서 활동기준 원가계산(ABC)으로

물류의 변화

화물은 경박단소로 변하고, 다품종·다량·다빈도 물류로 양상이 바뀌었다. 예를 들면 편의점이나 슈퍼에는 수백 가지의 식품이나 잡화를 매우 소량씩 1일 수회도 배달하고 있으며, JIT까지 일상화하고 있다.

TCA의 결점	TCA의 개선
그런데 TCA에서는 개별 계산을 하므로, 다품종·소량·다빈도·정시 물류에 의한 원가계산이 감안이 되지 않고 있어 물류원가 증대에 의한 경영위기가 반영되지 않는다. 이 때문에 결산을 실시하면, 적자경영의 사실이 판명될 수도 있다.	물류전략에 적절한 물류원가계산을 개발하는 것이 급선무가 되었다. 이러한 물류위기를 극복하려면, 취급 개수는 동일해도 다품종, 소량, 다빈도로 물류를 실시하고, JIT배송을 시도하면, 그에 따라 물류 원가가 증대되는 새로운 물류 원가계산이 필수다.

활동기준 원가계산(ABC)

활동기준 원가계산이란 물류활동을 식별하고, 물류활동에 따라 발생하는 활동원가를 집계하고, 활동원가를 제품별로 할당하는 물류 원가관리방식이다.

으로 활동기준 원가계산(ABC: activity-based costing)을 제시했다.

당초 활동기준 원가계산의 기원은 존 디어 컴포넌트 워크(JCW: John Deere Component Works)사에서 시작했다.[22] ABC의 초기 방법은 스크류 머신의 비용 계산에 사용된 것이다. 추후 하버드대학의 카플란 교수가 학문적으로 발전시킨 이 원가계산 방식은 모든 원가는 직원들이 수행하는 다양한 업무활동에 의해 발생되기 때문에 활동별로 소비된 원가를 측정하자는 것이었다.

ABC는 제조원가 계산에 있어서 제조 간접비의 배부 절차를 개선하는 수단으로서 제창되었다. 지금까지의 전통적 원가계산(TCA: traditional cost accounting)으로는, 공장의 직접 작업시간이나 기계운전시간에 기초한 제조 간접비를 제품에 자의적으로 배부하는 것이 보통이었다. 확실히 회계가 재무제표를 작성하여 기업 외부의 이해관계인(주주, 투자가, 채권자, 세무당국 등)에 손익이나 재정상태를 보고하는 것만을 목적으로 했던 시대에는, 기업의 전 제품이 제조 간접비의 총액을 평등하게 부담하면 충분하고, 각 제품에의 배분의 타당성은 그다지 문제 삼을 필요가 없었다.

그런데, 회계를 경영전략의 도구로 활용하고, 특히 제품의 가격결정이나 수익성 평가에 이용하게 되면, 제품별의 엄밀한 원가계산이 불가결하다. 제조 간접비의 배부 방법의 여하에 의해 제품원가가 변동하고, 제품의 수익성이 큰 폭으로 등락한다. 극단적인 경우에는, 오랜 세월 흑자라고 믿고 있던 제품이 실은 적자이거나, 반대로 적자로 단념하고 있던 제품이 사실은 흑자이거나 하는 사태가 생긴다.

경영환경의 변화도 놓칠 수 없다. 신제품이 기업발전의 원동력이 되어 연구 개발비나 설계 기술

22 Pasi Kivinen, Anita Lukka, "LOGISTICS COST STRUCTURE AND PERFORMANCE IN THE NEW CONCEPT," *Research report 150*, Lappeenranta University of Technology, Finland, 2004. p. 79.

비가 급증하고, 또 고객 지향의 제품개발에 의해 원가 기획비나 원가 개선비가 증대했다.

이러한 원가는 생산이 개시되기 전에 발생하므로, 생산 조업도(공장의 작업시간이나 기계 운전시간)에는 관계가 없다. 이 때문에 생산 조업도로 배부하면, 생산 조업도와 관계가 없는 생산 전 원가가 제품 간접비에 혼입되고, 현행 제품에 배부되어 버린다. 그리고 본래 신제품만이 부담해야 할 원가가 현행 제품에 할당되어 현행 제품의 원가가 비교적 고가가 되면서 시장경쟁력이 상실해 갔다. 싼 일본 제품의 추격에 의하여 미국 시장은 일본 기업에 침식되어 시장을 차례로 잃어 갔다.

이러한 폐해를 제거하려면, 생산 전 원가든지 생산 원가든지, 원가를 발생시킨 활동에 근거하여 원가를 개별적으로 할당할 필요가 생겨 ABC가 개발되었다. 활동기준 원가계산이라고 불리는 것이다.

활동(activity)을 중심으로 하려는 생각은, 단지 회계적인 측정에 머무르지 않고, 넓게 프로세스의 개선으로 확장되고 있다. 이것이 활동 기준관리(ABM: activity-based management)이다. 전술한 존슨 교수는, 1998년에 출판한 「관리회계의 적합성 부활」(Johnson, Relevanced Regained, 1992)의 제8장 「활동기준 원가관리: 적합성 상실의 재현」으로 ABM의 중요성을 호소했다.

2) 활동기준 물류원가계산

이상의 ABC는 제조를 중심으로 전개되어 왔지만, 그 생각은 영업이나 관리에도 적용할 수 있다. 물류 영역에서는 특히 효과적이다. 일견 흑자로 보인 제품이 실은 적자였다라고 하면 도대체 어떻게 된 것일까? 그것이 원인으로 회사가 도산한다면 문제는 더욱 심각하다. 그야말로 회계상의 계산 문제는커녕 회사의 사활문제가 된다.

이러한 현상이 가장 현저하게 나타나는 분야가 물류분야이다. 화주기업에서는 예전부터 개별 계산이 취해져 물류 원가는 제품 1개당으로 계산되어 왔다. 즉, 전기의 물류원가를 전기의 취급 개수로 나누어, 1개당 단가를 산출하여 당기에 일관해서 사용하는 것이 습관이었다. 물류의 조건이 화물에 의해 틀리게 되면, 여러 가지 폐해나 결함이 나타난다.

물류를 둘러싼 환경이나 조건은 최근 들어 급속히 다양화했다. 특히 장대중후의 화물은 단소경박이 되어 소품종·대량·일괄 수송은, 다품종·소량·다빈도화 하였다. 그 때문에 "옮기면 옮길수록, 적자가 나오는" 사태가 출현하는 등 물류원가가 경영의 중요한 요인이 되었다. 그런데 전통적인 개별 계산을 고수하고 있는 경우가 많아 환경이나 조건변화에 따른 원가 파악을 제대로 하지 못하는 경우가 나타난 것이다.

이러한 물류원가 파악의 위기를 해결할 수 있는 방안으로 활동기준 물류원가계산이 나타난 것이다. 물류활동에 근거하여 물류원가를 계산하려는 새로운 방식인 것이다. 이 방식은 수송이나 보관 등의 물류기능을 몇 가지의 활동으로 세분하여 각 활동에 필요로 하는 물류원가를 각 제품에 할당하는 방식을 취하고 있다. 이 때문에 물류의 환경이나 조건에 따른 진정한 물류원가나 물류 실태를 파악하게 된다.

활동을 기준으로 물류원가를 파악하면 고객에게 불필요한 비 부가가치 활동을 파악해내는 일이 가능해진다. 이러한 활동을 발견하여 제거하면 물류원가를 큰 폭으로 삭감할 수가 있다. 이것이 ABC에서 한 단계 더 발전한 물류 활동기준 관리(activity-based logistics management)이다.

4.2 물류시스템의 수치화

물류시스템을 재검토한다는 말은 비용을 철저하게 절감한 물류 조직을 만드는 것을 의미한다. 비용을 철저하게 절감한 물류 조직을 만들기 위해서는 다음 두 가지가 선행되어야 한다. 하나는 지금까지 물류의 비용절감을 방해했던 제약요인을 배제하는 것이다. 또 하나는 비용, 이익, 기타 물류 실태 상황을 숫자를 사용하여 시각화하는 작업이다.[23]

지금까지 물류의 제약요인으로서 존재했던 재고에 대해 영업부문이나 생산부문대신 물류부문이 통제한다면 그 제약요인을 배제할 수 있다. 이를 위해 물류 서비스 등의 제약에 대해 그 실태를 수치화하여 문제를 제기하고, 개선책을 제시할 필요가 있다.

물류비용이라는 것은 어디서 발생하는 것일까? 물류활동의 흐름에 따라 물류비용은 공장, 매입처에서 물류거점까지의 수송비용, 그리고 물류거점 공간비용, 거점내부에서의 작업비용, 그리고 물류거점에서 고객으로의 배송비용이다.

재고수배에 관해서 발생하는 것이 수송비용과 공간비용이다. 이전의 물류에서는 출하동향과 관계가 없는 재고가 수송되어 물류거점에도 보관되어 있다. 재고가 많을수록 수송비용도 많이 들고, 보관공간도 많이 필요하다. 예를 들어, 매출로 환산하면 1개월 분량의 재고가 1주일 분량의 재고로 줄어들면, 불요불급한 재고가 줄어드는 것뿐만 아니라, 수송물량과 재고 공간도 대폭 줄어들게 된다.

이외 물류비용으로는 작업비용과 배송비용이 있다. 이것은 기본적으로 물류 서비스에 기인하여 발생하는 비용이다. 물류의 비용을 절감하기 위해서는 이런 부분의 개선을 통해 이루어져야 한다.

물류를 담당하는 사람도 물류비용을 절감하기 위해 무엇을 해야 할지 모르겠다거나, 작업 효율성을 개선하려 해도 물류센터에 들어가서 무엇을 해야 하나 하는 이야기를 들을 때가 있다. 막연히 물류 현장을 보고 있어도 어디가 문제인지를 알 수 없는 것이다. 물류의 실태를 보지 못하고 있기 때문이다. 물류의 활동은 보여도 그 실태가 보이지 않기 때문에, 무엇을 어떻게 해야 할지 모르겠다고 하는 말이 나오는 것이다. 물류개선을 위해서 물류를 시각화해야 하는 이유가 여기에 있다.

물류를 보이도록 하는 유일한 방법은 숫자로 물류의 전모를 밝히는 것이다. 숫자의 좋은 점은 물류효율화나 물류비용의 절감의 지식이 없다고 하더라도, 무엇을 해야 하는가를 보여줄 수 있기 때문이다.[24]

23　湯浅和夫. 앞의 책. 日本實業出版社. 2008. pp. 124-25.
24　河西健次. 實戰物流 코스트計算. 成山堂書店. 2003. pp. 2-4.

숫자로 물류의 실태를 밝히면, 문제가 어디에 있는지 알 수 있는데다 물류에서 낭비되는 요인이 무엇인지도 보여주게 된다. 물류를 시각화하기 위해서는 그것을 가능하게 하는 기법이 필요하다.

전통적인 개별원가계산방식은 단순히 조업도(생산량)에 의해 원가배분하기 때문에 조업도와 직접적으로 인과관계가 없는 많은 간접비의 배분이 잘못되어 산출된 제품이나 서비스의 원가가 잘못 집계되어 진실원가를 계산할 수 없는 단점이 있어 나온 개념이 활동기준 원가계산(ABC)이다.

즉, 활동기준 원가분석은 기존의 원가회계에서 사용하는 인건비, 재료비, 경비의 방식이 아닌 직접 제품이나 서비스에 해당되는 원가를 계산하는 방법이다. 기존의 원가회계로는 특정 활동, 서비스에 대한 원가를 알 수 없어 그 활동에 대한 평가 역시 정확하게 수행할 수 없는 단점이 있기 때문이다.

활동기준 원가계산이라는 것은 기업의 각 부문 세분 활동 및 각 담당자의 업무를 활동(Activity) 단위로 세분하여 원가를 산출하는 방법을 말한다. 가장 간단한 방법은 활동기준 원가(ABC)＝단가×시간×횟수로 계산하는 것이다.

활동기준 원가계산을 원가계산은 물류비용의 발생에 관한 인과관계를 밝혀주기 때문에, 물류의 비용절감에 큰 위력을 발휘한다. 물류 활동을 식별하여 해당 물류 활동에 필요로 하는 활동원가를 집계해서 각종의 원가 작용요인을 사용하여 활동원가를 제품별로 할당하는 물류원가 계산의 방식이다.[25]

물류에 활동기준 원가계산을 적용하면 물류활동에 원가를 모아서 계산하는 것이다. 활동이란 물류센터의 예를 들면 활동이란 그 내부에서 하고 있는 작업을 뜻한다. 물류센터에서는 크게 나누면, 화물반입, 검품, 재고진열, 피킹(재고 상품에서 꺼내어 배송 준비를 하는 것), 가격표 부착, 출하를 위한 검품, 포장, 적재 등의 작업을 한다. 이들 작업을 원가계산의 목적에 대응하도록 설명한 것이 활동이다.

이 원가계산 방식은 물류센터 작업의 실태 파악에도 큰 위력을 발휘한다. 각각의 물류작업에 얼마만큼의 비용이 드는지도 알 수 있고, 각각의 물류 작업에 얼마만큼의 낭비가 있는지도 알 수 있다. 또한, 주간 혹은 월간 작업인원의 계획책정도 가능해진다.

물류작업의 효율화라고 하면 물류센터 내부의 레이아웃은 어떻게 해야 하는지 혹은 작업 시스템을 어떻게 수정하는지 등을 다루는 것이다. 그러나 성과개선을 하기 위해서는 우선 현재 작업의 실태를 규명하는 것에서부터 시작해야 한다. 물류 활동기준 원가계산은 이와 같은 작업실태의 규명과 해결책을 찾는 데 큰 효과를 발휘한다.

물류 활동기준 원가계산이 밝히는 또 하나의 중요한 항목은 물류비용의 책임구분이다. 물류비용에 대해서 물류부문이 져야 하는 책임범위와, 다른 부문이 져야 하는 책임범위를 밝혀줄 수 있다.

---

25 미국 관리회계인협회(IMA)의 SMA · 4P, Cost Management for Logistics, IMA, 1992.

5 활동기준 원가계산

5.1 형태별 물류원가 파악

활동기준의 물류 원가계산을 실시하기 위해서는, 그 전제로서 회계에서 형태별의 물류원가를 산출해 둘 필요가 있다. 이 때문에 이루어지는 것이 형태별 물류 원가계산이다. 형태별의 물류 원가계산이란, 일정 기간에 있어서의 물류원가를 형태별로 분류 측정하는 절차를 말하고, 재무회계에 있어서 비용의 발생을 기초로 하는 계산이다.

형태별 분류란, 재무회계에 있어서 비용의 발생을 기초로 하는 분류로, 자사 지불 물류비와 타사 지불 물류비가 있고, 자사 지불 물류비에는 자가 물류비와 위탁 물류비가 있다. 그중 자가 물류비는 재료비, 인건비, 간접비, 유지비, 일반경비 및 감가상각비로 분류한다.

형태별로 물류원가를 계산하면, 지불 물류비 외에 자가 물류비도 파악할 수 있어 물류 빙산의 전모를 해명할 수가 있다. 그리고 물류비의 전모를 파악해서 물류원가 절감의 중요성을 부각 시킬 수 있다. 전기의 물류원가와 당기의 물류원가를 비교하여 당기의 물류원가가 효과적으로 사용됐는지 여부를 판단할 수 있다. 또한 지불 물류비와 자가 물류비를 비교하여 위탁과 자영의 어느 쪽이 유리한가를 알 수 있게 된다. 기능별 원가계산이나 부문별 원가계산의 기초자료를 입수할 수 있다.

형태별 물류 원가계산은 원가계산 기간(1개월 등)에 소비된 물류원가를 전기의 형태별로 분류하여 집계하는 절차이다. 조달, 사내, 판매, 반품 및 폐기의 각 물류 원가별로 형태별로 필요한 물류원가를 집계한다. 이러한 형태별 물류원가의 계산 절차는 다음과 같다.

ⓐ 자사지불 물류비의 계산: 다음의 자가 물류비와 위탁 물류비를 합산한다.

ⓑ 자가 물류비의 계산: 다음의 ⓒ에서 ⓗ까지 항목 비용을 합산한다.

ⓒ 재료비 계산: 직접 재료비와 간접 재료비별로 다음과 같이 실시한다.

- 직접 재료비 중 소비량을 측정할 수 있는 것(포장 재료비 등): 실제의 소비량에 실제의 소비가격을 곱하여 계산한다. 소비량은 출고 청구서 등을 계속기록법이나 재고정리 계산법에 따라 파악한다. 계속기록법에 있어서는 재료 원장을 마련하여 출고 때마다 그 수량을 기록하여 소비량을 계산한다. 재고정리 계산법에 대해서는 기초 이월량에 당기 수입량을 가산한 합계에서 기말 재고량을 빼서 당기 인출량을 계산한다.
- 간접 재료비와 직접 재료비 중 소비량을 산정하기 어려운 것(연료비, 소모 공구·기구·비품비 등): 재고정리 계산법에 의하여 기초 이월금액에 당기 수입 금액을 가산한 합계에서 기말 재고정리 금액을 차감하면 당기 인출 금액을 계산한다.

ⓓ 인건비 계산: 직접 인건비, 간접 인건비별로 다음과 같이 실시한다.

- 직접 인건비 중에서 실제의 작업시간 또는 작업량을 측정하는 것(직접물류담당자의 직접 시간에

관련되는 인건비): 실제의 작업시간 또는 작업량에 임금률을 곱하여 계산한다.

- 간접 인건비와 직접 인건비 중에서 작업시간 또는 작업량을 측정하기 어려운 것(직접물류 담당자의 간접시간 및 간접물류 담당자에 관련되는 인건비): 당기의 지불액에 당기의 미불액수 및 선지급액을 가감하여 계산한다.

  이 인건비에는 임금, 급료 이외 상여, 퇴직급여 준비금 이월액수, 복리후생비 등이 포함된다. 그리고 공장 내 제품창고의 담당자는 종종 원재료 보관, 하역 등의 업무를 함께하고 있고, 또 판매원도 수송을 겸임하고 있는 경우가 많다. 따라서 업무별 담당시간, 인원 또는 작업량 등의 기록에 근거하여 실정을 반영한 인건비의 계산을 실시할 필요가 있다.

ⓔ 경비의 계산: 전력료, 가스료, 수도료 등의 경비는 원칙으로 해당 원가계산 기간의 실제 소비량을 미터로 측정하고, 거기에 요금 단가를 곱하여 계산한다. 개별적으로 미터가 없을 때는 청구서나 영수증 등에 의해 파악한 지불총액을 실제로 가까운 추정배분 비율을 정하여 배분한다.

ⓕ 유지비의 계산: 수선비, 소모 재료비, 조세공과, 임차료, 보험료 등의 유지비는 해당 원가계산 기간에 있어서의 실제 발생액으로 계산한다. 발생액은 지불액에 미불액수와 선지급액을 가감하여 구한다. 유지비 중에서 각 기간마다 지불하는 것은, 청구서나 영수증 등에 근거하여 그 지불액을 계상한다. 그러나 기간 분을 일괄하여 지불하는 것(예를 들면, 보험료나 임차료)은 월당 계산법을 이용하여 그 기간에 알맞은 금액을 계상한다.

ⓖ 일반경비의 계산: 다음과 같은 일반경비는 해당 원가계산 기간에 있어서의 실제 발생액으로 계산한다. 발생액은 지불액에 미불액수, 선지급액을 가감하여 구한다.

- 제1종 경비: 재료비, 인건비, 간접비, 유지비, 특별 경비 이외의 경비
- 제2종 경비: 제품의 오손, 변질, 도난 등의 감소손해 및 사고처리의 비용

ⓗ 감가상각비 계산: 감가상각비에 대해서는 재무회계 내지 세무회계에서 상각기간은 법정 내용연수로, 잔존가격은 취득원가의 10%로 계산하는 것이 통례이다. 그러나 물류원가 계산기준에서는 실제 내용연수로, 잔존가격을 제로로 하고, 정액법으로 계산하는 것으로 하고 있다. 그 이유는 다음과 같다.

- 정률법이 조기 상각이 가능하고, 절세에 도움이 되므로, 재무회계상 사용되지만, 정률법에서는 매기의 상각비가 감소해감으로, 매기 지급액 불균형이 발생할 뿐만 아니라, 매기 원가 절감이 이루어진 것 같은 오해가 생겨 버린다.
- 세무회계로는 법정 내용연수를 사용하는 것이 강제되고 있지만, 법정 내용연수는 주로 물리적 연수를 기초로 하고 있으므로, 경제적 연수를 가미한 실제 연수는 상당히 짧은 것이 보통이다. 그러므로 법정연수로 상각을 하면 실질 자본을 유지하고, 교체 자금을 확보할 수 없다.

- 잔존가액은 세무회계로는 취득 원가의 10%로 법으로 정하고 있지만, 현재의 폐기물 처리의 실정에서는 적어도 제로로 생각하는 것이 합리적이다(실제로는, 제거손해가 발생하는 것이 일반적이다).

    그러나 실무상, 이러한 재계산이 불가능한 경우에는, 현행 재무회계로 계산한 금액을 그대로 물류 원가계산에도 준용하는 것은 어쩔 수 없다. 특히 내용연수가 짧고 매년 대체 투자를 실시하고 있는 경우에는, 재무회계 방식의 금액으로도 차이가 적기 때문이다.

ⓘ 위탁 물류비의 계산: 1단위 원가계산 기간에 있어서 실제로 발생액으로 계산을 한다. 이 경우, 포장료는 포장비에, 지불운임은 수송비에, 보관료와 입출고료는 보관비에, 하역료는 하역비에, 외주 공임은 유통가공비에, 전신·전화요금은 정보 유통비에, 사무 수수료는 물류 관리비에, 각각 직접 부과한다. 이외의 간접 위탁 물류비는 일정한 기준으로 각 기능에 배부한다.

ⓙ 타사지불 물류비의 계산: 다음 식으로 견적한다.

ⓚ 구입 타사지불 물류비＝구입 수량 또는 건수×견적 비용 단가

ⓛ 판매 타사지불 물류비＝판매 수량 또는 건수×견적 비용 단가

    이 경우의 견적 비용 단가는 자사에서 이에 상당하는 물류 원가를 소비하고 있을 때는 그것을 대용한다. 이러한 대체자료가 간직하지 않을 경우에는 신고운임·요금을 사용할 수 있다.

    타사 지불 물류비를 물류 원가에 계상하지 않으면, 다음과 같은 모순이 발생하게 된다.

    구입 타사 지불 물류비의 경우, 공장도 가격이 1개 10,000원인 재료를 가공공장에서 운임 등 포함되어 1개 12,000원으로 구매하는 경우를 생각해 보자. 조달 물류를 합리화하기 위해서 재료인수를 직접 수행하여 재료 공장까지 인수하러 가면, 운임이 1,500원 든다고 하자. 그러면, 물류 원가가 개당 1,500원이 발생하여, 물류원가가 낭비되어 물류 합리화에 실패한 게 아닌가 하는 생각을 하게 된다. 그러나 구입 타사 지불 물류비를 개당 2,000원(12,000원－10,000원) 계상하는 것과 비교하면, 오히려 개당 500원(2,000원－1500원)의 물류원가가 절약되어 물류 합리화가 성공한 것을 알 수 있다.

    판매 타사 지불 물류비의 경우, 가공공장 인도가격이 1개 24,000원의 제품을 도매상의 판매점 인수 시 운임 등 포함으로 1개 25,000원으로 구매하는 경우를 생각해 보자. 도매상이 직접인수하여 가공공장까지 인수하러 오면, 운임 등 개당 1,000원이 감소하여, 물류 합리화의 성과가 나타난 것으로 생각하게 된다. 그러나 판매 타사 지불 물류비 개당 1,000원(25,000원－24,000원)을 계상하는 것과 비교하면, 물류원가는 불변으로 물류 합리화가 달성되지 않았음을 알 수 있다.

5.2 기능별 물류원가 계산

형태별 계산은 재무회계와 물류회계와의 연동을 꾀하기에는 필요하지만, 물류관리를 위해서는 기능별 계산을 실시할 필요가 있다. 기능별 물류원가 계산이란, 형태별 계산에서 파악된 물류원가를 물류기능별로 분류·집계하는 절차를 말한다. 여기에서 기능별 분류란, 물류원가가 어떠한 물류기능을 위해서 발생했는지에 의한 분류로 물자 유통비, 정보 유통비 및 물류 관리비로 나눈다. 이 중 물자 유통비는 포장비, 수송비, 보관비, 하역비, 유통 가공비로 분류한다.

1) 기능별 물류원가의 분류

(1) 포장비

포장비란, 수송 포장비로 판매 포장비는 제외한다. 포장을 개별포장, 내장, 외장 등으로 세 가지로 분류할 수 있지만, 이를 상업포장과 공업포장으로 요약하기도 한다. 그러나 판매촉진과 내용보호의 구분이 모호해서 상업포장과 공업포장으로의 구분이 자의적으로 될 우려가 있다. 그 때문에 장소별 개념으로 판매포장과 수송포장으로 명명하였다.

- 판매 포장비: 소비자에게 전달할 때의 포장으로, 상품의 일부로 또는 상품을 정리하여 취급하기 위해서 이루어지는 포장에 필요로 하는 비용
- 수송 포장비: 수송, 보관, 하역의 과정에서 상품의 보호를 목적으로 하여 판매 포장의 후에 이루어지는 포장에 필요로 하는 비용

지금까지는 포장비는 모두 물류원가라는 오해가 일반적으로 있었지만, 판매 포장비는 생산비에 속하므로, 물류 원가에 산입되는 것은 수송 포장비뿐이다.

(2) 수송비

수송비란, 제품을 일정한 장소로부터 다른 장소로 운반하는 데 필요한 비용으로 장소의 효용을 창조하는 것을 목적으로 하고 있다. 이와 같은 수송비에는, 다음의 두 종류가 있다.

- 영업 수송비: 철도, 트럭, 해운, 항공 등 각 물류 사업자의 영업수송 수단을 이용하여 수송할 때의 지불 대금
- 자가 수송비: 제조, 도매, 소매 등의 각 화주기업이 자가용 수송 수단을 이용하여 수송할 때에 사내에서 소비하는 비용

(3) 보관비

보관비란, 제품을 일정 기간 보관하는 데 필요로 하는 비용으로, 시간의 효용을 창조하는 것을 목적으로 하고 있다. 보관비는 수송비와 함께 물류비 주요 항목이다. 보관비에는 다음의 두 종류가

있다.
- 영업 보관비: 창고업자에게 창고운영을 위탁할 때의 지불 대금
- 자가 보관비: 화주기업이 창고운영을 자사에서 실시할 때에 사내에서 소비하는 비용

(4) 하역비

하역비란, 포장, 수송, 보관, 유통 가공의 업무에 수반하여 제품을 동일 시설 내에서 상하, 좌우 등으로 이동시키는 데 필요로 하는 비용을 말한다.

(5) 유통 가공비

유통 가공비란, 물류 과정에서 물류효율을 향상시키기 위하여 수행하는 가공에 필요한 비용을 말한다. 광의의 유통 가공비에는 다음의 세 종류가 있다.
- 생산 가공비: 유통과정에서 생산의 일환으로 실시되는 가공을 위한 비용(예를 들면, 등유, 윤활유 의 캔 충전이나 프로판의 가스통 충전의 비용)
- 부가가치 가공비: 유통과정에서 부가가치 창출의 일환으로 실시되는 가공비(예를 들면, 세트의 결합, 가격표 부착 등의 비용)
- 물류 가공비: 유통과정에서 물류의 일환으로 실시되는 가공을 위한 비용(예를 들면, 생선식품의 보관기간을 길게 하기 위해서 냉동이든 냉장, 가구류의 보관·하역·수송 등을 효율화하기 위해 영업소에서의 조립 등의 비용 등)

생산 가공비와 부가가치 가공비는 생산비에 산입되고, 물류 원가에 산입되는 것은 물류 가공비 뿐이다. 그리고 정보 유통비는 화물에 관한 정보를 처리·전달하기 위한 비용으로, 다음의 세 가지 항목이 포함된다.
- 재고 관리비: 재고의 이동, 잔고, 재고정리에 관한 정보의 처리·전달에 관한 업무에 필요로 하는 비용(재고에 관한 다른 부문과의 조정·통제에 관한 업무의 비용은 제외한다)
- 주문 처리비: 발주, 수주, 출하 지시, 그에 관한 사무처리, 통계업무에 필요로 하는 비용(청구 사무의 비용은 제외한다). 여기에서 수주란, 고객으로부터 단순한 출하의뢰에 속하는 것을 말한다. 상류의 조건 결정을 수반하는 수주(또는 계약)는 포함하지 않는다.
- 고객 서비스: 출하 문의에 대한 응답, 출하 촉진 등의 업무에 필요로 하는 비용

이밖에 물류 관리비가 있는데, 물류의 계획, 조정, 통제에 필요로 하는 비용을 말하며, 다음의 두 종류가 있다.
- 현장의 물류 관리비: 배송센터, 유통창고, 지점 영업소 등의 인건비, 사무비, 유지비
- 본사의 물류 관리비: 본사의 물류 부문의 인건비, 사무비, 유지비

2) 기능별 원가 분류의 문제점

상기의 물류원가 분류로, 특히 신경을 써야 할 것은 다음의 세 가지이다.

(1) 영업 보관비와 자가 보관비의 구분

영업 보관비와 자가 보관비의 구분기준 시 시설 소유권 여부가 기준이 되지 않는다. 예를 들면, 창고업자의 창고를 화주가 임차해서 하는 경우의 비용은 자가 보관비가 되고, 화주창고의 운영을 업자에게 일임하는 경우의 비용은 영업 보관비가 된다. 더구나 자가 보관비는 「창고」라고 칭해지는 장소 이외에도 배송센터나 지점·영업소라도, 또 옥내뿐만이 아니라 옥외에서도(야적 창고의 경우) 발생할 수 있다.

영업 보관비는, 지불 보관료, 지불 창고료, 지불 창고 보관료로 재무제표에 독립 항목으로 계상되므로 용이하게 그 실태를 파악할 수 있지만, 자가 보관비는 각 항목에 분산 계상되고 있으므로, 자가 창고의 원가계산을 시도하지 않으면 그 실태를 측정, 표시할 수가 없다.

(2) 하역비의 계상법

하역비의 처리법에는, 다음의 두 가지가 있다. 물류원가관리 목적에 따라서 두 방법을 나누어서 사용할 필요가 있다.

- 일괄 계상법: 포장 하역비, 수송 하역비, 보관 하역비, 유통 가공 하역비 등을 모두 일괄하여 포장비로 계상하여, 수송비, 보관비와 대등한 독립 항목으로 계상하는 방법
- 분산 계상법: 포장 하역비는 포장비에, 수송 하역비는 수송비에, 보관 하역비는 보관비에, 또 유통 가공 하역비는 하역비에, 각각 분산 계상하여 독립 항목으로 처리하지 않는 방법

3) 기능별 물류 원가계산의 절차

기능별의 물류 원가계산은 한 단위 원가계산 기간(1개월 등)에 소비된 물류원가를 전기의 기능별로 분류하여 집계하는 절차로, 기능별 물류원가의 계산 절차는 다음과 같다.

(1) 수송비 계산

- 영업 수송비: 수송을 사외의 수송업자에게 위탁했을 경우의 지불운임·요금을 위탁 물류비로 계산한다.
- 자가 수송비: 자가 수송에 필요로 하는 재료비, 인건비, 경비등을 집계하여 자가 물류비 합계란에 기재한다.

  또한 영업 수송비는 지불운임이나 지불요금으로 해서 재무제표에 독립 항목으로 계상되므로 용이하게 그 실태를 파악할 수 있지만, 자가 수송비는 각 항목에 분산 계상되고 있으므로,

자가 수송의 원가계산을 시도하지 않으면 그 실태를 측정 표시할 수가 없다.

(2) 보관비 계산

• 영업 보관비: 보관을 사외의 창고업자에게 위탁했을 경우의 지불 창고료를 위탁 물류비에 계상한다.
• 자가 보관비: 자가 보관에 필요로 하는 재료비, 인건비, 유지비, 일반경비 및 특별 경비를 집계하여 자가 물류비 합계란에 기재한다.

(3) 기타 물류비 계산

① 포장비 계산

포장비로써는 수송 포장비만을 집계하고, 판매 포장비는 제외한다. 수송 포장비는 다음의 각각으로 계산한다.

• 영업 포장비: 포장을 사외의 포장업자에게 위탁했을 경우의 지불 포장료를 「위탁 물류비」로 계산한다.
• 자가 포장비: 자가 포장에 필요로 하는 재료비, 인건비, 유지비, 일반경비 및 특별경비를 집계하여 자가 물류비 합계란에 기재한다.

② 하역비의 계산

포장·수송·보관·유통 가공의 각 하역비를 일괄하여 다음의 각각으로 계산한다.

• 영업 하역비: 하역을 사외의 하역 업자에게 위탁했을 경우의 지불 하역료를 「위탁 물류비」로 계산한다.
• 자가 하역비: 자가 하역에 필요로 하는 재료비, 인건비, 유지비, 일반 경비 및 특별 경비를 집계하여 「자가 물류비 합계」란에 기재한다.

③ 유통 가공비의 계산

물류 가공비만을 각각으로 계산한다.

• 영업 물류 가공비: 물류 가공을 사외의 가공업자에게 위탁했을 경우의 지불 가공대를 「위탁 물류비」란에 기재한다.
• 자가 물류 가공비: 자가 가공에 필요로 하는 재료비, 인건비, 유지비, 일반 경비 및 특별 경비를 집계하여 「자가 물류비 합계」란에 기재한다.

④ 정보 유통비 및 물류 관리비의 계산

정보 유통에 필요로 하는 전 비용을 일괄하여 「자사지불 물류비 합계」란에 기재한다.

5.3 활동별 물류원가 계산

기능별 물류원가를 입수하면, 활동별 물류원가를 산출할 수 있다. 이 방식이 활동별 물류원가 계산이다. 활동별 물류원가 계산이란, 기능별 계산에서 파악된 물류원가를 물류활동별로 분류·집계하는 절차를 말한다. 여기에서 활동별 분류란 물류원가가 어떤 물류활동을 위해서 발생했는지에 의한 분류로 우선 물류원가를 변동비와 고정비로 크게 나누고, 변동비는 인건비, 차량비, 하역비, 재료비 등으로 세분한다. 여기에 물류활동이란, 물류기능의 적용 상태이므로, 기능별 물류원가를 세분하면 활동별 물류원가를 산출할 수가 있다.

1) 조달 물류비와 판매 물류비의 구분

(1) 조달 물류비

① 제조업자에 있어서는, 재료(용기, 포장 자재를 포함한다)·부품의 조달처로부터 구입자인 제조업자에게 반입될 때까지의 물류원가. 재료·부품의 사내운반 원가 및 외주에 수반하여 발생하는 물류원가

② 도·소매업자에 있어서는 상품, 용기, 포장 자재 등의 매입처로부터 발주자인 도·소매업자에게 반입될 때까지의 물류원가

(2) 판매 물류비: 조달 물류비 이외의 모든 물류원가로, 다음의 것을 포함한다

① 사내 물류비: 완성제품에 공업포장을 하는 시점(또는 매입한 상품이 자사에 반입된 시점)에서 고객에게 판매가 최종적으로 확정할 때까지의 물류원가(사내 시설 간의 운반원가도 포함한다)

② 판매 물류비(협의): 고객에게 판매가 확정한 뒤, 고객에게 출하하여 인도할 때까지(공장 창고에서 고객에게 직송하는 경우도 포함한다)의 물류원가.

③ 역 물류비: 제품·상품의 역 물류비와 용기, 팔레트, 컨테이너 등의 회수 물류비 및 포장 용기, 수송 자재 등의 역 물류비.

2) 변동비와 고정비의 분해

활동별 물류원가는 다음의 물류 조업도를 기초로 변동비와 고정비로 분해한다. 이것을 비용 분해라 한다. 물류 조업도별 분류란, 물류 조업도의 증감에 근거하여 물류원가가 어떻게 발생하는가에 의한 분류를 말하고, 물류원가는 다음과 같이 분류한다.

- 변동 물류비: 물류 조업도의 증감에 비례하여 증감하는 물류원가
- 고정 물류비: 물류 조업도의 증감과 관계없이 발생하는 물류원가

여기에 물류 조업도란 물류 활동의 실시 정도를 나타내는 척도로 개수, 톤수, 입방 미터, 작업시간 등의 수량으로 파악하든지, 금액으로 파악한다. 기능별 계산에 대해서는, 물류 조업도는 물류 기능 전체에 대해 통일적인 수량 척도나 금액 척도에 의하지 않으면 안 되지만, 활동별 계산에 대해서는 포장, 수송, 보관, 하역 등의 활동별로 다른 수량 척도를 이용해야 한다.

고정 물류비와 변동 물류비를 구분하는 것을 비용 분해라고 칭하지만, 조업도별 물류비용 계산에 있어 비용 분해를 실시한다. 수송비와 보관비에 대하여 계정 과목법에 따르는 비용 분해의 전형 예를 나타내 보면, 다음과 같다.

(1) 수송비의 비용 분해 예

① 자가 수송비: 자가 트럭 등에 의한 수송비로, 다음과 같이 분류한다.

- 변동 인건비: 자가 수송과 관련되는 변동 인건비: 운전기사 · 조수 · 정비원의 급료 · 임금 · 상여(고정급 부분은 제외한다), 임시 고용원(아르바이트, 파트)의 임금 등
- 변동 차량비: 자가 수송과 관련되는 변동 차량비: 연료 · 유지비, 타이어 · 튜브비, 차량 수선비, 소모품비, 도로 사용료 등
- 고정 수송비: 자가 수송과 관련되는 고정 수송비로 다음의 것을 포함한다.
  - 고정 인건비: 운전기사 · 조수 · 정비원 등의 급료 · 임금 · 상여(고정급 부분), 퇴직급여 준비금 이월 액수, 복리후생비 등
  - 고정 차량비: 차고 · 시설 수선비, 차량 · 시설 감가상각비, 취득세, 중량세, 자동차손해보험료 · 임의 보험료, 시설 사용료 · 부과세, 사내금리 등
  - 고정 사무소비: 수송 사무소 인건비, 수송 사무소 시설비, 수송 사무소 경비
② 위탁 수송비: 영업 트럭 등에 의한 지불 물류비로, 지불 운임 · 요금 등(배송센터 사용료나 직거래 등의 경우 화주 사업자 사이에 이루어지는 운임 할인 · 환급, 수취인 지불 운임)은 원칙으로 변동비.

(2) 보관비의 비용 분해 예

① 자가 보관비: 자가 창고 또는 자가 배송센터에 있어서의 비용으로, 다음과 같이 분류한다.

- 변동 인건비: 자가 창고와 관련되는 변동 인건비
- 변동 하역비: 자가 창고 등과 관련되는 하역 기기비로, 연료 · 유지분, 동력비, 타이어 · 부품비, 배터리비, 기기 수선비, 소모품비 등
- 고정 보관비: 자가 창고 등과 관련되는 고정비(창고 · 시설의 리스료도 포함한다)
② 위탁 보관비: 영업 창고에 대한 지불 보관료 및 지불 하역료(거래처의 배송센터 사용료도 가산)는, 원칙적으로 변동비.

3) 활동별 물류원가 계산의 효과

이와 같이 활동별로 물류원가를 계산하면, 다음의 목적에 도움이 된다. 물류기능의 적용영역(즉, 조달 물류와 판매 물류)별로, 물류원가의 실태가 판명된다. 그리고 변동비와 고정비를 분해할 수 있으면, 변동비는 조업도별로, 또 고정비는 일정기간의 총액을 통제하고, 계획하는 데 도움이 된다. 또한 물류 예산을 편성하거나 물류 ABC/ABM을 실시하는 길이 열린다. 마지막으로 물류 활동기준의 물류관리가 가능해져, 물류관리의 수준을 근본적으로 향상 시킬 수 있다.

6 대상별 물류 채산성 분석

6.1 고객별, 제품별 손익산출

이렇게 하여 산출된 활동별 물류원가는 여러 목적으로 활용되지만, 고객·제품 등으로 파악하면, 고객별·제품별의 손익을 산출할 수 있고, 이익관리에 도움이 된다. 이 때문에 실시되는 것이 원가계산 대상별 물류원가 계산이다.

대상별의 물류원가 계산이란, 활동별 계산에 대하여 파악된 물류원가를 대상별로 분류·집계하는 절차를 말한다. 여기에 대상별 분류란, 물류원가가 어떠한 대상 때문에 발생했는가에 의한 분류이다. 대상으로는 고객, 지역, 제품 등이 있고, 물류원가는 이러한 대상과의 관련으로부터 직접비와 간접비로 분류한다. 이렇게 하여 대상별 물류원가를 산출한 뒤, 해당 매출 총이익으로부터 물류원가를 공제하여 공헌이익을 산출한다.

즉, 물류 활동기준 원가계산의 장점은 물류 서비스별, 활동별, 유통경로별, 고객별, 프로세스별 원가를 계산하여 정확한 원가와 수익성 정보를 측정, 분석할 수 있게 해준다. 더욱이 공급사슬 전체로 활동기준 원가계산을 확대할 경우 공급사슬 채널 멤버 간에 중복적인 활동, 비수익적 활동을 배제시킬 수 있다.

즉 활동기준 원가계산은 거래처별, 상품별로 물류원가가 얼마인지를 명확하게 해준다. 이에 의하여 서비스의 내용별로 원가가 명확해지므로, 거래처별로 무슨 서비스를 얼마나 제공하였는지를 기초로 하여 거래처별 및 서비스별로 물류 원가의 시산이 가능해진다. 또 이 활동기준 원가계산을 영업부문에 도입하면 거래처별로 손익을 시산할 수 있다. 또 상품별로도 물류원가가 명확해진다. 입하 및 보관에 소요되는 비용, 출하에 드는 비용이 상품의 생산특성 및 판매특성에 따라서 배분되어 상품별 수지도 명확하게 판명된다. 이 활동기준 원가계산에 의해 활동별로 원가의 구성을 산출하게 되므로 원가 개선효과가 큰 활동도 명확하게 된다. 일반적으로 물류 업무는 그 효율성이 파악되지 않는 경우가 많은데, 이 활동기준 원가계산을 산출하는 과정에서 획득되는 작업부하 자료를 아울러 활용함으로써 물류업무 자체의 효율도 개선할 수 있게 된다.

어느 고객으로부터의 주문에서 낱개가 많았는지, 반품이 많은 고객은 어디인지를 알 수 있도록 함으로써 개선할 여지가 생길 수 있다. 이 경우 고객별로 물류비용을 파악할 수 있어, 고객별 물류비용과 매출이나 영업이익과의 비율을 계산할 수 있다. 예를 들어, 영업이익 대비 물류비용의 비율을 계산해 볼 수 있다. 매출액에서 매출원가를 차감한 것이 매출이익이다. 매출이익에서 판매, 물류, 관리 등에 관한 비용을 뺀 것은 영업이익이 된다. 영업이익 대비 물류비용의 비율이란, 고객별로 영업이익에 대한 물류비용의 비율을 계산한 것이다. 가령 이 비율이 100%라고 한다면, 물류비용이 영업이익을 다 잠식했다는 말이 된다. 물류 서비스에 드는 비용이 영업이익을 넘어서는 경우도 생길 수 있다. 실제로 고객별 영업이익대비 물류비 비율을 가로축에 두고 세로축에는 고객당 단위 물류비용으로 피팅하여 그래프를 그려볼 수 있다. 단위당 물류비용이란, 고객별로 물품 취급개수로 물류비용을 나눈 것이다.

만약 물류 비율이 100%라면 영업이익과 같은 금액의 물류비용이 들었다는 것을 나타낸다. 1,000원의 영업이익을 벌어, 1,000원의 물류비용을 들여 상품을 보내고 있다는 것을 의미한다. 이 100%의 오른쪽에 놓여 있는 고객은 모두 100%를 넘은 것이다. 이들 고객에 대해서 물류 활동기준 원가계산은 활동별로 물류비용을 알 수 있기 때문에 무엇이 문제인지 알 수 있게 된다.[26]

물류 활동기준 원가계산에서 물류 서비스를 규명하고, 고객별 채산성을 밝히면 위와 같은 실태가 보인다. 채산성에 문제가 있는 물류 서비스를 계속 이어갈 필요가 있는가라는 문제를 물류부문이 제기할 수 있게 된다.

6.2 대상별 물류원가 계산

대상별 물류원가는 다음과 같이 분류한다.
① 고객별 분류: 고객의 종류, 연간매상, 규모, 특징 등의 물류원가 분류
② 제품별 분류: 제품의 품종, 종목, 제품군, 형태 등의 물류원가 분류
③ 판매 지역별 분류: 영업지역, 수송거리, 고객 소재지 등의 물류원가 분류
④ 기타 분류: 물류 경로별, 주문 규모별, 서비스 수준별, 톤·킬로별 등의 물류원가 분류

이러한 분류에 근거하여 물류원가를 산정하는 데 있어서는, 물류원가를 더욱 다음의 종류로 분류한다.
- 직접 물류비: 특정의 고객이나 제품 등에 얼마의 비용이 걸려 있는가를 개별적으로 파악할 수 있는 물류원가

---

26 니시자와 오사무, 物流活動의 會計와 管理, 2003.

• 간접 물류비: 모든 고객이나 제품 등에 공통되어 발생하는 물류원가

직접 물류비는 각 고객이나 제품 등에 직접부과 할 수가 있지만, 간접 물류비는 각 고객이나 제품 등에 원가 작용요인에 의하여 할당해야 한다. 또한 직접비·간접비의 분류는 고객의 경우와 제품의 경우에서는 같은 비용으로도 분류가 다르다. 즉, 고객에 대해서는 직접비가 되는 물류원가도, 제품에 대해서는 간접비가 될 수도 있으므로, 주의가 중요하다.

이상과 같이 대상별로 물류원가를 계산하면, 다음의 목적에 도움이 된다. 제품이나 지역 등의 대상별로, 물류원가의 합계액과 그것을 구성하는 활동별 물류비의 구성이 판명된다. 어느 대상의 어떤 활동별 물류원가가 전기에 비하여 증가 또는 감소했는지를 알 수 있다. 왜 그러한 물류원가의 증감이 생겼는지를 검토하는 자료를 얻을 수 있다. 대상별로의 물류원가를 매출 총이익에서 공제하면, 물류 이익을 얻을 수 있어 해당 물류의 수익성 또는 생산성을 측정할 수가 있다. 그리고 대상별로의 판매가격 적부나 물류정책의 여부가 판명되고, 물류의 체질개선을 기할 수가 있다.

대상별 물류원가 계산은 원가계산 기간에 소비되는 물류원가를 대상별로 분류하여 집계하는 절차로, 원칙적으로 다음의 요령으로 대상별의 물류원가를 계산한다.

① 고객별 물류비의 계산

포장비, 수송비, 보관비, 하역비 및 유통 가공비의 별로, 고객 분류별로 물류비를 산정한다. 이 때문에 우선 물류원가를 집계하는 일정한 단위, 즉 비용 단위를 정한다. 비용 단위는 고객의 종류, 연간매출, 규모, 특징 등의 각종의 기준에 근거하여 정할 수가 있으므로, 물류원가 관리 목적에서 가장 효과적인 비용 단위를 결정할 필요가 있다. 이렇게 하여 분류된 비용 단위(A고객, B고객, C고객)와의 관계로부터 물류비를 직접비와 간접비로 크게 나누어, 직접비는 해당 고객에게 직접 부과하고, 간접비는 원가 작용요인으로 관련 고객에게 할당, 양자를 합계한다.

② 제품별 물류비의 계산

포장비, 수송비, 보관비, 하역비 및 유통 가공비의 별로, 제품 분류 때마다 물류비를 산정한다. 이 때문에 우선 비용 단위를 제품의 종류, 종목, 제품군, 사양, 형태 등 중에서 선택한다. 이렇게 하여 선정된 비용 단위(갑제품, 을제품, 병제품)와의 관계로부터 물류비를 직접비와 간접비로 크게 나누고, 부과 또는 할당하여 계산한다.

7 물류 활동기준관리(ABM)

활동기준관리(ABM: activity-based management)란 활동기준원가계산에 의한 활동(activity) 분석과 그 원가정보를 이용하여 공정개선, 원가관리, 의사결정, 예산수립, 성과평가 등의 경영관리를 행하는 것을 말한다. 경영의 효율을 높이기 위해 활동기준회계 정보를 이용하는 것으로써 활동기준관리는 고

객의 부가가치를 향상시킴으로써 수익성을 높이기 위한 활동관리에 초점을 맞춘 경영관리 기법이다. 물류관리의 관점으로부터 보면, 목적은 물류 활동기준관리(ABM)이며, 물류 활동기준 원가계산은 (ABC) 그 수단에 지나지 않는다. 즉, 물류 ABM은 물류 ABC에 의하여 식별된 원가 작용요인을 물량 그대로 제품이나 고객별로 비교하고, 실적이나 표준과 비교해서 효율이 낮은 원가 작용요인을 발견 및 제거하여 효율화를 기하는 기법을 말한다.[27]

물류 ABC에서는, 물류 활동별로 원가 작용요인(물류원가의 소비원인)을 식별하고, 그 작용요인을 기준으로 물류원가를 제품이나 고객에게 할당한다. 그러나 이 원가 작용요인을 물량 그대로 제품이나 고객별로 비교하거나 전기의 실적이나 당기의 표준과 비교하면, 원가 작용요인이 낭비되고 있는 활동이 판명된다. 이 활동을 제거하거나 축소하면, 물류 활동을 큰 폭으로 개선하여 능률화하여 효율화할 수 있다. 이것이 물류 ABM으로, 물류 효율화의 수단이다.

또 물류 ABM을 적용하면, 고객 서비스에 도움이 되지 않은 「비부가가치 활동」을 발견할 수가 있다. 예를 들면, 창고에서는 입출고·포장·하역은 고객에 도움이 되어도, 저장·보유·절차·회의는 고객에게는 불필요하다. 수주생산 내지 즉납·직송체제를 취하면, 창고나 물류센터마저 필요 없게 된다. 이것이 리엔지니어링이다.

즉, 물류 ABM에서는 물류 서비스를 향상하여 물류 이익을 증가시키기 때문에 여러 가지 대책을 강구할 수 있다. 우선 물류 서비스의 향상에 도움이 되는 부가가치 활동과 물류 서비스의 향상에 도움이 되지 않는 비부가가치 활동을 식별할 수 있다. 그리고 물류 활동별로, 활동 작용요인을 추출하여 고객 서비스를 향상시키기 위해서 활동 작용요인을 얼마나 개선, 또는 배제하는지를 조사할 수 있다. 그리고 물류 실적을 분석할 수 있다. 부가가치 활동을 효율화하고, 비부가가치 활동을 배제하는 것으로 물류비를 줄일 수 있다.

ABM을 활용하는 장점을 열거하면 다음과 같다.[28]

- 비용을 제어할 수 있다. ABM은 문제의 원인을 식별하고, 자동으로 비효율성을 알려준다. 그것은 전통적 방식의 보고체계나 예산 시스템에 의존하지 않아도 된다.
- 공통 목표를 발전시킨다. ABM은 작업 중심의 팀 관리를 촉진하여, 쉽게 이해관계를 식별하게 하고 상호 소통을 용이하게 한다.
- 의사결정을 지원한다. ABM은 새로운 장비 구매에서부터 경쟁적 틈새시장을 찾는 데까지 비용을 포함한 의사 결정에 필요한 가장 유용한 정보를 제공한다.
- 결과를 예상할 수 있다. ABM 시스템에 의해 제공된 정보로 예를 들어 월말 재무 결과 등을 쉽고 정확하게 예측할 수 있다.
- 정확한 제품원가를 산출할 수 있다. 재무결과와 직접 연결하여, ABM은 최신 제품원가 계산

27 Burt, Dobler, Starling. World Class Supply Management(7th ed.). 2003. pp. 427-28.
28 Wiersema, William H., *Activity-based management*, American Management Association. 1995. pp. 3-4.

시스템을 제공한다.

카플란 교수는 ABM은 운영 ABM과 전략적 ABM의 두 가지 방법으로 그 목적을 달성할 수 있다고 하고 있다.[29] 운영 ABM은 일을 올바로 하자는 것(Doing Things Right)이다. 효율성을 높이고, 비용을 절감하고, 그리고 자산 활용도를 향상시키려는 것이다. 운영 ABM은 기계 고장시간을 줄이거나 없애고, 가치를 내지 못하는 활동이나 공정을 개선하여 조직의 장비나 인력 등 자원 능력을 향상시킬 수 있다. 운영 ABM의 장점은 ABM이 비용 절감, 자원 활용도 향상을 통한 높은 수익, 그리고 자원 활용도 향상으로 장비나 인력에 대한 추가 투자의 비용을 회피시킬 수 있다.

이에 비해 전략적 ABM은 올바른 일을 하자는 것(Doing the Right Things)이다. 활동의 효율이 일정하게 유지된다는 가정에서, 생산성을 높이기 위해 활동의 수요를 변경하는 것이다. ABC 모델은 개별 제품, 서비스, 고객 각각에 대해 수익성이 높거나, 또는 수익성이 떨어지면 이를 알려준다. 많은 기업들이 ABC 시스템을 사용하는 것은 제품 엔지니어나 디자이너에게 원가에 영향을 미칠 좀 더 나은 정보를 제공하기 위함이다.

물론, 운영 ABM과 전략적 의사결정은 상호 배타적이지 않다. 이 두가지 방식 모두 일정량의 활동을 하는데 필요한 자원을 절감하는 데 활용할 수 있고, 또한 동시에 모든 활동들이 공정이나 제품 서비스 및 고객에 이익이 되는 방향으로 갈 수 있도록 할 수 있는 것이다.

---

29 Kaplan , Robert S. and Cooper, Robin, 1997. Cost & Effect. Using Integrated Cost systems to Drive Profitability and Performance. Harvard Business School Press. Boston, Massachusetts. pp. 4-6.

11

Fundamental of Logistics

전 세계와 어떻게 물류가 연결되지?

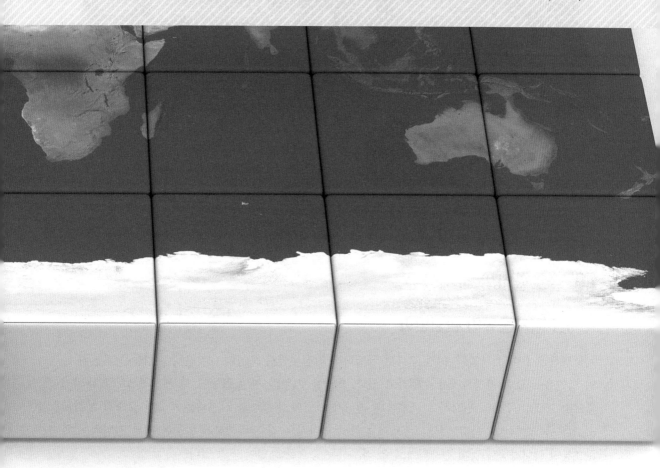

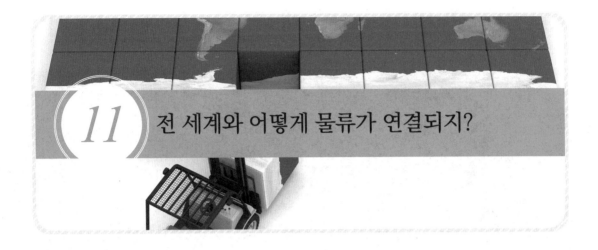

1 글로벌화와 국제물류

1.1 국제물류의 환경변화

생산과 소비의 세계화, 인적 교류의 국제화가 진전되면서 오늘날 대부분의 기업들은 그들의 사업 영역을 글로벌 환경하에서 수행하고 있다. 이것은 기업의 경영 활동이 전 세계적으로 확대되어 글로벌 공급망 구축이 필요하고 국제물류 관리가 기업의 경쟁력과 직결되는 중요한 요소로 부각되고 있음을 의미한다. 특히, 무역의존도가 높은 우리나라의 경우 국제물류 활동은 개별 기업의 수익 구조뿐만 아니라 국민경제 전체의 상황을 좌우하는 중요한 요인이 되고 있다.

국제물류는 세계 경제환경, 경제추세, 경쟁상황 등 외부 환경에 따라 많은 영향을 받아 기업들은 변화하는 외부 환경에 적응하기 위해 다양한 세계화 전략을 추구하고 있다. 1995년 WTO 체제의 출범은 기업환경을 더욱 세계화로 몰입하게 하였고 국가 간 FTA의 확대는 회원국 간 관세 및 무역장벽을 철폐로 이해관계가 일치하는 국가들끼리 공동보조를 취하는 지역주의화(regionalism) 현상이 발생하고 있다.

지역주의화가 실현된 EU, NAFTA, ASEAN 등의 경제 블록은 대륙 간 원거리 국제 교역보다 역내 교역을 통해 상품이나 자본, 노동력의 이동을 자유롭게 허용하여 경제통합과 자유무역을 실현하고 있다. 이에 따라 기업들은 경제 블록과 무역장벽을 뛰어넘는 경쟁 원칙이 강조됨으로써 국제경쟁력을 확보하기 위해 기술 개발과 글로벌 경영체제 구축에 적극 나서고 있다.

산업구조는 전통적인 1차 제조산업에서 고부가가치, 첨단지식 산업으로 재편되면서 글로벌 물

| 그림 11-1 | 세계 지역주의화 현황 |

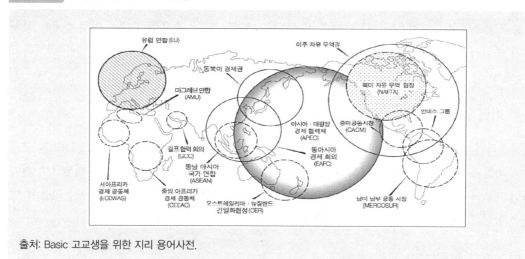

출처: Basic 고교생을 위한 지리 용어사전.

류관리가 기업의 전략적 경쟁수단으로 인식되어 기업들은 범세계적으로 저렴하고 우수한 원재료와 반제품 또는 완제품 등을 구매, 생산, 판매하기 위한 국제물류시스템을 구축하고 있다. 기업들을 둘러싼 최근 글로벌 물류환경의 변화와 동향은 다음과 같다.

1) 지속적인 재고 감축

물류효율성을 추정하는 주요 지표는 매출액 대비 재고비율이다. 물류선진국들은 소비자들의 요구에 부응하면서 지속적으로 재고를 줄이기 위해 적시(JIT) 배송과 같은 물류서비스를 제공하고 있다. 미국의 경우 QR(quick response), 크로스도킹(cross docking), CRP(continuous replenishment program) 등을 통해 기업의 재고유지비용을 크게 절감시키고 있다.

2) 물류신기술의 등장

RFID와 같은 IT기술은 기업의 생산 합리화와 기술혁신 그리고 효율적 물류관리의 성패를 가름하는 중요한 요인이 되었다. 월마트의 경우 10,000여 개의 공급업체 중 상위 10% 이상의 업체에서 RFID를 활용하여 물품을 조달하고 있다. 맨하턴어소시에이트(Manhattan Associates)[1]와 같은 공급업체에서도 매출의 4% 정도를 RFID를 통해 획득하고 있고 이 비율은 더욱 증가 될 것으로 보인다.

---

1 공급사슬관리 솔루션 공급업체.

3) 국제물류시장에서의 중국의 급성장

중국 제조업의 급성장은 국제물류에 많은 영향을 미치고 있다. 수출입 증대로 인해 중국은 국제물류의 중심지가 되고 있고 많은 국제물류기업들은 중국에 자회사를 설립하거나 거점을 확보하고 있다.

4) 기업 간 인수 합병

물류기업 간의 인수합병이 국제물류의 주요한 흐름이 되고 있다. 독일의 DPWN[2]가 DHL과 단자스(Danzas)를 합병하여 세계 최대 규모의 물류기업이 되었고 UPS는 프리츠(Fritz)를 합병하였으며 최대선사인 머스크라인은 P&O 네드로이드를 인수 합병했다. 국내의 경우에도 금호아시아나 그룹이 대한통운과 한국복합물류를 인수한 사례가 있다.

5) 제3자 물류(3PL) 시장의 확대

기업은 비용을 절감하고 경쟁력을 확보하며 경영활동을 선택과 집중하기 위해 외주(outsourcing) 혹은 제3자 물류(3PL: 3rd Party Logistics) 기업에 물류활동을 위탁하고 있다. 글로벌 물류시장의 확대와 생산거점의 다국화에 따른 글로벌 차원의 물류관리 전문성이 중시되면서 기업들은 규모의 경제 효과, 물류서비스 범위 확대, 전문성 강화 등의 이유로 제3자 물류 전문기업을 활용하고 있다.

특히, 국제물류의 경우 제3자 물류는 국가 간 분산된 생산 및 판매거점들을 효과적으로 연계하여 물류비용 절감과 고객서비스 수준의 향상을 가져올 수 있는 생산 및 마케팅 전략의 중요한 요소이다. 뿐만 아니라 국내의 물류활동보다 그 발생 비용이 크기 때문에 제3자 물류의 전략적 가치는 계속 커질 것이다.

1.2 국제물류의 개요

1) 국제물류 개념

국제물류란 생산과 소비가 2개국 이상에 걸쳐 이뤄지는 경우, 그 생산과 소비의 시간적, 공간적 차이를 극복하고 효용을 창출하기 위해 유·무형의 재화에 대한 물리적인 경제활동이다. 미국 물류관리협의회(NCPDM)에 따르면 "완성된 제품을 생산완료에서부터 시작하여 국외에 있는 소비자에게 효율적으로 이전시키기 위하여 직·간접적으로 관련되는 제 활동"이라고 정의하고 있다.

국제물류는 국내물류보다 확대된 영역에서 조달, 생산, 판매활동이 국경을 넘어 이루어진다. 수출입 수속과 통관절차가 필요하고 운송방법이 다양하여 물류관리가 국내물류보다 복잡하다. 운송영

---

2 도이치포스트월드넷(Deutsche Post World Net), 독일우정공사.

| 표 11-1 | 국제물류와 국내물류의 기능차이 |

기 능	국내물류	국제물류
운송	물류거점을 이용한 공로운송 (공로운송, 철도운송, 내륙운송)	항만이나 공항을 이용한 복합일관운송 (해상운송, 항공운송, 복합운송)
보관·하역	물류센터나 배송센터 중심	항만, 공항, 내륙통관기지 중심
포장	경제성, 편리성, 간이성에 중점	운송에 중점(팔레트, 컨테이너 단위)
정보	화주, 운송업체, 주선업체 등의 독자적 정보 확보	특정 터미널을 축으로 국내화주로부터 해외고객에 이르는 과정을 E-mail이나 인터넷을 통해 추적 가능

역이 넓고 대량화물을 수배송하기 때문에 운송기능의 비중이 높으며 한 번에 운송하는 물동량이 많아 상대적으로 환경제약이 큰 편이다.

2) 국제물류 특성

(1) 활동의 다양성

국제물류는 각국의 정치, 경제, 사회, 문화적 측면 등 다양한 범위에 걸쳐 영향을 받기 때문에 운송, 보관, 포장, 하역 등 여러 기능 간의 적합한 선택과 조합을 면밀히 조사해야 한다. 국가별로 수출입 활동에 따른 규제, 관세관련 규제, 재고 및 외환관리 등의 복잡한 환경에 적응할 수 있는 다양한 운영전략을 수립할 필요가 있다.

(2) 원거리 운송

국제물류는 국가 간의 교역이기 때문에 운송거리가 길어 늘어난 거리에 따라 운송비용과 운송시간도 증가한다. 원거리 운송에 따른 불확실성의 확대는 제품의 재고량이 늘어나거나 리드타임을 증가시키기 때문에 원거리 운송에 따른 재고관리가 중요해진다.

(3) 서류의 복잡성

국제물류에서 서류처리는 그 양과 복잡성이 증가하고 국내물류에서는 불필요한 서류와 절차에 대한 이해가 요구된다. 선하증권, 내륙운송, 통관작업뿐만 아니라 대금지불, 판매조건, 운송조건 등에 관한 지역적 관행과 독특한 서류작업도 필요하다. 완전한 서류작업과 원활한 업무진행을 위해서는 전문적인 경험과 지식을 필요로 하기 때문에 화주와 운송업자 사이에서 국제물류 활동을 중개하고 대행할 복합운송인을 필요로 한다.

(4) 물류기능상의 차이

포장기능에서 국내물류는 경제성, 편리성, 간이성에 중점을 두고 있으나 국제물류는 팔레트와 컨테이너 단위로 운송에 중점을 둔다. 하역과 보관기능에서 국내물류는 복합화물터미널이나 물류센터를 중심으로 운영되나 국제물류의 경우에는 항만, 공항, 내륙거점 등에서 복합일관운송을 수행하기 때문에 시간단축과 비용절감이 중요한 역할을 하게 된다.

2 국제물류의 중요성과 기능

2.1 국제물류의 중요성

세계의 다국적 기업들은 수출상품의 출하빈도 증가, 출하단위 축소, 리드타임(lead time) 단축 등의 과제에 따라 무재고화, JIT, 다품종 소량화에 대한 화물의 혼재수송 등의 요구에 직면하고 있다. 이를 해결하는 방안으로 판매 및 생산의 해외거점화와 이의 적정배치, 물류센터의 집약화와 같은 국제물류 활동을 수행하고 있다. 이에 따라 기업의 국제물류 활동은 경제적, 사회적으로 다음과 같은 역할을 제공하고 있다.

① 국제 간의 물품의 생산과 소비를 연결하는 역할을 수행하고 생산을 증대시켜 국제시장의 발전에 기여한다.
② 운송시간의 단축과 조기인도, 적기인도 등을 통하여 해외고객에 대한 서비스 활동을 향상시킴으로써 신뢰감을 높이고 판매기능을 촉진한다.
③ 생산과 수출뿐만 아니라 총비용이라는 경제적 측면에서 추가적인 이윤을 제공하게 된다. 국제물류는 국내물류와는 달리 해상운송에 대한 비중이 크기 때문에 제품 단가의 인하를 통해 국제경쟁력에도 기여한다.
④ 기업 활동의 세계화에 따라 글로벌 생산 및 판매활동을 지원하는 효율적인 물류관리시스템을 구축하게 되어 글로벌 기업의 성장을 촉진한다.

따라서 국제물류는 단순한 기업의 개별적 운영활동이 아니라 경쟁력을 제고할 수 있는 수출전략, 마케팅전략, 생산전략 등과 같은 기업의 핵심 의사결정으로 인식되고 있다.

2.2 국제물류의 기능

국제물류의 기능은 기본적으로 국제수송, 보관, 하역, 포장 및 정보의 5가지 기능에 의하여 이루어진다. 국제물류는 국가 간 원거리 운송을 전제로 하기 때문에 국제수송이 물류활동의 중심이 되

표 11-2	국제물류의 기능별 특성
기능	**기능별 특성**
수송기능	육상, 해상 및 항공수송이 결합된 국제복합운송이 국제물류관리의 중심역할 담당
보관기능	국내물류는 유통창고에서 화물의 집하, 조립, 포장, 분류를 수행하였으나, 국제물류는 보세구역에서 화물을 일시 보관
하역기능	국내물류는 적치크레인이나 포크리프트 등이 사용되는 반면, 국제물류에서는 주로 항만의 안벽크레인 등이 사용
포장기능	국내물류와 유사하나 효율적 수송을 위해 포장화물의 컨테이너에 의한 단위화로 물류합리화를 추구
정보기능	EDI(Electronic Data Interchange 전자문서교환), VAN(Value Added Network 부가가치통신망) 사용

며 하역, 보관, 포장 및 정보 등의 제 활동은 보조적 역할을 수행한다. 국제물류의 활동영역별 기능은 [표 11-2]와 같다.

(1) 수송기능

수송은 주요 거점 간 원거리 운송을 의미하며 공간적 이동을 통해 장소적 효용을 창출한다. 국제수송은 국제물류의 핵심적인 요소로서 하역, 보관, 포장, 정보 등과 보조적 관계를 맺고 있다. 수송기능은 거리가 길고 비용이 큰 만큼 국제물류 관리에서 수송업자의 역할은 중요하며 국제물류의 수송기능은 대부분 해상운송을 통해 이루어진다.

수송관리에서 수송시간이 수송비용보다 중요한 목표가 되며 수송기간 단축은 수송서비스 질의 경쟁력을 결정지으며 정시운송과 함께 주문처리 시간 단축, 재고 회전 시간 단축이 핵심 과제가 되고 있다.

(2) 하역기능

국제물류에서의 하역은 항만이나 항공화물터미널에서 작업이 주로 이루어지며 공산품일 경우 컨테이너에 적입하는 과정에서부터 화물터미널 등의 내륙거점이나 공항, 항만의 하역작업에 컨테이너 크레인(container crane) 등 각종 하역설비 및 하역기기를 이용하고 있다.

원재료일 경우에는 언로더(unloader)와 같은 기초하역 설비나 기기가 동원되어 항만 및 공항의 창고시설과 연계되어 운영된다. 국제물류에서 하역의 중요성이 높기 때문에 시간단축과 비용절감을 통한 하역의 합리화가 전체 물류합리화를 좌우하는 경우가 많다.

(3) 보관기능

국제물류에서 보관기능은 국내수출지에서 수입지까지 화물운송 과정에서 필요한 화물의 보관 활동을 지원한다. 유통기능을 우선하는 국내물류와는 달리 국제물류는 수출자의 공장, 창고, 내륙거점, 항만, 공항터미널 등에서 보관기능을 우선하게 된다.

국제물류에서는 창고자동화시스템을 통한 컨테이너의 적입뿐 아니라 항만 또는 공항의 보세창고운영시스템이 하역작업과 병행하여 중요한 역할을 담당하게 된다.

(4) 포장기능

국제물류에서의 포장기능은 국내물류와 차이가 크지 않으나 원거리운송이나 해외시장의 판촉을 위해 상품의 품질이나 가치를 저하시키지 않고 오랫동안 보호하기 위한 측면에서 포장기능이 수행된다.

그러므로 국제물류에서 포장은 제품의 특성에 따라 생산성, 편의성, 경제성을 염두에 두고 효율을 추구하는 동시에 판매를 촉진하기 위한 포장이 되어야 한다. 또한 국제물류에서는 운송상의 포장 단위가 중요하므로 컨테이너, 팔레트(pallete)를 어떻게 효과적으로 활용하느냐가 중요한 과제가 된다.

(5) 정보기능

국제물류를 종합적으로 기능화하고 통합적인 활동을 지원하기 위해 정보는 중요한 물류의 기능 요소이다. 물류비용을 절감하고 고객서비스를 향상시키기 위해서는 국제물류 운영에서 정보유통체계의 확립이 필수적이다. 부가가치통신망(VAN)과 전자문서교환(EDI) 등과 연계된 물류정보시스템의 구축을 통해 물류의 여러 기능을 통합하고 재고를 줄이며 고객의 다양한 요구에 부응할 수 있게 해야 한다.

3 수배송계획

의사결정 문제를 다루는 수송계획은 크게 전략적 계획과 운영적 계획으로 나누며 전략적 계획은 중장기 수송계획에 대한 의사결정으로 수단선택, 기기구매, 수송망 건설 등을 포함한다. 운영적 계획은 자가 차량의 경로선정(routing)과 일정계획(scheduling)과 같은 단기계획 범주에 속하는 의사결정으로 전형적인 문제는 특정 집배송이 어느 차량에 할당되어야 하고 수요지 경유는 어떤 순서로 이루어져야 하는 것에 대한 운영 계획이다.

수송경로 결정 문제는 일반적으로 출발지와 도착지 유형에 따라 출발지와 도착지가 서로 상이하며 출발지와 도착지가 각각 1개인 경우 최단경로법(Shortest path 또는 shortest route)이 사용된다. 출발지와 도착지가 복수인 경우는 북서코너법, 최소비용법, 보겔법(vogel)이 사용되고 출발지와 도착지가 동일한 경우는 TSP(외판사원문제)가 사용된다. 또한 각 운송구간별 단위당 운송비 또는 단위 운송량 등이 제시된 운송문제의 경우는 최단경로법, 최대운송량법, 네트워크 최소화법 등이 있다.

그러나 현실적으로 운송조건은 계속 변화하기 때문에 동적 여건에서 그때마다 복잡한 기법을 적용한다는 것은 매우 어려운 일이다. 따라서 최근에는 컴퓨터를 이용한 스위프법, VSP(vehicle scheduling program)와 같은 변동다이어그램[3] 시스템을 많이 활용하고 있다. 다음은 수배송문제 해법 중 하나인 북서계획법에 대해 소개한다.

3.1 북서코너법(North-West Corner Method)

북서코너법은 운송비용은 고려하지 않고 하나의 실행가능한 해를 신속하게 구하는 방법으로 운송표의 칸을 채울 때 북서쪽의 칸부터 가능한 최대의 값을 할당한다.

초기 운송조건이 [표 11-3]과 같이 주어졌을 때 북서코너법을 이용하여 각 구간별 물동량을 할당하는 방법은 다음과 같다. [표 11-4]는 이 방법을 통해 계산된 해이다.

① (X-공급지, A-수요지) 칸에 X-공급지의 최대 공급량인 50을 할당한다.
② A 지역의 수요량이 충족되지 않으므로 추가 수요량 50을 (Y-공급지, A-수요지) 칸에 할당한다.
③ Y-공급지의 남은 공급 가능량 40은 (Y-공급지, B-수요지) 칸에 할당한다.
④ B 지역의 수요량 40은 (Z-공급지, B-수요지) 칸에 할당한다.
⑤ Z 공급지의 남은 공급 가능량 120은 (Z-공급지, C-수요지)에 C-수요량인 50을 할당하고 (Z-공급지, D-수요지) 칸에 D-수요량인 70을 할당한다.

표 11-3 북서코너법을 적용하기 위한 초기 운송표

수요지 공급지	A	B	C	D	공급합계
X	(10)	(12)	(13)	(15)	50
Y	(13)	(10)	(7)	(9)	90
Z	(14)	(11)	(8)	(10)	160
수요합계	100	80	50	70	300

---

3 계획시점에서의 물동량, 가용차량의 수, 도로사정 등의 정보를 감안하여 컴퓨터로 가장 경제적인 배송경로를 도출해서 적재 및 운송지시를 내리는 방식.

| 표 11-4 | 북서코너법을 적용한 최종 운송표 |

수요지\공급지	A	B	C	D	공급합계
X	(10) 50	(12) −	(13) −	(15) −	50
Y	(13) 50	(10) 40	(7) −	(9) −	90
Z	(14) −	(11) 40	(8) 50	(10) 70	160
수요합계	100	80	50	70	300

⑥ 총운송비는 각 구간별 할당량과 각 구간별 단위운송비용을 곱하여 산출한다.

(총운송비: $10 \times 50 + 13 \times 50 + 10 \times 40 + 11 \times 40 + 8 \times 50 + 10 \times 70 = 3,090$)

4 물류단지의 입지선정

물류단지의 입지선정은 물류의 이동이 원활히 이루어 질 수 있도록 지원하는 의사결정 과정으로서 물류단지의 구성은 물류 활동 전반의 효율성과 효과성에 결정적 요소로 작용된다. 따라서 물류 시스템을 효율화시킬 수 있는 입지 선정을 위해서는 생산과 마케팅에서의 요구사항, 즉 비용적 측면, 지리적 측면, 거리적 측면, 교통적 측면, 인적 측면, 정책적 측면에서 물류 단지가 입지하는데 필요한 요인들을 사전에 충분히 고려해야 한다.

4.1 입지선정의 고려 요건 및 선정 절차

물류입지 선정 시 고려해야 하는 요소로서는 경제, 자연, 사회적인 측면의 기본 요건과 기업의 제품 및 물류 특성 등이 있다.

1) 기본요건

구분	요건
경제적 요건	수송비용, 수송의 편리성, 노동력, 토지가격 및 토지의 이용가능성, 판매시장의 접근성, 원자재 구입의 용이성, 확장가능성
자연적 요건	기후, 공업용수, 환경조건
사회적 요건	지역사회특성, 법규, 국가정책 및 국토계획, 조제제도, 수용특성

2) 기업 및 제품의 물류특성

구분	요건
기업의 물류특성	기업 유통시스템의 형태, 생산요구, 기업 물류조직의 보유 여부, 기업의 물류네트워크
제품특성	원자재 반제품 부품의 구분, 수출용 내수용의 구분, 내구재 소모재 산업재의 구분

4.2 입지선정 순서

입지선정을 위한 기본 요건과 특성들에 대한 사전 검토가 이루어지면 입지선정의 전제조건들을 고려하여 적합한 입지를 다음과 같은 순서로 결정한다.

① 새로 선정할 물류입지의 역할, 물류서비스 목표수준과 현존하는 물류시스템 등을 기초로 입지후보를 압축한다.

② 구체적인 예산, 비용편익분석, 수·배송계획, 취급물량, 수요예측 등의 자료를 바탕으로 현재 운영하고 있는 시설의 평가 및 새로 선정할 입지의 규모를 결정한다.

③ 구체적인 자료를 바탕으로 대안들과 비교가 가능한 의사결정방법을 선택한다. 이때 내·외부적 제약조건들이 고려되어야 하며 경험적, 수학적, 통계적 방법들이 이용된다.

④ 후보 입지들에 대해 계량적으로 평가가 불가능한 질적인 수준의 여건과 제약조건들을 평가하여 새로 선정될 물류입지의 역할과 물류서비스 목표에 적합한 복수 또는 단수의 후보지를 선택한다.

4.3 입지선정 의사결정 모형

단일 입지를 선정하는 방법으로는 최적무게중심법(exact center of gravity approach), 그리드 해법(grid method), 중심해법(centroid method), 또는 p-중앙값 해법(p-median method) 등이 사용되어 왔다. 이들은 입지 요인으로 운송비만을 고려하기 때문에 특성상 정적 연속 입지 모형으로 분류된다. 이들 중 그리드 해법을 이용한 단일 입지 선정방법은 다음과 같다.

1) 그리드 해법

그리드 해법은 단일 물류센터에서 복수의 수요지로 제품을 공급할 때 총 수송비가 최소가 되는 지점을 결정한다. 이를 위해서 각 수요지와 물류센터의 위치를 그리드상에 좌표점으로 나타내는 것이 필요하다.

총수송비가 최소가 되는 좌표점을 구하는 수식은 다음과 같다.

$$\overline{X} = \frac{\sum M_i R_i X_i}{\sum M_i R_i}, \quad \overline{Y} = \frac{\sum M_i R_i Y_i}{\sum M_i R_i}$$

$\overline{X}, \overline{Y}$ = 물류단지입지의 X, Y 좌표값

X_i, Y_i = 공급지와 소비지의 X, Y 좌표값

R_i = i 제품의 수송요율

M_i = 소비지 i의 수요량

표 11-5 단일입지 선정을 위한 계산표

소비지	운임률(R) 천원/톤-km	수요(M)톤	좌표점		계산		
			X	Y	RxMxX	RxMxY	RxMx
M1	50	100	20	10	100,000	50,000	5,000
M2	50	150	30	10	225,000	75,000	7,500
M3	50	90	29	11	130,500	49,500	4,500
M4	50	70	10	20	35,000	70,000	3,500
계	–	–	–	–	490,500	244,500	20,500

따라서 총수송비가 최소가 되는 물류단지의 위치를 구하면 다음과 같다.

$\overline{X} = 490,500/20,500 = 23.9$

$\overline{Y} = 244,500/20,500 = 11.9$

　복수의 입지를 결정하는 문제는 대부분의 기업들이 복수의 물류시설을 운영하기 때문에 일반적인 문제이다. 복수의 입지 결정을 위한 선정 해법으로는 무게중심법, 혼합정수계획법 등을 포함하는 최적해법(exact method), 시뮬레이션 해법(simulation method), 탐색적 해법(heuristic method) 등이 있다.

5 복합운송의 개념 및 운송경로

5.1 복합운송의 개념

1) 복합운송의 의의

최근 소비형태의 변화에 따른 제품의 소량, 다품종 생산과 출하단위의 소품화의 구조적인 변화

로 인해 비용이 운송의 주요 요인이 아니라 수배송의 신속성, 안정성, 정확성, 편리성에 주안점을 둔 물류서비스가 운송의 경쟁력으로 인식되고 있다. 또한 컨테이너의 등장과 함께 일관운송체제가 마련되고 문전수송에 대한 요구가 급증함에 따라 복합운송에 대한 필요성이 증대되었다.

복합운송(multimodal transportation)은 한 개의 운송 서류(증권)로 두개 이상의 상이한 운송수단을 이용하여 목적지까지 화물을 운송하는 형태를 말한다. 복합운송은 단일계약주체에 의해 일괄 처리와 연계 운송이 이루어져야 하며 복합운송인 1인이 운송 전 구간에 대해 책임을 진다.

2) 복합운송의 특징

복합운송은 이종의 운송수단을 사용하여 연계 운송을 수행하는 단순 통운송을 의미하는 것이 아니라 다음과 같은 구성 조건을 만족시켜야 한다. 복합운송이 성립되기 위해서는 단일 운송계약(through B/L), 단일 전통운임(through rate), 운송책임의 단일성(single carrier's liability), 이종복수의 운송수단(multiple transportation) 등의 조건들을 만족시켜야 한다.

(1) 단일 운송계약

복합운송인과 화주는 복합운송증권을 통해 운송의 책임과 소유를 증명하는 계약을 체결한다. 비록 여러 운송수단을 통해 전체 운송이 이루어지더라도 별개의 운송증권은 필요 없고 하나의 복합운송증권이 전 구간에서 발생하는 화물사고에 대한 책임을 보증한다. 또한 이 증권은 금융기관에서 금융의 편의를 제공받을 수 있고 소유권 이전이 가능한 유가증권의 기능을 함께 지닌다.

(2) 단일 전통운임

송화인이 여러 명의 운송인을 자신의 대리인으로 하여 각 구간에서 별개의 운송을 수행하는 부분운송인 경우에는 운송계약이 개별적으로 이루어지며 운임 또한 계약된 각 구간별로 지급되어 화물운송 관리가 매우 복잡해진다.

복합운송은 이종의 운송 수단들이 연계되어 운송이 이루어지더라도 전 운송구간에 대한 운송책임이 복합운송인에게 있으므로 단일 전통운임으로 지급된다. 또한 단일 전통운임은 운임의 통합을 통해 운임 요율을 합리적으로 조정할 수 있다.

(3) 운송책임의 단일성

복합운송은 전체 운송구간에 대해 복합운송인이 단일의 책임을 진다. 복합운송인은 화주에 대해 복합운송을 체결한 계약의 주체이며 전체 운송을 계획하고 여러 운송수단을 연계하며 원활한 수송을 조정, 감독할 의무가 있기 때문에 복합운송인에게 전 운송구간에 대한 책임이 집중되어야 한다.

그림 11-2   공동운송과 하청운송

[공동운송]   [하청운송]

3) 복합운송의 형태

복합운송의 형태는 운송계약에 따라 부분운송, 공동운송, 하청운송, 순차운송으로 나누며, 운송주체에 따라 실제운송인형 복합운송인과 계약운송인형 복합운송인으로 분류된다.

(1) 운송계약에 따른 분류

① 부분운송

운송수단을 달리하는 각 구간별로 운송인과 송화인이 별도의 운송계약을 체결하고 운송구간에 대해서만 책임을 지기 때문에 특정 화물의 운송을 위해 여러 운송수단이 사용되더라도 개별적인 운송증권이 각각 발행되어 진정한 복합운송으로 보기는 어렵다.

② 공동운송

다수의 운송인이 공동으로 전 구간의 운송을 인수하고 함께 서명한 일관선화증권을 발행하여 연대책임을 지는 형태로서, 운송인 전체가 송화인에 대해 처음부터 전 운송구간에 대해 계약 당사자의 역할을 수행한다.

③ 하청운송

1인의 운송인이 전 운송구간을 인수하고 일부구간을 하청 준 경우로서, 하청운송인은 원청운송인에 대해서만 책임을 진다. 즉, 운송인은 송화인과 하나의 계약을 체결하고 전 운송구간의 운송을 인수하고 실제 운송인에게 하청을 준 형태이기 때문에 하청운송인은 송화인에게 어떠한 계약관계나 책임이 발생하지 않는다.

④ 순차운송(연대운송)

송화인은 최초의 운송인에게 운송을 위탁함으로써 수명의 운송인이 순서대로 송화인과 최초의 운송인 간의 계약에 참여해 연대책임을 지는 운송형태로서 다수의 운송인이 통선화증권을 작성하고 함께 운송을 인수한다. 책임 소재와 구간이 불분명할 경우 송화인이나 수화인은 보상을 받기 어려운 경우가 발생할 수 있다.

(2) 운송주체에 따른 분류

① 실제운송인(actual carrier)형 복합운송인

자신이 직접 운송수단을 보유하면서 복합운송인의 역할을 수행하는 형태이며 복합운송구간 중 해상구간이 차지하는 비중이 크기 때문에 선박회사가 가장 대표적인 실제운송인형 복합운송인이라고 볼 수 있다. 이때 전 구간의 운송수단 모두를 보유할 필요는 없으며 일부 구간의 운송수단을 보유하더라도 실제운송인형 복합운송인이다.

② 계약운송인(contracting carrier)형 복합운송인

운송수단을 직접 보유하지 않으면서 실제운송인처럼 운송주체로서 기능과 책임을 다하는 운송인을 의미한다. 해상운송주선인, 항공운송주선인, 통관업자가 이 유형에 속하며 현행 국내법상 복합운송주선인도 여기에 속한다.

미국에서 무선박운송인형(NVOCC) 복합운송인은 계약운송인형 복합운송인을 법적으로 실체화시킨 대표적인 사례이며 이들은 화주에 대해서는 운송인의 입장이 되며 실제운송인에 대해서는 화주의 입장으로 행동한다.

그림 11-3 실제운송인형과 계약운송인형의 운송 형태

실제운송인형

계약운송인형

4) 복합운송의 역할과 이점

복합운송은 적시수송, 안전성, 경제성 등을 확보하기 위해 이종의 수송수단을 결합하여 상호 협력하고 보완해주는 종합적인 운송개념이다. 이것은 점점 다양화되어 가는 소비자의 요구를 충족시키기 위한 소비자 중심의 운송 서비스로서 다음과 같은 역할과 이점을 갖는다.

(1) 복합운송의 역할

① 기계화된 일관수송 및 하역체계를 통해 문전에서 문전까지 화물을 운송한다.
② 연계 운송 수단 간 유니트화된 포장단위를 변형하지 않고 일관성을 유지한다.
③ 개별 수송 수단의 능력과 이점을 최대한 활용하여 운송비용을 절감한다.
④ 운송 수단 간 환적이나 이적 시 최소한의 보관 공간을 사용하고 보관 기간을 줄인다.
⑤ 운송 수단의 수를 최소화하여 운송조직 및 흐름을 최적화 한다.

(2) 복합운송의 이점

① 화물운송의 신속성: 하역시간 및 운송시간 단축, 통관절차 간소, 화물혼재
② 화물운송의 경제성: 포장비, 보험료, 서류작성 비용절감
③ 화물운송의 안정성: 화물손상 감소, 화물의 자체 보관 기능
④ 운송계약의 단순성: 단일운송계약, 유니트로드(unit load) 단위로 처리
⑤ 운송처리의 기계화: 하역장비의 기계화 및 자동화
⑥ 화물운송의 유연성: 재고비용 감소, 환적지역의 분산을 통한 무역의 확대

5.2 복합운송의 종류

1) 해륙국제복합운송

해륙국제복합운송이란 국제 간의 화물운송을 해상운송과 육상운송을 결합하여 행하는 복합운송으로서 대부분 랜드 브리지(land bridge)로 운송이 이루어지고 이점은 다음과 같다.
① 운송시간의 단축으로 상품의 재고량을 줄일 수 있다.
② 운송비의 절감으로 해상운송과의 경쟁에서 유리하다.
③ 운송수단과 시설의 효율적인 결합으로 거리, 시간, 비용을 절약할 수 있다.

2) 해공국제복합운송

해공국제복합운송이란 국제 간의 화물운송을 해상운송과 항공운송을 결합하여 행하는 해공복합운송으로서, 해상운송의 낮은 비용과 항공운송의 신속성이라고 하는 각각의 장점을 활용한 것이다.

유럽행 화물의 경우, 해공국제복합운송이 갖는 이점은 다음과 같다.

① 해상운송만 이용하는 것에 비해 소요일수, 즉 리드타임(lead time)을 크게 단축할 수 있다.

② 항공운송만 이용한 것에 비해 소요운임을 대폭 줄일 수 있다.

③ 전체 구간에 해상으로 운송하는 것에 비해 재고투자나 창고비용을 절감할 수 있으며, 포장비의 절약 등 종합적으로 물류비용을 절감할 수 있다.

④ 해상운송에 비해 운송일수가 줄어들기 때문에 분할 운송이 가능해지며 수요의 변화에 즉각적인 대처가 가능하다.

5.3 복합운송의 주요 경로

1) 시베리아횡단철도(SLB, TSR)

한국, 일본 등의 극동지역의 항만에서 선적된 화물을 러시아의 보스토치니항까지 해상운송한 후 시베리아 철도화차에 환적되어 러시아 서부의 항만까지 육상운송되고, 러시아의 서부항에서 다시 유럽의 최종목적지까지 해상운송하는 방식이다.

2) 중국횡단철도(CLB, TCR)

한국, 일본 등의 극동지역의 항만에서 선적된 화물을 중국동해안까지는 컨테이너선으로 해상운송하고, 중국대륙철도와 실크로드(silk road)를 이용하여 유럽내륙까지 육상운송되는 컨테이너를 이용

그림 11-4 복합운송의 주요 경로

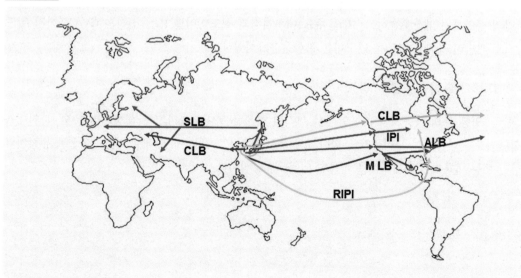

한 일관운송방식이다.

3) 캐나다횡단철도(CLB)

한국, 일본 등의 극동지역의 항만에서 선적된 화물을 캐나다 서안까지는 해상운송한 후, 캐나다 횡단철도를 이용하여 캐나다 동안의 항만까지 육상운송되고, 거기에서 다시 해상운송으로 유럽지역의 항만 또는 내륙까지 컨테이너를 이용한 일관운송방식이다.

4) 미니랜드브리지(MLB)

한국, 일본 등의 극동지역의 항만에서 선적된 화물을 북미서안까지는 해상운송한 후, 북미대륙의 횡단철도를 이용하여 북미동안이나 멕시코만의 항만까지 육상운송하는 방식으로 항구에서 항구로(port to port) 화물을 운송하는 방식이다. 보통 랜드브리지가 육상에서 수개국을 거치나 미니랜드브리지는 1개국만 거치므로 미니(mini)라는 명칭이 붙었다.

5) 마이크로랜드브리지(IPI)

한국, 일본 등의 극동지역의 항만에서 선적된 화물을 북미서안까지는 해상운송한 후, 북미대륙의 횡단철도를 이용하여 미국 주요 내륙지점의 철도터미널 또는 선사의 CY/CFS에서 화물의 인도가 행해지는 복합운송방식으로 1개의 항구만 거친다는 점에서 미니랜드브리지와 다르다.

6) 리버스마이크로랜드브리지(RIPI)

한국, 일본 등의 극동지역의 항만에서 선적된 화물을 파나마운하를 통과하여 북미동안 또는 멕시코만의 항만까지 해상운송하고, 미국 주요 내륙지점의 철도터미널 또는 선사의 CY/CFS까지 철도운송으로 거슬러 올라가 화물을 인도하는 복합운송방식이다.

7) 미국대륙횡단철도(ALB)

한국, 일본 등의 극동지역의 항만에서 선적된 화물을 북미서안까지는 해상운송한 후, 북미대륙의 횡단철도를 이용하여 북미동안의 항만까지 육상운송되고, 거기에서 다시 해상운송으로 유럽지역의 항만 또는 내륙까지 컨테이너를 이용한 일관운송방식이다.

6 복합운송에 관한 국제조약, 규칙, 관련서류

6.1 복합운송에 관한 국제조약 및 규칙

1) 성립배경

복합운송이 이상적으로 실현되기 위해서는 단일운송주체와 단일책임원칙이 필요하다. 그러나 화물이 여러 구간에 걸쳐 운송되는 경우에는 각 구간마다 서로 다른 조약 또는 국내법의 적용을 받는 운송증권을 발행하게 된다. 예를 들어 해상운송 시에는 헤이그 규칙의 적용을 받는 선하증권을 발행하고, 항공운송에서는 바르샤바 조약의 적용을 받는 항공화물운송장(air waybill)이 발행되며, 육상운송의 경우에는 역시 관련조약(CMR과 CIM)의 적용을 받는 화물상환증(waybill) 등이 운송증권으로 발행되고 있다. 이 같은 문제점을 해결하기 위해 '국제물품복합운송에 관한 통일규칙(United Nations Convention on International Multimodal Transport of Goods)'이 제정되었다.

2) 성립과정

국제복합운송에 관한 국제조약은 국제연합무역개발회의(UNCTAD)에서 1980년에 채택한 복합운송조약을 말한다. 복합운송증권을 유통성 증권이 아닌 비유통성 증권으로도 발행할 수 있음을 규정하는 등 복합운송에 대한 각종 규정을 마련한 조약으로 1971년의 TCM협약안(국제물건복합운송조약안)과 1975년의 복합운송을 위한 ICC통일규칙, 1978년의 함부르크규칙에 근거한다.

국제복합운송에 관한 국제조약은 다음과 같은 성립과정을 거쳐 1979년 11월과 1980년 5월 국제연합무역개발회의가 스위스 제네바에서 81개국의 합의를 마련하였으나, 발효 정족수인 30개국 정부의 비준을 채우지 못해 아직 발효되지 못하고 있다.

① 1949년: 국제해사위원회(CMI 국제해법회) 국제복합운송조약 초안 발표
② 1961년: 사법통일국제협회(UNIDROIT) 국제물품복합운송계약에 관한 조약안 작성(밧게안[bagge Draft])
③ 1969년: CMI의 국제복합운송조약안 채택(동경규칙[Tokyo Rules])
④ 1970년: 유엔구주경제위원회 국제물품복합운송조약안(동경-로마규칙[Tokyo-Rome Rule])
⑤ 1971년: UNIDROIT 국제물건복합운송조약안(TCM조약 초안) 마련
⑥ 1972년: 유엔무역개발기구(UNCTAD)의 반대로 TCM 백지화
⑦ 1980년: UNCTAD 국제물품복합운송조약 성립

3) 주요 조약안

(1) TCM조약

TCM조약(국제물건복합운송조약)은 단일운송에 관한 국제 규칙 및 조약의 단일화를 위해 1971년 CMR조약, 헤이그규칙, 비스비규칙의 조합물로 만들어졌다. 복합운송의 개념을 인정하여 복합운송인을 복합운송의 책임주체로 하였고 복합운송인의 책임내용은 각 구간 이종책임체계(network liability system)를 취하고 있다.

하지만 선진국들은 항공운송과 복합운송에 미칠 경제적 측면이 충분히 고려되지 않았고 개발도상국들은 조약안이 선진국에게 유리하게 되어 있으며 화주 측의 이익이 충분히 반영되어 있지 않았다는 이유로 반대하였다. 이 조약은 1972년 UN/IMCO가 공동으로 주최한 국제컨테이너운송회의에서 부결되어 백지화 되었다.

(2) 국제물품복합운송조약

TCM조약이 백지화되자 복합운송조약은 국제연합무역개발협의회(UNCTAD)에 설치된 정부 간 준비그룹(IPG)에서 논의되었다. 각국 간 많은 논의 끝에 준비그룹에서 마련된 초안은 1979년 11월과 1980년 5월 제네바에서 소집된 UN전권회의에서 일괄 합의하는 컨센서스(consensus)[4] 방식에 의해 UN 국제복합물품운송조약을 채택하였다. 이 조약은 1971년의 TCM협약안(국제물건복합운송조약안)과 1975년의 복합운송을 위한 ICC통일규칙, 1978년의 함부르크규칙에 근거하며 전문 8개장과 부속서로 구성되어 있다.

하지만 선진국과 개발도상국 사이에 이견이 여전히 커서 현재 비준국 기준에 미달되어 발효되지 못하고 있다. 즉, 개발도상국은 자국 내 산업발전을 저해한다고 판단하여 복합운송서비스를 규율하고 통제할 공법적인 조항이나 원리를 삽입할 것을 주장하는 반면 선진국들은 복합운송을 위한 ICC 통일규칙이 시행되지 않았고, 복합운송서비스의 사고 및 배상청구의 감소 등으로 조약의 필요성이 저하된다고 판단하고 있다. 조약안의 주요 내용은 다음과 같다.

① 운송물의 인도지와 인수지의 어느 쪽이든 체약국이 있으면 조약이 강제적으로 적용된다.
② 복합운송인의 책임원칙을 과실책임주의로 한다. 단, 화물에 대한 손해의 발생은 운송인의 과실로 추정된다.
③ 복합운송인의 책임한도액이 함부르크 규칙의 책임한도액보다 높으면, 그것의 적용을 인정하는 이원적 기준을 적용하고 있다.
④ 수정단일책임(Modified Uniform Liability System)을 채용하고 있다.

---

4 특정 안건의 표결 시 회의 참가국의 명백한 반대가 없으면 만장일치로 채택한 것으로 간주하며 컨센서스에 의한 결정이 불가능 할 때는 참가국의 표결로 결정함.

⑤ 복합운송증권의 발행방식과 기재요건 및 효력을 자세히 규정하고 있다.

6.2 복합운송 관련서류

복합운송서류는 육상, 해상, 항공 중 두 가지 이상의 형태로 복합운송될 때 발행되는 운송장을 의미한다. UN 국제물품복합운송조약 제1조 제4항에 따르면 복합운송계약, 복합운송인에 의한 물품의 수탁, 그리고 계약조항에 따른 그 운송인에 의한 물품인도의 확약을 증명하는 서류를 말한다. 복합운송서류는 물품의 복합운송을 이행 계약을 증명하며 복합운송서류에 관한 통일 규칙에 따라 복합운송인이 발행한다. 복합운송 관련서류에는 복합운송선화증권과 복합운송인이 발행한 기타 복합운송서류를 포함한다.

복합운송선화증권(combined or multimodal transport B/L)은 복합운송서류의 하나이지만 해상운송 이외의 운송방식의 결합에 의한 복합운송서류가 있을 수 있다. 컨테이너선화증권은 해상운송에만 한정된 단순한 선화증권 또는 통선화증권도 있지만 컨테이너는 복합운송에 자주 사용되기 때문에 복합운송선화증권이라고 하는 경우가 많다. 이들 운송서류의 상호관계는 [그림 11-5]와 같다.

통선화증권(through bill of lading)은 과거에는 해상운송이 몇 개의 단계에 걸쳐서 복수의 운송인에 의해서 담당되는 통운송(through transport)의 경우 최초의 운송인이 전 운송 구간에 대해 발행하는 선화증권이었지만 현재에는 몇 개의 운송단계에서 해상운송이 있고 다른 운송수단에 의한 복합운송이 있는 경우에는 복합운송선화증권이라 할 수 있다.

통선화증권은 반드시 선박회사나 그 대리인이 발행하지만, 복합운송증권은 해상운송인에 의해서만 발행되는 것이 아니고 경우에 따라서는 운송주선인(freight forwarder)에 의하여 발행되기도 한다.

그림 11-5 복합운송 관련서류의 상호관계

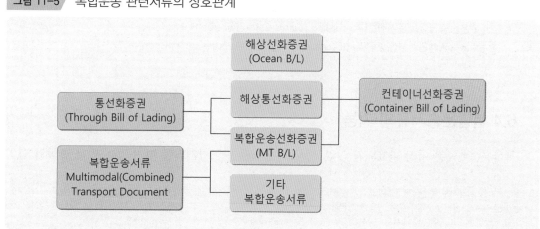

6.3 복합운송서류의 발행형태

복합운송의 경우 전통적인 해상선화증권은 육상운송 구간에는 유통될 수 없는 문제점이 있고 각 구간마다 개별 운송인과 계약을 맺는 것은 불편함이 있기 때문에 복합운송인(MTO)과 단일운송 계약이 이루어진다. 이러한 계약을 통한 복합운송서류는 운송이 해상부문과 마찬가지로 육상을 포함할 것이라는 것을 제외하면, 한 운송인이 전 업무에 대해 책임을 지는 통선화증권(Through B/L)과 동일하다.

운송주선인이 발행하는 복합운송 관련서류 중에는 통선화증권의 요건을 만족시키지 않는 것도 있다. 국제포워드협회(FIATA)[5]는 복합운송선화증권(소위 Through B/L) 이외에도 운송중개인화물수취증(FCR), 운송중개인화물운송증명서(FCT)를 제정하고 있다. FCR과 FCT는 운송주선인이 운송구간에 대해 운송책임을 지지 않은 점에서 유가증권성(securities)을 가지지 않아 진정한 의미에서 복합운송서류로 인정되고 있지 않다.

FCR은 단순히 화주의 지시에 따라 특정 수화인에게 당해 운송품을 수취하고 그 운송을 위한 수배(handling)를 나타내는 것이고, FCT는 송화인의 지시에 따라 운송품을 수취하고 동시에 목적지에 있어서 자기의 대리인을 통해 서류와 상환으로 수화인 또는 서류소지인에게 운송품을 인도하기 위한 수배를 행할 것을 약속하는 서류이다. 그러나 FCR이나 FCT 모두 운송인으로서는 행동하지 않기 때문에 운송 중에 발생한 손해에 대해서는 책임을 지지 않는다는 취지를 서류에 명시하고 있다.

그림 11-6 복합운송 관련서류

복합운송 관련서류
· 복합운송선하증권(combined Transport Bills of Lading) · 운송중개인화물수취증(Forwarding Agents Cargo Receipt; FCR) · 운송중개인화물운송증명서(Forwarding Agents Certificate of Transport; FCT)

6.4 복합운송서류의 기능

복합운송조약은 아직 발효되지 않았고, ICC[6] 통일규칙은 강제력을 띠지 않는 민간 합의의 임의

---

5 복합운송을 취급하는 운송중개인협회의 국제연맹으로 정회원과 준회원 제도가 있음. 정회원은 국내협회의 이름으로 일괄적으로 가입된 회원이며, 준회원은 개별적으로 가입한 회원을 의미한다. 우리나라의 경우에는 국내협회인 한국국제복합운송인협회에 정회원으로 일괄 가입한 바 있다. 이 연맹에서는 FIATA CT B/L(FBL), FIATA FCR과 FIATA FCT의 양식을 제정한 바 있다.

6 국제 간 상업거래의 정상화, 민간기업의 이익의 국제적인 대변을 위해 세계 각국의 기업 및 사업자 대표들로 조직된 국제기관. 상업, 금융기관, 생산과 분배, 운수와 통신, 법률과 상관습 및 지역관계의 연구조사 활동하며 신용장통일규칙 및 거래통일규칙 등을 제정한다.

규칙이기 때문에 복합운송서류에 대한 법적인 구속력은 없다. 복합운송인에게 화물이 인도되면 송화인에게 교부된 부두수령증(D/R: Doct receipt)과 상환으로 복합운송선화증권이 복합운송인으로부터 발행된다. 이 복합운송선화증권이 다른 선적서류와 함께 무역결제를 위한 '화환어음'[7]의 부속서류로 첨부된다. 화환어음은 외국환은행에 매입되거나 타인에게 양도되고 최종적으로 수화인에게 화물과 상환된다.

그러나 복합운송서류는 현실적으로 무역거래상 무역결제의 대상으로 사용되고 해상선화증권과 유사한 기능을 가지는 것으로 해석되며, UNCTAD/ICC규칙이나 UN조약 등에서 규정하고 있는 복합운송서류는 [그림 11-7]과 같이 선화증권이 가지고 있는 기능인 수령증(receipt of goods)으로서의 기능, 운송계약 증거로서의 기능(evidence of contract), 권리증권의 기능(document of title)을 모두 갖추고 있다고 볼 수 있다.

복합운송서류의 기능으로 먼저 물류수령증의 기능을 갖는다. 복합운송인은 서류에 표시되어 화물의 품명, 규격, 수량, 중량 등의 명세대로 물품을 수령하였다는 것을 인정함으로써 확인된 물품의 수령증 기능을 담당한다. 둘째, 운송계약의 증거서류로서의 기능을 갖는다.

복합운송인은 자신이 계약과 운임지급에 대해 급부(provision)로서 협정된 장소에서 다른 장소까지 표준운송조건에 따라 물품을 운송할 것을 책임지겠다는 증거서류로서의 기능을 갖는다. 셋째, 권리증권으로서의 기능을 갖는다. 복합운송서류는 유통성 혹은 비유통성으로 발행될 수 있으나 물품에 대한 권리증권으로 작성되는 유통성이 있는 경우 그 서류는 상징적으로 물품을 대표한다. 또한 선화증권과 마찬가지로 배서(back a bill)를 통해 유가증권성을 가지고 관계자 간에 유통될 수 있다. 즉, 서류를 이전함으로써 물품에 대한 청구 권리는 다른 사람에게 이전될 수 있다.

그림 11-7 복합운송서류의 기능

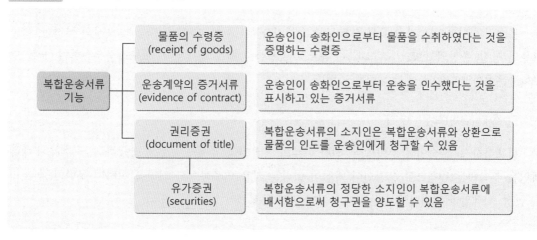

---

7 화물상환증이나 선화증권과 같은 운송증권이 어음채권의 담보로 첨부되어 있는 유가증권.

7 복합운송인의 책임 및 책임 체계

7.1 복합운송인의 책임 범위

복합운송인은 화물의 수령에서부터 최종 수화인에게 화물이 인도될 때까지 자기 또는 사용인의 귀책사유로 인해 발생한 화물의 멸실, 오손, 연착 손해에 대해 배상할 책임이 부가된다. 복합운송인의 책임의 범위는 다음과 같다.

① 화물의 멸실, 훼손, 인도지연으로 인한 손해에 대해 복합운송인은 책임을 지며, 인도기한이 경과한 후 90일 이후까지 인도가 지연되면 화물이 멸실된 것으로 간주한다.

② 복합운송인은 화물의 수령 시부터 선적, 적부, 운송, 인도의 전 과정의 기간에 대해 책임을 진다.

③ 복합운송인 자신의 행위뿐 아니라 그 사용인, 대리인, 기타 이행 보조인의 행위에 대해서도 책임을 부담한다.

7.2 복합운송인의 책임 원칙

1) 과실책임 원칙

운송인은 선량한 관리자로서 적절한 주의의무를 다하였다는 사실을 전제로 성립되며 운송인의 태만을 화주가 입증하는 것을 원칙으로 한다. 해상운송협약과 국제복합물품운송조약 등에서 채택하고 있다.

2) 무과실책임 원칙

운송인과 사용인의 과실 유무를 불문하고 책임을 부담한다. 다만 불가항력, 포장의 부적합, 화물 고유의 성질, 통상의 소모, 누손(leakage) 등으로 발생한 손해는 면책된다. 철도화물운송협약(CRM), 도로화물운송협약(CMR) 등에서 채택하고 있다.

3) 절대(결과)책임 원칙

면책사항 및 운송인의 주의 의무 위반 여부와 상관없이 운송기간 중에 발생한 모든 손해에 대해 책임을 부담하는 원칙으로 운송인이 과실이 없다는 것을 입증하여도 책임을 면하지 못한다. 몬트리올 협정, 과테말라 의정서에서 여객의 사상에 관한 규정에서 채택하고 있다.

7.3 복합운송인의 책임 체계

운송책임은 복합운송인이 부담하는 책임방법에 따라 [표 11-6]과 같이 단일책임체계(uniform liability system), 이종책임체계(network liability system), 절충책임체계(modified uniform liability system)로 나누어진다.

표 11-6 국제물류의 기능별 특성

구분	내용
단일책임 체계	전 운송구간 단일 책임, 개별 운송구간 동일 책임, 복합운송인은 전 운송구간에 대하여 화주에게 동일 내용의 책임을 지는 형태
이종책임 체계	전 운송구간 단일 책임, 개별 운송구간 이종 책임, 복합운송인이 전 운송구간에 대해 책임은 지지만, 책임내용은 각 운송수단별 책임원칙에 따르는 형태
절충책임 체계	단일책임체계를 기본으로 이종책임체계를 가미한 형태, 책임체계는 일률적인 원칙을 따르고 책임의 정도와 한계는 손상이 발생한 구간의 규칙에 따르는 형태

1) 단일책임 체계

화물의 멸실, 훼손, 지연손해가 복합운송의 어느 구간에서 발행하였는가를 가리지 않고, 복합운송인은 하나의 동일한 기준에 따라 전 구간에 책임을 부담하는 이론으로 화주에게 유리한 조건이다.

2) 이종책임 체계

손해구간이 확인된 경우에는 그 구간의 기존 국내법이나 국제조약을 적용하고 미확인된 경우에는 해상운송의 보상 원칙인 헤이그 규칙을 적용한다.

3) 변형책임 체계

원칙적으로 손해발생구간의 확인 여부와 관계없이 동일한 책임규정을 적용하나 예외적으로 손해발생구간이 확인되고 그 구간에 적용될 법규의 책임한도액이 UN조약의 책임한도액보다 높은 경우에는 그 구간의 규정을 적용한다는 이론이다.

8 인코텀즈 2010

8.1 인코텀즈의 개념 및 기능

1) 인코텀즈의 개념

인코텀즈(Incoterms)는 파리에 본부를 두고 있는 국제상업회의소(ICC)에 의해서, 계약당사자들이 각 국가 간의 상이한 무역관행 때문에 야기될 수 있는 시간 및 금전상의 낭비를 초래하는 오해, 분쟁 및 법정소송 문제를 해소하기 위해 1936년 제정된 국제규칙이다.

인코텀즈라는 용어는 '정형거래조건의 해석에 관한 국제규칙(International Rules for the Interpretation of Trade Terms; International Commercial Terms)'이라는 긴 이름에 대한 약칭으로 국제물류 환경변화에 따라 1953년, 1967년, 1976년, 1980년, 1990년, 2000년, 2010년 7차례 개정되었다.

인코텀즈에는 무역거래계약에 있어서 화물거래의 일시 및 장소, 위험 및 소유권의 이전, 운송계약 및 운임의 지급, 보험계약 및 보험료 지급, 통관절차 및 관세지급 등에 대한 매도인 및 매수인의 부담 조건을 담고 있다.

2) 인코텀즈의 기능

(1) 계약 내용의 보완적 기능

무역계약이 체결되면 통상적으로 가격조건 및 기타계약에 필요한 부분을 명시하게 된다. 이때 자세한 설명이 없어도 정형거래조건을 활용함으로써 계약 내용의 장황한 언급이 필요 없게 된다.

(2) 무역거래의 간소화

정형거래조건은 오랫동안의 상관습에서 오는 이해관계의 차이점을 최대한 정형화시켜 표시하고 있기 때문에 계약내용을 일일이 열거할 필요가 없어 업무가 간소화 된다.

(3) 법률문제의 해석기준

정형거래조건은 계약조건에 포함되어 있는 당사자의 의무사항, 위험의 이전, 비용의 이전 등의 사항에 대하여 명시하고 있으므로 이를 통해 법률적 해석기준으로 활용되기도 한다.

8.2 인코텀즈의 규정

인코텀즈의 세부 규정은 위험의 분기점, 비용부담, 운송형태, 인도조건 등에 따라 [그림 11-8]과 같이 11가지의 거래조건으로 구성된다. 인코텀즈의 규정은 목적물의 인도장소에 따라 E유형, F유형,

그림 11-8   인도조건별, 운송형태별 정형거래조건

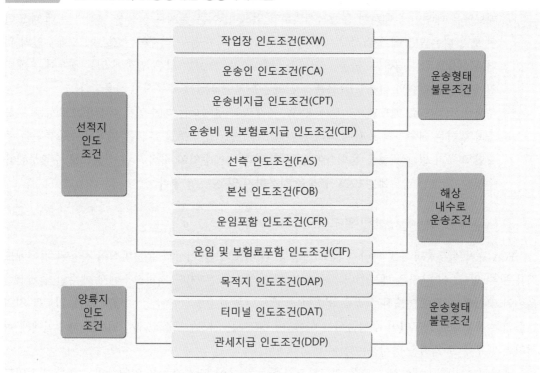

C유형, D유형으로 구분하며 E유형인 EXW, F유형인 FCA, FAS, FOB, C유형인 CFR, CIF, CPT, CIP 는 적지매매(shipment contract) 조건에 속하며, D유형에 속하는 DAP, DAT, DDP는 양지매매(destination contract) 조건에 속한다.

1) EXW(EX WORKS, 작업장 인도조건)

EXW 규칙은 운송방식을 가리지 않고 사용될 수 있으며 둘 이상의 운송방식이 사용된 경우에도 적 용될 수 있다. 이 규칙은 국내거래에 적합하고, 국제거래에서는 FCA 규칙이 보다 일반적인 방식이다.

이 규칙은 매도인이 그의 영업소 또는 기타 지정장소(작업장, 공장, 창고 등)에서 물품을 매수인의 처분하에 두는 때에 매도인이 인도한 것으로 간주하는 것을 의미한다. 매도인은 물품을 수취용 차량 에 적재하지 않아도 되고, 물품의 수출통관이 요구되더라도 이를 행하지 않아도 된다.

당사자들은 지정장소 내의 합의된 지점을 명시하는 것이 바람직하다. 그 지점까지의 비용과 위 험은 매도인이 부담하지만 합의된 지점부터 이후의 물품의 수령에 수반되는 모든 비용과 위험은 매 수인이 부담한다.

이 규칙은 매도인이 최소의 의무를 지며 다음 사항에 주의하여 사용되어야 한다.

① 매도인은 매수인에 대하여 물품적재의무가 없으며, 이는 실제로 물품을 적재하는 데 매도인이 보다 나은 입장에 있더라도 마찬가지다. 매도인이 물품을 적재하는 경우에도 매수인의 위험과 비용으로 수행한다. 물품을 적재하기에 매도인이 보다 나은 입장에 있는 경우에는 매도인이 자신의 위험과 비용으로 물품적재 의무를 부담하는 FCA 규칙이 사용된다.

② 수출을 목적으로 매도인으로부터 EXW 규칙으로 구매하는 매수인은 매도인으로서는 수출을 실행하는 매수인의 요청에 따라 단지 협조를 제공할 의무를 부담할 뿐이고 수출통관을 주도할 의무가 없다는 것을 유의하여야 한다. 따라서 매수인이 직접 또는 간접으로 수출통관을 수행할 수 없는 경우에는 EXW 규칙을 사용하지 않는 것이 좋다.

2) FCA(Free Carrier, 운송인 인도조건)

FCA 규칙은 운송방식을 가리지 않고 사용될 수 있으며 둘 이상의 운송방식이 사용된 경우에도 적용될 수 있다. 이 규칙은 매도인이 물품을 그의 영업소 또는 기타 지정장소에서 매수인이 지정한 운송인이나 제3자에게 인도하는 것을 의미한다. 매도인은 매수인의 수취용 차량에 적재 의무를 지며 물품의 수출통관도 매도인이 수행하여야 한다. 당사자들은 지정인도장소에서 위험이 매수인에게 이전하기 때문에 그 지점을 명시하는 것이 바람직하다.

매도인의 영업구 내에서 물품을 인도하고자 하는 경우에, 당사자들은 영업장의 주소를 지정인도장소로 명시하여야 하며 다른 어떤 장소에서 물품을 인도하고자 하는 경우에도 반드시 그 인도장소를 명시하여야 한다.

3) CPT(CARRIAGE PAID TO, 운송비지급 인도조건)

CPT 규칙은 선택된 운송방식을 가리지 않고 사용될 수 있으며 둘 이상의 운송방식이 사용된 경우에도 적용될 수 있다. 이 규칙은 매도인이 합의된 장소에서 물품을 자신이 지정한 운송인이나 제3자에게 인도하고 매도인이 물품을 지정목적지까지 운송하는 데 필요한 계약을 체결하고 그 운송비용을 부담하여야 한다. CPT, CIP, CFR 또는 CIF 규칙이 사용되는 경우에, 매도인은 물품이 목적지에 도착한 때가 아니라 운송인에게 물품을 인계하는 때에 그의 인도의무는 완료된다.

이 규칙은 위험과 비용이 상이한 장소에서 이전되기 때문에 두 가지의 분기점을 갖는다. 즉, 매도인이 당사자 간에 합의된 장소에서 운송인에게 물품을 인도할 때 위험은 매도인에서 매수인으로 이전되지만 운송비용은 위험이 이전된 후에도 합의된 목적지까지 매도인이 부담해야 한다. 당사자들은 위험이 매수인에게 이전되는 장소인 인도장소 및 매도인이 체결하는 운송계약의 목적지인 지정목적지를 계약 내에서 가급적 정확하게 지정하는 것이 좋다.

이 규칙에서 매도인은 물품의 수출통관을 하여야 하지만 수입통관을 하거나 수입관세를 부담하거나 수입통관절차를 수행할 의무는 없다.

4) CIP(CARRIAGE AND INSURANCE PAID TO, 운송비·보험료지급 인도조건)

CIP 규칙은 선택된 운송방식을 가리지 않고 사용될 수 있으며 둘 이상의 운송방식이 사용된 경우에도 적용될 수 있다. 이 규칙은 매도인이 합의된 장소에서 물품을 자신이 지정한 운송인이나 제3자에게 인도하고 매도인이 물품을 지정목적지까지 운송하는 데 필요한 계약을 체결하고 그 운송비용을 부담하여야 하는 것을 의미한다.

매도인은 또한 운송 중 매수인의 물품의 멸실 또는 손상의 위험에 대비하여 보험계약을 체결한다. 매수인이 유의할 것으로, CIP 규칙에서 매도인은 단지 최소조건으로 부보(indemnity)하도록 요구될 뿐이며 보다 넓은 보험의 보호를 원한다면 매수인은 매도인과 명시적으로 합의하든지 아니면 추가보험을 들어야 한다.

이 규칙은 CPT, CFR 또는 CIF 규칙이 사용되는 경우와 마찬가지로 매도인은 물품이 목적지에 도착한 때가 아니라 운송인에게 물품을 인계하는 때에 그의 인도의무는 완료된다. 이 규칙도 위험과 비용이 상이한 장소에서 이전되기 때문에 두 가지의 분기점을 갖는다. 즉, 매도인이 당사자 간에 합의된 장소에서 운송인에게 물품을 인도할 때 위험은 매도인에서 매수인으로 이전되지만 운송비용과 보험료는 위험이 이전된 후에도 합의된 목적지까지 매도인이 부담해야 한다.

이 규칙에서 물품의 수출통관은 매도인이 수행하여야 하지만 수입통관하거나 수입관세를 부담하거나 수입통관절차를 수행할 의무는 없다.

5) DAT(DELIVERED AT TERMINAL, 도착터미널 인도조건)

DAT 규칙은 선택된 운송방식을 가리지 않고 사용될 수 있으며 둘 이상의 운송방식이 채택된 경우에도 사용될 수 있다. 이 규칙은 물품이 도착운송수단으로부터 양화된 상태로 지정목적항이나 지정목적지의 지정터미널에서 매수인의 처분하에 놓이는 때에 매도인이 인도한 것으로 되는 것을 말한다. "터미널"은 부두, 창고, 컨테이너장치장 또는 도로·철도·항공화물의 터미널과 같은 장소를 포함하며, 지붕의 유무를 불문한다. 매도인은 지정목적항이나 지정목적지까지 물품을 운송하고 거기서 양화하는 데 수반하는 모든 위험을 부담한다.

당사자들은 터미널 및 가능하다면, 합의된 목적항이나 목적지의 터미널 내의 지점을 명시하는 것이 바람직하다. 그 지점까지의 위험은 매도인이 부담하기 때문에 매도인은 이러한 선택을 정확하게 만족하는 내용으로 운송계약을 체결하는 것이 좋다.

더욱이, 당사자들이 터미널에서 다른 장소까지 물품을 운송하고 취급하는 데 수반하는 위험과 비용을 매도인이 부담하는 경우에는, DAP 규칙 또는 DDP 규칙이 사용되어야 한다.

이 규칙에서 매도인은 물품의 수출통관을 수행해야 하지만 수입통관을 하거나 수입관세를 부담하거나 수입통관절차를 수행할 의무는 없다.

6) DAP(DELIVERED AT PLACE, 도착장소 인도조건)

DAP 규칙은 선택된 운송방식을 가리지 않고 사용될 수 있으며 둘 이상의 운송방식이 사용된 경우에도 적용될 수 있다.

이 규칙은 물품이 지정목적지에서 도착운송수단에 실려 양화준비가 된 상태로 매수인의 처분하에 놓이는 때에 매도인이 인도한 것으로 간주되는 것을 말한다. 매도인은 그 지정장소까지 물품을 운송하는 데 수반하는 모든 위험을 부담한다.

당사자들은 합의된 목적지 내의 지점을 가급적 명확하게 명시하는 것이 바람직하며 그 지점까지의 위험은 매도인이 부담하기 때문에 매도인은 이러한 선택을 정확하게 만족하는 내용으로 운송계약을 체결하는 것이 좋다. 매도인이 그의 운송계약에 따라 목적지에서 양화에 관한 비용을 지출한 경우에, 당사자 간에 달리 합의되지 않았다면 매도인은 이를 매수인에게 청구할 수 없다.

이 규칙에서 매도인은 물품의 수출통관을 하여야 하지만 수입통관을 하거나 수입관세를 부담하거나 수입통관절차를 수행할 의무는 없다. 매도인이 물품을 수입통관하고 수입관세를 부담하며 수입통관절차를 수행하도록 할 경우에는 DDP 규칙이 사용되어야 한다.

7) DDP(DELIVERED DUTY PAID, 관세지급 인도조건)

DDP 규칙은 선택된 운송방식을 가리지 않고 사용될 수 있으며 둘 이상의 운송방식이 채택된 경우에도 적용될 수 있다. 이 규칙은 수출통관된 물품이 지정목적지에서 도착운송수단에 실린 채 양화준비된 상태로 매수인의 처분하에 놓이는 때에 매도인이 인도한 것으로 되는 것을 말한다.

매도인은 그러한 목적지까지 물품을 운송하는 데 수반하는 모든 위험을 부담하고, 또한 물품의 수출통관 및 수입통관을 모두 하여야 하고, 수출관세 및 수입관세를 모두 부담하여야 하며, 모든 통관절차를 수행하여야 하는 의무를 부담한다. DDP 규칙은 매수인에게 최소의무만을 부담시킨다.

당사자들은 합의된 목적지 내의 지점을 가급적 명확하게 명시하는 것이 바람직하다. 그 지점까지의 위험은 매도인이 부담하기 때문에 매도인은 이러한 선택을 정확하게 만족하는 내용으로 운송계약을 체결하는 것이 좋다. 매도인이 그의 운송계약에 따라 목적지에서 양화에 관한 비용을 지출한 경우에, 당사자 간에 달리 합의되지 않았다면 매도인은 이를 매수인에게 청구할 수 없다.

매도인이 직접 또는 간접으로 수입통관을 수행할 수 없는 경우에는 DDP 규칙을 사용하지 않는 것이 좋다. 만약 당사자들이 수입통관에 관한 모든 비용과 위험을 매수인이 부담하기를 원하는 때에는 DAP 규칙이 사용되어야 한다. 수입 시에 부과되는 부가가치세 기타 세금은 매도인이 부담하되, 다만 매매계약에서 명시적으로 달리 합의된 때에는 그에 따른다.

8) FAS(FREE ALONGSIDE SHIP, 선측 인도조건)

FAS 규칙은 오직 해상운송이나 내수로운송의 경우에만 이용되어야 한다. 이 규칙은 물품이 지정선적항에서 매수인에 의하여 지정된 본선의 선측에 놓이는 때에 매도인이 인도한 것으로 간주한다. 물품의 멸실 또는 손상의 위험은 물품이 선측에 놓인 때에 이전되며 매수인은 그 시점 이후의 모든 비용을 부담한다.

지정된 선적항의 적재지점까지 비용과 위험이 매도인의 부담이고 이들 비용과 관련 화물취급비용이 항구의 관습에 따라 다를 수 있기 때문에 당사자들은 지정선적항 내의 적재지점을 명확하게 명시하는 것이 바람직하다.

물품이 컨테이너에 적재되는 경우에는 매도인이 물품을 선측이 아니라 터미널에서 운송인에게 인계하는 것이 일반적이다. 이 경우에는 FAS 규칙은 부적절하며, FCA 규칙이 사용되어야 한다.

이 규칙에서 매도인은 물품의 수출통관의 의무를 부담하지만 수입통관을 하거나 수입관세를 부담하거나 수입통관절차를 수행할 의무는 없다.

9) FOB(FREE ON BOARD, 본선 인도조건)

FOB 규칙은 오직 해상운송이나 내수로운송의 경우에만 이용되어야 한다. 이 규칙은 매도인이 물품을 지정선적항에서 매수인에 의하여 지정된 본선에 적재하여 인도하거나 이미 그렇게 인도된 물품을 조달하는 것을 의미한다. 물품의 멸실 또는 손상의 위험은 물품이 본선에 적재된 때에 이전되며, 매수인은 그 시점 이후의 모든 비용을 부담한다.

이 규칙은 컨테이너화물에 적용되는 것이 아니라 재래화물에 적용되는 규칙이다. 컨테이너화물의 경우에는 전형적으로 매도인은 선측이 아니라 터미널에서 운송인에게 물품을 인도한다. 즉, 물품이 본선의 선상보다 더 빠른 장소인 터미널에서 운송인에게 인도되는 컨테이너화물의 경우에는 FOB 규칙을 사용하는 것보다 FCA 규칙이 사용되어야 한다.

이 규칙에서 매도인은 물품의 수출통관의 의무를 부담하지만 수입통관을 하거나 수입관세를 부담하거나 수입통관절차를 수행할 의무는 없다.

10) CFR(COST AND FREIGHT, 운임포함 인도조건)

CFR 규칙은 오직 해상운송이나 내수로운송의 경우에만 이용되어야 한다. 이 규칙은 매도인이 물품을 본선에 적재하여 인도하거나 이미 그렇게 인도된 물품을 조달하는 것을 의미한다. 물품의 멸실 또는 손상의 위험은 물품이 본선에 적재된 때에 이전한다. 매도인은 물품을 지정목적항까지 운송하는 데 필요한 계약을 체결하고 그에 따른 비용과 운임을 부담하여야 한다.

이 규칙에서 매도인의 물품인도의무는 CPT, CIP 또는 CIF 규칙과 마찬가지로 물품이 목적항에 도착할 때가 아니라 매도인이 본선의 선상에서 물품을 인도할 때 완료된다. 이 규칙은 위험의 분기점과 비용의 분기점이 서로 다르기 때문에 두 가지 분기점이 존재한다. 즉, 매도인이 본선의 선상에서 물품을 인도할 때 위험은 매도인으로부터 매수인에게 이전하지만, 위험이 이전된 후에도 매도인은 합의된 목적항까지의 운임을 여전히 부담하여야 한다. 따라서 매도인이 운송계약을 체결해야 하는 목적항은 계약에서 항상 명시될 것이기 때문에 별다른 문제가 없지만, 물품의 멸실 또는 손상의 위험이 이전되는 선적항은 계약에서 명시되지 않을 수 있다. 그러므로 이 규칙은 선적항이 매수인에게 특정 이익을 주는 장소인 경우에는 당사자가 계약에서 가능한 명확히 선적항을 명시해야 한다.

이 규칙은 컨테이너화물에 적용되는 것이 아니라 재래화물에 적용되는 규칙이다. 컨테이너화물의 경우에는 매도인이 선측이 아니라 터미널에서 운송인에게 물품을 인도한다. 즉, 물품이 본선의 선상보다 더 빠른 장소인 터미널에서 운송인에게 인도되는 컨테이너화물의 경우에는 CPT 규칙을 사용하여야 한다.

이 규칙에서 매도인은 물품의 수출통관을 수행하여야 하지만 수입통관을 하거나 수입관세를 부담하거나 수입통관절차를 수행할 의무는 없다.

11) CIF(COST INSURANCE AND FREIGHT, 운임·보험료포함 인도조건)

CIF 규칙은 오직 해상운송이나 내수로운송의 경우에만 이용되어야 한다. 이 규칙은 매도인이 물품을 본선에 적재하여 인도하거나 이미 그렇게 인도된 물품을 조달하는 것을 의미한다. 물품의 멸실 또는 손상의 위험은 물품이 본선에 적재된 때에 이전한다. 매도인은 물품을 지정목적항까지 운송하는 데 필요한 계약을 체결하고 그에 따른 비용과 운임을 부담하여야 한다.

매도인은 운송 중 매수인의 물품의 멸실 또는 손상의 위험에 대비하여 보험계약을 체결한다. 이 경우 매도인은 단지 최소조건으로 부보하므로 보다 넓은 보험의 보호를 원한다면 매수인은 매도인과 명시적으로 합의하든지 아니면 추가보험을 들어야 한다.

이 규칙에서 매도인의 물품인도의무는 CPT, CIP, 또는 CFR 규칙과 마찬가지로 물품이 목적항에 도착할 때가 아니라 매도인이 본선의 선상에서 물품을 인도할 때에 완료된다. 이 규칙은 위험의 분기점과 비용의 분기점이 서로 다르기 때문에 두 가지 분기점이 존재하게 된다. 즉, 매도인이 본선의 선상에서 물품을 인도할 때 위험은 매도인으로부터 매수인에게 이전하지만 위험이 이전된 후에도 매도인은 합의된 목적항까지의 운임과 보험료는 여전히 부담해야 한다.

매도인이 그의 운송계약에 따라 목적항 내의 명시된 지점에서 양륙비용을 지출한 경우에, 당사자 간에 달리 합의되지 않았다면 매도인은 이를 매수인에게 청구할 수 없다.

이 규칙은 컨테이너화물에 적용되는 것이 아니라 CFR 규칙과 같이 재래화물에 적용되는 규칙이다. 따라서 컨테이너화물인 경우에는 CIP 규칙을 사용하여야 한다.

이 규칙에서 매도인은 물품의 수출통관을 수행해야 하지만 수입통관을 하거나 수입관세를 부담하거나 수입통관절차를 수행할 의무는 없다.

9 국제소화물특송

9.1 국제소화물특송의 운영형태

국가간 무역거래가 활성화되고 인터넷 상거래, 통신판매 시장이 급성장하면서 국제소화물특송 시장이 확대되고 있다. 국제소화물특송이 종전에는 무역서류와 상업용 견본 운송에 주로 활용되었으나, 최근에는 전자무역 등 전자상거래의 활성화에 힘입어 소량의 무역화물의 운송에까지 적극 활용되고 있다.

대부분의 통신판매업자들은 자사의 고유 유통망이 없기 때문에 국제소화물특송 업체를 이용하여 주문상품을 처리하고 있다. 즉, 통신판매업자가 인터넷의 관련 웹사이트를 통하거나 전화를 이용하여 특송업체에 운송요청을 하면 해당 기업의 직원이 직접 통신판매업자를 방문하여 화물을 접수한 후 포장, 항공운송, 그리고 수취인에게 배송하는 국제 간 항공특급일괄운송서비스를 활용하고 있다.

국제소화물특송(international courier service)은 국가 간에 서류나 샘플 등 소화물[8]을 화주의 문전에서 문전까지 배송하는 것을 의미한다. 넓은 의미에서 특송은 국내택배, 이륜택배, 해외특송 등을 모두 포괄하고 있지만 최근에는 택배라는 단어가 국내 택배를 지칭하는 경향이 널리 자리 잡고 있기 때문에 특송 자체를 해외특송으로 좁혀 지칭하고 있다.

국제소화물특송은 DHL, FedEx, UPS, TNT 등의 일반 항공특송과 카페리 운송으로 주로 한-중 간에 이용하는 해상특송, 항공기에 직접 운송인이 탑승하여 화물을 수하물 형태로 운송하는 항공 COB(Air Courier On Board),[9] 운송인이 탑승하지 않는 대신 특송화물을 수하물 형태로 운송하는 항공 UCB(Uncompanied Baggage) 등 다양한 형태가 있다.

9.2 국제소화물 항공특송업체 현황

현재 국제소화물 항공특송업체는 DHL, FedEx, UPS, TNT 등 소위 4대 업체가 세계시장을 장악하고 있으며, 국내에도 이들의 국내법인 또는 총대리점이 진출하여 운영되고 있다. 국내업체의 경우는, 외국업체들의 국내 시장 점유율이 90%에 달하고 있고 해외 배달네트워크 구축의 어려움, 취급

---

8 사람이 들 수 있는 30kg 이하 소형화물.
9 항공기에 직접 운송인이 탑승하여 화물을 수하물 형태로 운송하는 형태.

가능 물량에 비해 과다한 비용소요 등으로 인해 외국업체들과 제휴 또는 대리점 형태로 영업을 하고 있다.

1) DHL

DHL은 1969년 Dasley, Hillblom, Lind 등 미국인 변호사 3인이 설립한 미국최대 국제일관운송업체였지만, 독일의 도이체포스트가 DHL주식을 1998년 인수하기 시작해 2002년 완전 인수하였다.

DHL은 전 세계 220개 국가를 연결하는 물류 네트워크를 갖추고 있으며, 50만 명 이상의 직원과 6,500여 개의 사무소, 420대 이상의 항공기, 7만 6,200여 대의 차량으로 연간 15억 개 이상의 화물을 취급하고 있다. 국제우편 서비스를 비롯하여, 특송, 항공 및 해상 운송, 육상 운송, 계약 물류 솔루션 등 운송에 필요한 전문적인 서비스를 제공하고 있다.

DHL은 자체 네트워크를 통해 신속, 정확, 안전을 모토로 발송인의 책상에서 수취인의 책상까지 (desk to desk) 서류 및 소화물을 송·배달하고 화물추적확인, 자동요금계산청구, 발송분류확인 시스템을 개발하여 고객의 발송품에 대한 확실한 배달정보를 제공하고 있다. 국내에는 1977년 ㈜일양익스프레스가 총대리점 계약을 맺고 DHL코리아를 운영 중에 있다.

2) FedEX

페덱스(FedEx)는 1973년 프레드릭 스미스(Frederick W. Smith)가 미국 테네시 주 멤피스(Memphis)

| 그림 11-9 | 페덱스 허브에 설치된 자동트랙커 시스템 |

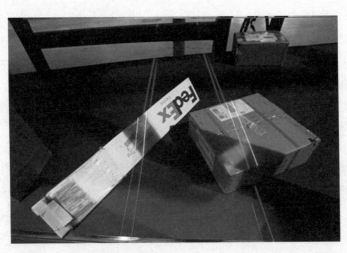

출처: http://terms.naver.com/imageDetail.nhn(세계브랜드백과)

에서 '페더럴 익스프레스(Federal Express)'라는 이름으로 만든 운송 업체이다. 페덱스는 소비자의 니즈를 만족시키기 위해 독특한 운송사업 방식인 Hub and Spoke[10] 운영체제와 화물 추적을 위한 DADS(Digital Assisted Dispatching Systems)서비스를 도입하여 다른 업체들과 차별화하고 있다

또한 페덱스의 COSMOS(Customer Oriented Services and Management Operation System)라는 서비스는 휴대용 컴퓨터를 이용하여 각 선적물의 바코드를 검색하여 개별화물의 모든 정보를 동시에 전 세계로 전달하는데 사용되고 있으며, 통신위성과 연결된 최첨단 화물추적시스템은 빠른 수송을 가능하게 하고 있다.

미국 주요 도시를 시작으로 현재 전 세계 220개 이상의 국가 및 지역에서 신속하고 정확함을 보장하는 국제화물특송 서비스를 선보임으로써 세계적인 운송 산업 브랜드가 되었다. 페덱스는 1994년, 페더럴 익스프레스라는 브랜드명을 '페덱스(FedEx)'로 변경했으며, 현재 항공로 및 육로를 통한 통합 네트워크를 통해 운송, 전자상거래, 기업 배송 서비스 등을 영업일 기준 1~2일 내에 신속하게 제공하고 있다. 국내에는 2000년 9월부터 직영서비스를 시작하여 서울에 있는 9개의 킨코스(Kinko's) 체인점에 지정 특송센터를 설립하여 운영하고 있다.

3) UPS

UPS는 1907년 짐 케이시와 클로드 라이언은 워싱턴주 시애틀에 아메리칸 메신저 컴퍼니(American Messenger Company)를 세워 소화물 배달을 시작했다. 1913년 경쟁사인 에버트 맥케이브(Evert McCabe)와 합병해 머천트 파슬 딜리버리(Merchants Parcel Delivery)를 세웠다. 1919년 최초로 시애틀을 넘어 오클랜드, 캘리포니아에서 서비스를 시작했으며, '유나이티드 파슬 서비스(United Parcel Service)'로 이름을 바꾸었다.

UPS는 미국 조지아주 샌디 스프링스에 본사가 있으며 전 세계 220개가 넘는 나라에서 9만 1,700 대의 차량, 500여 대의 항공기, 1700개소의 허브와 센터를 운영하고 있고 매일 평균 6,100만 고객에게 1,500만 건의 운송 서비스를 하고 있다.

UPS는 거리와 시간에 따라 차등 요금을 부과함으로써 고객이 서비스를 선택할 수 있게 하고 문서교환서비스(document exchange service)를 제공하여 정보교환을 원활히 수행할 수 있도록 해주며 인터넷을 통해 주문관리 및 통합적인 운송관리가 가능하도록 온라인 솔루션을 제공하고 있다.

국내에는 1980년대 후반에 진출하였고, 1996년 대한통운과 합작으로 UPS대한통운을 설립하였다가 2008년 6월 대한통운의 지분을 인수하여 단독 출자한 한국법인 한국UPS를 세웠다.

---

10 소화물을 출발지에서 허브라 불리는 물류센터로 보내면 같은 시간대에 다른 곳에서 온 물건과 혼적되고 혼적된 화물은 분류시설에 의해 목적지별로 재분류되어 소화물을 싣고 온 항공편으로 다시 실어서 개별 목적지로 보내는 시스템.

4) TNT

네덜란드 최대 우편정보통신회사인 KPN이 100% 투자한 회사로 네덜란드에 본사를 두고 전 세계 220여 개 국가에 특송, 우편, 물류 서비스를 제공하는 국제소화물 항공특송 기업이다.

TNT는 국제적 운송 노하우와 기술력, 전 세계에 뻗어있는 광범위한 네트워크를 바탕으로 정확하고 신뢰 있는 고객 맞춤형 특송 서비스의 제공으로 차별화 하고 있다. 또한 온-디맨드 도어투도어(on demand door to door) 통관 서비스를 제공하기 위해 도로와 항공운송을 통합하고, 국제적인 인적자원 인증인 'IiP(Investor in People)'를 획득하여 호주, 유럽, 동남아시아 지역에서 시장 점유율을 높이고 있다.

전 세계 10만명의 직원, 26,000대의 수송 차량, 51대의 항공기, 960개의 특송센터 및 화물보관소, 3,000여 개의 지점을 통해 200여 개 이상 국가에 서비스를 제공하고 있다. 국내에는 1983년 ㈜점보익스프레스와 대리점 계약을 체결함으로써 한국서비스를 시작했으며, 1989년 TNT Korea를 설립하여 운영하고 있다.

🔟 국제물류보안

1) 개요

미국에서 발생한 9.11테러 사건 이후 미국을 비롯한 세계 각국과 국제기구에서 선박과 항만 등 물류보안(supply chain security)을 강화하는 여러 가지 제도를 도입하여 운영하고 있다. 특히 최근 들어 국제사회는 기존의 물류보안 조치를 강화하는 한편, 국제적인 협력과 연대를 바탕으로 통일된 물류보안 인증제도를 도입하고 있다.

미국의 경우 18개 부처에 분산되어 있던 보안 관련 기능을 통합한 국토 안보부(DHS)를 2003년에 창설한 이후 컨테이너 보안 협정(CSI), 대테러 민간 협력(C-TPAT) 및 해운보안법의 제정 등을 통해 물류부문의 보안을 강화하고 있다. 특히 2006년 9월 항만보안법을 제정한 데 이어 2007년 8월 수출 컨테이너 화물의 100% 사전 검색을 의무화하는 법률이 최종 확정되어 그동안 미국을 중심으로 시행되기 시작한 물류보안제도는 양자 및 다자간기구로 확산되면서 글로벌 제도로 정착되고 있다.

2) 물류보안의 개념

물류보안이란 국가 물류체계 내부 및 외부의 의도적인 위해행위(risk behavior)를 사전에 방지하거나 사태 발생 시 신속한 복구조치를 수행함으로써 안전하고 원활한 국가 물류체계를 확보하는 일체의 활동이다. 국내의 물류정책기본법 제2조 제1항에는 "물류보안이란 항공, 항만과 물류시설에 폭발물, 무기류 등 위해물품(risk goods)을 은닉, 반입하는 행위와 물류에 필요한 시설, 장비, 인력, 조직, 정보망 및 화물 등에 위해를 가할 목적으로 행하여지는 불법행위를 사전에 방지하기 위한 조치를 말한다."고 규정되어 있다.

물류보안은 전통적으로 물류에 대한 위협을 예방하고 대응하는 것으로 인식되어 왔고 화물, 서비스 및 생산요소의 안전한 이동을 보장하는 것이 물류보안의 우선적 목표이다. 이는 외부 위협으로부터 국제교역을 안전하게 지키려는 것으로 교역과 물류에 대한 위협을 최소화 하려는 의미이다.

3) 국제물류보안제도

국제물류보안제도는 현재 제정 주체에 따라 두 가지로 분류할 수 있다. 2002년에 만들어진 미국의 해운보안법(MSA 2002)과 국제해사기구(IMO)의 국제 선박 및 항만시설 보안에 관한 규칙(이하 'ISPS 코드')이다. 전자가 미국의 개별적인 법률인 데 비해, 후자는 2004년 7월 1일부터 국제적으로 시행되고 있는 국제규범이라는 점에서 차이가 있지만 IMO는 ISPS 코드를 제정할 당시 미국의 해운보안법을 참조하였다.

(1) 국제해사기구(IMO)의 ISPS코드

ISPS 코드에 따르면, 선사 및 항만 당국, 그리고 체약국 정부는 선박과 항만의 보안을 확보하기 위해 다음의 의무사항을 부담해야 한다.
① 국제항해에 종사하는 모든 선박은 체약국의 관련 관청에서 승인한 선박 보안계획을 비치하고, 운항해야 한다.
② 항만시설 보안계획 역시 사전에 수행한 보안평가를 바탕으로 위험수준을 결정하고, 이에 적합한 단계별 보안계획을 작성해야 한다. 이 계획에는 항만시설의 운영에 위협을 줄 수 있는 무기류, 기타 모든 위험한 장치 등의 반입 및 사용을 통제할 수 있는 조치를 포함한다.
③ 선사는 선박 보안계획의 수립과 동시에 운항하는 선박마다 선박보안 담당관(ship security officer)과 회사보안 담당관(company security officer)을 임명해야 한다. 선박보안 담당관은 정기적으로 선박의 보안사항을 점검하고, 선박보안계획을 이행, 유지, 감독하는 권한과 책임이 있다.

(2) 미국의 해운보안법

2002년 말 제정된 해운보안법(Public Law 107-295)은 물류보안을 강화하는 미국의 입장과 시각이 반영된 법률이다. 미국은 이 법률을 제정하면서 자국 해역을 운항하는 선박과 항만시설에 대한 보안조치를 강화하는 규정과 함께 외국항만에서 시행하고 있는 보안제도의 적정성을 평가하는 내용까지 포함하고 있다.
① 항만과 선박의 보안취약성 평가를 강제하고 있다. 이는 선박을 이용한 테러 등 운송보안 사

고를 일으키기 쉬운 선박과 항만을 사전에 통제하기 위한 조치이다.
② 해운보안계획의 수립을 의무화하고 있다. 해운보안계획은 정부차원에서 수립하는 국가해운
   보안계획과 지역보안계획, 그리고 각 선박과 항만시설에 따라 작성되는 개별적인 보안계획
   이 있다.

한편 국제물류보안제도는 강제성 여부에 따라 시행이 강제되는 제도와 임의적인 제도로 구분할
수도 있다. 강제되는 물류보안제도는 미국에서 도입된 것이 주종을 이루고 있는데 미국 해운보안법

표 11-7   국제물류보안제도의 이행 요구사항

구분	관련 국가	세부 이행 요구 사항	비고
선박항만보안	미국 해운법	외국 항만 보안평가제도 선박 장거리 추적시스템	강제
	IMO ISPS코드	ISPS코드 이행 및 500톤 이하 강제 적용	
컨테이너검색	미국	컨테이너화물 100% 사전검색 시스템 설치	강제
	WCO¹	체약국 요구에 의한 컨테이너 화물검색 의무	협정(임의)
물류보안인증	미국 C-TPAT²	미국 수출화물 보안인증 필요	임의
	WCO Framework	민간기업 AEO 제도 도입	임의
		국가 간 물류보안 상호인정제	협정(임의)
	ISO 사업장 인증제도	물류기업 보안인증 표준 도입	임의
화물정보 사전신고	미국 화물 정보신고제도	화물신고시스템 설치 및 운영	강제
		GTX(Global Trade Exchange) 준비	미정
	WCO 화물 정보신고제도	국가 간 화물정보 신고, 교환	협정(임의)
물류보안 기술장비	미국	컨테이너 화물검색기 설치(2012. 7) 컨테이너 기계적 봉인장치(2008. 4) 컨테이너 전자 봉인장치(2012. 7)	강제
	기타	컨테이너화물 모니터링 솔루션 항만(시설물) 인적, 물적 보안시스템 설치 스마트 컨테이너 개발 및 보급	강제 및 임의

주: 1) World Customs Organization(세계관세기구)
   2) 세관과 무역업계가 공동 개발한 C-TPAT 안전지침을 이용하여 수입업자, 국내운송업자, 선사, 항공사, 통관업자, 창고업
      자, 해외제조업 등이 공급체인 당사자들의 안전에 관한 종합적인 진단을 하고 보안조치를 설정하는 프로그램

의 '외국항만보안평가제도', ISPS코드의 '장거리 선박 추적 시스템 설치', '컨테이너 화물 100%사전 검색', '화물정보 사전 신고제도' 등이 이에 해당되며 세부이행 내용은 [표 11-7]과 같다.

4) 국내물류보안제도

(1) AEO(Aauthorized Economic Operator)제도

AEO제도는 9.11 테러 이후 세계적으로 강화된 무역안전조치를 수용하면서 국제무역의 원활한 흐름과 조화를 위해 세계관세기구(WCO)에서 고안한 제도이다. 물류공급체인상의 활동주체인 제조기업, 수출업자, 포워드, 창고업자, 운송사, 관세사, 수입업 등이 화물이동과 관련하여 관세청에 의해 신뢰성과 안정성을 공인 받는 제도이다. AEO 인증을 받으면 국가 간의 상호 인정과 통관상의 여러 혜택을 받을 수 있다. EU, 일본, 중국, 뉴질랜드, 싱가포르 등에서 AEO제도를 도입, 운영하고 있다.

(2) 물류보안경영시스템(ISO 28000)

ISO 28000은 공급사슬(supply chain) 전반에 걸쳐 인력 및 화물에 대한 위험성을 줄이고 물류 안전성을 보장받기 위해 2007년 국제표준화기구(ISO)에서 제정하였다. 국제사회의 물류보안시스템 강화 추세에 따라 우리나라도 지식경제부 기술표준원에서 ISO 28000 인증 제도를 마련하였다.

인증기관에서 ISO 28000 인증을 취득한 항만이나 기업은 물류보안체계를 국제표준에 적합하도록 갖추었다는 것을 국제적으로 공인받을 수 있게 하므로 물류비용의 절감효과를 거둘 수 있게 되었다. 국내에는 2008년에 도입되었으며 항만, 물류분야의 인증업무는 한국선급에서 대행하고 있다.

12

Fundamental of Logistics

궁금하다! 미래의 물류

1 물류 환경의 변화

　　최근 기업의 경영환경이 변하면서 물류가 고부가가치를 창출하는 신성장 서비스 산업으로서 새롭게 인식되고, 경제의 글로벌화로 물류 서비스에 대한 수요가 늘어나고 있다. 또한 물류 환경이 과거에 비해 다양한 분야와 접목이 가능하고 활용 범위도 넓어지고 있는 추세에 따라 미래 환경에 적합한 새로운 물류 비즈니스 운영 모델이 등장할 것으로 예상되고 있다. 이와 함께 첨단 기술들이 물류 산업에 다양하게 적용되면서 기존의 형태를 벗어나는 새로운 패러다임을 가져오고 있다. 따라서 본 장에서는 다양한 물류 산업의 환경적, 기술적 변화에 따른 미래의 물류를 살펴보고자 한다.

1.1 미래 물류의 환경 변화

1) 관련 이슈

　　최근 물류 환경은 소량화, 경량화, 다빈도화 되었고, 인력부족, 노동기피, 환경에 대한 관심 증가 등 다양한 변화에 대응하기 위해 물류 산업의 다양성, 신속성, 효율성을 요구하고 있다. 이에 따라 물류시스템과 프로세스상의 흐름을 적절히 관리하고 각 기능들을 연계하고 통합하는 것이 중요하다. 미래의 물류 환경에는 공급 사슬 전반에 걸쳐 물류 프로세스를 통합하고 조정할 수 있는 영역이 더욱 발달할 것이다. 따라서 이를 구축하는 데 필요한 실시간 정보의 수집과 처리 능력이 크게 요구될 것으로 전망된다.

그림 12-1 미래의 물류 환경 변화와 추진 방향성

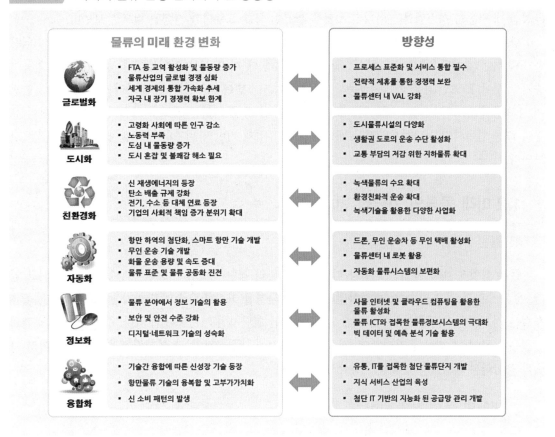

2) 미래의 물류 방향

미래의 물류 방향을 [그림 12-1]과 같이 세분화해 살펴보았다. 글로벌화에 따라 세계가 통합되고 있으며, 자국 내 경쟁력 확보의 한계 및 국가, 지역 간 교역 활성화를 통해 물동량이 증가하고 있다. 이에 따라 물류 프로세스의 표준화 및 서비스 통합은 필수적인 요인이 되고 있으며, 고부가가치를 강화하는 글로벌 차원의 물류가 진행될 것으로 예상된다. 도시화에 따른 미래의 물류를 살펴보면 도심 내 증가하는 물동량 처리를 위한 물류시설 및 단말물류(Last-mile Logistics)를 위한 운송 수단이 다양해 질 것이다. 또한 혼잡 완화 및 운송의 효율성을 위해 지하물류의 활용을 예상해 볼 수 있다. 탄소 배출의 규제 및 신재생에너지가 등장하는 친환경화에 따른 물류 방향은 전기, 수소 등 대체 연료를 활용한 친환경 운송 수단이 확대될 것이다. 또한 그린포트(Green Port) 및 그린쉽(Green Ship)의 운영 등 녹색물류체계가 물류 산업 전반에 걸쳐 확대될 것으로 전망된다.

하역의 첨단화, 무인 운송의 개발 등 자동화에 따른 물류의 방향은 다음과 같다. 화물 운송의 용량 및 속도가 증가함에 따라 드론이나 무인 운송차 등을 활용한 운송체계가 등장할 것이다. 또한 물류시설 내 자동화 시스템뿐만 아니라 로봇을 활용한 물류 표준화가 진행될 것으로 보인다.

향후 물류 산업을 차별화하는 중요한 요소는 예측분석, 실시간 처리 등과 같은 정보기술의 역량을 구축하는 것이다. 물류 산업에서 정보화가 진행됨에 따라 사물 인터넷이나 빅 데이터의 활용이 증가할 것이다. 또한 물류 ICT를 접목시킨 물류정보시스템이 적극 활용됨에 따라 물류보안이나 안전의 중요성이 높아질 것이다. 마지막으로 첨단 기술 간 융합에 따른 새로운 기술이 등장함에 따라 유통과 IT를 접목시킨 첨단물류단지가 개발되고, 공유경제 기반의 비즈니스 모델이 활성화 될 것으로 보인다.

1.2 미래 물류의 기술적 변화

1) 관련 이슈

물류 산업에 대한 사회적 요구가 다양해짐에 따라 첨단 기술을 이용한 물류형태가 도입되고 있다. 운송 수단의 경우 고속화·대형화뿐만 아니라 환경을 고려한 운송 수단까지 등장하고 있다. 물류시설은 정보기술, 자동화, 에너지 기술 등이 결합된 첨단시설로 거듭나고 있다. 특히, 정보시스템의 발전은 물류에 큰 변화를 가져왔다. 전체 물류 과정에 대한 가시성과 통제력을 향상시키고 여러 기술과 융합하여 안정성과 정확성을 향상시키고 있다.

2) 미래의 물류 기술 방향

[그림 12-2]는 최근 이슈화되고 있는 미래의 물류 기술 키워드의 대부분을 도식화한 것이다. 본 장은 이중 가까운 미래에 이슈화될 키워드를 중심으로 친환경 물류, 물류 ICT, 신기술 응용물류, 전자 상거래 물류, 물류 관리 및 계획 등으로 세분화해 살펴보았다.

전 세계적으로 친환경 물류체계가 구축됨에 따라 친환경 운송 수단, 친환경 시설, 친환경 포장 등이 등장하고 있다. 전기차, 하이브리드 차량, LNG 선박 등 친환경 운송 수단이 개발되고 그린포트, 그린공항, 친환경 물류센터 등 물류시설 또한 친환경 물류체계를 구성하고 있다. 향후 무인 운송, 물류 로봇 등의 기술 개발을 통해 더욱 확대될 것으로 보인다.

물류ICT와 관련된 기술은 사물 인터넷, 빅 데이터, 클라우드 등이 있다. 미래 물류 산업은 여러 데이터를 처리하는 기술이 차별화될 것으로 기대된다. 빅 데이터 및 사물 인터넷 기반의 정보 관리는 실시간 경로를 최적화하고, 화물 운송에 대한 위험 및 수요 발생의 예측을 향상시킬 것이다.

첨단 기술과 융합된 물류 기술에는 드론, 3D프린팅, 웨어러블 기기 등이 있다. 웨어러블 기기 덕분에 물류 활동의 효율성과 생산성을 향상시킬 수 있다. 3D프린팅은 언제 어디서든 원하는 제품 생산이 가능하여 물류시설 및 장비가 중요해질 것이다. 드론의 경우 다양한 배송 서비스뿐만 아니라

그림 12-2 미래의 물류 기술 키워드

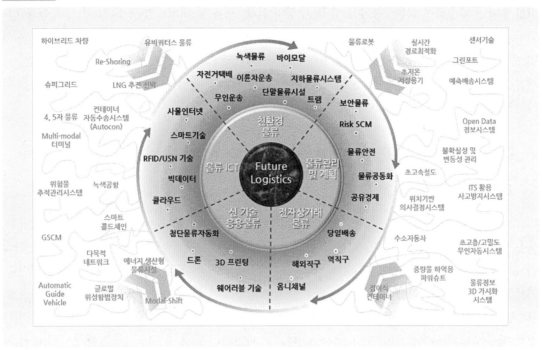

개인 맞춤형 물류 서비스까지 지원할 것으로 기대된다.

최근에는 전자 상거래의 성장에 따라 전자 상거래 물류가 주목받고 있다. 전자 상거래 기업들은 당일 배송, 2-3시간 배송 등 신속한 배송 서비스를 제공하고 있으며, 물류의 역할은 더욱 중요해지고 있다. 뿐만 아니라 해외직구 및 역직구가 활성화됨에 따라 실시간 제품 추적 및 제품 수령시간까지 예측 가능한 기술이 도입될 것이다.

물류 관리 및 계획 관련 분야는 물류보안, 물류위험관리, 물류 공동화 등 다양하다. 이와 관련된 물류 기술에는 SCM 최적화, 위험물 운송 관리, 불확실성 및 변동성 관리 등 여러 기술이 개발되고 물류 산업에 적용되고 있다.

2 지속가능한 환경 친화적 물류

지구 온난화 문제는 영향력의 크기와 예측 불가능성으로 지구 환경 논의에서 중심 주제가 되어 왔다. 이에 많은 국가가 온실가스 배출량 감축을 선언하고, 목표 이행을 위한 다양한 노력을 기울이고 있다. 정부는 저탄소·에너지 고효율 교통물류체계를 구축하기 위해 관련 법/제도를 마련하고, 녹색기술 개발과 도입에 대한 경제적 지원을 추진하고 있다. 최근 전자 상거래의 발전 등으로 도심 내 화물 수요가 급증하여 화물자동차 출입 및 주정차 문제, 소음 및 대기오염 등 도심 내 물류 활동으로 인한 여러 문제가 발생하고 도시 환경이 크게 악화되었다. 이에 유관 기관에서는 도시형 물류시설 및 운송 수단, 지하운송시스템, 친환경 연료 사용 및 에너지 절감 기술 적용 등 다양한 대안을 연구·개발하고 있다. 뿐만 아니라 대형 유통업체부터 슈퍼마켓까지 기업 차원에서도 친환경적 노력을 확산하고 있다.

2.1 新경쟁 패러다임, 녹색물류(GREEN Logistics)

1) 배경 및 활용

2014년 기후변화에 관한 정부 간 협의체(IPCC)는 금세기 말(2081년~2100년) 지구 평균 기온은 3.7℃, 해수면은 63cm 상승할 것으로 전망하였다. 이는 화석 연료의 사용 증가에 따른 인위적인 온실가스의 증가 때문이므로 지속가능한 개발(Sustainable Development)을 위한 다양한 노력이 필요한 시점이다. 이때 보다 구체적인 정책으로 표현한 녹색성장(Green Growth)은 환경과 성장이라는 두 가지 가치를 포괄하며, 새로운 개념으로 등장하였다. 녹색성장이라는 시대적 흐름에 맞춰 물류 산업에 등장한 친환경적 개념이 바로 녹색물류(GREEN Logistics)[1]이다. 즉, 과거와는 달리 단순히 금전적 비용만이 아닌 기후변화, 대기오염, 소음 등으로 인한 외생적인 물류 환경 비용까지 중요한 요소로 인식해야 하는 것이다. 이에 따라 기업은 국토·지리적 환경 및 교통 여건에 맞는 온실가스 감축사업을 새로운 경쟁수단이자 부가가치로서 전개하고 있다.

2) 국내외 추진 동향

해외 선진국 등은 자국 상황을 감안한 국가별 기여방안(INDC)을 자체적으로 결정하는 등 환경 친화와 관련한 노력을 적극적으로 하고 있다. 해외 물류기업들 또한 물류 활동 전반에 걸쳐 탄소 저감 목표를 세우고, 다차원적인 노력을 기울이고 있다. 대표적으로 독일의 DB Schenker는 '녹색물류 프로젝트(Green Project)'에 이어 2009년부터 녹색물류네트워크, 녹색도로, 녹색터미널, 녹색철도 등의 내용을 포함하는 '등대 프로젝트(Lighthouse Project)'를 추진함으로써 세계적인 녹색물류 기업으로 성장하고 있다. Deutsche Post DHL 또한 탄소회계, 감축기준 적용, 서비스 및 생산의 녹색화, 고용자 참여 등의 내용을 포함하는 GoGreen Project를 2005년부터 추진하고 있다.

한편 우리나라는 「지속가능 교통물류 발전법」, 「저탄소 녹색성장 기본법」하에 2020년 국가 온

---

1 국토교통부(2012)에 의하면 녹색물류란 물류 산업의 효율화 및 부가가치 창출을 기반으로 하면서 온실가스 배출량 및 에너지 사용량 등을 최소화하는 물류체계를 의미한다. 또한 온실가스 감축, 에너지 효율화 및 자연 친화(Greenhouse gas Reducing, Energy Efficiencing and Nature-friendly)를 의미하기도 하다.

그림 12-3   지속가능 물류발전을 위한 추진 전략 및 방향

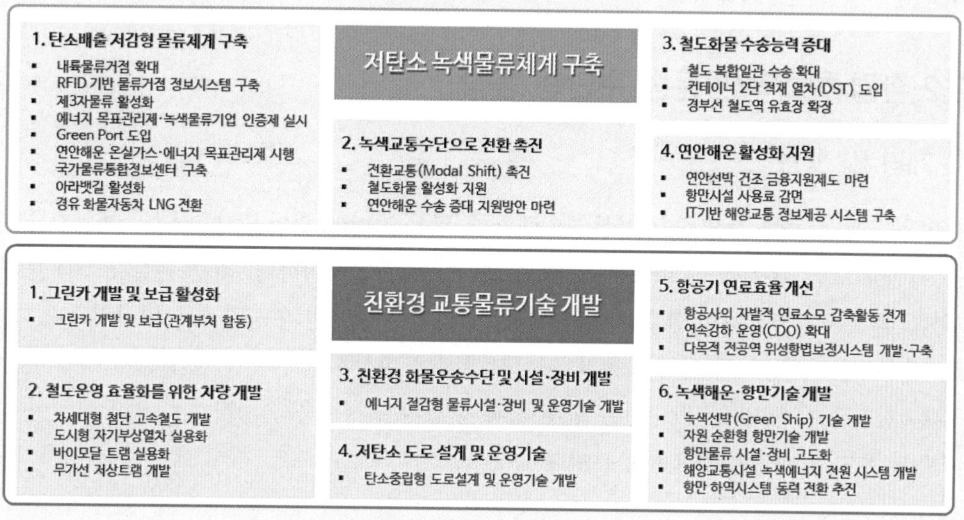

출처: 국토교통부, 「제1차 지속가능 국가교통물류발전 기본계획」, 2011, pp. 55-79.

실가스 배출 전망치 대비(BAU) 30% 감축을 선언하였다. 이에 따라 업종별 감축률에 따라 관리업체가 감축 목표를 이행해 나가는 온실가스 · 에너지 목표관리제를 시행하고 있다. 또한 국내 녹색교통체계 구축을 위해 「지속가능 국가교통물류발전 기본계획」을 수립하고, 이를 성공적으로 구축하기 위한 정책 방향과 추진 전략을 제시하고 있다. 이 중 저탄소 녹색물류체계 구축과 친환경 교통물류 기술 개발이라는 두 가지 핵심 전략이 있으며, 세부 추진 전략과 방향은 [그림 12-3]과 같다.

3) 미래 방향

녹색성장에 대한 우리나라의 역사가 선진국에 비해 짧은 만큼 인식 수준과 이를 실용화할 수 있는 여건 및 기술도 극히 제한적이다. 또한 녹색물류체계 구축을 위한 정책이 부문별로 나뉘어 추진되고 있어 수단 간 연계 관리, 공동 협력체계가 어려운 실정이다. 따라서 기업들의 자발적인 참여조차 상대적으로 저조한 상황이다. 그러나 탄소배출권 거래제와 자발적인 감축 협약이 확산되는 분위기에서 고객사의 친환경 에너지 사업을 지원할 수 없는 물류기업은 물동량 확보에 경쟁력을 잃을 가능성이 높다. 즉, 친환경 시스템의 구축이 미래 물류기업의 핵심 경쟁력인 것이다.

국내외 사례를 통해 볼 때 국내 물류기업은 물류비 및 CO_2 절감을 위한 다각적인 노력을 강화할 것으로 보인다. 특히 친환경 대체에너지 사용이 확산됨에 따라 운전자의 에너지 실천인 에코 드라이빙(Eco-Driving)이 활성화되고, 에너지 자립형을 넘어선 에너지 생산형 물류시설이 등장할 것으로

예상된다. 또한 개별 기관 및 기업 차원에서 관리되던 환경부하가 공급망 전체에서 통합·관리되는 Green SCM의 개념으로 확대될 것이다.

2.2 환경 친화적인 운송 수단의 등장

1) 개념 및 활용

운송은 물류 활동에 가장 중요한 부분으로 물류 활동 전반에 있어 막대한 양의 에너지를 소비하기 때문에 대기오염, 온실가스, 소음 등의 환경오염 유발은 불가피하다. 최근 온실가스 배출량을 줄이기 위한 국제 사회의 지속적인 노력이 환경 친화적인 운송 수단의 등장으로 이어지고 있다. 대표적으로 하이브리드 자동차와 전기 자동차, 에너지 효율을 향상시킨 친환경 선박 등이 이에 해당된다. 이와 같은 친환경 운송 기술 및 수단은 향후 물류 산업의 경쟁력을 결정짓는 중요한 요인이기 때문에 지속적인 투자와 개발이 필요한 부분이다.

2) 국내외 추진 동향

[표 12-1]과 같이 일본, 미국, 유럽 등은 운송 수단의 환경적 부담을 절감하기 위한 다양한 장치를 마련하여 추진하고 있다. 초기에는 온실가스 감축을 목적으로 하다가 최근에는 운송 부문의 물류 공동화, 정보화 등으로 확장 적용하고 있다. 이외 주요 선진 국가들은 사업을 지원하는 데 있어 화주와 물류관련 업체 간의 파트너십을 구성하도록 정부 차원의 홍보와 사업 발굴에 중점을 두고 있다.

국내에서도 분야별 다양한 정책이 추진되고 있다. 저탄소 운송체계 구축이라는 정부의 정책에

표 12-1 국외 환경 친화적 운송 관련 정책

국가	관련 제도	내용
일본	그린물류 파트너십	• 화주와 물류사업자의 연대를 통해 CO_2 배출량 저감 • 전문가와 민간기업이 주도적 추진, 정부는 행정적 지원 • 모달 시프트, 친환경 차량 도입, 공동 수배송 등 시행
미국	스마트웨이 운송 파트너십	• 미국 환경청과 화물업계가 에너지 효율 향상, 온실가스와 대기오염 배출 억제 등을 위한 공동 협력체계 구축 • 환경 당국은 다양한 지원 및 혜택 제공
EU	마르코폴로	• 화물 교통의 친환경 수단이용 활성화를 위해 도입(2007) • 연안 운송에 포함하는 복합운송사업 시행 시 재정적 지원
네덜란드	Connekt 파트너십	• 기업들에게 온실가스 감축을 위한 가이드라인 제공 • 인증제 도입으로 기업의 온실가스 감축 의무 강화

출처: 민연주 외3, 전환교통 지원사업 평가 및 제도개선 연구, 한국교통연구원, 2013.

따라 전환교통의 보조금 확대, 초고속 해상운송시스템 구축, 친환경 선박 지원, LNG 화물차량 확대 등 전 운송 분야에 걸쳐 다양한 방안이 제시되고 있다.

3) 미래의 방향

최근 바이오 디젤, 바이오 연료 및 연료 전지차 등의 개발로 과거보다 더 많이 친환경적이고 재생 가능한 연료를 사용할 수 있게 되었다. 기존의 화석에너지를 소비하는 운송 활동은 정부 규제에 제약을 받기 때문에 향후 운송 분야에는 친환경 운송 기술이 경쟁력으로 떠오를 것이다. 그러나 이를 위한 투자비용에 대한 부담과 기업의 참여 준비가 부족한 상황이라 정부의 지원과 관심이 지속되어야 할 것이다.

친환경 운송은 환경을 보호하면서 운송 분야의 지속가능한 발전을 가능하게 하여 녹색성장에도 기여하는 등 다양한 부가가치를 지니고 있다. 즉, 향후 하이브리드 차량이나 초고속 철도의 등장으로 비용 절감뿐만 아니라 물류의 경쟁력 향상에도 기여할 것으로 보인다. 따라서 환경 친화적인 운송 수단으로의 전환은 물류 산업 전반에 걸친 주된 이슈로 떠오르고 있으며, 물류 산업이 반드시 해결해야 하는 미래를 위한 과제라 할 수 있다.

2.3 도시와의 조화, 친커뮤니티 전략

1) 개요 및 활용

도시 내 물동량 증가율이 지역 간 물동량보다 2배 가량 높고, 화물 차량이 도시 전체 교통량의 30% 이상을 차지할 만큼 도시 내 물류 활동의 비중이 증가하고 있다. 그러나 현실은 도시 내 물류시설의 부족, 여객 통행 위주의 교통계획 등으로 도시물류 활동의 비효율화가 심화되고 있다. 또한 도심 화물차 통행으로 인한 교통 혼잡 및 환경 오염으로 도시물류 활동에 대한 부정적 인식이 확산되고 있는 실정이다. 도시물류 환경을 개선할 수 있는 종합적인 전략이 필요한 시점이다. 이러한 이유로 지역 사회에 보다 친화적인 물류 환경의 구축을 위한 도시형 물류시설과 환경을 고려한 화물차 이용이 고려되고 있다. 이외의 다양한 운송 수단을 활용하는 단말 운송, 그리고 포화 상태의 지상물류 운송시스템에 대한 대안인 지하물류 등이 재 조명되고 있다.

2) 국내외 추진 동향

국토교통부는 [그림 12-4]와 같은 도시형 물류시설을 확대 적용한 종합계획을 수립하였다. 이를 통해 도심권에 위치한 재래식 물류·유통·교통 시설은 미래형 도시 물류거점으로 전환하거나 활용할 수 있도록 지원한다. 연장선상에서 2015년 물류-유통-ICT산업 간 융복합 및 복합건축을 허용하여 연관 산업의 연계를 촉진할 「도시첨단물류단지(e-Logis Town) 조성계획」을 발표하였다. 이는 택배

그림 12-4 도시형 물류시설에 대한 개념

출처: 국토교통부, 「제2차 물류시설개발 종합계획 변경」, 2014, p. 40.

표 12-2 지하 화물운송시스템 개발 현황

구분	OLS	CargoCap	UCM
운행 방식	• 고정/자유경로 복합열차형	• 고정경로 열차형 • 직경 1.6m 지하 파이프라인 관로 내 운송장비로 이송	• 고정경로 로프형 • 컨베이어벨트 기술을 이용한 운송
특징	• 네덜란드 화훼물류 지하 화물 운송시스템 • 대상지역 매일 12만 5천건 이상 • 프로토타입이 개발되어 단기간 운행	• 독일 보훔대학에서 제안한 지하 운송망 건설 프로젝트 • 2대의 운송장비 간에 2m 간격 두고 운영 • 속도는 35km/h	• 벨기에 앤트워프항 • 21km에 달하는 전동 컨베이어 벨트로 1일 11,000TEU 운송 가능 • 화물을 정지가 아닌 감속만으로 하역하는 방법
개념도			

출처: 최형림 외4, 국내 적용 가능한 지하 화물운송 시스템, 대한토목학회지, 제59권 제8호, 2011, pp. 35-43.

분류시설, 소화물 단일배송 지원시설, 신선식품 및 고가품 보관시설 등 공간대비 효율을 극대화할 수 있는 시설로 구성되어 있는 도시형 물류시설이다.

단말물류 운송 수단은 최종 목적지까지 배송하기 위한 마지막 수단이라 할 수 있다. 기존에 화물차 중심으로 이루어졌던 도심 내 소화물 운송에 자전거, 이륜차, 지하철, 택시, 도보 등 다양한 운송 수단을 도입해 화물차보다 도시 환경에 친화적인 형태로 운송 활동을 수행하는 것이다. 국외 여러 국가에서도 도시형 운송체계가 활성화되고 있으며, 특히 일본은 도시에 친화적인 단말운송 수단을 가장 적극적으로 활용하고 있다.

한편, 지상교통 중심의 육상물류 운송시스템은 이미 포화상태에 도달하였고, 도시 내에서는 화물차에 의한 환경 및 교통 문제가 심화되고 있다. 따라서 이의 대안으로 지하 네트워크를 이용한 지하물류가 부상하고 있다. 서울시는 만성적 도로교통의 혼잡을 해소할 목적으로 주요 간선도로를 지하 40~60m 깊이에 6개 노선(총연장 149km)의 'U-Smartway 지하도로계획'을 제안('10)하였다. 실제 독일에서도 'CargoCap'이라는 지하 화물운송시스템 개발을 진행하는 등 여러 선진 국가들의 연구사례를 찾을 수 있다([표 12-2] 참조).

3) 미래 방향

과거 도시물류 활동은 공급 중심으로 이루어졌다. 반면 현대에는 도시민의 생활패턴을 고려한 소비 중심의 물류 활동으로 빠르게 변화하고 있다. 유통 및 서비스업의 증가, 전자 상거래의 발전 등이 가세해 도시 내 물류 활동의 양과 빈도가 증가하고 있다. 이에 반해 도시물류 인프라는 부족할 뿐만 아니라 일부 재래식 물류터미널과 유통거점 등은 제 기능을 발휘하지 못하고 있다.

따라서 도시물류 정책은 도시민의 삶의 질을 지원하기 위한 신규 인프라 공급, 기존 시설의 기능 개선, 적절한 규제 및 완화 등이 검토될 것으로 보인다. 이때 도시물류 환경은 소음, 공해에 보다 환경 친화적이고 도심 교통난 해소 등을 위한 도심 친화적인 방향에서 추진되어야 할 것이다.

3 ICT 진화에 따른 물류시장 생태계 변화

ICT란 정보 통신 기술(Information and Communication Technology)의 약자로, 흔히 알고 있는 IT라는 큰 틀에서 통신과 관련된 개념이다. 정보의 공유와 확산에 중점을 둔 소셜커머스, 어플리케이션 등 ICT산업은 정치·경제·사회·문화 등 광범위하게 우리 삶에 영향을 주고 있다.

물류 산업도 전자 상거래와 인터넷, 휴대전화 등 IT의 발달로 운송의 신속화, 다국적 기업의 물류 거점화 등 환경에 적절히 대응해야 하는 상황에 직면하였다. 물류 산업과 빅 데이터, 사물 인터넷, 클라우드 컴퓨팅 등 다양한 ICT의 융합은 높은 시너지 효과를 거둘 수 있다. 특히 이들의 융합을 통해 물류 공급망과 비즈니스 전제의 가치 사슬에 혁신을 가져올 것으로 기대된다. ICT 첨단 기술이 거스를 수 없는 시대적 흐름으로 자리 잡아 가면서 전 세계 물류시장의 관심이 집중될 것으로 예상되고, 기업은 경쟁력을 강화하는 차원에서 이에 대한 기술 투자를 대폭 강화하고 있다.

3.1 스마트 물류(Smart Logistics)

1) 개념 및 활용

스마트 물류(Smart Logistics)란 운송, 보관, 하역, 포장, 시설, 장비 등 물류의 전 분야에 IT 기술, 센서, 정보통신 및 제어 기술을 접목함으로써 물류운영의 효율화와 물류비용의 절감을 목표로 하는 물류체계이다. 노동집약적인 인프라 중심의 물류에서 벗어나 지능화되고 유비쿼터스적인 첨단 물류 IT 기반의 종합적인 통합물류 서비스를 제공하는 기반이 되는 것이다. 이를 통해 실시간으로 대상 제품의 가시성을 확보할 수 있다. 또한 수집·분석된 정보는 택배산업, 3자 물류, 유통, 항만, 국제물류 등 물류 산업 전반의 여러 영역에 제공되어 활용 가능하다.

2) 국내외 추진 동향

스마트 물류의 대표적인 기술 및 사례는 [표 12-3]과 같다. 먼저 운송 분야의 경우 바코드, RFID 등을 활용한 화물과 운송 수단, 그리고 물류시설을 연계한 시스템의 구축, 글로벌 물류정보망의 실시간 통합 운영, ITS 기술과 연계한 운송 차량 이력관리(위치추적 및 상태 모니터링), 차량 및 교통 통합관리 시스템 등이 개발되고 있다. 보관 분야는 물류센터 내의 적재, 보관, 출하시스템과 운송시스템의 연계를 통한 자동화 시스템(AS/RS)뿐만 아니라 재고 관리 시스템, 물품 입출고 관리 시스템, 자동 운송/지능형 터미널 등 고객의 특성에 맞는 보관기술이 개발되고 있다.

하역 및 포장 분야의 경우 제품의 품질을 보장하도록 모니터링 및 관리 조절이 가능한 첨단 컨테이너 개발 및 고효율의 크레인 이송차량 등 초고속 첨단 하역장비, 웹 기반의 하역/포장 정보시스템, 친환경 스마트 포장용기에 관한 기술 등이 있다. 물류시설 및 장비는 첨단 IT를 기반으로 경쟁력을 확보하기 위하여 친환경 장비 및 부품 개발, 통합적 인터모달 시스템 개발, 원격관리 및 모니터링 시스템, 시설 장비 간 상호 운용 제어 정보시스템, 에너지 절감형 운송 시설 및 장비가 개발되고 있다.

3) 미래 방향

고객 만족과 효율성 향상을 위해 물류 환경이 보다 스마트해져야 할 필요가 있다. 이에 따라 최근 스마트 물류에 대한 관심이 고조되고 있다. 이는 물류기업이 상품을 취급하는 데 있어 좀 더 신속하고 정확하게, 그리고 효율적이고 생산적인 환경이 조성되었다는 뜻이다. 스마트 물류는 IT 기술을 통해 고객에게 정보를 좀 더 정교하게 제공하여 고객과 물류업체 사이의 정보 간격을 좁히는 것으로 전체적인 물류 프로세스상에서 최적의 효율을 만들어 낼 수 있다. 또한 첨단 기술과 로봇 기술의 발

표 12-3 스마트 물류의 적용 기술 및 사례

분류	물류 기술	사례 및 특징
운송	GCTS (Global Container Tracking System)	• RFID 기술로 화물자동차 및 컨테이너가 주요 물류거점에 출입할 때 반출입·하역 등의 정보를 실시간으로 알려 주는 물류정보시스템
	ITS (Intelligent Transportation System)	• 화물 운송이 ICT 기술과 융합되어 화물 운송 분야에서 교통 및 위치 정보, 화물상태 및 차량정보 등이 가능
보관	AS/RS (Automatic Storage & Retrieval System)	• 화물의 취급·운반·저장·반출을 정해진 자동화 수준에 따라 정확하고 신속하게 수행하는 장비와 시스템의 복합체
	자동화 물류센터	• 수작업으로 진행되던 입고, 분류, 보관, 출고 등 전 과정을 자동으로 처리
하역 및 포장	초고속 환적하역 장비	• 컨테이너, 스왑바디, 트레일러를 열차 간, 그리고 열차와 트럭 간 환적 작업 수행
	스마트 물류용기	• 1·2차원 바코드, RFID, 센서, 영상기술 등의 자동인식기술과 인터넷, 모바일 등 네트워크 환경 융합 • 제조, 공급망 관리와 물류 분야의 가시성, 추적성, 효율성뿐 아니라 새로운 부가가치 창출
물류 시설 및 장비	자동화 컨테이너 터미널	• 초대형 선박의 컨테이너 물량을 무인으로 처리할 수 있는 자동화된 안벽하역장비, 야드장비 등이 구축된 항만 물류시설
	자율주행 셔틀시스템	• 자동창고시스템에서 랙 사이의 레일과 리프트를 통해 수직·수평으로 이동하는 운반기구

출처: 김용태 외3, 스마트 물류센터의 이송 및 보관장비 기술 동향, 전자공학학회지, 제39권 제5호, 2012, pp. 59-68.
양창호 외5, 항만-내륙간 첨단 연계 운송시스템 개발방안 연구, 한국해양수산개발원, 2002.
LG CNS, IT 기술, 물류 산업의 패러다임을 바꾸다, 2014(http://blog.lgcns.com/639).

전으로 물류 분야에 완전 자동화를 이룬다면 불필요한 인력과 비용을 줄일 수 있고, 최적의 효율을 낼 수 있을 것으로 예상된다. 이렇듯 스마트 물류는 첨단 기술의 개발과 함께 물류 산업의 효율을 보장하는 방향으로 발전해 나갈 것이다. 자동 운송 및 지능형 터미널, 스마트 정보시스템 등의 개발로 물류 활동의 유연성, 지속 가능성을 향상시켜 기존 물류 환경을 개선해 나갈 것으로 보인다.

3.2 빅 데이터(Big Data)와 사물 인터넷(IoT)

1) 개념 및 활용

국가정보화전략위원회는 빅 데이터(Big Data)를 대용량 데이터를 활용, 분석하여 가치있는 정보를 추출하고, 생성된 지식을 바탕으로 능동적으로 대응하거나 변화를 예측하기 위한 정보화 기술로 정의한다. 물류기업은 제품 자체와 제품 흐름에 대한 모든 데이터를 바탕으로 효율적인 신규 운영 비즈니스 모델을 창출한다. 그리고 고객의 경험 개선 등 다양한 분야에 빅 데이터를 폭 넓게 적용하고 있다. [그림 12-5]는 물류 분야에의 다양한 활용을 보여 주고 있다.

사물 인터넷(IoT: Internet of Thing)이란 사물에 센서를 부착하여 필요한 정보를 실시간으로 주고 받는 기술이나 환경을 의미한다. 사물 인터넷을 활용하여 화물 운송과 물품 추적 시 보다 신속하고 정확하게 예측 가능성과 안정성을 높일 수 있다. 또한 사물 인터넷과 연결된 화물 차량의 자동 분석기능을 통해 재고 관리를 용이하게 수행할 수 있다. 뿐만 아니라 배송 차량과 배송 직원 간의 네트워킹을 통해 배송 서비스의 향상을 가능하게 하며, 배송 경로의 최적화 및 수익 창출의 수단으로 활용 가

그림 12-5 물류 산업의 빅 데이터 활용

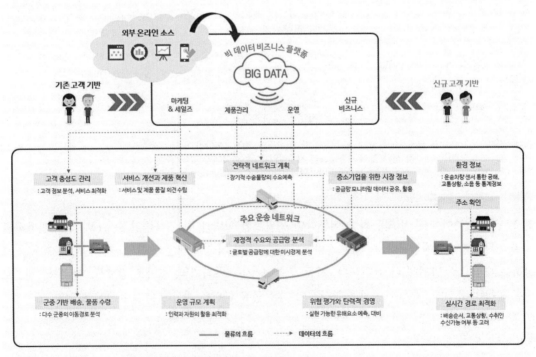

출처: DHL, Big Data in Logistics, 2013, p. 16.를 바탕으로 재 구성.

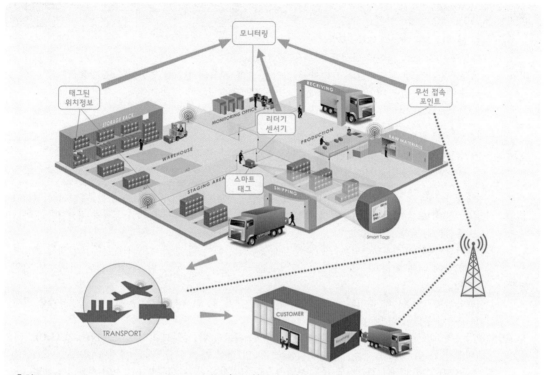

그림 12-6 물류 분야 사물 인터넷의 활용

출처: IoT Philippines Inc. Logistics Solution, 2015(http://www.iotphils.com/solutions/logistical-solutions/).

능하다. 인터넷과 네트워크 확장을 통해 창고 관리 및 화물 운송 등 물류 산업 전반에 사물 인터넷이 도입될 경우 매출 증대와 비용 절감의 효과로 막대한 성장 잠재력을 얻을 것으로 예상된다([그림 12-6] 참조).

2) 국내외 추진 동향

전 세계적으로 빅 데이터와 사물 인터넷의 연구 개발과 정보의 활용 측면에서 다양한 정책을 펼쳐내고 있다. 미국은 사물 인터넷을 국가 경쟁력에 영향을 미칠 수 있는 '6대 혁신적인 파괴적 기술'로 선정('08)하였고, 기술 로드맵 수립 등 사물 인터넷을 활용한 산업 혁신을 추진('10)하였다. 한편 2012년에는 '빅 데이터 연구개발 이니셔티브'를 발표하고 대통령 직속 빅 데이터 협의체를 발족 운영하였다. 일본은 u-Japan 전략('04), i-Japan 2015 전략('09), Active Japan ICT전략('12) 등 사물 인터넷 산업 정책을 추진하였다. 2012년에는 '빅 데이터 활용 기본전략'을 발표하며, 빅 데이터를 국제 경쟁력 강화를 위한 전략적 자원으로 평가하였다([표 12-4] 참조).

| 표 12-4 | 빅 데이터 및 사물 인터넷의 국내외 정책 사례 |

국가	관련 정책
미국	• 빅 데이터 연구개발에 집중 투자 • 대통령 직속의 빅 데이터 협의체 발족 및 운영(2012. 3) • 핵심기술 첨단화, 과학기술의 가속화, 국가안보 강화, 교육의 변화를 위한 기술로 활용 • 국가 경쟁력에 영향 미치는 기술로 선정, 기술 로드맵 수립(2008) • Reshoring Initiative로 사물 인터넷 활용 제조업 혁신 추진(2010)
일본	• '빅 데이터 활용 기본전략' 발표(2012. 5) • 차기 5대 중점영역에 빅 데이터 이용과 활용 포함(2012. 7) • 「i-Japan 2015 전략(2009), Active Japan ICT전략(2012)」 등을 통해 사물 인터넷 산업정책 추진 중
한국	• (행정안전부) 민간 활용 촉진을 위한 계획 및 「공공정보 제공지침」 시행(2010. 7), 중장기 미래전략 수립 위한 빅 데이터 전략연구센터 개설(2012. 4), 데이터 관리, 품질을 위한 중장기 개선전략의 마련 및 품질관리 지침 시행(2011. 7) • (지식경제부) SW컴퓨터산업 원천기술 개발사업을 활용하여 빅 데이터 SW관련분야 3개 과제(2012년 73억원)에 대해 기술개발을 지원 중, IT연구센터 지원사업을 통해 빅 데이터 관련 인력양성 지원 (2012. 1) • (교육과학기술부) 빅 데이터 관련 핵심요소 기술개발 및 인프라 구축 추진(2012), 핵심기술 개발 R&D사업 통한 인력 양성 지원 중 • (방송통신위원회) 민간의 시범 서비스와 핵심기술 확보를 위한 빅 데이터 활성화 방안 발표(2012. 6) • (미래창조과학부) IoT 제품·서비스의 취약한 보안 현실 개선 위한 「사물 인터넷 정보보호 로드맵」 수립(2014. 10), 7대 IoT 분야의 공통 보안원칙과 고려사항 개발, 글로벌 IoT 보안 선도기술 개발

출처: 교육과학기술부·행정안전부·지식경제부·방송통신위원회, 사물인터넷 기본계획, 2014. 교육과학기술부·행정안전부· 지식경제부·방송통신위원회, 스마트 국가 구현을 위한 빅 데이터 마스터 플랜, 2012.

　　국내도 빅 데이터 및 사물 인터넷과 관련하여 여러 관련 부서에서 다양한 정책이 추진되고 있다. 행정안전부에서는 데이터 활용을 촉진하는 정책을 추진 중이며, 지식경제부에서는 기술개발에 집중하고 있고, 교육과학기술부에서는 관련 인프라와 인력을 양성하는 정책을 추진 중에 있다.

3) 미래 방향

　　모바일 기술의 발전과 5G 네트워크 시대의 도래 등으로 물류 산업에도 빅 데이터, 사물 인터넷의 상용화가 도래할 것으로 예상된다. 물류에서 빅 데이터는 역량 최적화, 잠재적 위험 감소, 고객 경험 개선, 신규 사업 모델 창출에 특화될 수 있다. 특히, 화물의 이동 경로와 재고량 증감 추이 등에 대한 실시간 분석을 통해 화주 기업에 대한 정확한 수요 예측을 보다 용이하게 할 것이다. 한편 사물 인터넷이 창고 관리, 화물 운송 등 공급망 관리 각 분야에 도입될 경우 기업은 매출 증대와 비용 절감 효과로 막대한 성장 잠재력을 얻을 것이다. 즉, 사물에 내장된 센서를 통해 배송을 실시간으로 추적·기록하고 팔레트와 물품 간 네트워킹으로 스마트한 재고 관리가 가능해지기 때문이다.

이렇듯 사물 인터넷과 빅 데이터 등 첨단 정보 기술이 시대적 흐름으로 자리 잡으면서 물류에 적용 가능한 ICT 기술은 국내 물류업체들의 경영 전략과 사업 모델 운영에 상당한 영향을 미칠 것으로 예상된다. 이에 2014년 DHL은 사물 인터넷 및 빅 데이터의 활용이 향후 10년 동안 전 세계적으로 약 8조 달러 규모의 경제적 파급 효과를 도출할 수 있고, 확보한 기술 및 인력을 활용하여 국가 전반의 생산성을 향상시키고 효율성을 강화시킬 수 있을 것으로 전망하기도 하였다.

3.3 클라우드 물류(Cloud Computing Logistics)

1) 개념 및 활용

클라우드 컴퓨팅(Cloud Computing)이란 소프트웨어, 서버, 네트워크 등 IT 자원을 개별 관리하는 대신 통신망에서 필요한 만큼 빌려서 사용하고 서비스 부하에 따라 실시간 확장성을 지원받는 컴퓨팅을 의미한다.

클라우드 컴퓨팅을 물류에 도입하면 컴퓨팅 자원의 서버 구매 및 설치 비용, 유지·보수 비용, 업데이트 비용 등 막대한 비용과 시간을 투자하지 않고도 쉽게 컴퓨팅 환경을 구축할 수 있게 된다. 미국, 영국 등 선진국에서는 IT 비용 절감을 위해, 국외 선진기업에서는 업무 혁신을 위해 클라우드 컴퓨팅을 다양하게 추진하고 있다.

2) 국내외 추진 동향

현재 클라우드 컴퓨팅 시장에서는 아마존, 구글, 마이크로소프트사 등이 선두주자로서 각종 패키지 SW와 장비 등에 적극적으로 투자하고 있다. [표 12-5]는 유통·물류 분야에서 클라우드 컴퓨팅이 적용되고 있는 국내외 사례를 보여 주고 있다. 특히 국내에서의 클라우드 컴퓨팅은 매장 및 점포에서 발생하는 정보를 여러 주체들과 공유하는 데 중점적으로 활용되고 있다면, 국외는 보다 다양하게 인터넷 쇼핑몰 및 판매업체, 선박 등에 적용하고 있다. 또한 클라우드 컴퓨팅을 M2M(Machine to Machine) 기술과 접목시켜 제품에 대한 정보를 실시간으로 모니터할 수 있는 환경을 구축하였다. 이와 같이 국외에는 인터넷 서비스 업체들이 클라우드 컴퓨팅 서비스 산업을 주도하고 있지만, 그 밖에 다양한 분야의 기업들도 클라우드 컴퓨팅 기술 개발을 위해 참여하고 있는 상황이다.

국내 정부 차원에서는 세계 최고 수준의 클라우드 컴퓨팅 강국의 실현이라는 비전으로 「범정부 클라우드 활성화 추진계획」을 발표('09)하였다. 계획에 따라 과제를 추진하고 분기별로 클라우드 정책협의회를 개최하여 추진 상황을 상호 점검하고, 협력 과제를 도출하고 있다. 이외 관계 부처 간 MOU 체결로 신기술 개발 및 적용을 지속적으로 노력하고 있다.

표 12-5 국내외 클라우드 컴퓨팅 적용 사례

구분	사례	특징
국외	아마존의 클라우드 전략	• AWS(Amazon Web Service)를 통해 누구나 상품 정보, 고객 사용 후기, 추천상품 정도 등을 활용하도록 하는 상품판매를 비즈니스 네트워크 확장 • 가상의 컴퓨팅 환경을 제공하는 EC2(Elastic Compute Cloud), S3(Simple Storage Service) 제공 • 소규모 회사나 개인이 자체 IT인프라를 구축없이 아마존의 클라우드를 통해 다양한 IT 서비스와 검색 엔진 서비스를 구매
	알리바바의 Aliyun	• 알리바바 그룹의 클라우드 컴퓨팅 자회사 알리윈 • 입점한 쇼핑몰의 운영 위한 클라우드 컴퓨팅 서비스
	머스크의 커넥티드 베셀	• 전 세계 선단(Vessel)을 대상으로 끊김없는 컨테이너 추적 서비스를 구축
	젬알토의 클라우드 기반 서비스	• M2M 무선 모듈, 머신 식별 모듈을 기반으로 온도에 예민한 제품에 대한 모니터링과 알람을 할 수 있는 클라우드 서비스 제공
국내	아이시어스의 클라우드이너스	• 홈쇼핑 사업자를 포함, 유통·물류기업에게 주문 및 상품 정보, 출고, 배송에 필요한 ICT 인프라와 매출정보, 재고정보관리, 정보보안, 정보보안 운송장 출력시스템 등 각종 애플리케이션 프로그램 제공
	한국후지쯔의 프라이빗 클라우드 서비스	• 각 소매 점포에서 발생하는 데이터를 취합·가공하여 제조사가 즉시 활용할 수 있는 클라우드 시스템을 구축해 제조사가 유통 매장을 실시간으로 파악하고 프로모션이나 마케팅 전략 수립에 활용

출처: 정제호, 클라우드 컴퓨팅의 현재와 미래, 그리고 시장전략, 한국소프트웨어진흥원, 2008.
　　 각 기업 관련 기사 취합.

3) 미래 방향

안전행정부는 정부통합전산센터를 운영하고 클라우드 컴퓨팅 서비스의 초기 모델을 수립하는 등 다양한 노력을 하고 있다. 그럼에도 불구하고 현재 국내 클라우드 산업은 정보 자원의 통합과 클라우드 환경의 성공적 추진을 위한 기반 구축 단계에 그치고 있다. 개별 물류기업 차원에서도 아직까지 정보 공유 체계에 그치고 있는 상황이다. 물류 산업에서 클라우드 컴퓨팅의 활용 가치가 높게 평가되고 있는 만큼 클라우드 컴퓨팅을 성공적으로 도입하기 위해서는 개별 물류업체에 대한 다양한 종류의 적절한 비즈니스 모델이 존재해야 한다. 유통업체는 각 점포 재고관리 중심의 유통관리 시스템부터 가공·판매·유통 등 다양한 업종 특성에 맞는 특화 솔루션까지 클라우드 서비스를 활용하는 경영혁신 플랫폼을 다양하게 개발할 필요가 있다. 특히 물류기업이 관련된 여러 주체들과 정보 공유 및 소통에 클라우드 컴퓨팅을 적극 활용한다면 이에 수반되는 비용은 절감되고, 왜곡이 없는 정보 공유 체계가 구축될 것이다.

4 신기술 응용물류 영역 확대

Robot, Drone, 3D Printer, Wearable Device 등 신 기술의 등장은 물류 환경에 큰 변화를 일으키고 있다. 이러한 응용 기술들은 미래 물류 산업의 여러 분야에 걸쳐 활용될 것으로 예상된다. 특히, 최근 소형 무인 항공기를 이용하는 드론 배송은 급속한 기술 진보와 고성능화가 실현되어 수·배송 분야에 큰 혁신을 가져올 것으로 기대된다. 3D 프린팅 기술의 출현은 공급 사슬의 여러 단계를 축소하고 단거리 및 근거리 운송 물동량을 증가시키는 등 물류 산업 전반에 변화를 줄 것이다. 뿐만 아니라 웨어러블 디바이스, 무인 운송차, 물류 로봇, 하역 및 이송의 자동화 장비 등 첨단기기가 출시됨에 따라 물류비용의 감소가 가능해졌다. 이러한 신기술의 등장은 물류 산업 전체의 기회로 작용될 수 있으며, 결국 미래 신기술을 물류에 어떻게 융합하여 활용하는지에 따라 물류산업 전반의 발전을 가속시킬 수 있을 것이다.

4.1 SCM의 혁명, 3D 프린팅

1) 개념 및 활용

3D 프린팅(Printing)이란 디자인 시안을 토대로 원재료(플라스틱, 세라믹, 금속 등)를 얇은 층으로 겹겹이 프린트하는 방식으로 입체적인 사물 제작이 가능한 기술이다. 별도의 금형 제작 없이 다양한 시제품 생산이 가능해짐에 따라 제품 개발에 소요되는 시간이나 비용을 획기적으로 절감할 수 있다. 이 점에서 제품의 기획과 디자인, 그리고 생산 후 최종 소비까지의 제조 과정이 단축될 수 있다. 또한 3D 프린팅 기술을 통해 판매지 근처에 생산 시설을 입지시킴으로써 거리 단축 및 소비자의 요구에 따른 제품 수정에 유연한 대처가 가능하다. 이로써 기존의 대량생산 체제 하에 형성되어 온 글로벌 공급 사슬이 간소화, 유연화, 지역화, 디지털화 양상을 나타내게 된다.

2) 국내외 추진 동향

세계적으로 3D 프린팅 기술이 주요 이슈로 자리 잡으면서 주요 국가들은 3D 프린팅 기술을 신성장 동력으로 주목하고 정부 주도 하에 적극적으로 육성 중이다. 유럽과 미국의 경우 3D 프린팅 관련 인프라 조성을 통해 제조업의 역할을 강화하는 정책을 추진하고 있으며, 중국과 일본의 경우도 기술 개발에 대규모 투자가 가속화되고 있다. 국내의 경우 관련 기술 및 산업 인프라 등이 미흡하여 정부 차원의 3D 프린팅 산업의 육성전략이 시급한 상황이다. 이에 2014년 이후 관련 부처에서 다양한 정책이 추진되고 있으며, 3D 프린팅의 활성화와 기술 개발, 관련 법/제도 개선에 중점을 둔 정책이 추진되고 있다([표 12-6] 참조).

3) 미래 방향

3D 프린팅 기술은 일반 경제·사회는 물론 글로벌 경제활동과 제조, 무역, 공급 사슬 전반을 변화시켜 궁극적으로 해운 및 물류 산업에도 영향을 미칠 것으로 예상된다. 3D 프린팅 기술을 이용한 제품 생산의 공급 사슬상 상류는 과거보다 더욱 활발해질 수 있지만 제조 단계에 참여하는 부품 및 조립 생산 주체들은 직접적인 타격을 받을 것으로 보인다. 반면, 제품의 배송 단계인 공급 사슬상 하류는 과거 '생산자-도매상-소매상'으로 이어지는 연결고리에서 주문생산 방식으로 전환됨으로써 물류 흐름이 단순화되고 소매점의 기능이 축소될 것으로 전망된다. 이와 같은 주문생산 방식으로의 전환은 물류 환경에서 재고를 축소시키고 창고 수요를 감소시킬 것이다. 또한, 과거에 잠재적으로 중국 및 아시아에서 생산되던 상품들의 생산지가 북미나 유럽 등 소비지와 가까운 지역으로 이전하게 되면서 해운 및 항공 운송 물동량에 영향을 줄 것이다. 이렇듯 물류기업은 전체 공급 사슬망 관점에서 3D 프린팅이 가져올 변화의 흐름을 사전에 파악하고 새로운 기술의 활용과 투자에 대해 진지하게 고민해 볼 필요가 있다.

표 12-6 3D 프린팅의 국내외 정책 동향

국가	정책 동향
미국	• 2012년 대규모 투자 계획 발표 • 오하이오에 3D 프린팅 기술 발전을 위한 연구기관(NAMII: National Additive Manufacturing Innovation Institute) 설립
유럽	• (EU) 3D 프린팅 기술을 제조업의 주요 트렌드로 육성하기 위한 전략 개발 및 개발 자금의 투자 논의 • (영국) 2013년 기술 분야 18개 연구·개발 프로젝트 지원계획 발표
일본	• 민·관이 역할을 분담해 주물용 모래형 제작 3D 프린터 개발과제(2013~2017년) 추진 중
중국	• 과학기술부의 '국가발전 연구계획 및 2014년 국가과학기술 프로젝트 지침'에 3D 프린팅 포함 • 3D 프린터 기술의 산업화 등을 목표로 기술산업연맹 설립
한국	• 2014년 자원부와 미래창조과학부가 공동으로 '3D 프린팅산업 발전전략' 수립 • '2020년 3D 프린팅 국제적 선도 국가로의 도약'을 비전으로 세계적인 선도 기업 5개 및 세계 시장 점유율 15% 달성 목표 수립

출처: 김준철, 3D 프린팅산업과 기업의 대응 전략, Deloitte Anjin Reveiw, 2014, pp. 24-37.

4.2 틈새 수송, 드론(Drone) 배송

1) 개념 및 활용

주로 군사용으로 개발 및 운영되던 드론(Drone)이 2010년대에 들어와 물류기업이 드론의 활용 구상을 발표하는 등 물류 산업 전반에 걸쳐 주목받고 있다. 드론 배송을 처음 제시한 미국의 아마존의 경우 'Amazon Prime Air'라는 서비스를 도입하고, 드론을 활용한 수·배송을 테스트하였다. 드론을 활용해 배송 서비스를 하는 경우 드론이 직접 소비자에게 제품을 전달하도록 하는 시스템과 물류 과정에서 드론을 이용하여 물류거점에서 다른 물류거점까지 이동시키는 시스템이 가능하다. 물류창고 및 배송센터 내 공간 활용도를 높이는 데 활용이 가능하며, 수작업으로 스택(Stack)에 물건들을 적치하는 방법에서도 창고 관리의 효율을 극대화시킬 수 있다.

2) 국내외 추진 동향

드론의 활성화를 위해서는 관련 규정의 제정 및 개선이 필요하지만 아직까지는 국가마다 제각각이며, 기술 기준도 불분명한 상태이다. 최근에는 국가별로 무인 항공기의 비행 허가를 검토 중에

그림 12-7 드론 기반 물류 서비스 개념도

출처: 정훈·이헌규, 드론을 이용한 물류서비스 추진 방향, 우정정보 101호, 2015, p. 35.

표 12-7   무인항공기의 국외 정책사례

국가	관련 정책
미국	• 무인 항공기 연구담당 기관을 선정, 기술연구 지원. 2015년까지 상업용 드론 관련기술 연구를 수행 • 「FAA Modernization & Reform Act of 2012」에 따라 2015년 9월 이후 상업용 드론을 허용할 예정
영국	• 이륙중량을 기준으로 무인 항공기를 분류, 케이스별로 비행허가 승인 • 드론 운영을 위한 가이드라인 CAP722: 'Unmanned Aerial Vehicle Operations in UK'를 시행 중이나 세부 운영기준은 명확지 않음
호주	• 무인 항공기 관련 규정을 가장 먼저 제도화하여 인증 기준을 세계적으로 선도하였으며, 조종사/운영자 자격인증 기준을 제시 • 국제 민간항공기구(ICAO)의 기준을 충족하면 상업용 드론 사용 가능

출처: 정훈 · 이헌규, 전게서, pp. 13-39.

있으며, 상업용으로의 전환을 위한 가이드라인이 제시되는 등 무인 항공기의 활성화를 위한 정책이 추진 중이다. 전체 무인기 시장의 60% 이상을 차지하는 미국의 행보에 맞물려 성장세가 가속화될 전망이다.

국토교통부는 2015년 '미래 무인 항공시대를 준비하는 국가 항공정책 방향'에 따라 2023년까지 세계 3위의 무인기 강국 도약을 목표로 R&D에 8년간 약 2,572억 원을 투자하는 계획을 추진하고 있다. 한국항공우주연구원은 2011년 스마트 무인기 개발에 성공해 국내 최초로 25시간 비행이 가능하고, CJ그룹도 'CJ스카이도어'라는 드론을 개발해 의약품과 식료품 등의 화물을 실을 수 있는 용도로 현재 3대의 드론을 개발하였고, 향후 6대까지 늘릴 예정이다.

3) 미래 방향

드론 기반의 물류 서비스는 배송 시간과 비용이 많이 소요되는 도서 및 산간지역에 의약품이나 생필품 등을 배송할 수 있는 등 접근성 차원에서 큰 장점을 가지고 있다. 이 점이 물류 산업에 있어 새로운 수익을 창출할 수 있는 기회로 작용한다. 특히 택배의 경우 드론을 활용하여 기존에 없었던 다양한 배송 서비스의 제공이 가능해진다. 그러나 국내는 전파법과 항공법에 따라 드론이 운행될 수 있는 곳이 도심 지역 내에 몇 곳 없을뿐더러, 드론이 실어 나를 수 있는 물건의 무게에도 제한이 있다. 또한 국토 면적이 한정되어 있고 육상교통 인프라가 우수하다는 점도 드론의 활용이 한계를 갖는 이유이다. 따라서 국내의 경우는 드론 관련 법/제도 개선, 안전문제 해결, 기술적 한계 극복 등이 이루어진 이후 드론 활용 분야가 크게 증가할 것으로 예상된다. 이를 바탕으로 물류운송 분야에서 드론의 활용이 확대될 것이며, 이로써 육상 교통의 혼잡을 완화하는 등 미래 물류 환경에 큰 변수로 작용할 것으로 보인다.

4.3 인체공학적 디자인, 웨어러블 기기(Wearable Device)

1) 개념 및 활용

웨어러블 기기(Wearable Device)란 단어 그대로 '착용하는 전자기기'를 뜻한다. 신체에 부착하여 컴퓨팅 행위를 할 수 있는 모든 것을 지칭하며, 일부 컴퓨팅 기능을 수행할 수 있는 어플리케이션까지 포함한다. 원래 군사나 학술연구를 목적으로 수십 년 전부터 개발되어 왔으나, 일반 대중을 대상으로 한 제품 출시는 비교적 최근에 본격화되었다. 대표적인 웨어러블 기기에는 눈에 보이는 주변의 모든 정보를 기록·분석할 수 있는 스마트 안경, 체온, 심장 박동과 같은 생체 신호를 꾸준히 수집·관리하는 스마트 속옷 등이 있다.

웨어러블 기기는 빅 데이터, 사물 인터넷, 클라우드 컴퓨팅을 하나로 묶을 수 있는 최적의 연결고리로 2014년부터 본격적으로 개발되고 있는 분야야다. 향후에는 연결의 대상과 범위가 '사물과 사물'에서 '사물과 사람', '사물과 공간'을 넘어 '가상 세계와 융합된 지능화된 만물 인터넷' 세상으로 진화할 것이며, 웨어러블 기기는 이와 같은 변화를 촉진할 것으로 보인다.

2) 국내외 추진 동향

웨어러블 기기는 1960년대부터 지속적으로 진화를 거듭하여 스마트 시대의 도래와 함께 스마트폰의 차기 주자로써 재 조명받고 있다. 기업들은 스마트폰과 같이 수천에서 수억대의 대중적 모델을 생산할 수 있는 웨어러블 기기의 시장 잠재력을 크게 보고 시장 규모를 늘리기 위한 노력을 기울이고 있다. 현재는 삼성, 구글, 애플 등 대표적인 스마트폰 제조사들이 주도적으로 안경, 시계형 디바이스를 출시하거나 개발 중에 있다.

글로벌 물류기업들은 이러한 기술을 적극 도입하여 물류 효율성을 높이고 신 성장동력 확보 경

그림 12-8 웨어러블 기기의 진화과정

출처: 김대건, 웨어러블 디바이스 동향과 시사점, 방송통신정책, 제25권 제21호, 2013, p. 5를 재 구성.

쟁에 나서고 있는 반면, 국내 물류업계는 이제 걸음마 단계에 있다고 할 수 있다. 특히 DHL의 경우 증강현실 기술 기반의 '스마트 글라스'를 물류창고 업무에 활용하여 업무 효율성을 높이고, '비전 피킹' 시범 프로젝트('15)를 성공적으로 진행한 바 있다. 미국의 Vocollec사의 경우, 음성 인식 기술을 기반으로 한 웨어러블 컴퓨터 산업용 솔루션 제품을 실제 창고 관리에 도입해 고객사들은 비용 절감, 업무 프로세스 시간 단축 등의 효과를 볼 수 있었다.

3) 미래 방향

웨어러블 기기는 현재 라이프 스타일 목적의 의료·주거·헬스 등에 중점적으로 개발되고 있다. 특히, 물류에서는 RFID 등 IT 기기를 물류시설물에 부착해 업무 효율성을 확보해 왔던 IT 응용방법이 스마트 글라스 등 웨어러블 기기로 확대되면서 물류 서비스 고도화의 궤도에 본격 진입한 것이다. 특히 편의점, 쇼핑몰 등의 유통 분야나 택배 분야에서는 상품에 내장된 고유 칩을 통해 자동으로 상품을 스캔하고 계산하는 등 초기 활용도를 높이는 방법이 있다. 또한, 화물차가 물류센터로 들어와 신고 온 제품을 물류센터에 내려 놓으면 작업자가 스마트 글라스를 통해 눈으로 제품을 보는 것만으로 입고를 확정하는 등 물류에 증강현실 기반의 웨어러블 디바이스를 다양하게 활용할 수 있을 것이다. 이를 위해서는 지금부터 물류에서의 활용 방안과 사업 분야를 적극 모색하여 모든 관련 주체가 활용 가능한 물류 솔루션 개발에 초점을 맞추어야 할 것이다.

4.4 무인물류 시대, 첨단 자동화 기술

1) 개념 및 활용

물류 자동화시스템은 생산 제품의 품질 및 생산성 향상에 큰 영향을 주는 수단으로서 기업의 경쟁력 강화에 크게 기여할 수 있다. 반면 물류 자동화를 추진하는 데는 많은 시간과 막대한 투자비용, 그리고 근로자 고용문제 등이 수반되는 어려움이 있다. 하지만 기술의 진전으로 화물 운송의 속도와 용량이 증대됨에 따라 자동화시스템 도입은 선택이 아닌 필수가 되고 있다. 이에 따라 물류 자동화는 화물의 안전한 운송 및 보관, 적시에 정확한 화물의 집배송 및 화물처리, 물류과정의 실시간 가시화, 비용·시간·인력의 효율적 관리 등 기업의 물류 활동을 다양한 방식으로 지원하고 있다. 이와 같은 활동을 지원하는 물류 자동화 기술은 [그림 12-9]에서와 같이 특히 보관 및 하역이 집중적으로 발생하는 물류시설에서 활발히 도입되고 있으며, 최신 기술 동향은 주로 물류센터 또는 항만을 중심으로 개발되고 있다.

2) 국내외 추진 동향

해외 항만의 자동화 추세는 항만 규모의 대형화이며, 이를 위해 단계적으로 개발을 추진하고 있

그림 12-9　물류 자동화시스템의 적용 분야

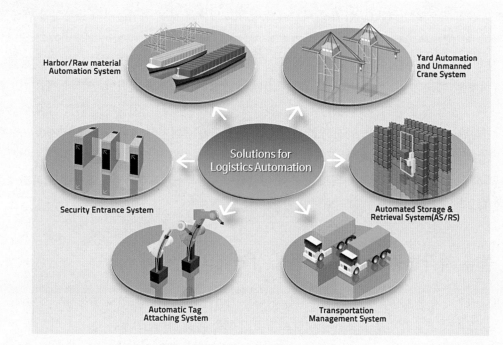

출처: POSCO ICT, Logistics Automation System, 2013, p. 2를 재 구성.

다. PSA와 Thamesport는 제1세대의 자동화 기술을 확보하고 있고, ECT는 제2, 3세대의 자동화시스템을 구축했고, CTA는 2002년 제3세대 자동화시스템을 구축한 후 2010년부터 제4세대를 개발 중에 있다. 항만 자동화는 야드 내, 혹은 안벽과 야드 간 하역·이송 장비에서 가장 활발히 개발되고 있으며, 대표적으로 무인운반차 AGV(Automated Guided Vehicle)와 야드 하역장비 RMGC(Rail Mounted Gantry Crane)와 OHBC(Over Head Bridge Crane), ASC(Automated Stacking Crane) 등이 해당된다.

　물류센터는 전체 공급망 상에서 보관 및 배송 등의 활동을 통해 부가가치를 창출할 수 있는 지능형 센터 형태로 자동화되고 있다. 특히 취급 화물 유형도 컨테이너, 파렛트, 박스, 낱개 상품까지 다양하고, 취급 아이템도 증가하고 있어 기존의 물류설비 및 장비의 첨단 자동화가 가속화되는 추세이다. 창고 자동화시스템에서 물류장비 기술의 경우 컨베이어 시스템과 제어 기기들이 점차 지능화·자동화되어 개발 및 보급되고 있다. 대표적인 물류창고 자동화 기술에는 빠르고 정밀한 제어가 가능한 핵심 설비로서 스태커 크레인(Stacker Crane), AGV, 모바일 로봇, 자동창고 시스템(AS/RS), 자동화 공정 물류시스템 및 물류센터 시스템 등이 있다.

3) 미래 방향

최근 산업 자동화의 트렌드 중 가장 빠르게 성장하고 있는 부분이 산업설비의 로봇화인 만큼 전 세계 물류 자동화 시장에서 보관 및 하역 기술의 자동화를 통한 시스템 구현이 활발하게 진행되고 있다. 향후에는 피킹, 분류 위주의 보관 및 하역 자동화 기술 외에 자동인식 기술인 RFID의 상용화를 통한 수·배송, 재고 관리, 운영 관리 등 물류시스템 전반에 자동화가 도입되어 인간의 개입없이 화물에 대한 통합적 물류 관리가 실현될 수 있을 것이다. 특히 기존 시설 및 장비가 인력 방식의 단순 기술이었다면, 미래의 자동화는 안전하고 신속한 화물 취급과 에너지 고효율화를 통한 지속 가능한 물류 기술로 추진되어 생산성과 함께 작업 환경을 획기적으로 개선시킬 수 있을 것이다. 그러나 미래 물류 환경에 자동화가 확대되더라도 공공 측면에서 실업 문제를 고려하면서 생산성과 효율성을 동시에 확보하는 전략이 반드시 고려되어야 할 것이다.

5 물류 지각변동을 가져올 전자 상거래의 활성화

전자 상거래가 급성장함에 따라 첨단 물류 기술을 기반으로 한 새로운 업태가 등장하고 있다. 대표적으로 온라인 채널의 경우 오프라인 매장보다 값싼 제품 가격 하나만으로는 경쟁 우위를 점할 수 없기 때문에 상품을 언제든 신속하게 받을 수 있도록 하는 당일 배송 시스템의 구축을 서두르고 있다. 다양한 채널을 통해 상품을 구매할 수 있게 되면서 각 채널을 유기적으로 연계할 수 있는 옴니채널 전략을 구상하여 고객 중심으로 모든 채널을 통합하고 일관된 커뮤니케이션을 제공하는 전략을 펼치고 있다. 또한, 특정 해외 상품을 전자 상거래를 통해 구입하려는 해외 직구 열풍이 불면서 물류 기업에 요구되는 역량이 더욱 광범위하게 확장되고 있는 추세이다. 이렇듯 물류 산업을 둘러싼 정보 기술의 발전과 전자 상거래 시장의 성장에 따라 공급 사슬 전반을 저비용 고효율로 구축할 수 있는 역량과 전략이 요구되고 있다.

5.1 당일 배송(Same-day Delivery)

1) 개념 및 활용

인터넷 및 스마트폰의 확산에 따라 소비자들은 빠르고 편리한 주문에 익숙해지고 있다. 이에 따라 신속하고 신뢰성 높은 배송 서비스를 기대하는 등 소비자의 니즈가 고도화되고 있다. 이에 맞게 물류의 흐름이 소비자의 접점 가까이로 움직이고 있으며, 당일 배송 및 빠른 배송이 강조되고 있다. [그림 12-10]을 보면 과거에는 생산자와 소비자 사이에 다수의 주체가 관련되어 있었다면, 현대에는 소비자 배송 리드타임이 단축될 필요가 있어 생산자에서 소비자 사이의 중간 단계가 생략되곤 한다.

그림 12-10 전자 상거래에 따른 공급망 관리의 변화

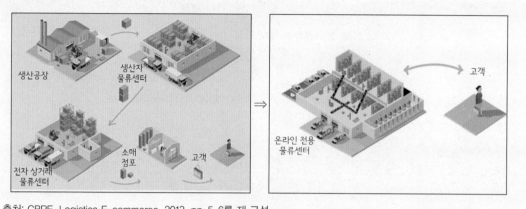

출처: CBRE, Logistics E-commerce, 2013, pp. 5-6를 재 구성.

이렇듯 전자 상거래 기업들은 빠른 배송이 강조되는 환경에서 소비자 주문이 있는 당일, 혹은 24시간 이내에 소비자에게 물건을 전달해 주는 당일 배송 서비스를 핵심 역량으로 보고 기업 역량을 적극 확대하고 있다.

2) 국내외 추진 동향

최근 물류 산업의 추세를 변화시키고 있는 요인이자 주요 업체들이 집중하고 있는 핵심 분야는 B2C 배송으로, 온라인 소매가 등장하면서 정해진 시간 내에 배송하는 소규모 배송이 증가하고 있다. 이러한 추세를 반영하여 각 기업들은 증가하는 전자 상거래 물동량에 대비하여 물류센터를 늘리고 배송 차량과 인력을 확보하는 등 물류 인프라 확장을 통해 배송 서비스를 강화하고 있다. 이에 미국 아마존에서는 물류 인프라 강화 차원에서 당일 배송(Same-day Delivery)을 처음 실시하였다. 당일 배송 서비스는 온라인으로 구입한 상품이 오프라인 구매에 비해 배송 시간만큼 기다려야 하는 가장 큰 약점을 극복한 것이라 할 수 있다. 최근 국내 물류업계 및 전자 상거래 기업 또한 경쟁 우위를 강화하기 위해 당일 배송 서비스를 제공 중이며, 물류 및 배송 서비스가 미래의 핵심 경쟁 요소로 빠르게 대두되고 있다.

유통업, 홈쇼핑, 전자 상거래 기업까지 유통 트렌드의 변화에 따른 신속한 물류 서비스의 제공을 위해 다수의 기업들이 물류센터의 확장 및 배송인력을 추가로 확보하고 있다. 또한 국토교통부는 물류-유통-지식기반 산업 선순환 구조를 구축한다는 비전으로 2015년 5월 '전자 상거래 활성화를 위한 물류인프라 규제개혁방안'을 제시하여 B2C 생활물류 위주의 도시첨단물류단지를 조성하는 정책을 펼치는 등 소화물 근거리 배송을 위한 규제 완화 정책을 추진 중에 있다([표 12-8] 참조).

| 표 12-8 | 당일 배송 관련 국내외 기업 동향 |

기업	관련 내용
아마존(미국)	• 유통과 물류, ICT 결합을 통해 물류 산업 확대 추진 • 물류 경쟁력 강화를 위해 물류센터에 적극 투자 • 유료회원을 대상으로 무료 당일 배송 서비스 제공
구글(미국)	• 당일 배송 서비스인 쇼핑 익스프레스(Shopping Express) 출시 • 뉴욕, LA 등 대도시를 중심으로 서비스 시행 중
알리바바(중국)	• 중국 e-마켓시장의 50% 차지 • 유통과 물류, IT 결합을 통해 당일 배송 시스템 체계 마련
야마토운수(일본)	• 일본 택배 1위 업체로 당일 배송 및 24시간 내 배송 서비스의 제공
CJ오쇼핑	• 업계 최초로 전국 당일 배송 서비스 제공(2015) • 수도권 일부 시행에서 5대 광역시로 서비스 지역 확대(2015) • 상품을 물류센터에 먼저 입고시킨 후 배송시간 단축
쿠팡	• 수도권 지역을 중심으로 당일 배송 실시(2014) • 생필품에서 신선식품 위주로 구성(2015) • 전국 단위의 배송망 구축계획 추진(2015)
이마트	• 온라인 전용 물류센터 구축하여 당일 배송 실시(2014) • 수도권 등 인구 밀집지역을 중심으로 시행(2014)

출처: 국토교통부, 전자상거래 활성화를 위한 물류인프라 규제개혁방안, 2015.
물류신문, 배송전쟁 빠른 자만이 살아남는다, 2015(http://www.klnews.co.kr).

3) 미래 방향

전 세계적으로 배송 시간을 단축하려는 물류업계의 움직임을 쉽게 찾아 볼 수 있다. 기업마다 당일 배송, 빠른 배송, 총알 배송 등 다양한 배송 서비스를 확대하고 있다. 이를 위해서는 가장 먼저 소비자 접점의 물류 인프라가 구축되어야 한다. 물류센터 및 물류시설의 증가로 운송 거리의 감소 및 비용 절감이 가능해 진다. 이를 통해 궁극적으로 물류 경쟁력을 강화하려는 추세이다. 또한 생필품 및 소비재를 중심으로 당일 배송 서비스가 제공되고 있지만 향후에는 신선 식품의 비중이 점차 늘어날 것으로 예상된다. 더욱 더 다양한 상품과 옴니채널 및 모바일 앱 활성화 등을 통해 배송 시간을 단축하려는 움직임이 지속될 것으로 보인다.

5.2 옴니채널(Omni Channel)

1) 개요 및 활용

옴니채널(Omni Channel)이란 기업이 오프라인·온라인·모바일 등 모든 채널을 연결해 고객이 하나의 매장을 이용하는 것처럼 느끼도록 하는 쇼핑 시스템을 의미한다. 2000년대 이후 오프라인 매장 외에 PC와 스마트 기기가 새로운 판매 채널로 추가되면서 멀티채널 환경이 조성되었다. 최근 각 채널들을 유기적으로 통합하는 옴니채널까지 발전한 것이다. 옴니채널이 새로운 소비 행태로 강화되면서 유통기업은 기존 멀티채널의 물류운영 프로세스를 유동적으로 교차·공유할 수 있는 새로운 프로세스의 구축이 필요하게 되었다. 따라서 유통 및 물류기업은 옴니채널의 특성을 정확히 이해하여 소비자를 특정 채널로 유인하거나 모든 채널의 정보가 상호 교환될 수 있도록 기업의 운영 전략으로 활용할 수 있게 된다.

2) 국내외 추진 동향

옴니채널의 부상과 급변하는 소비 취향을 따라잡기 위해 유통업체는 전에 없던 채널 간 연속성 강화를 핵심 운영전략 요소로 추진하고 있다.

비록 국내 옴니채널이 도입단계에 불과하지만 주요 유통업체들은 이에 따라 옴니채널을 2015년 경영 화두로 선언하며, 스마트 소비 시대에 대한 대안 마련 및 새로운 수요 창출에 발 빠르게 움직이고 있다.

3) 미래 방향

현재 소비자들은 온라인 쇼핑몰과 오프라인 매장에서 제품을 직접 비교하고 최종적으로 구매 채널을 결정하는 옴니채널에 익숙해져 있다. 따라서 기업은 이러한 소비 패턴의 변화에 맞게 물류 서비스를 변화시켜야 한다. 이에 따라 유통업계를 중심으로 전개되는 옴니채널 전략은 크게 마케팅,

그림 12-11 유통업체의 단계별 옴니채널 추진전략

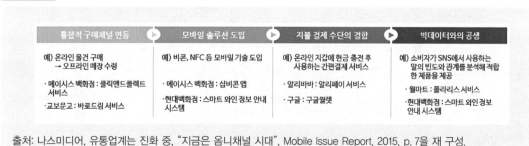

출처: 나스미디어, 유통업계는 진화 중, "지금은 옴니채널 시대", Mobile Issue Report, 2015, p. 7을 재 구성.

주문, 운영 부분으로 구분된다. 먼저 마케팅 분야에서 옴니채널은 온·오프라인의 경계없이 마케팅 활동에 모든 채널의 정보를 활용하거나 연계할 수 있어야 한다. 또한 오프라인 매장에서도 온라인 주문이 가능한 환경과 서비스를 제공하는 방식이 활용되어야 한다. 마지막으로 운영 분야에서는 오프라인 매장을 온라인 주문 상품의 발송지나 배송지로 활용하는 전략이 필요하다. 이로써 소비자는 자신이 속해 있는 옴니채널에 대해 시간과 장소가 제한적이지 않고 상품 구매를 선택적·유동적으로 인지하기 때문이다. 따라서 미래의 물류는 기존 멀티채널 운영과는 다른 다각적인 방향에서 옴니채널 물류 전략에 접근해야 될 것이다.

5.3 해외 직구(CBT) 물류

1) 개념 및 활용

해외 직구(CBT: Cross Border Trade)는 소비자가 해외 온라인 쇼핑몰이나 구매대행 사이트를 통하여 해외 제품을 구매한 후 본국으로 배송받는 거래 형태를 의미한다. 2013년 국내의 해외 직구 규모가 사상 처음으로 1조원을 돌파한 이후 배송대행업체 외에 물류업체, 항공사들은 해외 직구 관련 사업을 신성장사업으로 육성하려는 움직임을 보이기 시작하였다. 이에 대한 물류업계의 대응은 항공과 해운을 동시에 운영하는 복합 운송능력 확보로 대표될 수 있다. 실제 해외 직구 물량의 95%가 항공을 통해 운송되고, 부피 및 중량이 크고 유행에 덜 민감한 품목(가전제품, 가구류, 장난감 등)의 직구 비율

그림 12-12 해외 직접구매 유형 3가지

출처: 한국소비자원, 해외직구 이용실태 및 개선방안, 2014, p. 3.

이 증대되면서 해상 운송의 비율이 점차 증가하는 추세이다. 한편 해외 직구만큼 성장하고 있는 해외 소비자의 역직구 열풍도 국내 물류업체에 큰 기회로 다가오고 있으나, 현재로써는 한국의 복잡한 보안 및 결제 절차 등으로 인해 역직구 시장의 성장에 걸림돌이 있는 상황이다.

2) 국내외 추진 동향

해외 주요 국가의 온라인 직구 시장은 DHL Express, UPS, Fedex 등 글로벌 물류기업을 통해 배송을 담당하는 경우와 높은 배송료로 인해 한국으로의 배송 구매대행 업체를 이용하는 경우로 구분된다. 해외 직구가 새로운 쇼핑 트렌드로 자리 잡으면서 2014년 기준 업계에는 해외 직접구매 대행업체가 1,000곳이 넘고, 배송 대행업체가 250여 곳에 달하는 것으로 추산된다. 하지만 이 많은 배송 대행업체들 가운데 실제로 운영자금 부족으로 해외 창고 임차료를 내지 못해 폐쇄되거나 보관 중인 대행 상품을 압류당하는 경우가 종종 발생하고 있다. 국내에는 현재 CJ대한통운, 한진, 우체국EMS, 현대로지스틱스 등 해외 직구 시장에 택배·물류업체 4사가 구도를 형성하고 있다. 이들 기업은 국내외 배송 네트워크를 바탕으로 해외 직구 서비스를 제공하고 있다. [표 12-9]는 국내 기업들이 해외 직구 시장에 대응하는 해외 추진 전략 동향을 보여 주고 있다.

표 12-9 국내 택배업체들의 해외 진출 추진 동향

구분	추진 동향
CJ 대한통운	• 미국, 중국, 독일 등 해외 현지 거점을 바탕으로 국제택배서비스 제공 • 2011년부터 업계 1위 배송대행업체인 몰테일과 협력하여 직접구매 물품의 항공운송, 해외 현지 및 국내 세관 통관, 택배 배송 등을 담당 • CJ GLS와 대한통운은 합병 후 네트워크를 통합해 배송권역 확대 중
한진	• 1989년 미국 LA지점 설립을 시작으로 뉴욕, 시카고 등에 10여 개 영업소와 200여 개의 화물센터(Cargo Drop Center) 운영 중 • 특히 뉴욕 JFK, LA, 댈러스공항에서 국내 물류업체로서는 유일하게 항공물류 연계서비스 제공 등 미주 시장에서 탄탄한 입지 구축 • '이하넥스(eHanEx)'는 해외배송 및 구매대행 서비스를 제공해 간단한 신청만으로 현지 지점에서의 포장부터 통관까지 원클릭으로 처리
우체국 EMS	• 일반 EMS와 별도로 UPS의 전 세계 210여 개 국가 네트워크를 활용한 'EMS프리미엄' 서비스를 제공
현대 로지스틱스	• 2013년 6월부터 국내에서 해외로 발송하는 국제특송 서비스 시작 • 현대택배 콜센터나 전국 택배 지점 또는 1,000여 대리점을 통해서 세계 220개 국으로 해외 발송이 가능

출처: 김성우, 2014/2015 물류시장 회고와 전망, 우정정보, 2014권 4호, 2014, pp. 5-32.

3) 미래 방향

국내 해외 직구의 규모가 크게 증가하고 있는 상황에서 정부는 소비자 위주의 단편적인 정책 수립에서 벗어나 국내 물류기업 및 택배기업의 참여를 확대하는 정책과 제도가 필요하다. 물류업계는 증가하는 해외 직구 물동량에 대해 항공뿐만 아니라 해상을 동시에 운행하는 유동적인 복합 운송 능력이 확보되어야 한다. 또한 역직구 서비스 시장 활성화에 대비해 배송 및 구매 대행을 비롯한 전자상거래 물량을 운송하기 위한 해외 배송서비스를 준비해야 할 것이다. 즉, 국내 소비자의 해외 직구뿐만 아니라 해외 소비자의 역직구 시장의 활성화에 대비해 해외 배송시스템을 재구축할 필요가 있는 것이다. 뿐만 아니라 글로벌 인프라 확보 외에 유통 흐름과 소비자 구매심리까지 정확히 파악한 창조적인 비즈니스 모델에 도전해야만 해외 직구라는 새로운 시장에서 성공할 수 있다. 아울러 사업 영역의 확대와 경쟁력 강화를 위해 택배 업체와 항공회사 간의 인수 합병도 지속적으로 확대될 것이므로 이에 대한 사업을 사전에 전략적으로 구체화할 필요가 있다.

6 불확실성 시대, 물류 위기대응 전략

물류 활동의 공급 사슬에는 생산자뿐만 아니라 유통업체, 물류업체, 폐기물 처리업체 등 다양한 주체들이 참여하면서 서로 복잡한 네트워크 관계가 형성되어 있다. 일찍이 물류 주체들은 다른 주체들과 화물 및 공차 정보 공유, 화물 적재공간 공유 등을 통해 자사 사업의 불확실성 및 위험에 대응하였다. 하지만 관여 주체가 다양한 만큼 물류 활동에는 내·외부적으로 여전히 위험이 존재하기 마련이다. 특히, 국제무역에서 보안 및 안전성 문제가 대두되면서 화물·선박·항만 등 수출입 활동에 대해 취약했던 보안제도가 점차 강화되고 있다. 또한, 물류시설 내부의 인력·인프라·화물보관에 대한 안전관리가 재조명되고 있다. 이와 같이 물류에서는 예측 불가능한 불확실성에 대응하기 위해 전체 공급 사슬의 프로세스, 조직, 시스템 차원에서 이를 해소할 수 있는 기술 개발 및 혁신이 추진되어야 한다.

6.1 공유경제(Sharing Economy)와 물류

1) 개념 및 활용

공유경제(Sharing Economy)란 활용되지 않는 재화나 서비스, 지식·경험·시간 등 무형 자원을 대여·차용하여 사용하는 경제 방식을 말한다. 즉, 한번 생산된 자원을 소유하지 않고 여럿이 공유하며 기존 자원을 지속가능하고 가치있는 방법으로 활용하는 것이다. 전 세계적으로 '공유' 개념이 확산되고 우리 사회도 공유경제, 동반성장, 상생경제 등 산업의 지속 가능한 성장에 관심을 갖게 되면서 국내외 물류 주체들은 공유 개념에 기초한 물류 전략을 적극 도입하고 있다. 물류 분야에서는 일찍부터 공유경제의 개념이 적용되어 왔다. 대표적으로 트럭 소량혼재화물(LTL)/컨테이너 소량혼재화물(LCL) 등의 화물 적재공간 공유 모델과 화물 및 공차 정보의 사이버 공유 및 중개 모델을 들 수 있다. 이는 1차적으로 물류 인프라를 복수의 파트너와 함께 공유함으로써 단독 주체로서의 처리능력 한계를 극복할 수 있으며, 인프라 투자에 대한 부담을 줄일 수 있게 되는 것이다.

그림 12-13 공유경제의 특징(좌) 및 비즈니스 모델(우)

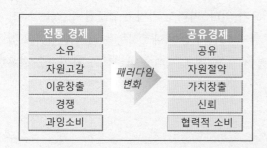
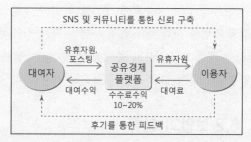

출처: 김점산 외2, 공유경제의 미래와 성공조건, 이슈&진단, 경기개발연구원, 2014, p. 1.

2) 국내외 추진 동향

물류에서의 공유경제는 과거 노동력, 수송수단, 보관·하역 물류시설, 정보시스템 등의 물류 인프라를 복수의 파트너와 함께 단순 공유하는 것부터 시작하여 유통망·판매기회 등을 공유하는 형태까지 발전하고 있다. 특히 일본의 경우 과거부터 현실적으로 물류 공동화를 비롯한 물류 공유경제를 활성화하였기 때문에 이업종 간 다양한 형태의 공동화는 기본이고, 최근에는 화주와 물류기업 간 공동화까지 발견할 수 있다.

국내의 경우 대다수의 기업체가 물류 공유경제 실현에 대한 취지 및 효과를 인지하고 있으나, 기업의 영업기밀 유출에 대한 우려와 상호 정보 교환에 대한 어려움, 초기 투자비용 등의 문제로 인하여 활성화에 대한 어려움이 상존하고 있다. 특히,「협동조합기본법('12.12 시행)」이전에는 주로 1차 산업 중심으로 협동조합 설립이 가능하였기 때문에 비교적 물류 부문의 협동조합이 미흡한 상황이었다. 현재는 가장 기초적인 부분의 물류 공유경제만을 추진하고 있는 실정이며, 가장 대표적인 예로 컨테이너 또는 화물차의 소량혼재화물, 표준화된 파렛트를 여러 화주 물류업자들이 공동으로 이용하는 파렛트 풀 시스템 등이 있다. 비록 국내에 해외 사례와 같은 혁신적인 공유경제 모델이 도입되지 않았지만, 현재 국가가 주도적으로 국내 물류업체와 화주의 경쟁력 제고를 위해 기반 정보시스템 및 물류인프라의 공유경제 활성화를 적극 구축하고 있는 추세이다.

3) 미래 방향

물류 분야에서의 공유경제 개념은 물류 인프라 및 시설, 노동인력, 화물 및 운송 관련 정보 등을 서로 공유하는 것과 같이 비교적 일찍부터 적용되어 왔다. 현재로서는 물류 공유경제가 물류비 절감을 위한 수단에 그쳐 있지만, 미래에는 수익을 증대시킬 수 있는 혁신적인 비즈니스 모델로 추진되어야 한다. 예를 들어 운송, 보관 등 단순 공동화 모델 중심에서 탈피하고 부가가치 물류 서비스와 연계한 복합형 공동화 모델을 통한 수익성 확보가 필요한 것이다. 그러나 무엇보다 가장 중요한 것은 참여자들 간의 신뢰성이기 때문에 물류 분야 역시 화주와 물류기업 혹은 물류기업 간의 높은 신뢰도를 바탕으로 점차 공유경제 개념을 확대 적용할 필요가 있다. 따라서 기업이 협조할 수 있는 물류 공유경제 기반을 확대하기 위해 우선 국가 차원에서 현재 기업의 참여 애로사항을 적극 반영하고 참여자 간 거래를 효과적으로 중개해 줄 수 있는 정책적 지원 및 협조 체계를 마련하고, IT기술을 활용한 수익형 비즈니스 모델 개발에 집중해야 한다.

6.2 보안과 물류

1) 개요 및 활용

물류 보안은 운송부터 보관, 하역, 유통가공 등 전 공급 사슬 과정에 대해 화물의 훼손 및 분실을 방지하여 안전성과 신속성을 확보하도록 하는 것이다. 2001년 미국에서 발생한 9 · 11 항공기 테러사건 이후 세계 각국과 국제기구에서 선박과 항만 등 물류 부문의 보안을 강화하면서 물류 보안이 새로운 국제 규범으로 등장하였다. 기존에는 물류 흐름의 효율화 방안이 주요 관심사였다면, 9 · 11 테러 이후 물류 보안이 중요한 이슈가 되었다. 물류 보안의 확립을 위해 미국, 유럽, 아시아 각국은 C-TPAT, AEO 등 다양한 보안 제도를 만들었다. 국제해사기구(IMO)와 국제노동기구(ILO), 경제협력개발기구(OECD), 세계관세기구(WCO) 등과 같은 국제 민간 기구도 미국과 유사한 제도를 도입하는 등 전 세계적으로 물류 보안을 확대해 나가고 있다. 한편 다른 국가들에 비해 국제 교역에 대한 의존도가 상대적으로 높은 우리나라는 특히 이에 대한 준비가 절실한 상황이다.

2) 국내외 추진 동향

국제 물류보안 제도는 크게 컨테이너 화물검색 제도, 선박 및 항만보안 제도, 물류보안 인증제도로 구분할 수 있다. 선박 및 항만보안 제도의 경우 2002년에 만들어진 미국의 해운보안법(MSA 2002)과 국제해사기구(IMO)의 국제 선박 및 항만시설 보안에 관한 규칙(ISPS Code) 등으로 분류된다. 그 외 컨테이너 화물검색 제도와 물류보안 인증제도는 [표 12-10]과 같다.

표 12-10	국제 물류보안 제도 추진 현황
구분	**제도**
컨테이너 화물검색 제도	• CSI(Container Security Initiative)('02.1) • 24 Hour Rule('03.2) • SFI(Secure Freight Initiative)('07.3) • 10＋2 규칙('09.1) • 100% scanning('12.7)
물류보안 인증제도	• C-TPAT(Customs-Trade Partnership Against Terrorism)('02.4) • WCO SAFE Framework('05.8) • ISO 28000('07.9) • AEO(Authorized Economic Operator)('08.1) • STP(Secure Trade Partnership)('08.10)

국내 물류 보안의 경우 육상, 항공, 해운 및 항만을 담당하는 국토교통부 및 해양수산부와 국가 안보를 담당하는 국가정보원 등에서 나누어 관장하고 있다. 국가 차원에서 육·해·공 물류 보안을 통합적으로 관리할 수 있는 제도 및 체계가 미흡하고, 여러 기관에 산재해 있으며, 기업 차원에서 전반적으로 물류 보안에 관한 인식이 낮다는 점에서 문제가 있다.

3) 미래 방향

최근에는 국제 규정들이 어떠한 한 지점에서의 보안이 아닌, 글로벌 공급 사슬 전반에 대한 보안을 요구하는 방향으로 그 범위가 넓어지고 있다. 따라서 이에 대한 적절한 대비가 되어 있지 않은 기업들은 글로벌 물류체계에서 뒤처질 수밖에 없는 상황이다. 그러나 여전히 많은 국내 기업들이 구체적인 대응 방법을 파악하지 못하고 있으며 영세한 제조기업, 물류기업들은 새로운 물류보안 제도 시행에 대해 많은 부담을 느끼고 있는 것이 사실이다. 지금까지 제조 및 물류기업들은 저가 경쟁에 치중해 물류비 감소만을 최대의 목표로 삼고 진행해 왔다. 하지만 이제는 물류 보안의 구축을 비용의 측면에서만 바라볼 것이 아니라 새로운 경쟁력 창출의 기회로 삼아야 한다. 이에 정부는 육상, 해상·항만, 항공, 철도 등 다양한 형태의 운송 구간에 대한 물류보안체계를 통합할 수 있는 국가 물류보안체계를 구축하여야 한다.

6.3 공급 사슬 안전 및 위험관리

1) 개념 및 활용

개인 및 기업의 활동 범위가 전 세계로 확대되면서 범국가적으로 안전에 대한 중요성이 커져가고 있다. 물류 분야 역시 안전 및 위험관리를 위한 체계적인 시스템 및 관리체계의 중요성이 대두되고 있다. 즉, 세계 시장을 기반으로 하는 공급망 운영에 있어 외부 변화로 인한 불가피한 위험(Lisk)에는 기상이변, 정치 및 경제적 불안, 수송 인프라의 붕괴 등이 있으며, 이러한 위험요소는 공급망에 치명적인 영향을 미치게 된다.

이렇듯 공급 사슬 위험관리(Risk SCM)란 기업의 다양한 경영활동의 의사결정에 원칙을 제시하고자 하는 것으로 공급 사슬 내 정보, 물질, 제품의 흐름에 영향을 미치는 불확실한 변수 및 공급의 불균형에서 오는 손실을 예방, 관리하는 것을 의미한다([그림 12-14] 참조).

그림 12-14 공급 사슬의 위험관리 전략

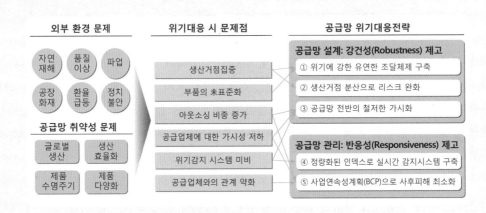

출처: 홍선영 외3, 실패에서 배우는 글로벌 SCM 위기 대응전략, 삼성경제연구소, 2013, p. 2.

2) 국내외 추진 동향

생산 및 판매 시장의 범위가 확장됨에 따라 공급 사슬의 범위 역시 확장되어 공급 사슬 관리가 복잡해지고 위험에 노출되는 수준이 증가하고 있다. 이에 따라 미국, 유럽, 일본 등 선진국의 글로벌 기업들은 각각 다양한 전략을 활용하여 발생하는 위험에 대처하고 극복해 나가고 있다. 유연한 조달체계를 통해 위기 발생에도 원활하게 대응할 수 있는 체제를 구축하고, 생산거점 분산에 따른 리스크 완화, 실시간 모니터링을 통한 위기 감지 시스템 구축 등 공급 사슬의 특성과 환경을 고려하여 리스크를 감지하고 조기에 대응책을 수립하고 있다.

한편 국내에서는 국토교통부와 해양수산부의 「국가물류시행계획(2014)」에 따르면 사회적 안전강화를 위한 물류인프라 개선과 제도 보완에 관한 정책을 추진하는 등 물류 산업 전반에 걸쳐 안전과 위험관리의 중요성이 증대되고 있다. 물류창고 안전 및 위험물 운송 안전에 관한 정책은 국토교통부에서, 항만 시설설비 및 항만 내 안전관리 강화, 위험물 운송 안전관리를 위한 사업 시행과 관련된 정책은 해양수산부에서 시행 중에 있다. 관련 정책 대부분은 시설 혹은 특정 화물에 한정되어 관리되고 있다.

3) 미래 방향

최근 공급 사슬 관리의 동향은 글로벌화, 아웃소싱 도입 등 기업 교류 및 협업의 확대와 예측 불가능한 다양한 주변 환경의 변화로 요약된다. 외부 환경의 악재가 증가하고 내부 공급망의 취약성이 커지면서 위험에 탄력적으로 대응하는 공급 사슬의 위기관리 역량의 중요성이 증대되고 있다. 따라서 향후 공급 사슬의 위험에 유연하게 대처하기 위해서는 다양한 전략을 통해 공급 사슬 전체의 위험관리 능력을 향상시켜 공급 사슬의 효율성 및 비용 절감을 구현할 수 있어야 한다. 또한 사회 전체적으로 안전 불감증에 대한 시사점이 강조됨에 따라 물류 분야의 안전관리를 위한 시스템 및 관리체계의 표준화 방안 마련이 시급한 상황이다. 따라서 사고 발생 시 대응체계 및 통합관리시스템 개발을 위한 R&D 사업을 추진하는 등 다양한 정책과 규제를 통해 물류 안전강화에 힘써야 한다. 이는 공급 사슬 관리 전반에 대한 연구개발, 생산·구매물류, 판매물류, 마케팅, A/S에 이르는 전체 기능을 통합할 수 있는 역량을 갖춰 불확실한 미래 위험을 예측 가능한 수준으로 관리할 수 있어야 비로소 가능할 것이다.

찾아보기

본 **QR코드**를 스캔하시면, '물류의 이해'의
참고문헌을 참고하실 수 있습니다

공저자 약력

여기태
- 영국 University of Plymouth(경영학박사)
- 한국해운물류학회 부회장/편집위원장, 항만경제학회 부회장, Editor-in-chief Asian Journal of Shipping and Logistics(Elsevier, SCOPUS)
- 현) 인천대학교 동북아물류대학원 교수, 물류대학원장
- 논문: Journal of Operational Research Society, Transportation, Transportation Research Part A: Logistics and Policy 등의 SCI, SSCI, SCIE 학술지 등 국내외 총 170여편
- 저서: Asian Port Industry: development, competition and co-operation, Edward Elgar Publisher 외 국내외 10권

한종길
- 일본 메이지대학(상학박사)
- 한국해운물류학회 회장(전), Editor-in-chief Asian Journal of Shipping and Logistics(Elsevier, SCOPUS)
- 현) 성결대학교 동아시아물류학부 교수
- 논문: Asian Journal of Shipping and Logistics 등 국내외 학술지 50편
- 저서: 現代の物流, 税務経理協会 외 5권

우종균
- 스웨덴 World Maritime University(PhD of Maritime Affairs)
- 한국해양수산개발원 책임연구원, 대통령자문 동북아경제추진위원회 물류중심위원회 전문위원, World Maritime University 연구원(Shipping & Port Management), 한국항해항만학회 편집위원, 항만경제학회 및 한국해운물류학회 이사
- 현) 동명대학교 교수
- 논문: Maritime Policy & Management 등 SCI급 학술지 및 국내 등재학술지 등 논문 20여편
- 프로젝트: 자유무역지역제도 도입에 관한 연구 등 150여개 프로젝트
- 저서: 글로벌 해운물류 환경변화와 대응방안 외 국내외 26권

신영란
- 한국해양대학교(경영학박사)
- 항만경제학회 이사, 부산 도시브랜드위원회 위원, 싱가포르 NTU Research Fellow, 한국해양수산개발원(KMI) 연구원
- 현) 한국해양대학교 해양금융·물류대학원 조교수
- 논문: Corporate Social Responsibility and Environmental Management, International Journal of Shipping and Transport Logistics 등의 SSCI, 국내학술지 총 20여편

정태원
- 한국해양대학교(공학박사)
- 한국해운물류학회 상임이사, 한국항해항만학회, 한국물류학회 편집위원, Asian Journal of Shipping and Logistics: AJSL(Elsevier, SCOPUS) Board Member
- 현) 성결대학교 동아시아물류학부 부교수, Central Washington University Faculty
- 논문: AJSL 외 다수
- 저서: 동북아 물류 외 다수

박근식
- 중앙대학교 대학원 무역학과(경영학 박사)
- 한국통상정보학회 이사, 한국동북아경제학회 학술이사
- 현) 중앙대학교 국제물류학과 조교수
- 논문: An Empirical Analysis on the Effectiveness of Credit Risk Management in international Trade: Focusing on International Factoring 등의 국내외 총 25편

우정욱
- 일본 Meiji University(상학박사)
- 한국경영사학회 이사, 한국해양비즈니스학회 이사, 한국도시철도학회 이사, 국가첨단교통실무위원, 국토교통부 선로배분심의위원회 위원, 국토교통부 궤도건설심의위원회 위원
- 현) 한국교통대학교 철도경영물류학과 교수
- 논문: Stochastic Environmental Research and Risk Assessment, Efficiency of the modal shift and environmental policy on the Korean railroad 등의 SCI, KCI 학술지 등 국내외 총 40여편
- 저서: Corporate Strategies in the Age of Regional Integration, Edward Elgar Publisher 외 국내외 7권

우수한
- 영국 Cardiff University(경영학 박사)
- 해양수산부(국토해양부) 사무관/서기관(1998-2011), 기획재정부 공공기관 경영평가위원(2013-2014), 해양수산부 자체평가위원(2015-현재), 한국항해항만학회 편집위원(2015-현재), Journal of Korea Trade 편집위원(현재)
- 현) 중앙대학교 경영경제대학 국제물류학과 교수, 학과장, 중앙대학교 대학원 무역물류학과 학과장, 동북아혁신 물류인재양성사업단(CK-II) 단장
- 논문: Transportation Research Part A, Transport Reviews, Supply Chain Management: An International Journal, Maritime Policy & Management 등 SSCI 학술지 등 국내외 약 30여편
- 편저: Cullinane, K.(Ed) The international handbook of maritime economics and business. Hall, P.(ed) Integrating Seaports and Trade Corridors. Ashgate 등

하영목
- 홍익대학교 경영정보학 박사, 한국 외국어 대학교 경영정보 대학원 경영과학, 울산공대 산업공학과
- 휴렛 팩커드 Profesional Service 조직 ERP 팀 리더, 언스트영 메니즈먼트 컨설팅 Application 사업부 이사, Accenture 전무 이사, LG CNS Enterprise Application 사업부문장 상무 이사, BnE Partners(LG CNS 자회사) 대표 이사
- 현) 중앙대학교 경영경제대학 국제물류학과 교수
- 논문: 대기업 ERP 시스템 구축 전략, 중견기업의 전략주도적 ERP 구축 사례 연구, Influence of ERP Usage Activeness of Firms on Customerr Service Requests in the post-Implementation Stage, An Empirical study on the Critical success Factors of ERP in the Post-Implementation stage, Factors affecting the performance of Enterprise Resource Planning systems in the post-implementation stage(SSCI)
- 저서: 공공 혁신 ERP로 시작하라, 위기의 시대, 프로세스 혁신으로 재도약하라(공저), 땡큐 도가(공저)

양창호

- 서강대학교(경영학박사)
- 한국공항공사 비상임 이사, 이사회 의장, 국무총리실 국토정책위원회 민간위원, 해양수산부 해양수산정책자문
  위원회 자문위원, 국회예산처 예산분석자문위원 등
- 현) 인천대학교 동북아물류대학원 교수
- 논문: OR Spectrum, iNFORMATION Journal, Maritime Policy & Management 등 SCI, SCIE, Scopus 학술지 등
  국내외 총 30여편
- 저서: 물류와 SCM의 이해(박영사), 해운경제학(번역서)(박영사), 해운항만물류회계(박영사), 해운항만산업의
  미래신조류(효민) 등 단행본 및 연구보고서 25권, 연구용역보고서 35권 등 총 60여권

하창승

- 한국해양대학교(물류학박사)
- 동명대학교 항만물류산업연구소소장(2012), 항만물류학부 학부장(2014), 해운경영학과 학과장(현재)
- 현) 동명대학교 해운경영학과 교수
- 논문: Implementation of Port Logistics Information System using e-Government Standard Framework(IJEIA
  2013) 등 30여편

박진희

- 건국대학교(이학박사)
- 전) 국토연구원, 서울연구원, 서울시 교통국 근무, 미국 미시건대학 Post.Doc. 등
- 현) 부울경 교통학회 이사, 한국ITS학회 이사, 울산항만공사(UPA) 항만위원(비상임이사), 해양수산부 중앙항만
  정책심의위원, 부산시 등 다수 시/도/구 물류정책위원회, 교통위원회, 건축심의위원회, 도시계획위원회, 교통영향
  평가개선대책위원회, 정보화위원회 등 물류, 교통, 도시, 건축관련분야 위원
- 현) 한국해양대학교 물류시스템공학과 교수
- 논문: 경쟁력분석에 따른 국내 북극항로 전진기지 구축방안에 관한 연구 등 국내외 학회 및 학술발표 100여편
- 저서: 교통물류계획론, 글로벌 물류시장과 국부창출 등 다수

물류의 이해

초판발행	2016년 12월 9일
중판발행	2020년 8월 10일
지은이	여기태·한종길·우종균·신영란·정태원·박근식· 우정욱·우수한·하영목·양창호·하창승·박진희
펴낸이	안종만·안상준
편 집	배근하
기획/마케팅	손준호
표지디자인	권효진
제 작	우인도·고철민
펴낸곳	(주) **박영사** 서울특별시 종로구 새문안로3길 36, 1601 등록 1959. 3. 11. 제300-1959-1호(倫)
전 화	02)733-6771
f a x	02)736-4818
e-mail	pys@pybook.co.kr
homepage	www.pybook.co.kr
ISBN	979-11-303-0323-9 93320

정 가   26,000원